**ZENTRALKUBA –
WESTEN**
Seiten 150–173

W0039670

**ZENTRALKUBA –
OSTEN**
Seiten 174–203

ZENTRALKUBA -
OSTEN

OSTKUBA

WESTKUBA
Seiten 128–149

OSTKUBA
Seiten 204–241

Sergej
0034 - 9 - 26 - 775 - 325

06441 -
470501
ASTRID

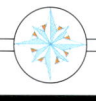

VIS à VIS

KUBA

VIS À VIS

KUBA

Hauptautorin: IRINA BANJINI

DK

DORLING KINDERSLEY

EIN DORLING KINDERSLEY BUCH

www.dk.com

PRODUKTION
Fabio Ratti Editoria srl, Mailand, Italien

TEXTE
Irina Bajini
Alejandro Alonso, Miguel A Castro Machado,
Andrea G Molinari, Marco Oliva, Francesca Piana

KARTOGRAFIE
Laura Belletti, Oriana Bianchetti, Roberto Capra

FOTOGRAFIEN
Heidi Grassley, Lucio Rossi

ILLUSTRATIONEN
Marta Fincato, Modi Artistici

•

•

•

ÜBERSETZUNG Sonja Schäfers, München, Tanja Burger, Dietramszell
REDAKTIONSLEITUNG Dr. Jörg Theilacker,
Dorling Kindersley Verlag, München
REDAKTION Linde Wiesner, Pullach
SATZ UND PRODUKTION Rolf Eder, Glonn
LITHOGRAFIE Colourscan, Singapur
DRUCK South China Printing Co., Ltd., China

ISBN 3-8310-0245-2

2 3 4 5 6 07 06 05 04

Dieser Reiseführer wird regelmäßig aktualisiert. Angaben wie
Öffnungszeiten, Adressen, Preise, Fahrpläne und insbesondere
Telefonnummern *(siehe S. 296)* können sich jedoch ändern.
Der Verlag kann für fehlerhafte oder veraltete Angaben
nicht haftbar gemacht werden.
Für Hinweise, Verbesserungsvorschläge und Korrekturen ist der
Verlag dankbar. Bitte richten Sie Ihr Schreiben an:

Dorling Kindersley Verlag GmbH
Redaktion Reiseführer
Gautinger Straße 6
D-82319 Starnberg

◁ **Haus in Trinidad mit typischen Fenstergittern**

INHALT

**Ídolo de Tabaco, Museo
Montané, Havanna *(siehe S. 101)***

KUBA STELLT SICH VOR

**Grundschulkinder in
Santiago de Cuba**

Der Strand von Guardalavaca ist einer der beliebtesten Kubas

Gegrillte *camarones* (Garnelen)

Tanzabend in der Casa de la
Tradición in Santiago de Cuba

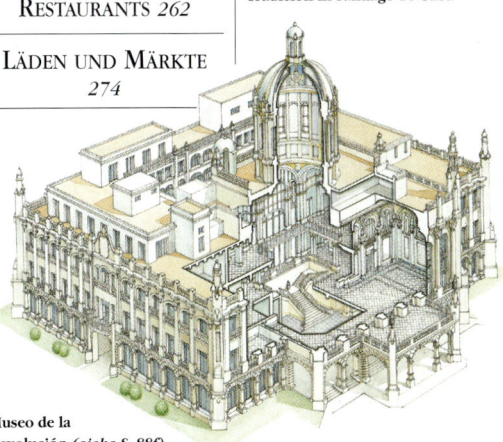
Museo de la
Revolución *(siehe S. 88f)*

BENUTZERHINWEISE

DIESER FÜHRER soll Ihre Kubareise zu einem Erlebnis machen, das durch keinerlei praktische Probleme getrübt wird. Das Kapitel *Kuba stellt sich vor* erläutert die geografische Lage und stellt das Land in einen historischen und kulturellen Kontext. Havanna und vier weitere Regionen werden anhand von Karten, Fotos und detaillierten Illustrationen beschrieben. Restaurant- und Hotelempfehlungen sowie Tipps zum Freizeitangebot finden Sie im Kapitel *Zu Gast in Kuba*. Die *Grundinformationen* geben praktische Hinweise zu Transport, Währung und vielem mehr.

STADTTEILFÜHRER HAVANNA

Das Stadtzentrum ist in drei Gebiete unterteilt, denen jeweils ein Kapitel gewidmet ist. Im Kapitel *Abstecher* werden Sehenswürdigkeiten in der Umgebung beschrieben. Alle Sehenswürdigkeiten sind mit Nummern versehen, die mit denen auf der Karte übereinstimmen.

Sehenswürdigkeiten auf einen Blick führt wichtige Kirchen, Museen und Galerien, Straßen und Plätze, historische Gebäude sowie Parks und Gärten in dem Stadtteil auf.

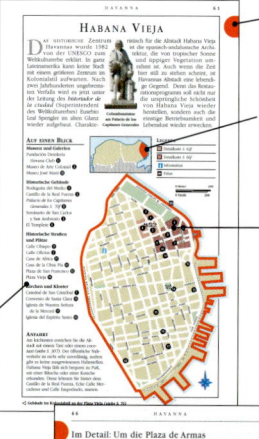

Alle Seiten über Havanna haben eine rote Farbkodierung.

Eine Orientierungskarte zeigt die Lage des Stadtteils, in dem man sich befindet.

1 Stadtteilkarte
Alle im jeweiligen Kapitel beschriebenen Sehenswürdigkeiten sind auf der Karte nummeriert und, sofern Sie in der Innenstadt liegen, im Kartenteil Havanna (siehe S. 118ff) eingezeichnet.

2 Detailkarte
Ein Blick aus der Vogelperspektive zeigt ihnen die wichtigsten Sehenswürdigkeiten.

Sterne markieren die bedeutendsten Sehenswürdigkeiten.

Die Routenempfehlung schlägt einen Spaziergang vor, der an den interessantesten Punkten des Viertels vorbeiführt.

3 Detailinformationen
Die wichtigsten Sehenswürdigkeiten Havannas sind gesondert beschrieben. Jeder Eintrag enthält zudem Adressen, Telefonnummern, Öffnungszeiten und andere wichtige praktische Hinweise.

1 Einführung
Hier werden Landschaft, Charakter und Geschichte einer Region beschrieben. Außerdem wird gezeigt, wie sie sich im Laufe der Geschichte entwickelt und welche Sehenswürdigkeiten sie zu bieten hat.

FÜHRER DURCH DIE REGIONEN
Neben Havanna ist die Beschreibung Kubas in vier Kapitel unterteilt: Westkuba, Zentralkuba – Westen, Zentralkuba – Osten und Ostkuba.

2 Erlebniskarte
Die Erlebniskarte zeigt das Straßennetz und eine illustrierte Übersicht der gesamten Region. Alle Sehenswürdigkeiten sind nummeriert, und Sie finden Tipps für die Erkundung des Gebiets mit dem Auto oder öffentlichen Transportmitteln.

Die Farbkodierung
erleichtert das Auffinden von Regionen.

3 Detaillierte Informationen
Alle bedeutenden Orte und Sehenswürdigkeiten werden einzeln beschrieben. Die Reihenfolge entspricht der Nummerierung auf der Regionalkarte. Zu jedem Ort gibt es detaillierte Informationen über die wichtigsten Sehenswürdigkeiten.

Die Infobox
enthält praktische Informationen, die für einen Besuch hilfreich sind.

Kästen bieten Hintergrundinformationen zur Region: führende Persönlichkeiten, Legenden, historische Ereignisse, Fauna und Flora oder Besonderheiten.

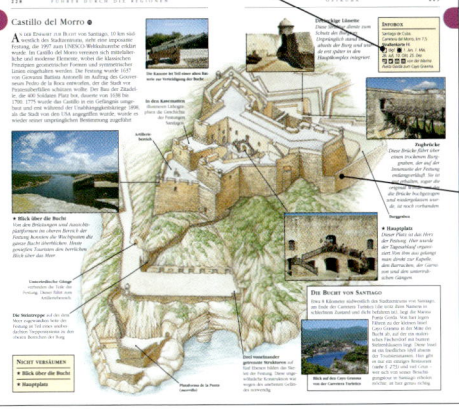

4 Hauptsehenswürdigkeiten
Historische Gebäude werden im detaillierten Aufriss gezeigt, mit dem Sie die interessantesten Gebäudeteile oder Ausstellungsstücke finden, die wiederum mit Fotos erläutert sind.

Kuba stellt sich vor

Kuba auf der Karte

UMSPÜLT VOM ATLANTIK, dem Karibischen Meer und dem Golf von Mexiko ist Kuba die größte Insel der Großen Antillen. Sie liegt direkt unterhalb des Nördlichen Wendekreises und ist nur 180 km von Florida und 210 km von Mexiko entfernt. Die Distanz zu Haiti beträgt knapp 80 km und zu Jamaica 140 km. Kuba besteht nicht nur aus einer einzigen Insel, sondern aus einem ganzen Archipel mit einer Gesamtfläche von 110 922 Quadratkilometern. Die längliche Hauptinsel erstreckt sich von Westen nach Osten und ist rund 1 250 km lang und durchschnittlich 100 km breit. Ihr sind fünf Inselgruppen vorgelagert: Colorados, Sabana, Camagüey, Canarreos und Jardines de la Reina. Diese setzen sich aus Tausenden von *Cayos* (kleinen Inseln) zusammen. Am größten ist die Isla de la Juventud. Kuba hat rund 11 Millionen Einwohner, von denen allein 2,5 Millionen in der Hauptstadt Havanna leben.

VEREINIGTE STAATEN VON AMERIKA

Archipiélago de los Colorados

Jardines

Archipiélago de Sabana

HAVANNA

Marina Hemingway

Santa Cruz del Norte

Varadero

Cárdenas

Mariel

KUBA

MATANZAS

Sagua la Grande

Remedic

PINAR DEL RÍO

Batabanó

SANTA CLARA

San Juan y Martínez

San Luis

Jagüey Grande

Australia

Playa Larga

CIENFUEGOS

SANCTI SPÍRITUS

Nueva Gerona

La Fé

Trinidad

Isla de la Juventud

Archipiélago de los Canarreos

Große

0 Kilometer   75
0 Meilen   75

HAVANNA

Florida-Straße

Santa María del Mar

Cojímar

Tarará

Bucht von Havanna

Casablanca

Regla

Minas

Guanabacoa

GRAND CAYMAN

Embalse Bacuranao

Marianao

Santa Fé

Arrojo Naranjo

Santa María del Rosario

San Francisco de Paula

El Cano

Fontanar

Embalse Ejército Rebelde

Wajay

Las Guásimas

Punta Brava

Rancho Boyeros

0 km   4
0 Meilen 4

◁ **Wandmalerei an der Ecke der Calle Heredia zur Calle Clarín, Santiago de Cuba**

BAHAMAS

ANDROS

VEREINIGTE STAATEN
VON AMERIKA

ATLANTISCHER
OZEAN

MEXIKO

BAHAMAS
Havanna
ANDROS
KUBA
JAMAIKA
HAITI
DOMINIKANISCHE
REPUBLIK
PUERTO
RICO

PAZIFISCHER
OZEAN

BELIZE
GUATEMALA HONDURAS
EL SALVADOR NICARAGUA
COSTA RICA PANAMA

VENEZUELA

KOLUMBIEN

ECUADOR

BRASILIEN

PERU

0 Kilometer 900

0 Meilen 900

d e l   R e y

Archipiélago de Camagüey

BAHAMAS

Morón

atibonico

CIEGO
DE ÁVILA

Florida

Nuevitas

ATLANTISCHER

OZEAN

CAMAGÜEY

Sibanicú

Gibara

Guáimaro

LAS TUNAS

HOLGUÍN

Jardines de la Reina

Mayarí

BAYAMO

Contramaestre

Baracoa

Manzanillo

Yara

Palma Soriano

GUANTÁNAMO

Imías

Pilón

El Cobre

Caimanera

San Antonio
del Sur

SANTIAGO
DE CUBA

A n t i l l e n

JAMAIKA

LEGENDE

Internationaler Flughafen

Fährhafen

Schnellstraße

Hauptstraße

Eisenbahn

Staatsgrenze

Innerstaatliche Grenze

EIN PORTRÄT KUBAS

D ENKT MAN AN KUBA, *hat man spontan Zuckerrohr, Palmen und glasklares Wasser vor Augen. Doch die Insel bietet mehr als das: Hier ist eine tief verwurzelte, vielschichtige Kultur zu spüren, mit alten Traditionen und gleichzeitig modernen intellektuellen Strömungen. Ein pulsierendes Land voller Musik und Farbe, das trotz der wirtschaftlichen Probleme seine Identität bewahrt hat.*

Kuba verdankt sein besonderes Flair nicht zuletzt den geografischen Gegebenheiten. Die Insel wird aufgrund ihrer günstigen strategischen Lage zwischen Nord- und Südamerika am Golf von Mexiko auch »key of the gulf« (»Schlüssel zum Golf«) genannt. Kuba war bereits zu Beginn der Kolonialisierung ein Knotenpunkt. So ist es nicht verwunderlich, dass sich die damalige Bevölkerung aus europäischen Siedlern, einigen wenigen überlebenden indianischen Ureinwohnern und Tausenden von schwarzafrikanischen Sklaven zusammensetzte.

Das kubanische Wappen

Bis zur Abschaffung der Sklaverei 1886 war Kubas Kultur von der Kolonialmacht Spanien geprägt, teilweise durchsetzt mit Einflüssen der Seeleute und Reisenden. Im Verborgenen jedoch gelang es den afrikanischen Sklaven, ihre Lieder, Instrumente und Tänze zu bewahren, der lokalen Küche neue Gewürze und Geschmacksnuancen beizumengen und weiterhin ihren Yoruba-Göttern zu huldigen *(siehe S. 20f).*

So entstand ein ethnisches Mosaik aus Weißen, Schwarzen, Mulatten, Mestizen und Asiaten. Im 19. Jahrhundert bildete sich in Havanna eine chinesische Gemeinschaft. Dieses Mosaik übertrug sich auch auf die Kultur: Das Nebeneinander von völlig unterschiedlichen Traditionen gibt Kuba auch heute noch eine ganz eigene Identität: die kubanische.

In Kuba sitzt man gerne auf einen Plausch vor der Haustür zusammen

◁ Kubanische Schüler – ein schönes Bild der ethnischen Vielfalt Kubas

Domino, ein Nationalspiel

LEBENSART
Kubaner gehen allgemein gerne aus und sind sehr gesellig. Ihre Haustüren stehen immer offen, auch für einen Plausch bei einem Glas Rum oder einer Tasse Kaffee. Es gibt keine klare Grenze zwischen dem Zuhause und der Straße: Man unterhält sich von einem Balkon zum anderen oder auf den Stufen vor dem Haus.

Aufgrund der tropischen Temperaturen kann der ganze Tag im Freien verbracht werden,

Drei Straßenmusiker

was die Kubaner gerne nutzen, um sich lauthals und fröhlich zu unterhalten, Domino zu spielen, zu flirten, mit dem Fahrrad Runden zu drehen oder einfach nur zusammenzusitzen. Die Seele der Insel ist die Musik, und man hört sie überall. Spanische Melodien gepaart mit dem hypnotisierenden Rhythmus der afrokubanischen Perkussionsinstrumente, die religiös und mitreißend zugleich sind, gehören einfach zum täglichen Leben, ebenso das Tanzen. Jeder noch so kleine Ort in Kuba hat eine Casa de la Trova, die zur

Tradition geworden ist. Hier tanzen Jung und Alt zur Livemusik einheimischer Bands. Getanzt werden darf in Kuba überhaupt immer. Es gibt auch jederzeit einen Grund zu feiern. Eines der offiziellen Feste ist die Einführung der Debütantinnen in die Gesellschaft. Neben der ausgeprägten Lebensfreude ist ein starkes Familienbewusstsein ein charakteristisches Wesensmerkmal der Kubaner. So verbringen sie viel Zeit zu Hause mit der Familie, vor dem Fernseher oder bei einem Plausch im Schaukelstuhl.

POLITISCHES SYSTEM
Für die aktuelle Verfassung der Republik Kuba stimmten 1976 97,7 Prozent der Stimmberechtigten. In Kuba darf mit 16 Jahren gewählt werden. Mit der Verfassungsreform 1992 kam es zu zahlreichen Neuerungen (u. a. Garantien für ausländische Investoren, mehr Spielraum im internationalen Handel, mehr Religionsfreiheit und allgemeines Wahlrecht für Direktwahlen der Abgeordneten des Volkskongresses). Laut Verfassung ist Kuba eine sozialistische Republik mit dem Volkskongress als oberstem Staatsorgan. Der Volkskon-

Debütantinnen werden wie Bräute gekleidet

Fidel Castro, der Líder Máximo, bei einer Kundgebung auf der Plaza de la Revolución

gress entspricht dem Parlament und wird alle fünf Jahre gewählt. Der Kongress wiederum wählt den Staatsrat, den Ministerrat, den Staatsratsvorsitzenden (dieser ist gleichzeitig Staats- und Regierungschef) sowie die Richter des Obersten Gerichtshofs. Zusätzlich gibt es die Volksräte der Provinzen und Gemeinden, die Sprach-rohre der Bevölkerung. Die Kommunistische Partei Kubas (PCC) ist die einzige Partei des Landes. Sie kann von Gesetzes wegen keine Kandidaten bestimmen, so dass diese von den Bürgern direkt gewählt werden. In jüngster Zeit entstanden zahlreiche sozialistische Verbände, denen die meisten Bürger angehören. So gibt es Verbände für junge Leute (UJC),

Politische Reklame
an der Carretera Central

Kinder (UPCJM), Frauen (FMC), Studenten (FEU), Handelsunionen (CTC) oder private Kleinbauern (ANAP). Der größte Verband setzt sich aus den zahlreichen Kommitees zur Verteidigung der Revolution (CDR) zusammen, die 1960 gegründet wurden und deren Ziele heute v. a. die Sicherung des Landes sowie soziale Dienste sind.

Trotz der strengen Führung der Castro-Regierung ist der Nationalstolz in Kuba sehr ausgeprägt, was auch auf das US-Embargo zurückzuführen ist. Fidel Castro wird noch immer von vielen als charismatischer Leitwolf gesehen. Die zur Revolution eingeführten sozialen Reformen finden allgemeine Beachtung und Bestätigung. Es bleibt abzuwarten, ob und wie stark westliche Einflüsse das Land langfristig beeinflussen werden.

WIRTSCHAFT

Der stärkste Wirtschaftsfaktor Kubas ist der Tourismus. 1980 wurde die Insel für ausländische Touristen geöffnet. Damit kamen anstelle der bisher zahlreichen Osteuropäer mehr und mehr Touristen aus westlichen kapitalistischen Ländern nach Kuba – und mit

Kubanische Fahnen bei einer Kundgebung

Varadero, einer der beliebtesten Urlaubsorte Kubas für Touristen aus aller Welt

ihnen harte Währungen, insbesondere der US-Dollar. Die Entscheidung, die natürlichen und architektonischen Vorzüge des Landes durch Investitionen auf ein gewisses Niveau zu bringen, war für die kubanische Wirtschaft ein wichtiger Schritt. Sie brachte jedoch auch große Veränderungen im sozialen Bereich mit sich. Millionen von Menschen begannen, sich nach über dreißigjähriger Halbisolation an westeuropäischen und nordamerikanischen Maßstäben zu messen. Noch immer konnte keine befriedigende Lösung für das umständliche duale System des kubanischen *peso* und des US-Dollar, eine Folge des Tourismusbooms, gefunden werden.

Beliebtes Holzgefährt auf drei Rädern

Ein weiterer wichtiger Wirtschaftsfaktor Kubas ist der Rohrzucker: Kuba zählt mit seinen 156 Zuckerfabriken zu den weltweit führenden Exportländern für Zucker.

BILDUNG UND KINDER

Der Schriftsteller und Dichter José Martí, der zu einem Held der nationalen Unabhängigkeit wurde *(siehe S. 45)*, schrieb einmal, Bildung sei der einzige Weg zur Freiheit. Die kubanische Revolution hat dieses Motto nicht vergessen und die kostenlose staatliche Ausbildung stark gefördert. Dank der groß angelegten Alphabetisierungskampagne im Jahr 1961 *(siehe S. 52)* konnte der Analphabetismus innerhalb kurzer Zeit praktisch völlig beseitigt werden. Heute können die meisten Insulaner, von denen die Hälfte unter 30 (also nach der Revolution geboren) ist, die offizielle Landessprache Spanisch lesen und schreiben. Sie beherrschen teilweise auch Fremdsprachen.

Auf den Programmen der landesweiten Casas de la Cultura (Kulturzentren) stehen Ausstellungen, Theateraufführungen und sogar Tanzabende. Das Wohl der Kinder wird in der

Maschinen zur Zuckerrohrernte

kubanischen Bildungspolitik groß geschrieben: Die Regierung hat viel in die jüngeren Generationen investiert und ist besonders vorbildlich, was den Schutz von Kindern anbelangt. Sie werden vor Ausbeutung und Kinderarbeit bewahrt, die in vielen Ländern Lateinamerikas und der Dritten Welt an der Tagesordnung sind. In Kuba hat jedes Kind Anspruch auf einen Kindergartenplatz, den Besuch einer Tagesschule, auf Bildung, Sportunterricht und Freizeitaktivitäten. Diese meist guten Leistungen sind grundsätzlich kostenlos.

GESUNDHEIT

Die Gesundheitsversorgung des Landes kann sich mit den großen Industrienationen durchaus messen. Es wurde gewaltig investiert – in ein breites Netz von Krankenhäusern und Arztpraxen, kostenlose Medikamente sowie Prävention – durch die landesweite Impfung von Kleinkindern und Kindern konnten viele Krankheiten eliminiert werden – und medizinische Forschung. Kuba hat die geringste Kindersterblichkeit und die höchste Lebenserwartung von ganz Lateinamerika. Die Gesundheitsversorgung, die ausnahmslos kostenlos ist, ist trotz der wirtschaftlichen Schwierigkeiten hervorragend. Aufgrund hoch qualifizierter Ärzte und den geringen Kosten bei Therapien und Krankenhausaufenthalten hat sich die Insel zu einem Zentrum für »Gesundheitstourismus« entwickelt: Zahlreiche Patienten kommen aus allen Teilen der Erde nach Kuba, insbesondere für Haut- und Stressbehandlungen.

Javier Sotomayor, der bei den Olympischen Spielen 1992 die Goldmedaille im Hochsprung gewann

SPORT

Körperliche Ertüchtigung wurde von der Regierung von jeher über umfangreiche Sportprogramme und Sportschulen gefördert, in denen junge Talente die Chance erhalten, sich einen Namen zu machen. So ist das sportliche Niveau hoch und Kuba stellt viele Olympiasieger. Nationalsport ist Baseball (die kubanische Mannschaft zählt zu den besten der Welt), weitere beliebte Sportarten sind Leichtathletik, Volleyball, Basketball und Boxen. Zu den großen Vorbildern gehören der Boxer Kid Chocolate (1910 bis 1988), der Hochsprung-Olympiasieger Javier Sotomayor, Ana Fidelia Quirot, Weltmeisterin im 800-Meter-Lauf 1995 und 1997, sowie Ivan Pedroso, Weitsprung-Olympiasieger von Sydney 2000 und Weltmeister von Edmonton 2001.

Boxtraining in einer Turnhalle in Havanna

Landschaft, Flora und Fauna

Die Erdkrabbe ist in Sümpfen zu Hause

DER KUBANISCHE DICHTER Nicolás Guillén verglich seine Heimat einmal mit einem grünen Krokodil mit Augen aus Stein und Wasser. Aus der Luft betrachtet scheint die längliche Insel in der Tat träge im karibischen Meer zu dümpeln, bedeckt mit üppigem Grün und durchsetzt von Flüssen. Die vorgelagerten Inseln und Korallenriffe schimmern im tiefblauen Meer. Das Hinterland Kubas reicht von weitläufigen Ebenen roter Erde bis zu den *Mogotes*-Felsen von Viñales, von Wüstenkakteen bis zu tropischen Regenwäldern. 22 Prozent sind Naturschutzgebiet. Viele der allesamt ungiftigen Tierarten gibt es nur auf Kuba.

Korallenriffe mit ihrem eigenen Ökosystem *(siehe S. 143)*

BERGE
Die höchsten Gebirge der Insel sind die Sierra de los Órganos im Westen, die Sierra del Escambray im Zentrum und die Sierra Maestra mit dem Pico Turquino (1 974 m), dem höchsten Gipfel der Insel, im Südosten. An den Berghängen sieht man Laub-, Kiefer- und Pinienwälder, tropische Pflanzen und zahlreiche Kaffee- und Kakaoplantagen.

FLACHLAND
Über die gesamte Insel erstrecken sich weite Ebenen, doch sie dominieren besonders im Zentrum (Matanzas, Sancti Spíritus und Camagüey) und in der Gegend von Pinar del Río. Das Land ist fruchtbar, es wachsen vor allem Zuckerrohr, Palmen, Mangobäume und Zitrusfrüchte; der Rest ist Weideland.

Carpintero *(Zimmermann) ist der kubanische Name des Spechts, der in Baumstämmen nistet.*

Cartacuba *(Todus multicolor), eine winzige, nur auf Kuba heimische Gattung mit farbenprächtigem Gefieder.*

Tiñosa *oder Rabengeier mit ihrem unverkennbaren roten Kopf sind nützliche Aasvernichter.*

Kubreiber *folgen Rindern und ernähren sich von Insekten, die aufgewirbelt werden oder auf deren Rücken sitzen.*

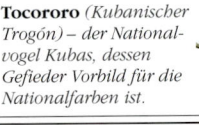

Tocororo *(Kubanischer Trogón) – der Nationalvogel Kubas, dessen Gefieder Vorbild für die Nationalfarben ist.*

Der Agraulis vanillae *gehört zu den 190 Schmetterlingsarten Kubas, von denen 30 nur auf der Insel heimisch sind.*

FLORA

Die Pflanzenwelt Kubas ist von einer Vielfalt an Palmen *(siehe S. 169)*, Kiefern und Pinien im Gebirge und Kapokbäumen im Flachland geprägt. Der *Yagruma* mit seinen breiten dunkelgrünen und silbrigen Blättern ist ebenfalls weit verbreitet. Die drei wichtigen Harthölzer sind Mahagoni, Zeder und *Majagua*. Die üppige grüne Vegetation erhält viele farbige Akzente durch Hibiskus, Bougainvillea und den Flamboyant. Auch wachsen hier zahlreiche Orchideen sowie die Mariposa, Kubas Nationalblume.

Ein *Flamboyán* oder Flamboyant

Der Kapokbaum, ein Heiligtum der präkolumbischen Völker

Mariposa, die Nationalblume

SUMPFGEBIETE

Im südlichen Teil der Insel gibt es besonders viele Lagunen und Sümpfe. Dort sieht man Mangrovenbäume, die den zahlreichen Vogelarten als Nistplatz dienen. Größtes Sumpfgebiet ist der Zapata-Sumpf in der Provinz Matanzas *(siehe S. 162)*.

Flamingos *leben in den Brackwassern zwischen Cayo Coco und Zapata.*

Der schwarze Falke (Buteogallus anthracinus gundlachi) *ernährt sich von Krabben. Er kommt nur auf Kuba vor.*

Mangroven *entwickeln ein kompliziertes Wurzelsystem. Diese Luftwurzler beherbergen eine Vielzahl verschiedener Vögel und Fische.*

REGENWALD

Die ostkubanische Bergkette Sagua-Baracoa ist durch den Einfluss der Passatwinde eine der biologisch artenreichsten Gegenden der Karibik. Die starken Regenfälle führen zu einer üppigen Vegetation.

Der kleine Zunzuncito*, der kleinste Kolibri der Welt, lebt in geschützten bzw. baumreichen Gegenden, z.B. auf der Halbinsel Zapata.*

Die Anolis*-Eidechse lebt in den Wäldern Kubas. Sie kann bei Gefahr ihren Kehlsack aufblähen.*

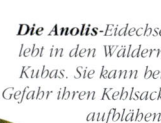

Die Schnecke **Polymita picta** *kommt ausschließlich im Baracoa-Gebiet vor. Sie hat ein auffällig buntes Schneckenhaus und ernährt sich von Pflanzenparasiten.*

Santería

AUF KUBA TRIFFT MAN AUF verschiedene Religionen, was in der Geschichte der Insel begründet liegt. Sowohl der Katholizismus der spanischen Eroberer als auch die von den Sklaven eingeführten afrikanischen Kulte haben überlebt. Von den afrikanischen Glaubensrichtungen ist vor allem der Santería-Kult verbreitet, auch Regla de Ocha genannt. Um ihren Göttern weiter huldigen zu können, verschmolzen die aus Nigeria stammenden Yoruba-Sklaven die Identität ihrer Götter mit katholischen Heiligen. Im Laufe der Jahre haben sich die beiden Religionen mehr oder weniger vermischt. Der orthodox katholische Glaube ist heute nicht sehr verbreitet, während der Santería-Kult Teil der nationalen Identität ist.

Die batá, drei kegelförmige Trommeln in verschiedenen Größen und mit zwei Häuten, dürfen bei Santería-Zeremonien nicht fehlen.

Die Krone von Changó, dem König der *orishas*

Rituale finden meist in Privathäusern statt (Santería hat keine Kultstätten). Die Riten sind von animistischer Spiritualität, beinhalten jedoch auch Elemente, die teilweise stark an den Katholizismus erinnern.

Changó liebt frisches Obst, besonders Bananen

Santeros *und* Babalawos, *die Santería-Priester, sagen die Zukunft voraus; dabei lesen Santeros aus Muscheln. Babalawos erhalten göttliche Eingebung mithilfe von Steinen, Muscheln, Samen und Kokosnussschalen.*

Agogós (traditionelle Rasseln), Maracás und Glocken werden während der Lobpreisungen eingesetzt.

EIN ALTAR FÜR CHANGÓ

An den Festtagen werden von den Gläubigen Altare aufgestellt – so zum Beispiel zum »Geburtstag des Heiligen« (Initiationstag) – und mit den Merkmalen des Gottes dekoriert, dem sie gewidmet sind. Sie enthalten auch Elemente anderer *orishas*, wie zum Beispiel Kleidung, Devotionalien, Blumen oder Obst.

ORISHAS

Der höchste Santería-Gott ist Olofi, der Schöpfer, ähnlich dem christlichen Gott, jedoch ohne Kontakt mit der Erde. Die Götter, die zwischen ihm und den Gläubigen vermitteln, sind die *orishas*, die ihre Gebete hören. Jede *orisha* hat eine Farbe, Symbole und ein Ritual, das man an der Art des Tanzes, der Musik und der Kostüme erkennt: Ochún beispielsweise trägt gelbe Kleidung und mag Honig, helle Getränke und Geigen.

Obbatalá ist ein Zwitterwesen und Beschützer des Kopfes sowie der höchste Mittler zwischen Olofi und der Menschheit.

Ochún, die Göttin der Liebe, lebt in Flüssen und entspricht der Virgen del Cobre (siehe S. 217).

Der angehende Priester (santero) *muss sich eine Woche lang intensiven Initiationsriten unterziehen, sich ein Jahr lang in Weiß kleiden und strenge Verhaltensmaßregeln befolgen.*

Axt und Schwert sind Changós kriegerische Merkmale.

Die batea ist ein Behälter aus Holz, gefüllt mit organischen Stoffen, in dem der Geist des Gottes wohnt. Nur der *santero* darf ihn öffnen.

Der pilón ist ein großer hölzerner Kelch, auf dem der *santero* in der Initiationswoche sitzt und der als Huldigungsobjekt aufbewahrt wird.

Diverse Gegenstände – *christliche, weltliche und persönliche* – *finden sich auf Santería-Altaren wieder: hier drei Madonnen mit Plastikpferden.*

Elegguá ist der erste Gott, dem bei einer Zeremonie gehuldigt wird. Er wird durch einen Steinkopf mit Augen aus Muscheln dargestellt und für gewöhnlich hinter die Eingangstür gestellt.

Frische Blumen werden grundsätzlich auf die Altare der *orishas* gestellt: rote für Changó, gelbe für Ochún und weiße für Obbatalá.

Kerzen

Ein Geschenkkorb wird während der Zeremonien aufgestellt. Das Geld wird für Huldigungsobjekte verwendet.

ANDERE AFROKUBANISCHE RELIGIONEN

Von den in Kuba praktizierten afrikanischen Kulten sind noch zwei weitere erwähnenswert: Palo Monte (oder Regla Mayombé), bei dem Kräuter und andere natürliche Elemente für magische Zwecke verwendet werden, und Abakuá, eine Art Gesellschaft der gegenseitigen Hilfe (nur für Männer). Palo Monte kam über Bantu sprechende afrikanische Sklaven aus dem Kongo, Zaire und Angola nach Kuba und basiert auf dem Totenkult. Die *paleros* (Gläubigen) haben teils makabre Riten mit Tendenz zur schwarzen Magie. Der Abakuá-Kult stammt aus einer Region zwischen Nigeria und Kamerun. Zu Tanz und Musik sind dessen Anhänger als Teufel verkleidet. Diese *diablito*-Gestalt ist heute Teil der kubanischen Folklore.

Ein typischer *diablito* des Abakuá-Kults

Yemayá, Göttin des Meeres und Mutter der orishas, *trägt Blau. Sie kann sowohl sanftmütig als auch zornig sein und entspricht der Virgen de Regla (siehe S. 112).*

Changó ist der männliche und sinnliche Gott des Feuers und des Krieges. Er tanzt gern und kommuniziert mit St. Barbara.

Architektur in Kuba

ORMALE ARCHITEKTUR hielt in Kuba mit der Kolonialzeit Einzug. Im 16. Jahrhundert konzentrierte
sich alles auf die Erbauung imposanter Festungen;
es folgten die ersten Häuser im *mudéjar*-Stil, welche
die einfachen Holzhütten durch Steinhäuser mit Ziegeldächern ersetzten. Das 18. Jahrhundert war das goldene Zeitalter der städtischen Architektur mit dem aus
Europa importierten Spätbarock, der im 19. Jahrhundert
klassizistischen Bauwerken Platz machte. Auf die für
das *fin de siècle* typischen Stilmischungen folgte 1900
bis 1930 die Art-déco-Architektur, ein Vorreiter der
Wolkenkratzer der 1950er Jahre. Die Ära nach 1959 ist
geprägt von hässlichen Plattenbauten.

Innenhöfe – *typisch für Kolonialarchitektur und Zentrum
des häuslichen Lebens; hier
Conde de Jarucos Wohnhaus
in Havanna (siehe S. 76).*

17. JAHRHUNDERT
Die tropischen Temperaturen und starken Regenfälle haben die
einheimische Architektur stark beeinflusst. Zahlreiche Privathäu-
ser hatten dicke Wände, Ziegeldächer und Fensterläden.

**Typisches Holzdach in der
Calle Tacón 4 in Havanna**

**Hölzerne Balustraden
mit schmalen Säulen**

**Schrägdach aus
Tonziegeln**

*Das Haus in der Calle Obispo
117–19 (S. 72) mit seinem charakteristischen Innenhof und Holzbal-
konen zeigt den starken spanischen
Einfluss auf die Struktur und die
angewandte Bautechnik.*

18. JAHRHUNDERT
Häuser mit Innenhof wurden aufgestockt, mehr Häuser
wurden gebaut und es entstanden einige Glanzpunkte
städtischer Architektur. In Havanna sind das u. a. der
Palacio de los Capitanes Generales (S. 70f), der Palacio
del Segundo Cabo (S. 66) und die Catedral de San Cristóbal (S. 64). Aber auch Trinidad hat zahlreiche Kolonialbauten aus dem 18. Jahrhundert.

**Mezzanine, ein Strukturelement aus
dem 18. Jahrhundert**

Die Arkade im Erdgeschoss als
Gegenstück zum Innenhof war eine
Innovation des 18. Jahrhunderts. Mit
dem wachsenden Handel und Wohlstand wohnte in solchen Häusern vermehrt Dienstpersonal, das im unteren
Teil untergebracht war.

Buntglasfenster

Bögen, getragen von
Säulen und Pilastern,
sind charakteristisch für
Gebäude dieser Epoche.

Kalksteinfassade

*Der Palacio de los
Capitanes Generales
ist typisch für den kuba-
nischen Barock, mit
dicken Steinmauern,
zahllosen Bögen, Säulen,
Portiken und Balkonen
sowie einem großen
Innenhof mit dichter
Vegetation.*

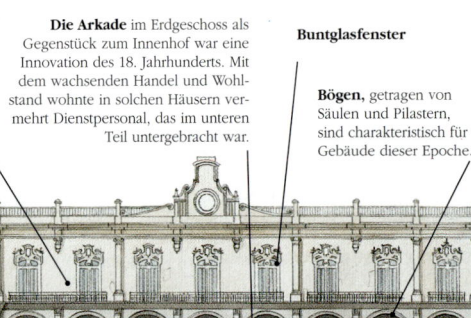

Elegantes geschwungenes *mediopunto*-Fenster

MEDIOPUNTO

Diese Buntglasfenster entstanden Mitte des 18. Jahrhunderts, um Räume vor dem tropischen Sonnenlicht zu schützen. Mediopunto-Fenster wurden immer populärer, nachdem man in 19. Jahrhundert begonnen hatte, Fenster mit Glas in Holzrahmen zu dekorieren. Die anfangs geometrischen Motive wichen später denen der heimischen Flora und Fauna.

19. JAHRHUNDERT

Zahlreiche Portiken mit Säulen und Stürzen, schmiedeeiserne Balustraden und Dekorationen aus der klassischen Antike und der Renaissance sind die charakteristischen Merkmale der klassizistischen kubanischen Architektur des 19. Jahrhunderts. Fensterläden und -gitter sorgten für bessere Luftzirkulation (was ursprünglich die Funktion des Innenhofs war). Typische Gebäude für diesen Baustil sind der Palacio de Aldama in Havanna *(S. 84)* und das Teatro Sauto in Matanzas *(S. 154)*.

Schmiede- oder gusseiserne Gitter

Fensterläden und *mediopuntos* dienen als Schutz vor dem Sonnenlicht.

Ionische Pilaster

Der Palacio de Aldama, 1840 von Manuel José Carrera im Auftrag von Don Domingo de Aldama entworfen, ist das bedeutendste klassizistische Gebäude Havannas. Ganz ohne barocke Schnörkel spiegelt er die Geradlinigkeit und Reinheit der klassischen Architektur wider.

Dorische Säulen

Im Portikus ersetzt der Sturz den Bogen.

ÜBERGANG VOM 19. ZUM 20. JAHRHUNDERT

Der architektonische Wert kubanischer Städte rührt von der Mischung verschiedener Stile her. Beispiele dafür sind der neomaurische Palacio de Valle in Cienfuegos *(S. 166)*, das Capitolio in Havanna *(S. 82f)* oder die Calle 17, Havannas so genannte »Millionärszeile« mit prachtvollen Gebäuden wie der 1926 erbauten Casa de la Amistad *(siehe S. 99)*.

Detail der Fassade des Palacio Guasch, Pinar del Río *(S. 136)*

Der Palacio de Valle in Cienfuegos, ein Entwurf des venezianischen Architekten Alfredo Colli für Acisclo del Valle (1912), vereint maurische und venezianische gotische Elemente mit Anspielungen auf Beaux-Arts-Formen – ein typisches Beispiel für die Kombination verschiedener architektonischer Motive und Elemente.

20. JAHRHUNDERT

Zu Beginn des 20. Jahrhunderts entstanden einige Gebäude im Jugendstil und im Stil des Art déco. Sie ebneten so der urbanen Entwicklung den Weg, die sich in den 1950er Jahren in Havanna vollzog. In diesem Zeitraum wurden sehr hohe, moderne Wolkenkratzer errichtet, ebenso Hotels wie das Riviera oder das Habana Libre (später umbenannt in Habana Hilton, S. 98). Parallel dazu entwickelte sich ein Stil, der an die Architektur des Rationalismus erinnert.

Das Edificio Bacardí (1930) in Havanna (von E. Rodríguez, R. Fernández und J. Menéndez) ist mit seiner Verkleidung aus Granit und Sandstein sowie Tonmotiven ein prachtvolles Beispiel für Art déco.

Malerei in Kuba

DIE GESCHICHTE DER KUBANISCHEN MALEREI kann in drei grundlegende Epochen unterteilt werden. Die erste begann 1818 mit der Gründung der Akademie der Schönen Künste San Alejandro durch Jean-Baptiste Vermay, einen französischen klassizistischen Maler. Die zweite setzte in den 1930er Jahren ein. Dank großartiger Künstler wie Wifredo Lam, René Portocarrero und Amelia Peláez entstand zu dieser Zeit unter dem Einfluss der europäischen Avantgarde-Bewegung eine universell verständliche Kunstform mit Besinnung auf die kubanische Identität. In der dritten Epoche (ab 1959) entstanden als Teil eines Kunstförderprogramms die Nationale Kunstschule und das Institut für fortgeschrittene Kunststudien. Junge Maler finden mittlerweile internationale Beachtung, nicht zuletzt aufgrund von Veranstaltungen wie der Biennale von Havanna.

Víctor Manuel García, einer der Väter der modernen kubanischen Kunst, schuf 1929 die archetypische Gitana Tropical.

Wifredo Lam (1902–1982) lebte zeitweise in Europa und arbeitete mit Pablo Picasso in Paris zusammen. Er entwickelte eine die Landesgrenzen überschreitende neue Bildersprache. Zu seinen außerordentlichen Werken zählen La Jungla, *das heute im Museum of Modern Art New York hängt,* La Silla (siehe S. 93) *und das hier abgebildete* Die Dritte Welt (1966), *das die Elemente der kubanischen Religionen dramatisch beleuchtet.*

Amelia Peláez (1897–1968) vermischte Stillleben mit den dekorativen Elementen der kubanischen Kolonialarchitektur wie Buntglas und Säulen, wie hier in Innenraum mit Säulen (1951).

René Portocarrero (1912–1986) brachte das Wesen Kubas durch eine barockähnliche Sicht der Stadt zum Ausdruck. Er malte Innenräume und Frauenfiguren, wie hier in Interno del Cerro (1943). *Er verwendete kräftige Farben und ließ sich von der europäischen Avantgarde sowie von mexikanischen Wandmalereien inspirieren.*

Raúl Martínez *und Guido Llinás waren führende Vertreter der abstrakten Kunst, die in den 1950er und 1960er Jahren aufkam; später übernahmen sie den Pop-Art-Stil zur Darstellung der damaligen Helden, so auch hier in* Insel 70 (1970) *von Raúl Martínez.*

Alfredo Sosabravo (geb. 1930) – Maler, Illustrator, Graveur und Töpfer – befasst sich ironisch mit Natur, Mensch und Maschinen. Gemeinsam mit dem Neoexpressionisten Servando Cabrera Moreno, Antonia Eiriz, Vertreterin der Bildenden Kunst, und Manuel Mendive, der das afrikanische Erbe Kubas zum Thema hat, ist er eine Leitfigur seit den 1960er Jahren.

Flora Fong ist zusammen mit Ever Fonseca, Nelson Domínguez, Pedro Pablo Oliva, Tomás Sánchez und Roberto Fabelo eine Vertreterin der Malerei der 1970er Jahre, die sich der Abstraktion widmete, ohne die Sicht auf die objektive Realität zu verlieren. Hier ihr Werk Dimensiones del Espejo.

GRAFIK

Das Grafikdesign, das erstmals in der Kolonialzeit aufkam, in der es in der Zucker- und Tabakindustrie Verwendung fand, entwickelte sich im Laufe der Zeit mit der Gründung namhafter Zeitschriften wie *Social* zu einer unabhängigen Kunstform. Im 20. Jahrhundert entstanden durch die steigende Bedeutung des Marketing verschiedene Formen der grafischen

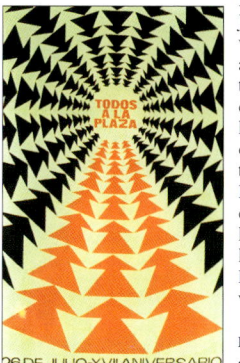

Kunst. In den 1960er Jahren, der Zeit des wachsenden Enthusiasmus für die Revolution, entwickelte sich das künstlerische Plakat zu einem natürlichen Bestandteil politischer und kultureller Kampagnen und wurde qualitativ immer hochwertiger. Noch heute sind Grafik und Plakatkunst in Kuba weit verbreitet.

Plakat von Alfonso Prieto anlässlich des 26. Juli

KERAMIK

1950 brachte der Physiker Juan Miguel Rodríguez de la Cruz führende Maler wie Wifredo Lam, René

Portocarrero und Amelia Peláez in Santiago de las Vegas nahe Havanna zusammen, um sich mit Keramikdesign zu beschäftigen. Dies war der Beginn einer neuen Kunstgattung in Kuba, die heute von Geschirr bis hin zu Skulpturen

Bemalter Teller, Keramikmuseum, Havanna

reicht und auch Einzug in die Inneneinrichtung hielt. Schöne Beispiele kubanischer Keramik sind im Museo Nacional de la Cerámica im Castillo de la Real Fuerza (S. 68) und im Hotel Habana Libre (S. 98) zu sehen.

Kubanische Literatur

BEHERRSCHENDES THEMA DER KUBANISCHEN LITERATUR war von jeher die nationale Identität. Mit der Zeit beschäftigte sie sich vermehrt mit sozialen Problemen und Realitätsfragen. Die Werke der berühmten kubanischen Autoren des 20. Jahrhunderts gelten als Klassiker und auch junge Autoren finden mehr und mehr internationale Beachtung. Die Revolution war ein goldenes Zeitalter für Veröffentlichungen, da die Produktionskosten für Bücher sehr niedrig waren. Allerdings wurde der Handel in den frühen 1990er Jahren plötzlich in eine Krise gestürzt. Viele Verlage erholen sich erst jetzt langsam von den Folgen und gewinnen ihren alten Status zurück. In Havanna findet jedes Jahr eine große internationale Buchmesse statt.

Ausdrucksstarkes Porträt des großen Lyrikers Nicolás Guillén

19. JAHRHUNDERT

DIE GEBURTSSTUNDE der kubanischen Literatur wird meist in *Espejo de Paciencia* gesehen, einem epischen Gedicht aus dem frühen 17. Jahrhundert von dem von den Kanarischen Inseln stammenden Silvestre de Balboa. Rein nationale Literatur kam erst im 19. Jahrhundert mit dem Ruf nach der Abschaffung der Sklaverei und der Unabhängigkeit auf. Die Zahl der Literaten dieser Zeit ist groß. Pater Félix Varela (1787–1853) war eklektischer Philosoph und Patriot, der ein Schriftstück verfasste über die »Notwen-

Félix Varela, Schriftsteller und Philosoph

digkeit, die Versklavung der Schwarzen auf der Insel Kuba auszurotten, was auch im Interesse ihrer Eigentümer wäre«. José María de Heredia (1803–1839) war romantischer Dichter, der das amerikanische Landleben in die Literatur der Neuen Welt einführte und aufgrund seiner nationalen Haltung in die USA bzw. nach Mexiko ausgewiesen wurde. Gertrudis Gómez de Avellaneda (1814 bis 1873), eine weitere Romantikerin, lebte lange in Spanien und verteidigte in ihrer Novelle *Sab* die schwarze Bevölkerung. Cirilo Villaverde (1812–1894) war Patriot und Autor von *Cecilia Valdés*, einem berühmten Werk des Abolitionismus, das im 20. Jahrhundert vom kubanischen Komponisten Ernesto Lecuona zu einer Operette vertont wurde. Bedeutendster Literat des 19. Jahrhunderts war jedoch der große José Martí (1853–1895), Intellektueller, Journalist und Autor, der seine nationale Ideologie in eine elegante literarische Form brachte (u. a. *Ismaelillos* und *Versos Sencillos*). Weiteres Aushängeschild der lateinamerikanischen Moderne war Julián del Casal, Vertreter der Dekadenz und des Symbolismus. Beide verstarben früh, was der innovativen Literatur ein Ende setzte.

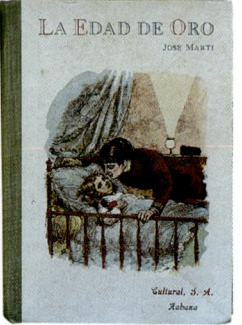

***La Edad de Oro,*
José Martís Zeitschrift für Kinder**

20. JAHRHUNDERT

DIE FÜHRENDEN VERTRETER der kubanischen Literatur des 20. Jahrhunderts waren der Lyriker Nicolás Guillén (1902–1989) und der Romancier Alejo Carpentier (1904 bis 1980), die beide, aufgrund ihrer Opposition zu Gerardo Machados Regime und ihrer harten Kritik an Batistas Diktatur gezwungen wurden, ins Exil zu gehen.

Guillén war Sprachrohr der schwarzen Bevölkerung und schrieb unter anderem über die brutalen Arbeitsbedingungen der *macheteros*, den Arbeitern auf den Zuckerrohrplantagen. Nach Castros Sieg wurde Guillén zum »Nationaldichter« erklärt. Er übernahm den Vorsitz des kubanischen Schriftstellerverbands UNEAC. Guillén lehnte seine Arbeit an die Rhythmen von Tanz und traditionellen Musikgenres wie dem *son* (siehe S. 28) an, die er in die klassische spanische achtsilbige Versform brachte. So führten Guilléns stilistische Studien zu gewagten Experimenten, z. B. in Werken wie *Songoro Cosongo, poemas mulatos* (1931).

Alejo Carpentier, Architekt,

José Lezama Lima

Musikwissenschaftler und Schriftsteller mit Blick auf die Realität in Kuba, war einer der bezeichnendsten und innovativsten Autoren der Weltliteratur des 20. Jahrhunderts. Er vermengte Fantasie und Realität, brachte dabei die Mythen seines Landes in seine Arbeit ein und sagte den Niedergang der postmodernen Novelle voraus. Zu seinen bedeutendsten Werken zählen *Explosion in der Kathedrale*, *Die verlorenen Spuren*, *Barockkonzert* und *Die Harfe und der Schatten*.

Zwei weitere Leitfiguren dieser Epoche sind der Dramatiker Virgilio Piñera (1912–1979), ein Reformer mit ausgeprägtem Sinn für experimentelles Theater, und José Lezama Lima (1910–1976), Lyriker, Romancier und Chefredakteur der Zeitschrift *Orígenes*, die von 1944 bis 1956 Werke wichtiger kubanischer Schriftsteller abdruckte. Sie wurde zu einer der bedeutendsten Publikationen Lateinamerikas. Lima ist international bekannt als Autor von *Paradiso* (1966).

Berühmte Novelle von Alejo Carpentier (1974)

Allgemein war die literarische Szene des revolutionären Kuba voll von kreativem Fieber. Erwähnenswert sind auch einige der »Veteranen«, die von den Erfahrungen der »ersten Stunde« profitierten: Eliseo Diego, Cintio Vitier, Pablo Armando Fernández und Fina García Marruz sowie die Romanciers Félix Pita Rodríguez, Mirta Aguirre und Dulce María Loynaz. Die Werke von Loynaz wurden in Kuba erst im ausgehenden 20. Jahrhundert veröffentlicht, kurz vor ihrem Tod.

Auf diese Autoren folgten die jungen Schriftsteller Miguel Barnet, Antón Arrufat, López Sacha und César López, allesamt glühende Verfechter der Revolution.

Ebenfalls eine wichtige Rolle spielt die kubanische Exilliteratur. Es gibt einige Exilautoren mit Anti-Castro-Thesen, allen voran der heute in London lebende Guillermo Cabrera Infante. Zu seinen Werken zählt u. a. *Drei traurige Tiger*.

Aufnahme von Dulce María Loynaz mit zwanzig Jahren

ZEITGENÖSSISCHE LITERATUR

Z U DEN NENNENSWERTEN zeitgenössischen Autoren zählen der Kulturminister Abel Prieto, brillanter und scharfsinniger Autor verschiedener Romane, Abilio Estévez, Dramatiker und Romancier von ausdrucksstarker Intensität mit lyrischen und visionären Nuancen, oder die Feministinnen Marylin Bobes und Mirta Yáñez. Senel Paz schrieb das Buch, das später als *Erdbeer und Schokolade* verfilmt wurde; der Krimiautor Leonardo Padura ist auch außerhalb des Landesgrenzen mit einer in Havanna spielenden Mysterie-Trilogie bekannt.

KUBANISCHES KINO

Geburtsstunde des kubanischen Kinos war 1959 die Gründung des Instituto Cubano del Arte y la Industria Cinematográficos (ICAIC). Ziel dieser Institution war die Verbreitung der Kinokultur im ganzen Land sowie die Förderung der Ausbildung von kubanischen Regisseuren, insbesondere im Bereich der Dokumentarfilme. Das Kino wurde von der revolutionären Regierung gefördert, und so erlebte es in den 1960er Jahren ein goldenes Zeitalter und hat sich seither kontinuierlich weiterentwickelt. Heute ist Havanna dank des jährlich vom ICAIC ausgerichteten Filmfestivals die Hauptstadt des lateinamerikanischen Kinos. Literaturnobelpreisträger Gabriel García Márquez ist Vorsitzender der Fundación del Nuevo Cine Latinoamericano, die auch die Filmschule Escuela Internacional de Cine in San Antonio de los Baños betreibt. Die Zahl der kubanischen Regisseure ist groß (z. B. Julio García Espinosa, Manuel Octavio Gómez oder Pastor Vega), doch sind drei Namen besonders erwähnenswert: Santiago Alvarez mit seinen beeindruckenden Dokumentarfilmen; Humberto Solás, Regisseur des Klassikers *Lucía* und von *Cecilia*; und Tomás Gutiérrez Alea, der 1993 dank *Fresa y Chocolate (Erdbeer und Schokolade)* zu Ruhm gelangte, einem Film mit Juan Carlos Tabío, der mutig die Themen Homosexualität und Andersdenken ansprach.

Logo des ICAIC

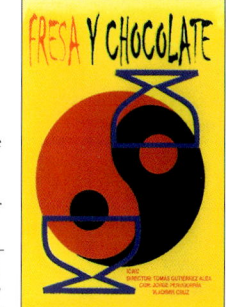

Filmplakat zu Erdbeer und Schokolade

Musik und Tanz

KUBANER MACHEN MIT ALLEM MUSIK: Zwei Holzstücke, eine leere Schachtel und eine Radfelge reichen aus, um heiße Rhythmen zu erzeugen, die jedem ins Blut gehen, ob am Strand oder auf der Straße. Kuba hat hervorragende klassische Komponisten und Interpreten, doch es ist die Musik des Volkes, eine Mischung aus spanischen Melodien und afrikanischem Rhythmus, die das musikalische Kuba ausmacht. Auf den Erfolg von Mambo und Cha-Cha-Cha in den 1950er Jahren folgte ein weltweiter Boom von *Son*, Rumba und Salsa. Auch der Tanz ist wichtiger Bestandteil des Lebens. Wenn Musiker spielen, hält es niemanden mehr auf den Sitzen – und das steckt an!

Compay Segundo, berühmter Musiker des *Son*

Salsa *ist eine spezielle Tanzmusik, die der rhythmischen Struktur von* Son *neue Klangelemente aus dem Jazz und anderen lateinamerikanischen Stilen beimischt.*

Der Gitarrist singt oft auch die zweite Stimme, während der Solist ein zusätzliches Perkussionsinstrument wie Maracas oder *Claves* spielt.

Traditionelle Maracas werden aus der Frucht des Tropenbaums *Guira* hergestellt.

Bongos

Kontrabass

Tres

SON

Son kam im 19. Jahrhundert in Kuba auf und ist eine Mischung aus afrikanischen Rhythmen und spanischen Melodien, die die gesamte lateinamerikanische Musik entscheidend beeinflusste. Anfang der 1920er Jahre wurde *Son* vermehrt in den Städten Ostkubas gespielt. Zusammen mit anderen Stilrichtungen entwickelte sich die *Trova Tradicional*, Balladen mit Gitarrenbegleitung.

MUSIKER

Ernesto Lecuona

Große kubanische Musiker des 20. Jahrhunderts sind der Pianist Ernesto Lecuona (1896–1963), Ignacio Villa und Pérez Prado, in dessen Orchester Benny Moré sang *(siehe S. 167)*. In den 1920er Jahren waren Rita Montaner und das Trío Matamoros berühmt, Santiagos Topband für *Trova*. Bekannt sind auch Sindo Garay und César Portillo de la Luz, ein Gründer der *Feeling*-Musik der 1960er. Zu den zeitgenössischen Musikern zählen der *Salsero* Issac Delgado und der afrokubanische Jazzmusiker Chucho Valdés.

Bola de Nieve *(1911–1971),* »*Schneeball*«*, lautet der Künstlername, den Rita Montaner ihrem Pianisten Ignacio Villa gab. Der Musiker mit der Reibeisenstimme komponierte und sang auch selbst Liebeslieder.*

Damaso Pérez Prado *(geb. 1922), der Mambokönig, hatte zusammen mit seinem Orchester in den 1950er Jahren internationalen Erfolg.*

Guaguancó, eine schnelle Variation des *Rumba*, schildert das Werben des Mannes um die Frau in getanzter Form. Teils in wilder oder sanfter Manier tritt dabei die Erotik zwischen den Geschlechtern zutage.

MUSIK-INSTRUMENTE

Claves

Tres

Guiro

Die Stimme war das ursprüngliche Element der Rumba, die eigentlich ein Lied ist. Die Perkussionsinstrumente, die Basis dieses Musikgenres, kamen erst später hinzu.

Eine mit Segeltuch und Muscheln verzierte *Batá*

Tumbadora oder *Conga*

Es gibt viele rein kubanische Musikinstrumente. Zu den Saiteninstrumenten zählen die *Tres*, eine kleine Gitarre mit drei Seitenpaaren, die in keiner *Son*-Kapelle fehlen darf, und die *Requinto*, eine weitere kleine Gitarre, die hoch gestimmt ist und auf der in Trios die Melodie gespielt wird.

RUMBA

Die afrikanische Seele der kubanischen Musik entwickelte sich in den Armutsvierteln als rebellische Stimme gegen Sklaverei und Rassentrennung. Sie wurde dann eine Form der politischen Satire und der Sozialkritik oder Ausdruck einer unglücklichen Liebe. *Columbia* ist ländliche Rumba im Gegensatz zu *Yambú* und *Guaguancó*, den Variationen in den Städten, mit ihren vielfältigen rhythmischen Möglichkeiten.

Typisch kubanische Perkussionsinstrumente sind die *Tumbadora*, eine große Trommel aus Holz und Leder, die mit der Hand gespielt und in allen Musikrichtungen verwendet wird, so auch im Jazz, die *Bongos*, zwei kleine runde Trommeln, die *Claves*, zwei Holzzylinder, die gegeneinander geschlagen werden, die *Guiro* aus der Frucht des Guira-Baums und die *Marímbula*, ein Tasteninstrument mit Marimbaklang.

Los Van Van dominierten über 30 Jahre lang die kubanische Musikszene. Sie sind weltbekannt für ihren eigenen Musikstil. (Sie erfanden ein neues Genre, den *Songo*.)

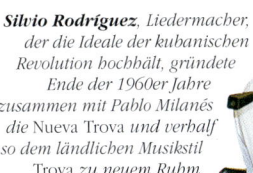

Silvio Rodríguez, Liedermacher, der die Ideale der kubanischen Revolution hochhält, gründete Ende der 1960er Jahre zusammen mit Pablo Milanés die Nueva Trova *und verhalf so dem ländlichen Musikstil* Trova *zu neuem Ruhm.*

Buena Vista Social Club, ein Kinofilm von Wim Wenders aus dem Jahr 1998, brachte mehrere über 80-jährige Interpreten des traditionellen Son *auf die Leinwand, so den Gitarristen und Sänger* Compay Segundo, *den Pianisten* Rubén González *und den Sänger* Ibrahim Ferrer.

Kubanische Zigarren

DIE ZIGARRE IST AUS DEM KUBANISCHEN Leben nicht wegzudenken – für einige repräsentiert sie gar das Wesen Kubas. Bereits die indianischen Ureinwohner rauchten Zigarren. Nach der Reise von Kolumbus wurde Tabak, der in Europa als Heilmittel angesehen wurde, nach Spanien importiert. Dennoch kamen die ersten Raucher in Haft, da man glaubte, Zigarrenrauch habe teuflische Wirkung. Doch Tabak wurde immer beliebter und später auch in andere europäische Nationen exportiert. Nach der Revolution wirkte sich das US-Embargo auch negativ auf den internationalen Handel von Zigarren *(puros)* aus. Die 1990er Jahre jedoch, in denen das Zigarrenrauchen wieder in Mode kam, ließen die Zigarrenwirtschaft erneut boomen.

Tabak (cohiba) *rauchten die kubanischen Ureinwohner bei religiösen Riten, um die Götter anzurufen. Sie inhalierten den Rauch entweder über ein Rohr namens* tabaco *oder rauchten die gerollten Blätter.*

Die *tripa, die mit Blättern gefüllte Einlage, ist das «Herz» der Zigarre. Bei handgerollten Zigarren besteht sie aus Tabakblättern, die speziell für einen bestimmten Geschmack ausgewählt werden.

Die *capa ist das Deckblatt, das die Zigarre ummantelt. Sie gibt ihr die Farbe und das samtige Aussehen.

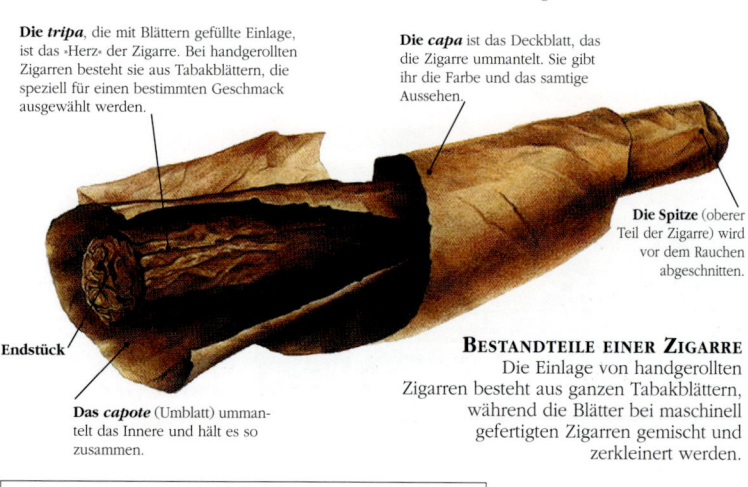

Die Spitze (oberer Teil der Zigarre) wird vor dem Rauchen abgeschnitten.

Endstück

Das *capote (Umblatt) ummantelt das Innere und hält es so zusammen.

BESTANDTEILE EINER ZIGARRE
Die Einlage von handgerollten Zigarren besteht aus ganzen Tabakblättern, während die Blätter bei maschinell gefertigten Zigarren gemischt und zerkleinert werden.

MARKEN

Momentan gibt es 32 kubanische Zigarrenmarken. Vier davon sehen Sie hier, jeweils in Darstellung ihrer *marquilla*, dem auf der Zigarrenkiste abgebildeten Label. Manche Designs sind seit Markteinführung unverändert geblieben.

Die anilla*, die Banderole, die um den Mittelteil der Zigarre gewickelt ist und den Namen der Marke trägt, hat eine interessante Geschichte: Angeblich ließ Katharina die Große, eine starke Raucherin, im 18. Jahrhundert ihre Zigarren mit kleinen Stoffbändern umwickeln, damit ihre Finger sauber blieben. Ihre exzentrische Idee wurde bald zur Mode. Die erste kommerzielle Banderole stellte 1830 das Unternehmen Aguila de Oro her. Oben ist eine Banderole des kubanischen Herstellers Romeo y Julieta aus dem Jahr 1875 abgebildet.*

Montecristo (1935)

Cohiba (1966)

Cuaba (1996)

Vegas Robaina (1997)

ZIGARRENHERSTELLUNG

Das Rollen einer Zigarre ist eine Fingerfertigkeit, die Kubaner von Generation zu Generation weitergeben. Hier zeigt Carlos Gassiot, ein geübter *Torcedor* (Zigarrenroller), die einzelnen Arbeitsschritte, von der Auswahl der Tabakblätter bis zum letzten Schliff.

Chaveta (Klinge)

Schneidegerät

Capote (Umblatt)

Pflanzlicher Klebstoff

1 Nachdem der torcedor *das* capote *auf die Arbeitsplatte gelegt hat, wählt er aus den Blättern die Einlage für das Innere der Zigarre aus: drei Blätter aus verschiedenen Teilen der Pflanze – seco, volado und ligero (siehe S. 135).*

2 Carlos beginnt, die Blätter zu rollen (auf Spanisch torcer, daher der Name torcedor). Das Umblatt (capote) wird um die Einlage gewickelt und anschließend mit einem Deckblatt (capa) umhüllt, das glatt und eben ist und das Aussehen der Zigarre bestimmt.

Klinge

3 Nun kommt die Feinarbeit. Zuerst bearbeitet Carlos das Deckblatt so lange, bis es ganz glatt ist. Zum Abschluss wird die Zigarrenspitze mit einem letzten Tabakblatt umwickelt.

Tableta (Arbeitsplatte)

Schablone

4 Ist die Zigarre fertig, prüft der torcedor *ihren Durchmesser anhand einer Ringmaß-Schablone, in die alle Standardgrößen von Zigarren eingestanzt sind. Diese Schablone wird auch für die Messung der Länge verwendet und die Zigarre dann mit dem Schneidegerät entsprechend zugeschnitten.*

FORM UND GRÖSSE

Zigarren gibt es in unterschiedlichen Größen (große, Standard- und kleine Ringmaße) und Formen. (Sie können gerade sein oder spitz zulaufen.) Dicke Zigarren sind voller im Geschmack, weswegen sie von Kennern bevorzugt werden. Wie Wein reifen die besten handgerollten kubanischen Zigarren mit dem Alter.

Die Cuaba Exclusivo läuft spitz zu (*figurado*)

Die Trinidad Fundador im Standard-Ringmaß

Transport auf Kubanisch

SEIT DER ENERGIEKRISE in den späten 1980er Jahren, als die Sowjetunion und die osteuropäischen Staaten Kuba nicht mehr mit dem notwendigen Benzin versorgten, nutzen die Insulaner alle möglichen Transportmittel zur Fortbewegung. So sieht man Fahrräder und Einspänner ebenso wie amerikanische Straßenkreuzer oder sowjetische Fahrzeuge aus den 1970er Jahren. Für Kubaner ist es eine Herausforderung, von Punkt A nach Punkt B zu kommen. Vor der Período Especial (siehe auch S. 53) gab es ein Busnetz über die gesamte Insel, doch heute sind Busse rar und hoffnungslos überfüllt. So geht man zwangsläufig viel zu Fuß, und das über lange Strecken (siehe auch S. 303f).

Trampen *gehört zum kubanischen Alltag: Wer einen Platz im Auto frei hat, nimmt Anhalter mit.*

Beiwagen *aus Osteuropa sind nicht mehr so beliebt wie früher. Man sieht sie besonders in ländlichen Gegenden.*

Rikschas *kamen erst vor kurzer Zeit als weitere Alternative nach Kuba. Sie werden gerne für kurze Fahrten innerhalb der Stadt genutzt. In einer Rikscha ist Platz für zwei Fahrgäste.*

Die herkömmliche Kutsche ist ein verbreitetes Transportmittel, besonders auf dem Land.

Typischer Stadtverkehr *mit einem gelben* Cocotaxi *(siehe S. 307), Fahrrädern, einem amerikanischen Straßenkreuzer aus den 1950ern, einem Bus, einem modernen Kleinbus und Autos aus den 1970ern.*

ALTE STRASSENKREUZER

Aufgrund des Embargos und der Benzinknappheit verbot die kubanische Regierung den Verkauf von Fahrzeugen an Privatpersonen. So taten die Besitzer von – meist amerikanischen – Autos aus den 1940er und 1950er Jahren ihr Möglichstes, um sie in gutem Zustand und fahrtüchtig zu halten. Kein leichtes Unterfangen, zumal Ersatzteile fehlten. Dies zwang die kubanischen Mechaniker, kreative Lösungen zu finden. Sie waren sogar dafür bekannt, Lada-Motoren in Chevrolets einzubauen. Noch heute sind viele Museumsstücke auf den Straßen zu sehen.

Hatuey sieht man oft auf Motorhauben

Der Cadillac *ist noch immer ein Luxusauto. Hier eine Limousine aus dem Jahr 1959 mit voll verchromter Motorhaube und langen Kotflügeln.*

Lastwagen als Personenbeförderungsmittel sind aus der Not geboren. Die Passagiere stehen mehr, als dass sie sitzen. Sowohl Lastwagen der Regierung, die normalerweise nur Fracht befördern, als auch andere staatliche Fahrzeuge sind verpflichtet, Anhalter mitzunehmen.

Fahrräder kamen Anfang der 1990er Jahre in Kuba auf, als mehr als eine Million aus China importiert wurden. Seither sind sie das gängigste Transportmittel der Insel.

Dieser Karren hat Zugriemen und Lkw-Räder – ein Beispiel dafür, wie hilfreich etwas Einfallsreichtum für die Fortbewegung sein kann.

STRASSENVERKEHR
Es sind so viele unterschiedliche Verkehrsmittel auf den Straßen, die alle unterschiedlich schnell sind und deren Geschwindigkeit nicht immer einschätzbar ist – sowohl Fahrer als auch Fußgänger sollten daher immer mit wachsamem Auge unterwegs sein.

Nachbildungen des berühmten Schwans, dem Markenzeichen von Chevrolets, gibt es in Märkten zu kaufen.

Fords wie dieser Wagen aus den 1930er Jahren sind Museumsstücke. In letzter Zeit wurden solche Oldtimer, wenngleich sie weiterhin notwendige Verkehrsmittel sind, in Kuba zur Mode.

Der Bel Air ist ein beliebtes Chevrolet-Modell mit verchromtem Armaturenbrett.

Der Chevrolet ist das verbreitetste Auto Kubas und wird vor allem geschätzt, weil es geräumig ist und lange hält. Viele kommunale Taxis sind deshalb Chevrolets.

DAS JAHR AUF KUBA

AUFGRUND DES TROPISCHEN KLIMAS gibt es keine richtige Haupt- bzw. Nebensaison, auch wenn die offizielle Hauptreisezeit von Dezember bis Ende März und im Juli und August ist. Außer im Hochsommer, wenn die Temperaturen extrem heiß werden können, und in den potenziellen Hurrikan-Monaten September und Oktober eignet sich jeder Monat für eine Reise nach Kuba. Auch im Winter ist es warm am Strand, da die *frentes fríos* (Kaltfronten) in der Regel nur ein paar

Karneval in Kuba

Tage anhalten und die Temperaturen selbst dann nur selten unter 10 °C fallen. Die kühleren, trockeneren Monate von November bis März eignen sich am besten für Ausflüge.

Dank des Klimas und der Liebe der Kubaner zur Musik und zu kulturellen Ereignissen finden das ganze Jahr über Freiluftkonzerte, Festivals sowie religiöse Feste und Volksfeste statt. Die ereignisreichsten Monate sind Juli (Karneval) und Dezember, wenn in Remedios und Havanna die berühmten Ballett- bzw. Filmfestivals stattfinden.

FRÜHJAHR

IN DIESER JAHRESZEIT wird besonders viel getanzt und Theater gespielt. Die Strände sind voll, hauptsächlich mit Urlaubern – die Kubaner gehen fast nur im Sommer ans Meer.

MÄRZ

Festival de Monólogos y Unipersonales, Havanna *(März)*. Ein Wettbewerb für Schauspieler, Autoren, Regisseure, Tänzer und Choreographen aus ganz Kuba. Es treten auch ausländische Künstler auf.
Taller Internacional de Teatro de Títeres, Teatro Papalote, Matanzas, *(März/Apr)*. Aufführungen bekannter Puppentheater mit Seminaren, Konferenzen und Workshops.

APRIL

La Huella de España, Gran Teatro de la Habana und Castillo de La Real Fuerza, Havanna *(Apr)*. Festival kubanischer Kultur spanischer Herkunft: Konzerte, klassischer Tanz, Flamenco und Theater.
Festival Internacional de Percusión, Havanna *(Apr)*. Konzerte, Kurse, Konferenzen, Lesungen und Dokumentarfilme zum Thema Perkussionsinstrumente.
Bienal del Humor de San Antonio de Los Baños, Museo del Humor, San Antonio de los Baños *(1.–15. Apr)*. Festival des Humors mit Ausstellungen, Lesungen und Aufführungen.
Festival de Arte Danzario, Havanna und Camagüey *(Apr–Mai)*. Buntes Festival

Ein Batá-Spieler auf dem Percussion-Festival

mit allen Formen des Tanzes, von traditionell bis zeitgenössisch experimentell mit Lesungen, Seminaren, Fortbildungen und Workshops, die von kubanischen und internationalen Tänzern und Dozenten abgehalten werden.
Los Días de la Danza *(Apr/Mai)*. Festival, bei dem traditionelle und moderne kubanische Tanzgruppen auftreten. Am 29. April wird der Premio Nacional de la Danza, der Landespreis für Tanz, im Teatro Mella in Havanna verliehen.

MAI

Primero de Mayo *(1. Mai)*. In allen Städten des Landes finden Kundgebungen, Umzüge und Paraden statt, die größten natürlich in Havanna, wo sich Menschenmassen auf der Plaza de la Revolución zu Reden und patriotischen Liedern versammeln.
Fiera Internacional del Disco Cubadisco, Pabexpo, Havanna *(Mitte Mai)*. Schallplattenmesse mit Verkauf, Konferenzen und Konzerten.
Fiesta Nacional de la Danza, Santa Clara *(Apr–Mai)*. Die besten einheimischen Tänzer treten in den jeweiligen Orten auf. Das Fest endet mit einer großen Feier in Santa Clara.

Parade des 1. Mai auf der Plaza de la Revolución, Havanna

DURCHSCHNITTLICHE TÄGLICHE SONNENSTUNDEN

Stunden
10
8
6
4
2
0
Jan Feb März Apr Mai Juni Juli Aug Sep Okt Nov Dez

Sonne
Hier sehen Sie die durchschnittlichen täglichen Sonnenstunden. Im Winter sind die Tage kurz: Bereits um 18 Uhr geht die Sonne dann unter. Im Sommer sollten Sie sich vor der starken Sonneneinstrahlung schützen und immer Kopfbedeckung und Sonnenbrille tragen.

SOMMER

IN DEN SOMMERMONATEN finden zahlreiche Festivals und Festivitäten statt, besonders in Havanna und Santiago. Entlang des Malecón in Havanna werden fast jeden Abend Konzerte unter freiem Himmel veranstaltet. Vor allem die Plaza Piragua wird dazu in eine Freilufttanzfläche umfunktioniert (kostenlos). Wenn Sie den Karneval erleben möchten, sollten Sie in beiden Städten rechtzeitig Ihre Unterkunft buchen.

JUNI

Festival Boleros de Oro, Santiago, Morón, Havanna *(Mitte Juni)*. Konzertreihe der besten kubanischen und internationalen Bolero-Sänger, Lesungen.
Encuentro de Bandas de Concierto, Plaza de la Revolución, Bayamo *(1.–15. Juni)*. Open-Air-Konzerte nationaler und internationaler Bands, Lesungen, Workshops.

Umzug auf Stelzen in Morón bei der Fiesta del Gallo

Fiesta del Gallo, Morón *(Ende Juni)*. Fest des Hahns mit Parade durch die Stadt.
Jornada Cucalambeana, Encuentro Festival Iberoamericano de la Décima, Las Tunas *(alle zwei Jahre Ende Juni)*. Bedeutendstes Festival der ländlichen Kultur Kubas. Konzerte und Aufführungen von Dichtern, Musikern und *repentistas* (Improvisateure). Lesungen und Literaturtreffen, Ausstellung des heimischen Kunsthandwerks, Theater.
Karneval von Havanna *(Juni/Juli)*. Umzüge von Festwagen in den Straßen Havannas. Sie fahren von Hotel Nacional bis zur Calle Belascoaín, mit Livemusik der *comparsas* (Karnevalsgruppen) in verschiedenen Teilen der Stadt. An Wochenenden finden auf der Piragua kostenlose Konzerte statt. Die Umzüge selbst können von einer Tribüne aus beobachtet werden.

JULI

Fiesta del Títere, Havanna *(Erste Juliwoche)*. Puppentheater in verschiedenen Teilen der Altstadt.
Fiesta del Fuego, Santiago de Cuba *(erste Julihälfte)*. Jährliches Festival für Musik, Poesie, gegenständliche Kunst, Religionen und Geschichte der karibischen Nationen. Shows, Ausstellungen, Gesprächsrunden, Konzerte, Dichterlesungen und Festivitäten in der ganzen Stadt.
Festival Internacional de Música Contemporánea de Camagüey, Camagüey *(Juli)*.

Viel Spaß haben auch die *comparsas* am Karneval in Havanna

Bedeutendes zeitgenössisches Musikfestival mit Konzerten, Seminaren und Diskussionsrunden über kubanische und ausländische Komponisten.
Santiago Carnival, Santiago de Cuba *(zweite Julihälfte)*. Umzüge von Festwagen in den Straßen der Stadt, Livemusik der *comparsas* und eine Show des Tropicana de Santiago *(siehe S. 225)*. An den wichtigsten Stellen sind Tribünen aufgestellt.
»26 de julio« *(jedes Jahr in einer anderen Stadt)*. Der offizielle Gedenktag an den Angriff auf die Moncada-Baracken *(siehe S. 226)*, mit einer Rede des Präsidenten Fidel Castro und weiterer führenden Politikern auf dem Hauptplatz einer kubanischen Stadt. Als Rahmenprogramm werden Konzerte aufgeführt und Kinder tragen Gedichte vor.

AUGUST

Festival Internacional de Música Popular »Benny Moré«, Cienfuegos, Lajas und Havanna *(Ende Aug, Biennale)*. Festival der kubanischen Volksmusik, mit Benny Moré als Mittelpunkt *(siehe S. 167)*.

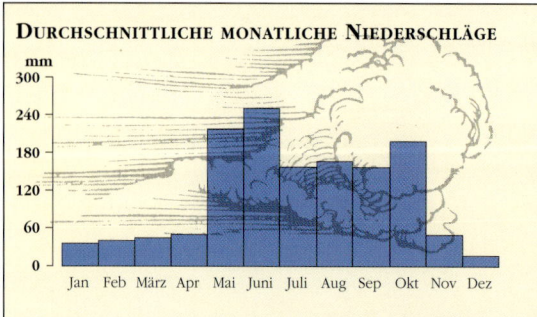

DURCHSCHNITTLICHE MONATLICHE NIEDERSCHLÄGE

mm
300
240
180
120
60
0

Jan Feb März Apr Mai Juni Juli Aug Sep Okt Nov Dez

Niederschläge
In Kuba ist von November bis April Trockenzeit, die restlichen Monate fallen in die Regenzeit mit kurzen, aber starken Schauern. Im Gebiet um Baracoa und Moa im Osten der Insel sind die Niederschläge stärker, da die atlantischen Winde an den Bergen hängen bleiben.

HERBST

Nach dem Hitzemonat August, in dem alles etwas langsamer geht, normalisieren sich die Tagesabläufe in Kuba wieder. Im Herbst beginnt das neue Schuljahr und das Arbeitsleben läuft wieder in seinem üblichen Rhythmus. Die Zahl der – insbesondere europäischen – Urlauber geht in dieser Zeit zurück.

SEPTEMBER

Fiesta de la Virgen del Cobre, El Cobre, Santiago de Cuba *(8. Sep)*. Am Festtag der Jungfrau strömen besonders viele Pilger aus allen Teilen der Insel zur Statue der Jungfrau, die in Prozessionen durch die Straßen getragen wird.

Festival de Teatro de La Habana, Havanna *(zweite Septemberhälfte)*. Alle zwei Jahre stattfindendes Theaterfestival mit einer Reihe von Veranstaltungen (Oper, Tanz, Puppentheater, Straßenkünstler und Pantomime). Auch theoretische Aspekte zum Thema Theater werden von Fachleuten aus aller Welt diskutiert.

Matamoros Son, Santiago *(Sep)*. Alle zwei Jahre stattfindendes Festival zum Thema Son *(siehe S. 28)*.

Festival de Teatro de Camagüey, Camagüey

Alicia Alonso bei einem Auftritt im Teatro García Lorca

(Sep–Okt). Landesweiter Theaterwettbewerb zu Ehren von Gertrudis Gómez de Avellaneda *(siehe S. 26)* unter Teilnahme ausländischer Gruppen. Es werden auch Seminare, Diskussionsrunden, Lesungen und Konferenzen abgehalten.

OKTOBER

Festival de La Habana de Música Contemporánea, Havanna *(erste Oktoberhälfte)*. Konzerte mit Stardirigenten und Topsolisten, Weltpremieren, Lesungen und Begegnungen mit zeitgenössischen in- und ausländischen Komponisten.

Fiesta de la Cultura Iberoamericana, Holguín *(zweite Oktoberhälfte)*. Festival der iberoamerikanischen Kultur, mit Konzerten, Ausstellungen, Festveranstaltungen und Lesungen.

Festival Internacional de Ballet de La Habana, Teatro García Lorca, Havanna *(zweite Oktoberhälfte)*. Internationales Ballettfestival mit Teilnahme internationaler Künstler, ausgerichtet vom kubanischen Staatsballett unter der Leitung von Alicia Alonso.

NOVEMBER

Salón de Arte Cubano Contemporáneo, Centro Desarrollo de las Artes Visuales, Havanna *(alle zwei Jahre)*. Ausstellung und Wettbewerb für zeitgenössische Kunst mit abschließender Preisverlei-

HURRIKANS

Ein Hurrikan entsteht, wenn sich warme Luftmassen mit Tiefdruck in der Mitte spiralförmig nach oben schrauben und so kalte Luft in sein Auge gelangt. In der nördlichen Hemisphäre (zu der auch Kuba zählt) bewegt sich diese Luftzirkulation gegen den Uhrzeigersinn. Hurrikans verursachen Springfluten, hohe Windgeschwindigkeiten und sintflutartige, anhaltende Regenfälle, die zu Überschwemmungen führen. Am stärksten gefährdet sind Küstengebiete, in denen das Wasser nur schlecht ablaufen kann, Täler, Gebirge und Städte. Die meisten Naturkatastrophen Kubas der vergangenen 100 Jahre sind auf diese Wirbelstürme zurückzuführen. Erst im November 2001 zerstörte ein Hurrikan mehrere tausend Häuser. Die meisten Hurrikans treten im September und Oktober auf.

Satellitenaufnahme eines Hurrikans über Kuba

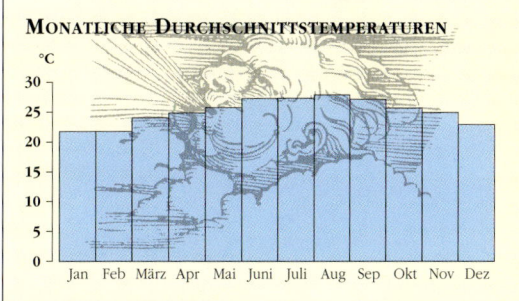

MONATLICHE DURCHSCHNITTSTEMPERATUREN

°C
30
25
20
15
10
5
0
Jan Feb März Apr Mai Juni Juli Aug Sep Okt Nov Dez

Temperaturen
Das Diagramm bezieht sich auf die gesamte Insel. In Ostkuba, besonders um Santiago, sind die Temperaturen (außer im Gebirge) höher. Auf den Cayos schwanken die Temperaturen kaum. Die Luftfeuchtigkeit erreicht im Sommer 81 Prozent, im Winter 79 Prozent.

Tanz auf dem Festival de Raíces Africanas, Guanabacoa

hung, Konferenzen, Lesungen und Diskussionsrunden.
Festejos de San Cristóbalde La Habana *(Nov)*. Festveranstaltungen und Konzerte im Gedenken an die Gründung Havannas.
Festival Internacional de Coros, Sala Dolores, Teatro Heredia, Santiago de Cuba *(alle zwei Jahre)*. Konzerte von Chören aus aller Welt.
Festival de Raíces Africanas »Wemilere«, Guanabacoa *(zweite Novemberhälfte)*. Folklorefestival mit abschließender Preisverleihung.
Festival Cubadanzón, Teatro Sauto, Matanzas *(zweite Novemberhälfte)*. Auftritte von *Danzón*-Orchestern und Tänzern, Kurse und Konferenzen.

WINTER

DIE KULTURELL interessanteste Jahreszeit ist der Winter mit vielen wichtigen Konferenzen und Festivals, von denen die meisten in der Hauptstadt stattfinden. Der Veranstaltungskalender ist in der Weihnachtszeit zumeist nicht unterbrochen, da Weihnachten in Kuba nicht großar-

tig gefeiert wird, obwohl es seit 1997 ein offizieller Feiertag ist. Silvester verbringen die Kubaner hauptsächlich zu Hause mit ihrer Familie oder engen Freunden.

DEZEMBER

Festival Internacional del Nuevo Cine Latinoamericano, ICAIC, Havanna *(erste Dezemberhälfte)*. Dieses Filmfestival, auf dem auch internationale Prominenz vertreten ist, gilt als bedeutendstes seiner Art. In den großen Kinos der Hauptstadt werden die nominierten lateinamerikanischen Filme sowie Retrospektiven kubanischer und internationaler Filmemacher gezeigt.
Fiesta a la Guantanamera, Guantánamo *(erste Dezemberhälfte)*. Afrokubanische Religion wird in Aufführungen und Lesungen präsentiert. Außerdem werden Besuche der alten Kaffeeplantagen und des Steinzoos organisiert.

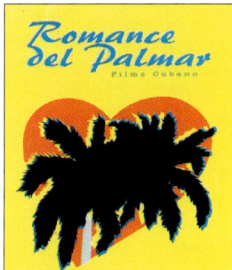

Plakat des Festival Internacional del Nuevo Cine Latinoamericano

Día de San Lázaro, Santiago de Las Vegas, El Rincón *(17. Dez)*. Gläubige und Kranke pilgern aus ganz Kuba zur Kirche von Rincón.
Parrandas di Remedios, Remedios *(8.–24. Dez)*. Das beliebteste Folklorefestival Kubas beginnt mit einer Kinderparade und endet mit Umzügen und Feuerwerken am Weihnachtsabend *(siehe S. 173)*.

JANUAR

Feria Internacional de Artesanías, Pabexpo, Havanna *(Jan/Feb)*. Kunsthandwerksmesse mit internationalen Ständen, Lesungen und Gesprächsrunden.

Logo der internationalen Buchmesse

FEBRUAR

Feria Internacional del Libro, Fortaleza de San Carlos de La Cabaña *(erste Februarhälfte)*. Buchmesse, die jedes Jahr ein anderes Land zum Thema hat. Vorstellung und Verkauf neuer kubanischer und internationaler Publikationen sowie diverse Veranstaltungen.

NATIONALFEIERTAGE

Sieg der Revolution (1. Jan)
Tag der Arbeit (1. Mai)
Sturm auf die Moncada-Kaserne (26. Juli)
Beginn des Ersten Unabhängigkeitskrieges (10. Okt)

DIE GESCHICHTE KUBAS

KUBA WAR BEREITS ZU PRÄKOLUMBISCHEN ZEITEN *besiedelt, wurde später von den Spaniern erobert und über Jahrhunderte von ihnen beherrscht. 1899 erlangte die Insel ihre Unabhängigkeit, stand allerdings während der Diktaturen Machados und Batistas im Prinzip unter der Kontrolle der USA. Die von Fidel Castro und Che Guevara angeführte Revolution, die dem Batista-Regime am 1. Januar 1959 ein Ende setzte, gilt als historischer Wendepunkt. Heute löst sich Kuba langsam aus seiner jahrzentelangen Isolation.*

Bevor die Spanier ihren Fuß auf die Insel setzten, war Kuba von drei indianischen Völkern besiedelt: den Guanahatabey, den Siboney und den Taíno. Erstere waren Sammler und Höhlenbewohner. Die Siboney waren Jäger und Fischer, die hochinteressante präkolumbische Wandmalereien hinterließen: In den Höhlen von Punta del Este auf der Isla de la Juventud *(siehe S. 147)* wurden über 200 Malereien gefunden. Die vermutlich aus dem heutigen Venezuela stammenden Taíno, Bauern und Jäger, waren den beiden anderen Stämmen kulturell deutlich überlegen und hatten bereits eine einfache Form der sozialen Organisation.

Indokubanischer Fund, Museo Baní *(siehe S. 211)*

Am 28. Oktober 1492 ging Christoph Kolumbus während seiner ersten Entdeckungsreise in die Neue Welt *(siehe S. 210)* auf Kuba an Land. Er taufte die Insel zu Ehren der spanischen Thronfolgerin »Juana«, doch die Ureinwohner nannten sie weiterhin »Cuba«. Von 1510 bis 1514 wurde Diego Velázquez de Cuellar von Kolumbus' Sohn mit der Annektierung der Insel beauftragt, wobei er auf relativ wenig Widerstand seitens der Indianer stieß. Häuptling Hatuey führte zwar 1511/12 einen Aufstand an, wurde aber gefangen genommen und hingerichtet *(siehe S. 215)*.

Daraufhin begann die Kolonialisierung. 1512 gründete Diego Velázquez mit Baracoa die erste Hauptstadt der Insel; es folgten San Salvador (heute Bayamo) 1513, San Cristóbal (Havanna), Santísima Trinidad (Trinidad) und Sancti Spíritus 1514 sowie Santiago de Cuba und Santa María del Puerto del Príncipe (heute Camagüey) 1515. Die Ureinwohner wurden trotz heftigen Widerstands von Friar Bartolomé de las Casas, dem so genannten »Beschützer der Indianer«, stark dezimiert. So waren die Spanier bald auf westafrikanische Sklaven angewiesen, um den Bedarf an Arbeitskräften zu decken. Enttäuscht darüber, kein Gold auf der Insel zu finden, begannen sie, sie als Ausgangspunkt für weitere Eroberungszüge zu nutzen.

ZEITSKALA

Vor 1492 war Kuba von Guanahatabey-, Siboney- und Taíno-Indianern bewohnt	*Diego Velázquez de Cuellar*	**1511** Indianeraufstand unter Hatuey, der dann von den Spaniern hingerichtet wird	**1514** Gründung von San Cristóbal (heute Havanna), Santísima Trinidad (Trinidad) und Sancti Spíritus

Präkolumbische Zeit	1490	1500	1510

Büste von Kolumbus, Museo de la Revolución, Havanna	**28. Oktober 1492** Christoph Kolumbus geht an der Insel an Land	**1510** Diego Velázquez de Cuellar beginnt mit der Kolonialisierung **1512** Gründung von Baracoa, der ersten kubanischen Stadt	**1515** Gründung von Santiago de Cuba und Santa María del Puerto del Príncipe (Camagüey)

◁ **Ausschnitt aus dem Gemälde** *Siempre Che* **(Che für immer) von Raúl Martínez**

PIRATERIE

Mitte des 16. Jahrhunderts war die Bevölkerungszahl Kubas erheblich geschrumpft, da die Ureinwohner durch Zwangsarbeit und Krankheiten fast ausgerottet und die Spanier zur Goldsuche in andere Teile der Neuen Welt aufgebrochen waren. Dennoch war die Insel als eine der Bastionen der spanischen Kolonien in Amerika gegen Frankreich, England und Holland noch immer strategisch wichtig.

Havanna als Hauptanlegestelle für Schiffe, die mit Schätzen beladen von Amerika nach Spanien unterwegs waren, zog schon bald Piraten an, die ab der zweiten Hälfte des 16. Jahrhunderts das Karibische Meer befuhren. 1555 brandschatzte der französische Seeräuber Jacques de Sores Havanna, woraufhin ein eindrucksvolles Verteidigungssystem errichtet wurde. Im 17. Jahrhundert kam es immer häufiger zu Piraterie. Die ersten Seeräuber waren Franzosen, dann auch Engländer (u.a. Francis Drake und Henry Morgan) und Holländer, die es auf mit

Der britische Pirat Henry Morgan

Schätzen beladene Galeonen und die kubanischen Häfen abgesehen hatten.

Frankreich, England, Holland und Großbritannien verbündeten sich im »Piratenkrieg« gegen Spanien, indem sie Angriffe auf spanische Handelsschiffe finanzierten – eine Art Piraterie mit staatlicher Unterstützung. Die spanische Krone ergriff Maßnahmen zur Verteidigung ihrer Besitztümer, jedoch erfolglos. 1697 schließlich setzte der Vertrag von Ryswyk, unterzeichnet von Spanien, Frankreich und England, diesem ungewöhnlichen Krieg auf den Antillen ein Ende.

Zwischenzeitlich war Havanna dank der geschützten Bucht die neue Hauptstadt Kubas geworden. Das bunte Treiben im Hafen machte die Stadt im Vergleich zu anderen Städten der Neuen Welt besonders attraktiv. Die restliche Insel war von diesem Treiben abgeschnitten, wobei sich die Landwirtschaft aber rasch entwickelte, da die Spanier den Anbau von Zuckerrohr und Tabak vorantrieben, was beides in Europa bald sehr begehrt war *(siehe S. 30)*. Kuba, Knotenpunkt des Seeverkehrs, durfte nur Handel mit dem spanischen Mutterland treiben. So entwickelte sich die Insel innerhalb kurzer Zeit zu einem Schmugglerparadies, was die Wirtschaft Kubas gehörig ankurbelte und den Tausch von kubanischem Zucker und Tabak gegen Produkte aus der Alten Welt anregte.

KURZE ENGLISCHE HERRSCHAFT

Die Bevölkerung Kubas, die sich um Havanna konzentrierte, hatte mit der Ankunft spanischer Siedler und afrikanischer Sklaven im 17. Jahrhundert zwar zugenommen, doch war die Insel zu

Französische Seeräuber unter Führung von Jacques de Sores brandschatzen Havanna

ZEITSKALA

1586 Havanna droht ein erneuter Überfall der englischen Seeräuber unter Francis Drake

Wappen von Havanna: der Schlüssel zum Golf und seine Festungen

| 1550 | 1600 | 1650 |

Spanische Galeone aus dem 16. Jahrhundert

1555 Havanna wird von französischen Seeräubern unter Jacques de Sores gebrandschatzt

1607 Havanna wird zur Inselhauptstadt

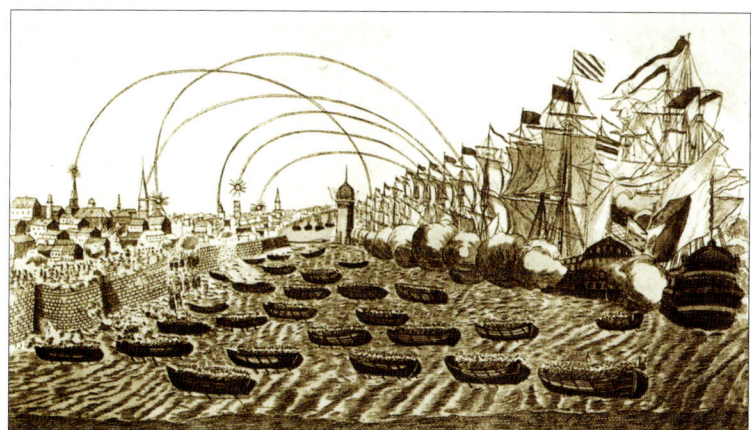

Sommer 1762: Die englische Flotte greift Havanna an

Beginn des 18. Jahrhunderts noch immer eine unbedeutende Kolonie. 1762 wurde Havanna von den Engländern unter George Pocock und Lord Albemarle erobert. Die englische Besatzung dauerte nur rund ein Jahr, veränderte jedoch die gesamte wirtschaftliche und soziale Organisation der Insel. Die von den Spaniern eingeführten Handelsbeschränkungen wurden abgeschafft, Kuba trieb nun freien Handel mit englischen Kolonien in Nordamerika. Der Sklavenhandel wurde intensiviert und Afrikaner als Arbeiter auf den Zuckerrohrplantagen eingesetzt. Mit der Unterzeichnung des Vertrags von Paris 1763 fiel Havanna wieder an Spanien, das im Gegenzug Florida an die Engländer abtrat.

WACHSENDE NATIONALE IDENTITÄT

Im 18. Jahrhundert entstand eine kreolische Aristokratie. Die gebürtigen Kubaner spanischer Abstammung ließen prächtige Kolonialbauten errichten und führten einen Lebensstil, der sich aus einheimischen, indianischen und afrikanischen Traditionen zusammensetzte. Mit den Intellektuellen De Heredia, Varela und Villaverde (*siehe S. 26*) kam eine kulturelle Bewegung mit dem Ziel einer nationalen Identität auf. Anfang des 19. Jahrhunderts räumte Spanien Kuba gewisse Freiheiten ein, gab jedoch den Inselgouverneuren diktatorische Befugnisse. Es folgten jahrelange Revolten, die von den Spaniern mit Härte niedergeschlagen wurden. Doch strebte die kreolische Mittelklasse, die kein Interesse mehr an der spanischen Krone hatte, verstärkt die Unabhängigkeit an.

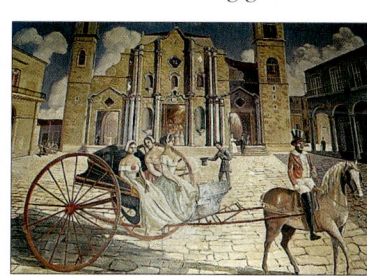

Havannas neue Mittelschicht bei einer Kutschfahrt

1697 Der Vertrag von Ryswyk beendet den »Piratenkrieg« auf den Antillen

1762 Die Engländer attackieren und besetzen Havanna

1830 Kuba löst Haiti als weltweit größten Zuckerproduzenten ab

1700

1750

1800

1763 Der Vertrag von Paris besiegelt das Ende der englischen Besatzung; Havanna fällt an die Spanier zurück

Generalhauptmann Luís de las Casas, 1790 bis 1796 Gouverneur Kubas

1837 Die erste Eisenbahnstrecke Kubas beginnt am Hafen von Havanna

Zucker, Sklaven und Plantagen

ZU BEGINN DES 19. JAHRHUNDERTS erlebte die kubanische Zuckerindustrie dank der steigenden Nachfrage in Europa und Amerika einen Boom. Dieses Wachstum wurde nur durch den Einsatz afrikanischer Sklaven möglich. Von Ende des 18. bis Anfang des 19. Jahrhunderts wurden rund eine Million Männer und Frauen nach Kuba gebracht. Um 1830 machten die Schwarzafrikaner, sowohl Sklaven als auch offiziell befreite Sklaven, bereits mehr als die Hälfte der kubanischen Bevölkerung aus. Die Insel löste Haiti als weltweit größten Zuckerhersteller ab, die Industrie florierte nach Abschaffung der Sklaverei weiter. Das Leben auf den Zuckerrohrplantagen wurde so zu einem Sinnbild der Geschichte und des Alltags in Kuba.

Glocken *läuteten den Alltag im ingenio ein: Um 4.30 Uhr wurden die Arbeiter mit dem Ave Maria geweckt; um 6 Uhr kamen sie zusammen und begannen mit der Arbeit. Um 20.30 Uhr läutete die Glocke zur Bettruhe.*

Cimarrones *nannte man die entlaufenen Sklaven. Sie wurden von* Rancheadores *gejagt und eingefangen – ob tot oder lebendig. Die Flüchtigen organisierten regelmäßige Aufstände, die aber meist blutig zerschlagen wurden.*

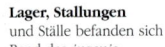

Lager, Stallungen und Ställe befanden sich am Rand des *ingenio*.

Die Zuckerraffinerie war das Zentrum der Zuckerfabrik, die *trapiche* oder Mühle.

Die erste Eisenbahnstrecke der Insel wurde 1837, sogar noch vor der Einführung von Zügen in Spanien, eingeweiht. Auf ihr wurde Rohrzucker zum Hafen von Havanna transportiert.

Sklaven wurden *nicht nur als Feldarbeiter, sondern im gesamten Herstellungsprozess eingesetzt. Diese alte Zeichnung zeigt die* sala de las calderas, *in der Zuckerrohrsaft vor dem Raffinieren erhitzt wurde.*

Carlos Manuel de Céspedes, *Plantagenbesitzer, gab seinen Sklaven am 10. Oktober 1868 die Freiheit und löste damit die kubanischen Unabhängigkeitskriege aus. In seinem manifesto forderte er die Abschaffung der Sklaverei.*

Die barracones (Sklavenbaracken) waren rechteckige Gebäude mit kleinen Zimmern und nur einer vergitterten Tür.

Der **ingenio** *war die Wiege der Tänze und der Musik, die vermutlich die Vorläufer der Rumba (siehe S. 29) waren. Dabei wurde auf cajones (Transportkisten aus Holz) getrommelt. Am 6. Februar jedes Jahres gestatteten die Plantagenbesitzer ihren Sklaven, ihre Wurzeln zu feiern und in traditioneller Kleidung auf den Straßen zu tanzen.*

DER INGENIO

Die Zuckerfabrik *(ingenio)* war ein landwirtschaftlicher Betrieb, in dessen Mitte das Haus des Besitzers stand, ein meist elegantes Kolonialgebäude mit Bögen und schmiedeeisernen Verzierungen. Der Fabrikbesitzer verbrachte normalerweise die langen Überwachungsperioden auf dem Gelände. Zu den *batey*, dem indianischen Ausdruck für die Gesamtheit der Gebäude auf einem *ingenio*, zählten Zuckermühle, Raffinerie, Destillerie, Krankenstation, Stallungen und Ställe, Gemüsegärten, Lagerräume und die Sklavenbaracken *barracones*.

KULTURELLER SCHMELZTIEGEL

Symbol der Abakuá-Religion

Im *ingenio* mussten Landbesitzer, Bauern und Sklaven – ob weiß oder schwarz, Mann oder Frau – zusammen leben und arbeiten. Die ethnisch unterschiedlichen afrikanischen Sklaven sprachen auch unterschiedliche Sprachen, doch gelang es ihnen, ihre Religionen zu erhalten, indem sie sich in *cabildos* (Verbänden) versammelten, in denen sie weiterhin ihren Göttern huldigten, ihnen aber nach außen hin den Anschein katholischer Heiliger gaben *(siehe S. 20f)*. Die Spanier wiederum nahmen immer mehr von den vielen Traditionen an, die sie eigentlich unterdrücken wollten. Kubanische Musik und Tänze waren in den *bateys* weit verbreitet. Lieder und Literatur von damals beziehen sich immer wieder auf den *ingenio*, die Wiege des für Kuba so typischen Kulturmixes.

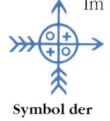

Der Ethnologe Fernando Ortiz *(1881–1969) setzte sich erstmals konkret mit den sozialen Bedingungen der Schwarzen in Kuba und ihren afrikanischen Traditionen auseinander.*

ZEHNJÄHRIGER KRIEG UND ABSCHAFFUNG DER SKLAVEREI

Am 10. Oktober 1868 stieß der Grundbesitzer Carlos Manuel de Céspedes auf seiner Plantage La Demajagua *(siehe S. 215)* den *grito de Yara*, den Schrei von Yara, aus und rief damit die Kubaner auf, sich gegen die spanische Herrschaft zu erheben. Nach der Eroberung Bayamos stellten die Rebellen eine Regierung auf, Céspedes wurde ihr Präsident. Dabei wurde erstmals die kubanische Nationalhymne gesungen. Allerdings währte die neue Republik nicht lange. Auf den spanischen Gegenschlag reagierten die Rebellen – auch *mambises* (Schurken) genannt – mit Machetenangriffen. Die Kämpfe griffen auf andere Provinzen über, doch die Rebellen schwächten sich selbst durch interne Querelen.

Máximo Gómez

Der Zehnjährige Krieg, in dessen Verlauf 1869 die erste kubanische Verfassung entstand, endete 1878 mit dem Vertrag von Zanjón und der Kapitulation der Rebellen. Einige Aufständische lehnten die Vereinbarung ab, unter ihnen General Antonio Maceo. Es folgte die »*guerra chica*«, ein kurzer Konflikt, der 1886 zur offiziellen Abschaffung der Sklaverei führte. (Sklavenhandel war seit 1880 verboten.) Kuba war die letzte Kolonie in Amerika, in der die Sklaverei abgeschafft wurde. In dieser Zeit entwickelten sich auch Handelsbeziehungen mit den USA.

General Maceo, der 1878 ins Exil ging

ERNEUTE FEINDSCHAFTEN UND DAS ENDE DES KRIEGES

Gegen Ende des 19. Jahrhunderts waren die Lebensbedingungen trotz der Aufstände fast unverändert. Keine der versprochenen Reformen wurde durchgesetzt. 1892 leistete der im US-Exil lebende kubanische Intellektuelle José Martí (1853–1895) einen entscheidenden Beitrag zu den Kämpfen, die folgen sollten: Er gründete die Partido Revolucionario Cubano, die die kubanischen Unabhängigkeitsströmungen vereinte.

Am 24. Februar 1895 wurde der Krieg gegen die spanische Unterdrückung wieder aufgenommen. Anführer waren Martí – Urheber und Koordinator des kubanischen Befreiungskampfes, der am 19. Mai im Kampf fiel –, Máximo Gómez (von Martí selbst rekrutiert, mit dem er sich in Santo Domingo traf) und Antonio Maceo. Letztere hatten schon im Zehnjährigen Krieg von sich reden gemacht. Als der Kampf eskalierte, schickte Spanien Verstärkung, doch die Situation war bereits außer Kontrolle geraten. Gómez und Maceo weiteten den Krieg von Ost nach West aus und befreiten die Insel Stück für Stück. Nicht einmal das Eintreffen des hochrangigen spanischen Generals Valeriano Weyler konnte etwas ausrichten: Der Krieg war in die entscheidende Phase zu Ungunsten der Spanier getreten.

Am 15. Februar 1898, als die Kubaner praktisch gewonnen hatten, explodierte das amerikanische Kriegsschiff *Maine*, das offiziell zum Schutz von US-Bürgern und -Eigentum in die Bucht von Havanna entsandt worden war, unter mysteriösen Umständen. Dabei kamen 250 Seeleute ums Leben.

ZEITSKALA

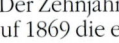

Wegweiser nach La Demajagua, der Plantage von Céspedes

10. Februar 1878
Der Vertrag von Zanjón bedeutet die Kapitulation der Rebellen und das Ende des Zehnjährigen Krieges (1868–78), des ersten Teils des Befreiungskampfs

1870	1875	1880	1885

10. Oktober 1868
Carlos Manuel de Céspedes löst mit dem »Kriegsschrei von Yara« die Revolte aus

Die Machete, symbolische Waffe des Aufstands

1886
Offizielle Abschaffung der Sklaverei

Das US-Kriegsschiff *Maine* in 1898 in der Bucht von Havanna, rechts das Castillo del Morro

Die USA machten Spanien für die Tragödie verantwortlich und griffen in den Krieg ein. Am 3. Juli besiegte die US Navy die spanische Flotte. Am 10. Dezember setzte der Vertrag von Paris – an dem Spanien und die USA, nicht aber Kuba beteiligt waren – der spanischen Kolonialherrschaft in Kuba ein Ende. Am 1. Januar 1899 übergab der letzte spanische Gouverneur, Jímenez y Castellanos, die Schlüssel von Havanna offiziell dem US-General John Brooke. Von diesem Zeitpunkt an war Kuba eng mit den Vereinigten Staaten verbunden.

KONTROLLE DURCH DIE USA

Im Februar 1901 trat die erste kubanische Verfassung in Kraft und Tomás Estrada Palma wurde zum Präsidenten gewählt. Die Delegierten mussten allerdings dem von US-Senator Orville Platt entworfenen Platt-Amendment zustimmen, das offiziell die Friedenserhaltung zum Ziel hatte, dessen Absicht aber war, das Recht der USA auf Intervention in kubanische Angelegenheiten und auf die Kontrolle der Handelsbeziehungen zwischen Kuba und anderen Ländern festzuschreiben. Zusätzlich wurde den USA das Recht eingeräumt, Marinebasen in Kuba zu errichten, u. a. die Basis in Guantánamo in Ostkuba, die sie heute noch halten *(siehe S. 235)*.

Obwohl Kuba am 2. Mai 1902 offiziell unabhängig wurde, verstärkte sich der amerikanische Einfluss auf die Wirtschaft immer mehr. Unter dem Deckmantel des Schutzes von Bürgern und Investitionen entsandten die USA häufig Marinetruppen nach Kuba.

JOSÉ MARTÍ

Als José Martí 1895 in der Schlacht bei Boca de dos Ríos ums Leben kam, war er erst 42 Jahre alt. Jedoch hatte er jahrelange Erfahrung im Exilleben und in revolutionären Kämpfen und verfasste außerdem zahlreiche Gedichte, Artikel und Essays. Martí wurde 1853 als Sohn spanischer Eltern in Havanna geboren. In der Schulzeit nahm er bereits an antispanischen Verschwörungen teil. Aufgrund dieser Aktivitäten wurde er 1868 im Alter von 16 Jahren deportiert und musste 1878 ins Exil. Er lebte daraufhin in den USA, in Spanien, Mexiko, Guatemala und Venezuela. Als Essayist und Journalist war Martí bekannt für seinen leidenschaftlichen Stil. Er war auch ein moderner Lyriker *(siehe S. 26)*, Aktivist, Politiker und einfühlsamer Beobachter der menschlichen Seele.

Nationalheld José Martí

| 1895–98 Die Feindschaft mit Spanien lebt wieder auf | 15. Februar 1898 Explosion des Kriegsschiffs *Maine* | 25. Februar 1901 Erste Verfassung | *Tomás Estrada Palma, erster Präsident von Kuba* |

1890 **1895** **1900**

1892 Der Exilkubaner José Martí gründet den Partido Revolucionario Cubano — **19. Mai 1895** José Martí fällt im Kampf — **7. Dezember 1896** Antonio Maceo fällt im Kampf — **10. Dezember 1898** Vertrag von Paris: Ende der spanischen Vorherrschaft und Beginn der Kontrolle durch die USA — **20. Mai 1902** Kuba wird offiziell unabhängig

DIE ERSTEN JAHRZEHNTE DER REPUBLIK

In den ersten 25 Jahren hatte die Republik mehrere Präsidenten, die sich herzlich wenig für das Land einsetzten. Der zweite Amtsinhaber José Miguel Gómez mit dem Spitznamen *tiburón* (Hai) führte zumindest allgemeine Schulbildung, Versammlungs- und Redefreiheit, die Trennung von Kirche und Staat sowie Gesetze zum Scheidungsrecht ein. Im frühen 20. Jahrhundert führte die starke Zuckerproduktion fast zur Monokultur; immer neue Zuckerfabriken wurden gebaut. In Havanna bildeten sich besonders in den 1920er Jahren ganze Stadtteile.

Allgemein profitierte die Bevölkerung jedoch nur wenig von der Unabhängigkeit. Es kam vermehrt zu Demonstrationen, die mit Gewalt niedergeschlagen wurden. Die ersten Handelsunionen und Studentenverbindungen entstanden. 1925 wurde der *Partido Comunista de Cuba* unter der Führung des Marxisten Julio Antonio Mella gegründet, einem Anführer der Studentenbewegung von Havanna und Vertreter der lateinamerikanischen Linken. Mella wurde in Kuba verhaftet und trat in Hungerstreik. Dies führte zu massiven Demonstrationen, weswegen er wieder freikam und ins Exil nach Mexiko geschickt wurde. Am 10. Januar 1929 wurde Mella in Mexiko City von Auftragskillern des Diktators Gerardo Machado umgebracht. Das machte ihn zum Nationalhelden.

Volksaufstand gegen die korrupte und erfolglose Regierung von Gerardo Machado

MACHADO-REGIME

1925 wurde Gerardo Machado kubanischer Präsident. Er änderte später die Verfassung, um ein weiteres Mal regieren zu können, was er mit eiserner Hand bis 1933 auch tat. Diese Jahre waren geprägt von Gewalt und Tyrannei; das Volk verlieh seiner Unzufriedenheit in Streiks Ausdruck und mit der Großen Depression verschlimmerte sich die Situation noch. Infolge eines anhaltenden Generalstreiks und der fehlenden Unterstützung der Armee floh Machado am 12. August 1933 auf die Bahamas.

Nach einer kurzen Interimsregierung Anfang 1934 kamen Präsidenten an die Macht, die mehr oder weniger Marionetten von Fulgencio Batista, dem Oberbefehlshaber des Militärs, waren. Von 1934 bis 1940 wurden verschiedene soziale Reformen eingeführt: Das Platt-Amendment wurde aufgehoben, das Frauenwahlrecht und der 8-Stunden-Tag wurden durchgesetzt, und eine neue Verfassung trat in Kraft.

Der intellektuelle Marxist Julio Antonio Mella

1907 Gründung der Partido Independiente de Color, einer Partei, die Gleichstellung von Schwarz und Weiß fordert

1910–20 Bau-Boom in Havanna

1925 Gerardo Machado wird Präsident

1929 Wirtschaftskrise

1905 — 1910 — 1915 — 1920 — 1925 — 1930

29. September 1906 Intervention von US-Marinetruppen, die Kuba bis 1909 kontrollieren

Bahnhof von Havanna (1912)

1925 Gründung der Partido Comunista de Cuba

DIKTATUR UNTER BATISTA

Nach dem Zweiten Weltkrieg wurde die
Partido del Pueblo Cubano Ortodoxo
von Eduardo Chibás populär, die von
progressiven Angehörigen der Mittelklasse unterstützt wurde. Diese Partei
hätte die Wahlen am 1. Juni 1952 wohl
auch gewonnen, aber am 10. März kam
es zum Putsch von Fulgencio Batista.
Es folgten Demonstrationen, hauptsächlich von Studenten. Sie wurden mit
Härte niedergeschlagen und die Universität geschlossen. Batistas offiziell
von den USA unterstützte Regierung
legte ihre populistische Haltung ab und
wurde zu einer grausamen Diktatur, der
die Bedürfnisse des kubanischen
Volkes völlig gleichgültig waren. Weite Teile des Landes wurden an amerikanische und britische Firmen verkauft
und die Gelder veruntreut. So wurden
die Amigos des Diktators reich, die Bevölkerung noch ärmer und das Land
rückständiger. Kuba wurde zur faszinierenden Vergnügungsinsel vor allem
für Amerikaner.

In den 1950er Jahren war Kuba
berühmt für Glanz und Glamour – die
Mischung aus Musik, Cocktails, rassi-
gen Prostituierten, Zigarren, Alkohol
und Spielen in Kombination mit dem

Fulgencio Batista (links) zusammen mit dem
amerikanischen Vizepräsidenten Richard Nixon

sinnlichen Leben der Tropen zog Mafiosi, Filmstars, Touristen und Geschäftsleute gleichermaßen an. Dieser
Trend hatte einen hohen Preis: Kuba
war nicht nur zum Land der Casinos
und Drogen geworden, es war auch
gänzlich in die Hände der amerikanischen Unterwelt gefallen, die Spiel-
höllen und Luxushotels zur Geldwäsche betrieb.

KUBANISCHE REVOLUTION

Nach Batistas Putsch verklagte ein junger Anwalt und Studentenführer mit
Verbindungen zur *Partido del Pueblo
Cubano Ortodoxo* namens Fidel Alejandro Castro Ruz die Regierung als un-
zulässig, aber er scheiterte. Da er auf
friedlichem Weg nichts erreichte, versuchte Castro am 26. Juli 1953, die
Moncada-Kaserne in Santiago *(siehe
S. 226)* zu stürmen – erneut erfolglos.
Er war einer der wenigen überlebenden Rebellen und wurde zu einer
Haftstrafe auf der Isla de la Juventud
verurteilt. Zwei Jahre später wurde er
amnestiert und ging ins Exil nach Mexiko, wo er begann, die revolutionären
Kräfte zu organisieren. Zu ihm stieß der
junge argentinische Arzt Ernesto »Che«
Guevara, eine entscheidende Begegnung für die Revolution. 1959 wurde Kuba nach jahrelangen Kämpfen von den
Fesseln der Diktatur befreit *(siehe S. 48ff).*

Tänzerinnen im Tropicana der 1930er Jahre

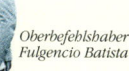

12. August 1933 Machado flieht über Nacht mit der Staatskasse auf die Bahamas	1940–44 Fulgencio Batista wird Präsident von Kuba		1953–59 Die Revolution befreit Kuba von der Diktatur
1935	**1940**	**1945**	**1950**	**1955**

Januar 1934
Beginn einer Phase von
Scheinpräsidenten unter Einfluss des kubanischen Militär-
machthabers Fulgencio Batista

*Oberbefehlshaber
Fulgencio Batista*

10. März 1952
Staatsstreich, ange-
führt von Fulgencio
Batista

Kubanische Revolution

Von seinem Exil in Mexiko aus brach Fidel Castro am 2. Dezember 1956 zusammen mit 82 weiteren Rebellen, unter ihnen Che Guevara, auf der Yacht *Granma* nach Kuba auf. Infolge eines Überraschungsangriffs von Batistas Truppen konnte nur eine Hand voll der Aufständischen in die Sierra Maestra flüchten, wo sie ihren Guerillakrieg vorbereiteten. Ihr Kampf wurde durch die katastrophalen Lebensbedingungen und die weiter steigende Korruption und Unterdrückung der Bevölkerung angeheizt. Die Guerilla-Armee, in der sich Bauern, Studenten, Frauen und desertierte Soldaten zusammenschlossen, besiegte Batistas Truppen nach zweijährigen Kämpfen.

Der Sturm auf die Moncada-Kaserne fand am 26. Juli 1953 statt, dem 100. Geburtstag von José Martí. Die Rebellen nutzten den Karneval, um in der Menge ungesehen zu bleiben, doch ihr Angriff scheiterte.

Legende

– – Raúl Castros Route

– – Che Guevaras Route

Santa Clara war das Schlachtfeld, auf dem der Triumph der Revolution besiegelt wurde. Nach dem Sieg der Rebellen floh Batista nach Santo Domingo (31.12.1958).

Havanna wurde von Che Guevaras Guerilleros besetzt, während Castro in Santiago de Cuba einfiel (1.1.1959).

● Havanna

● Matanzas

● Pinar del Río

Santa Clara

Cienfuegos

Isla de la Juventud

Die Sierra Escambray erreichte Che Guevara nach einem anstrengenden Marsch; seine Männer hatten weder Nahrung noch Schuhe und waren völlig erschöpft, aber siegreich (Oktober 1958).

Radio Rebelde war der Radiosender der Guerilleros. Er wurde im Februar 1958 in der Sierra Maestra von Che Guevara eingerichtet und auf der gesamten Insel aufmerksam gehört.

Phasen des Guerillakrieges

Das Vordringen zweier Guerillatruppen von der Sierra Maestra aus – eine wurde von Che Guevara und Camilo Cienfuegos westwärts angeführt (Oktober 1958), die andere von Raúl Castro in Richtung Guantánamo – war der Höhepunkt des Revolutionskampfes. Nach der Schlacht von Santa Clara, das Ende Dezember von Guevaras Truppen eingenommen wurde, floh Batista nach Santo Domingo. Am 1.1.1959 verkündete die Revolution ihren Sieg.

*Die **Granma** kam 1956 in Kuba an. Aufgrund eines Navigationsfehlers legte sie an der Playa Las Coloradas anstelle der Playa Niquero an. Nachdem sie ein Kriegsschiff aufgespürt hatte, versuchten die Rebellen zu flüchten, wurden aber größtenteils von Batistas Männern erschossen. Auch die Gefangenen wurden getötet. Die Überlebenden (unter ihnen Castro) versteckten sich in der Sierra Maestra.*

Castro nahm Havanna am 8. Januar 1959 ein und
wurde am 16. Februar zum Regierungschef gewählt.
Präsident war zu diesem Zeitpunkt Manuel Urrutia, der
nach Batistas Flucht gewählt worden war. Die Revolutionsregierung schaffte sofort die Rassendiskriminierung
ab und senkte die Stromkosten.

Junge Frauen, darunter Haidée
Santamaría, Celia Sánchez und
Vilma Espín, nahmen aktiv am
Revolutionskrieg teil. Nach der
Einnahme von Havanna über-
nahmen sie die Überwachung
strategischer Punkte.

In der Sierra Maestra, der größten Gebirgskette Kubas,
organisierten die Rebellen ihren Guerillakrieg und
rekrutierten Soldaten aus der Bevölkerung. Die Strategie bestand darin,
Batistas Truppen aus dem Hinterhalt
zu überfallen und an ihre
Vorräte und Waffen
zu kommen.

• Camagüey

Holguín •

Playa Las Coloradas
Hier legte die *Granma*
am 2. Dezember 1956 an.

• Bayamo   Santiago
de Cuba
• Guantánamo

Der Sturm auf La Plata,
eine Kaserne, war der
erste Erfolg der Rebellen
(17. Januar 1957).

In der Sierra Maestra arbeiteten Fidel
Castro, Che Guevara und die restlichen
Überlebenden der *Granma* eine Strategie für ihren Guerillakrieg aus. Zu ihnen
stießen immer mehr *barbudos*, Studenten, Deserteure und Sympathisanten aus
den Reihen des Movimiento 26 de Julio.

In Santiago de Cuba
erlangten die Rebellen am
17. Januar 1957 einen
wichtigen Sieg.

ZEITSKALA

Oktober 1953 Castro wird zu 15 Jahren Haft in Presidio Modelo verurteilt	**30. November 1956** Niederschlagung der Revolte in Santiago	*Che Guevara*	**Oktober** Che und Cienfuegos brechen vom Osten ins Zentrum auf	**1. Januar** Che und Cienfuegos erreichen Havanna, Castro Santiago
1953	1956		1958	1959
26. Juli 1953 Sturm auf die Moncada-Kaserne	**15. Mai 1955** Castro kommt frei und geht ins Exil nach Mexiko *Castro verlässt das Gefängnis*	**2. Dezember 1956** Ankunft der *Granma* **1956–58** Guerillakrieg in der Sierra Maestra	**24. Februar** Radio Rebelde geht auf Sendung **31. Dezember** Santa Clara fällt, Batista flieht	**8. Januar** Castro triumphiert in Havanna

Helden der Revolution

D ER ERFOLG DER REVOLUTION ist teils mit dem morali-
schen Format ihrer charismatischen Helden teils
mit der Geschlossenheit der Bewegung zu erklären –
ein ganzes Volk strebte nach Freiheit. Nach ihrem tri-
umphalen Einzug in Havanna begannen die Revoluti-
onsführer, ihre Ziele in die Tat umzusetzen: Reorganisa-
tion der Landwirtschaft (die unter Großgrundbesitz und
Monokultur litt), Bekämpfung von Analphabetismus
und Arbeitslosigkeit, Industrialisierung, Bau von Wohnungen, Schulen und Krankenhäusern. Fidel Castro
wurde Regierungschef und Che Guevara Industrie-
minister und Präsident der Nationalbank. Die Revolution lebte weiter, mit ihren Helden und ihren Idealen.

*Ernesto »Che« Guevara war
Argentinier und traf Castro in
Mexiko. Er war unprätentiös, ge-
radlinig, asketisch und ein gren-
zenloser Idealist mit der Überzeu-
gung, die Dritte Welt könnte allein durch bewaffneten Aufstand
befreit werden* (siehe S. 172).

Die Strohhüte
der *barbudos* waren
ursprünglich Kopf-
bedeckung der Bauern.

*Camilo Cienfuegos, Kom-
mandeur mit legendärem Mut,
war ein direkter, spontaner
Mensch mit viel Humor. Er
spielte im bewaffneten Kampf
eine entscheidende Rolle, war
aber nur kurze Zeit in der
Regierung. Er verschwand am
29. Oktober 1959 auf dem
Rückweg aus Camagüey von
einem Überwachungsflug in
seinem kleinen Flugzeug und
gilt seither als verschollen.*

Pferde waren das wichtigste
Fortbewegungsmittel der
Revolutionäre.

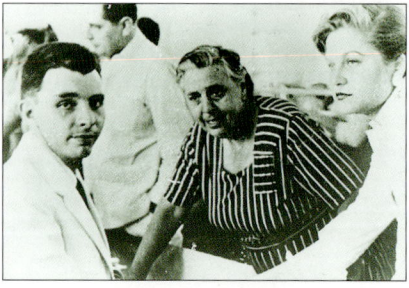

Frank País (*hier mit seiner Mutter und
seiner Verlobten*), *Anführer des Movimiento
26 de Julio, organisierte eine Revolte in
Santiago de Cuba, die zeitlich mit dem
Anlegen der Granma zusammenfallen sollte. Durch die Verspätung der Granma wurde die Revolte niedergeschlagen. País starb
am 30. Juli 1957 in Santiago durch einen
Hinterhalt des Polizeichefs.*

Raúl Castro, Fidels Bruder, gehörte zu den wenigen Überlebenden der Granma und des Sturms auf die Moncada-Kaserne. Nach dem Guerillakrieg wurde er Mitglied der Regierung mit radikaler Grundhaltung. Als Verteidigungsminister unterzeichnete er mit Chruschtschow ein Abkommen über die Stationierung von Atomraketen in Kuba, was 1962 zur Kubakrise führte.

Die kubanische Flagge, die nach den Befreiungskriegen eingeführt wurde, trägt die Farben der Französischen Revolution. Die drei blauen Streifen stehen für die alten Provinzen der Insel.

Fidel Castro mit Juan Almeida (links), einem der Strategen der Kriegsführung der revolutionären Guerilla. Castro, ein großer Redner und politischer Stratege, der Líder Máximo und ein kompromissloser Patriot, war die Personifizierung des kubanischen Staates. Alejo Carpentier schrieb, «er führte zu Ende, was José Martí versprochen hatte». Der Sohn spanischer Immigranten wurde am 13. August 1926 in Mayarí in Ostkuba geboren. Er engagierte sich bereits während seines Jurastudiums bei den Jesuiten für seine Ziele.

DIE BARBUDOS
Die Rebellen wurden als *barbudos* (Bärtige) bezeichnet, da sie sich in den Bergen lange Bärte wachsen ließen. An ihren Märschen beteiligten sich auch zahlreiche Bauern. Dieses Foto des Fotografen Raúl Corrales bringt den von Ethos und Zusammenhalt geprägten Geist der Revolution zum Ausdruck.

Guillermo García Morales stieß als einer der ersten Bauern zur revolutionären Bewegung des Movimiento 26 de Julio. Aufgrund seiner besonderen Verdienste als Guerillakämpfer in der Sierra Maestra an der Seite von Castro wurde er bei der Revolution zum Kommandeur ernannt.

Celia Sánchez Manduley trat bereits früh für die revolutionären Ideen ein und kämpfte auch in der Sierra Maestra. Sie war rechte Hand und Gefährtin Fidel Castros und hatte nach 1959 wichtige politische Positionen inne. Manduley verstarb 1980 frühzeitig an Krebs.

ALPHABETISIERUNGSKAMPAGNE UND AGRARREFORM

Zu den ersten Regierungshandlungen der Revolution zählte die Alphabetisierungskampagne von 1961: Tausende von Studenten reisten durch Kuba und brachten der Landbevölkerung das Lesen und Schreiben bei. Che Guevara, der seine Männer während des Guerillakampfes zu gelegentlichen Studien ermuntert hatte, nahm auch an der Kampagne teil. Tatsächlich konnte der Analphabetismus innerhalb kurzer Zeit erfolgreich bekämpft werden.

Nächster Schritt war die Agrarreform, die mit der Enteignung der meist ausländischen (v. a. amerikanischen) Großgrundbesitzer eingeläutet wurde. US-Landbesitz wurde drastisch eingeschränkt. Dies war der Beginn von Feindseligkeiten zwischen den beiden Staaten. Im Oktober 1960 erklärten die USA einen Wirtschaftsboykott, der den Erdölexport sowie den Import von kubanischem Zucker blockierte. Nach fast zwei Jahren steigender Spannungen knüpfte Kuba engere Kontakte mit der Sowjetunion, Osteuropa und China. Zwischenzeitlich verschärfte sich der Kampf gegen Konterrevolutionäre in der Sierra del Escambray.

Elitetruppen bei der Ankunft auf dem US-Militärstützpunkt Guantánamo während der Kubakrise

Teilnehmer an der Alphabetisierungskampagne 1961

hängte Präsident Kennedy ein Handelsembargo gegen Kuba, was auch einen Boykott seitens der restlichen amerikanischen Staaten zur Folge hatte (außer Mexiko und Kanada), die zudem wie die USA die diplomatischen Beziehungen zu Kuba einschränkten. Dies führte zu einer verstärkten Anbindung Kubas an die kommunistische Welt. Als die USA ein Jahr später herausfanden, dass in Kuba Atomraketen stationiert waren, richtete Präsident Kennedy eine Schiffsblockade um die Insel ein und forderte den unverzüglichen Abbau der Raketen. Auf dem Höhepunkt der Krise stand die Welt kurz vor einem Atomkrieg, bis der sowjetische Präsident Chruschtschow schließlich einlenkte und die Raketen in die Sowjetunion zurückholte.

EMBARGO UND KUBAKRISE

Am 17. April 1961 landete eine von der CIA ausgebildete Truppe von Exilkubanern und Söldnern in der Playa Girón (Schweinebucht). Die Invasion scheiterte, da sich entgegen den Erwartungen der USA die kubanischen Zivilisten nicht gegen Castro erhoben *(siehe S. 163)*. Eine Woche später ver-

VON DER *ZAFRA*-KAMPAGNE BIS ZUR EMIGRATION DER »*MARIELITOS*«

In der Anfangsphase machte sich die Regierung um eine höchstmögliche Diversifikation der Wirtschaft stark. 1970 allerdings konzentrierten sich alle

ZEITSKALA

17.4.1961 Invasion in der Schweinebucht
US-Embargo beginnt am 25. April

1962 Kubakrise

1965 Die Partido Comunista de Cuba (PCC) wird Einheitspartei

1975 Erster Kongress des PCC

1960	1970	1980

3.1.1961 Abbruch der diplomatischen Beziehungen mit den USA

1967 Tod von Che Guevara

1970 Die *Zafra*-Kampagne

1980 125 000 Kubaner emigrieren vom kleinen Hafen Mariel in die USA

Bemühungen auf eine Förderung der *Zafra* (Zuckerrohrernte), um die angeschlagene Wirtschaft wieder zu beleben. Geplant waren 10 Millionen Tonnen, doch nur 8,5 Millionen wurden geerntet. Zur selben Zeit nahmen einige lateinamerikanische Länder wieder diplomatische Beziehungen mit Kuba auf. Die Revolutionsregierung hatte zwar in sozialer Hinsicht viel geleistet, war jedoch weit davon entfernt, die wirtschaftlichen Probleme des Landes in den Griff zu bekommen. 1980 emigrierten 125 000 *Marielitos*, benannt nach dem Hafen Mariel, von dem aus sie nach Miami übersetzten.

Castro und der Papst bei dessen Besuch in Kuba

PERÍODO ESPECIAL
Mit dem Fall der Berliner Mauer 1989 und dem damit verbundenen Zusammenbruch des Ostblocks verlor Kuba seine Wirtschaftspartner. Castro machte keinen Hehl aus seiner Ablehnung der *Perestroika*. Das Ausbleiben der sowjetischen Unterstützung lähmte die gesamte kubanische Wirtschaft und führte sie in eine Krise, die die Regierung mit einem rigorosen Sparprogramm zu lösen versuchte. 1990 durchlebte die Insel eine der schwersten Phasen ihrer Geschichte, den Período Especial, geprägt von Importbeschränkungen, Treibstoffmangel, Rationierungen und Niedriglöhnen. 1991 zog die Sowjetunion ihre Truppen und Techniker ab. Die Wirtschaftskrise verschärfte sich bis 1994 immer mehr.

RETTUNG DER WIRTSCHAFT
Dass die Zeichen auf Veränderung standen, wurde klar, als immer mehr *balseros* (Flüchtlinge auf selbst gebauten Booten, den *balsas*) nach Miami flohen. Die Regierung begann, ausländische Investitionen zu fördern, Privatunternehmen einen gewissen Spielraum einzuräumen, wieder Beziehungen mit osteuropäischen Staaten aufzubauen und den US-Dollar als offizielles Zahlungsmittel zuzulassen. Castro löste sich aus seiner Isolation und brach zu Staatsbesuchen in europäische Länder auf. Richtungsweisend war auch Castros Audienz bei Johannes Paul II. 1996 und der Papstbesuch in Kuba zwei Jahre später. Ende der 1990er hatte sich der Tourismus zum größten Wirtschaftsfaktor entwickelt. Kehrseite dieser Medaille ist, dass das duale System, also die parallele Verwendung des kubanischen *Peso* und des US-Dollar (mit dem Touristen zahlen), wiederum zu ganz eigenen sozialen Problemen geführt hat. Das heutige Kuba muss sich vielen Herausforderungen stellen, nicht zuletzt der, Veränderungen einzugehen, ohne dabei die eigene Identität zu verlieren.

Leere Regale während der Wirtschaftskrise

Einteilung von Rationen

1989 Fall der Berliner Mauer

1990 Beginn des Período Especial

1990

1991 Abzug sowjetischer Truppen und Techniker

1996 Das Helms-Burton-Gesetz verschärft das Embargo

1996 Im November besucht Castro Papst Johannes Paul II. im Vatikan

1998 Papst Johannes Paul II. besucht Kuba vom 21.–26. Januar

2000

2000 1 774 000 Touristen machen Urlaub auf Kuba

Strandtourismus

HAVANNA

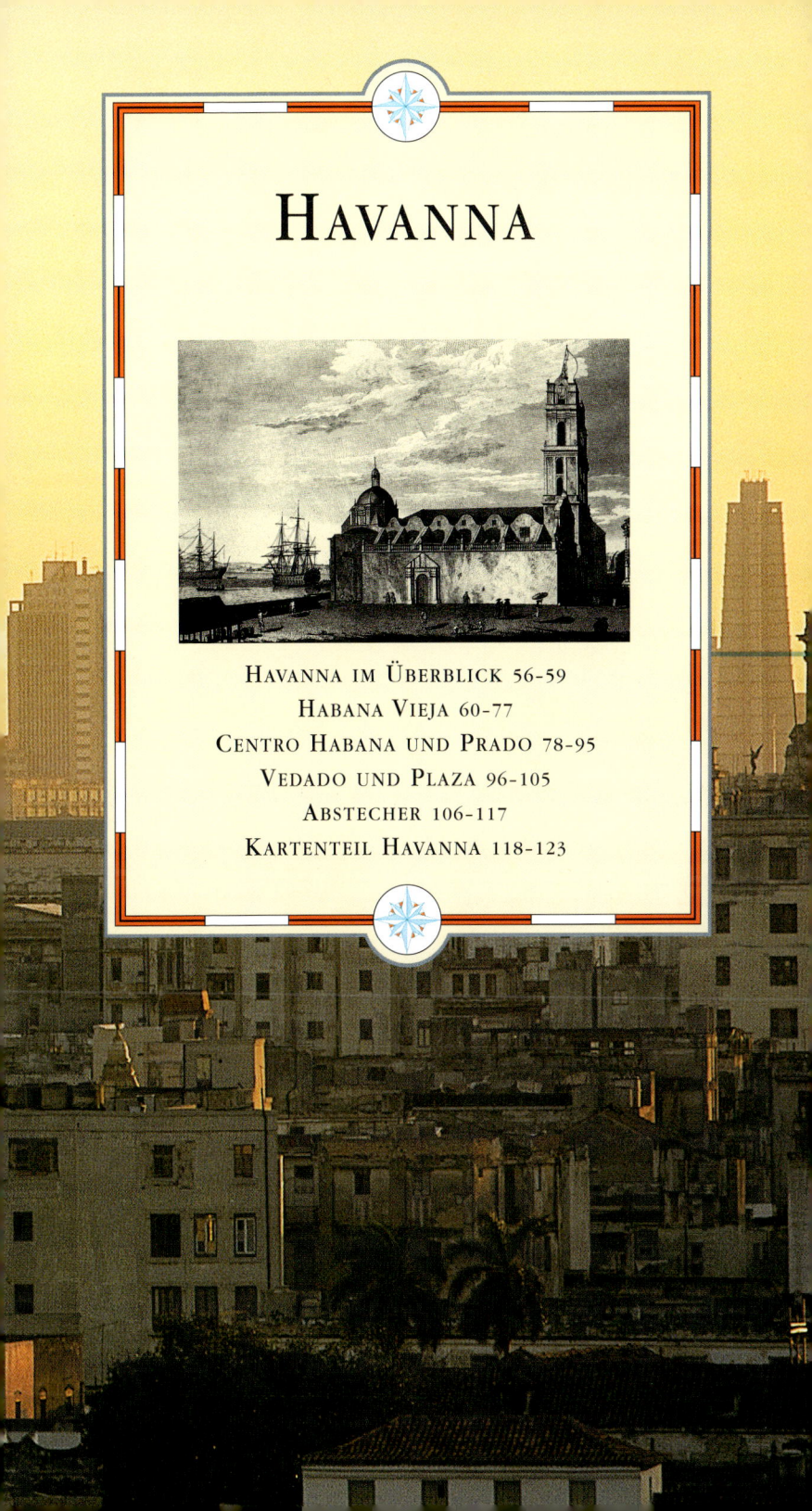

Havanna im Überblick

HAVANNA IST EINE LEBENSLUSTIGE, farbenfrohe Stadt mit vielen architektonischen Schmuckstücken aus der Kolonialzeit und anderen Epochen sowie zahlreichen anderen Sehenswürdigkeiten. Havanna allein ist schon eine Reise nach Kuba wert. Die meisten Sehenswürdigkeiten befinden sich in den Stadtteilen Habana Vieja (Altstadt), Centro Habana und Vedado.

Stadtwappen von Havanna

Zunächst stellen wir Ihnen Habana Vieja, das koloniale Stadtzentrum mit seiner alten Stadtmauer, vor, dann lernen Sie Centro Habana und Prado kennen. Der Westteil der Stadt ist im Kapitel über Vedado und Plaza beschrieben. Im Kartenteil auf den Seiten 118ff können Sie die wichtigsten Sehenswürdigkeiten nachschlagen.

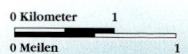

0 Kilometer   1

0 Meilen   1

VEDADO UND PLAZA
Seiten 96–105

Die Necropolis Colón (siehe S. 104f) *ist Havannas Stadtfriedhof und zugleich Nationaldenkmal. In den beeindruckenden Grabstätten wurden viele berühmte Menschen beerdigt. So entwickelte sich die Necropolis zur Pilgerstätte.*

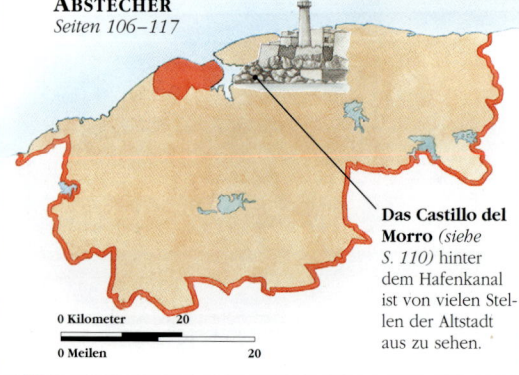

ABSTECHER
Seiten 106–117

0 Kilometer   20

0 Meilen   20

Das Castillo del Morro *(siehe S. 110) hinter dem Hafenkanal ist von vielen Stellen der Altstadt aus zu sehen.*

Das Monumento José Martí (siehe S. 103) *auf der Plaza de la Revolución ist ein bedeutendes Symbol Kubas. An der weißen Marmorstatue finden viele Staatsfeiern statt.*

◁ Bei Sonnenuntergang bietet die Kuppel des Capitolio über den Dächern ein beeindruckendes Bild

Die Catedral de San Cristóbal (siehe S. 64) hat eine typische Barockfassade, deren geschwungene Linien, konvexe Oberflächen und Säulen das farbenfrohe Rosettenfenster in den Mittelpunkt rücken. Die Kirche dominiert die Plaza de la Catedral, die von eleganten Gebäuden aus dem 17. und 18. Jahrhundert umgeben ist.

Das Museo de la Revolución (siehe S. 88f) ist im einstigen Präsidentenpalast untergebracht. Davor steht der Panzer, in dem Castro 1961 an der Schlacht in der Schweinebucht teilnahm.

CENTRO HABANA UND PRADO
Seiten 78–95

HABANA VIEJA
(ALTSTADT)
Seiten 60–77

Das Capitolio (siehe S. 82f) ist eine Nachahmung des Kapitols in Washington DC. Die Bronzestatuen am Eingang wurden von dem italienischen Künstler Angelo Zanelli geschaffen.

Der Palacio de los Capitanes Generales (siehe S. 70f) ist wahrscheinlich das herausragendste Beispiel barocker Architektur in Havanna. Das reich verzierte Eingangsportal der italienischen Bildhauer Gaggini und Tagliafichi wurde erst 1835 hinzugefügt.

Malecón

KEINE ANDERE GEGEND HAVANNAS repräsentiert die Stadt besser als der Malecón, und keine andere Gegend übt auf Touristen und Einheimische eine derartige Faszination aus. Die 7 Kilometer lange Uferpromenade führt einen nicht nur an historischen Stadtteilen Havannas – vom kolonialen Zentrum zu den Wolkenkratzern von Vedado – vorbei, sondern gewährt auch Einblick in deren Geschichte. An dem quirligen Boulevard reihen sich elegante Gebäude aneinander, die durch die Lage an der Bucht von Havanna noch eindrucksvoller erscheinen – besonders bei Sonnenuntergang. Zudem ist der Malecón für viele Bewohner ein religiöser Ort. Hier werfen sie Opfergaben ins Meer *(siehe S. 21)*.

ZUR ORIENTIERUNG
Siehe *Kartenteil S. 120ff.*

① *Das Karyatiden-gebäude ist eines der imposantesten Bauwerke am oberen Abschnitt des Malecón. Das im frühen 20. Jahrhundert errichtete Gebäude wurde nach den weiblichen Säulenfiguren benannt, die das Gebälk der Loggia tragen.*

② *Das Gebiet zwischen Prado und der Calle Belascoaín, das detailgetreu restauriert wurde, ist bekannt für seine pastellfarbenen Gebäude. Am gleichen Abschnitt (Nr. 51) befindet sich der »Ataúd« (Sarg), ein Wolkenkratzer aus den 1950er Jahren, der nach der Form seiner Fenster benannt wurde.*

Abwechslungsreiche Fassaden

Balkone mit neomaurischen Elementen

ARCHITEKTUR

Am Malecón reihen sich in einem bunten Stilmix Kolonialbauten, verblichene pastellfarbene Gebäude und mehrstöckige moderne Häuser aus dem 20. Jahrhundert, zum Teil mit Loggias im oberen Stockwerk, aneinander.

Edificio Focsa

Hotel Nacional

③ *Das Monumento al Maine wurde 1926 zum Gedenken an die Matrosen errichtet, die 1898 bei der Explosion des amerikanischen Kriegsschiffs Maine in der Bucht von Havanna ums Leben kamen (siehe S. 45). Es steht an einer der breiteren Stellen des Malecón bei Vedado.*

④ *Zwischen der Calle 23 und der Calle G grenzt der Malecón nördlich an den Stadtteil Vedado. Die Skyline wird hier von Havannas höchsten Gebäuden dominiert und schafft so die Atmosphäre einer modernen Metropole.*

An stürmischen Tagen *brechen sich die Wellen an den Felsen und schlagen über die Kaimauer auf die Straße – ein besonders bei Kindern beliebtes Spektakel. Anhänger der* Santería-*Lehre sehen den Sturm als Zeichen des Zorns der Meeresgöttin Yemayá (siehe S. 21).*

Angeln am Malecón ist ein beliebter Zeitvertreib der Einheimischen. Andere musizieren, bummeln oder sitzen einfach auf der niedrigen Mauer und beobachten den Horizont.

ATMOSPHÄRE

Die Küste Havannas ist besonders bei Sonnenuntergang faszinierend, wenn die Farben der Gebäude im Abendlicht leuchten. Der Malecón ist vor allem sonntags ein beliebtes Ziel derer, die nicht zu den Playas del Este fahren.

Der Malecón ist ein beliebter Treffpunkt für junge Leute, die hier Freunde treffen, schwimmen, sonnenbaden und Rum trinken.

Die herrliche Lage des Malecón – das Meer auf der einen, die Skyline der Stadt auf der anderen Seite – zieht viele verliebte Pärchen an. Doch auch Singles auf Partnersuche flanieren hier gerne.

SPAZIERGANG AM OZEAN: DIE GESCHICHTE DES MALECÓN

Am 4. November 1901 verabschiedeten die amerikanischen Behörden, die Kuba damals besetzt hielten, einen Plan zum Bau einer baumbestandenen Fußgängerpromenade, die am Castillo de la Punta beginnen sollte. Die starken Winde und die raue See zwangen die Ingenieure jedoch zu einem anderen Entwurf. Der Amerikaner Mead und der Franzose Jean Forestier entwarfen vor dem Prado einen offenen Platz mit einem Musikpavillon, der 1902 fertig gestellt wurde. Nahe der Altstadt entstanden Hotels und Cafés, um Miramar errichtete man Badeanlagen. 1919 erstreckte sich der Malecón bereits bis zur Calle Belascoaín, 1921 dann bis zur Calle 23.

Bald entwickelte er sich zu einer wichtigen Verkehrsverbindung zwischen den Stadtteilen, so dass er von Fußgängern gemieden wurde. Heute wird er – trotz des Verkehrs – wieder vermehrt in seiner ursprünglichen Bestimmung genutzt.

Der Malecón Anfang des 20. Jahrhunderts

HABANA VIEJA

DAS HISTORISCHE Zentrum Havannas erklärte die UNESCO 1982 zum Weltkulturerbe. In ganz Lateinamerika kann keine Stadt mit einem größeren Zentrum im Kolonialstil aufwarten. Nach zwei Jahrhunderten ungebremsten Verfalls wird es jetzt unter der Leitung des *historiador de la ciudad* (Superintendent des Weltkulturerbes) Eusebio Leal Spengler im alten Glanz wieder aufgebaut. Charakteris-

Kolumbusstatue am Palacio de los Capitanes Generales

tisch für die Altstadt Habana Vieja ist die spanisch-andalusische Architektur, die von tropischer Sonne und üppiger Vegetation umrahmt ist. Auch wenn die Zeit hier stillzustehen scheint, ist Havannas Altstadt eine lebendige Gegend. Denn das Restaurationsprogramm soll nicht nur die ursprüngliche Schönheit von Habana Vieja wiederherstellen, sondern auch die einstige Betriebsamkeit und Lebenslust wieder erwecken.

SEHENSWÜRDIGKEITEN AUF EINEN BLICK

Museen und Galerien
Fundación Destilería
  Havana Club ⓭
Museo de Arte Colonial ❷
Museo José Martí ⓲

Historische Gebäude
Bodeguita del Medio ❹
Castillo de la Real Fuerza ❺
*Palacio de los Capitanes
  Generales S. 70f* ❽
Seminario de San Carlos
  y San Ambrosio ❸
El Templete ❻

**Historische Straßen
und Plätze**
Calle Obispo ❾
Calle Oficios ❼
Casa de Africa ⓫
Casa de la Obra Pía ❿
Plaza de San Francisco ⓬
Plaza Vieja ⓮

Kirchen und Klöster
Catedral de San Cristóbal ❶
Convento de Santa Clara ⓯
Iglesia de Nuestra Señora
  de la Merced ⓱
Iglesia del Espíritu Santo ⓰

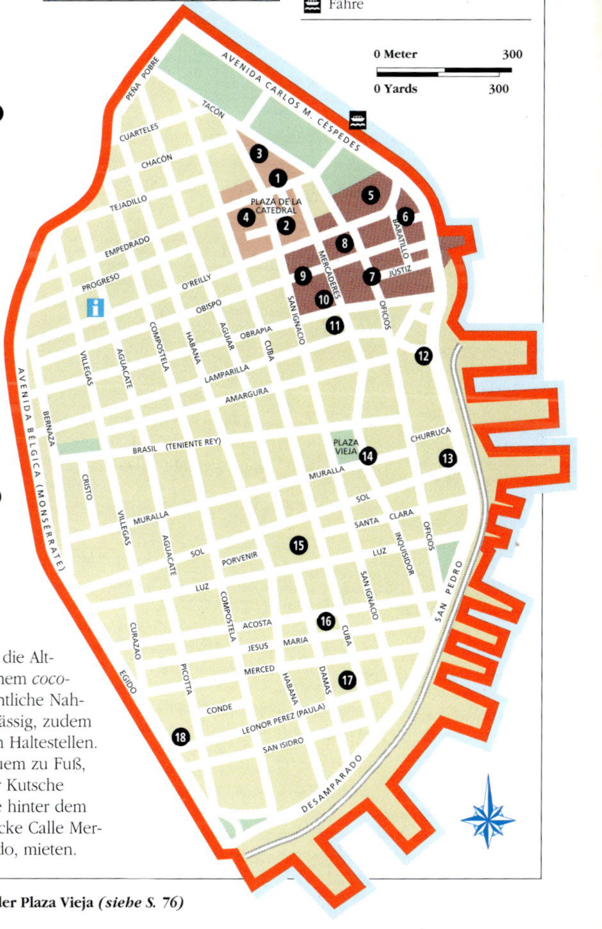

ANFAHRT

Am leichtesten erreichen Sie die Altstadt mit einem Taxi oder einem *cocotaxi (siehe S. 307)*. Der öffentliche Nahverkehr ist nicht sehr zuverlässig, zudem gibt es keine ausgewiesenen Haltestellen. Habana Vieja lässt sich bequem zu Fuß, mit einer Rikscha oder einer Kutsche erkunden. Diese können Sie hinter dem Castillo de la Real Fuerza, Ecke Calle Mercaderes und Calle Empedrado, mieten.

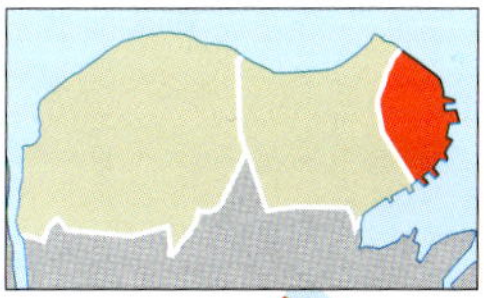

LEGENDE
■ Detailkarte *S. 62f*
■ Detailkarte *S. 66f*
ℹ Information
🚢 Fähre

0 Meter   300
0 Yards   300

◁ Gebäude im Kolonialstil an der Plaza Vieja *(siehe S. 76)*

Im Detail: Plaza de la Catedral

DIE PLAZA DE LA CATEDRAL, die von der eleganten Bischofskirche dominiert wird, ist eines der Symbole von Habana Vieja. 1592 wurde der Zanja Real, der erste Aquädukt der Stadt (und auch der erste spanische Aquädukt in der Neuen Welt) auf diesem Platz fertig gestellt. Das Wasser kam vom 11 Kilometer entfernten Fluss Almendares. Der Zanja Real sollte die im Hafen vor Anker liegenden Schiffe und die Anwohner mit Wasser versorgen. Auf einer Gedenktafel am Platz ist seine Position vermerkt. Im 18. Jahrhundert wurden die Herrschaftsgebäude und die heutige Kathedrale errichtet. Die Plaza de la Catedral ist ein Muss für jeden Besucher der Stadt. Die hübsche Bar am Platz lädt zum Verweilen, Musikhören und Beobachten der Wahrsagerinnen in ihren historischen Kleidern ein.

Eine Frau in historischer Kleidung vor der Kathedrale

Seminario de San Carlos y San Ambrosio
Der moderne Eingang dieses Gebäudes aus dem 18. Jh. spiegelt die barocken Ornamente der Kathedrale wider. ❸

Ehemaliger Eingang zum Seminar

Das Centro Wifredo Lam in einem Palast aus dem 18. Jh. zeigt Ausstellungen zeitgenössischer Kunst und organisiert Vorträge.

CALLE SAN IGNACIO

Der Palacio de los Marqueses de Aguas Claras wurde in der zweiten Hälfte des 18. Jhs. gebaut. Im frühen 20. Jh. beherbergte er das Restaurant París, später die Büros der Banco Industrial. Heute laden die Tische der Restaurantbar El Patio zu einem Imbiss oder Kaffee auf dem malerischen Platz ein.

CALLE EMPEDRADO

LEGENDE

‒ ‒ ‒ Routenempfehlung

NICHT VERSÄUMEN

★ **Catedral de San Cristóbal**

★ **Museo de Arte Colonial**

★ **Bodeguita del Medio**

Die Casa de la Condesa de la Reunión, ein Gebäude aus dem 19. Jahrhundert, umrahmt einen herrlichen Innenhof. Sie ist die Zentrale der Alejo-Carpentier-Stiftung. Der berühmte kubanische Schriftsteller *(siehe S. 27)* machte das Haus zum Schauplatz seiner Novelle *Siglo de las Luces*.

LA BODEGUITA DEL MEDIO

★ **Bodeguita del Medio**
Ernest Hemingway, der hier regelmäßig mojitos *trank, machte dieses Restaurant legendär.* ❹

ZUR ORIENTIERUNG
*Siehe Kartenteil S. 120ff,
Karte 4*

★ **Catedral de San Cristóbal**
*Die Barockfassade dieser zum Nationaldenk-
mal ernannten Kirche gilt als eine der schönsten in Nord- und Südamerika.* ❶

Im Palacio del Conde Lombillo (1746)
befindet sich der Sitz des Erziehungs-
museums. Das Muso de Alfabetización
zog um ins Neubaugebiet Mariano (Ciudad Escolar Libertad) auf dem Gelände
des ehemaligen Flughafens.

CALLE TACÓN

CALLE EMPEDRADO

CALLE MERCADERES

**Der Palacio de los Marqueses
de Arcos** aus dem frühen 18. Jahrhundert beherbergt eine Kunstgalerie mit Kunsthandwerk und
Drucken, die zum Verkauf stehen.
Das Gebäude war einst die Haupt-
post. Der Originalbriefkasten hängt
noch immer an der Wand.

PLAZA DE LA
CATEDRAL

**Plaza
de Armas
(siehe
S. 66f)**

| 0 Meter | 40 |
| 0 Yards | 40 |

CALLEJÓN DEL CHORRO

CALLE SAN IGNACIO

**Im Taller Experimental de
Gráfica** (1962) werden Kurse in
Grafik-Design für Kubaner und
Besucher abgehalten. Zudem gibt
es eine Kunstgalerie.

★ **Museo de Arte Colonial**
*Das Gebäude von 1720 ist eines der besten
Beispiele früher kolonialer Architektur in
Kuba. Die Ausstellung zeigt Möbel und
Gegenstände aus der Kolonialzeit.* ❷

Catedral de San Cristóbal ❶

Calle Empedrado 156. **Karte** 4 E2.
📞 (7) 8617 771. ⏰ Mo–Fr
10.30–12.30 Uhr, Sa 10.30–13 Uhr;
So 9–12.30 Uhr. ✝ Mo, Di, Do, Fr
20 Uhr, So 10.30 Uhr. 📷

Schlichtes Hauptschiff der Catedral de San Cristóbal

Mit dem Bau dieser Kirche wurde 1748 unter der Aufsicht von Jesuitenpatern begonnen, doch nach deren Vertreibung im Zuge des Konflikts mit der spanischen Krone wurde die Kirche 1777 von Franziskanern fertig gestellt. Erst nach dem Einsturz der Kirche Parroquial Mayor *(siehe S. 70)* nach einer Explosion im nahe gelegenen Hafen wurde die Kirche zur Kathedrale ernannt.

1789 wurde die heutige Catedral de San Cristóbal als Catedral de la Virgen María de la Inmaculada Concepción geweiht. Erst 1796 erhielt sie ihren heutigen Namen zu Ehren von Christoph (span. *Cristóbal*) Kolumbus, dessen Gebeine angeblich von 1796 bis 1898 hier begraben waren. Diese Angaben finden sich auch auf einer Tafel links der Kanzel wieder, offizielle Belege dafür gibt es jedoch nicht.

Die Architektur von San Cristóbal ähnelt der vieler anderer Jesuitenkirchen: Grundform ist ein lateinisches Kreuz, das im hinteren Bereich und an den Seiten von Kapellen flankiert wird; das Mittelschiff ist höher als die Seitenschiffe. Die Barockfassade beeindruckt mit ihren zwei mächtigen Glockentürmen und unzähligen Nischen und Säulen – der kubanische Schriftsteller Alejo Carpentier beschrieb sie einst als »zu Stein gewordene Musik«.

Im Vergleich dazu wirkt der klassizistische Innenraum sehr schlicht. Mächtige Säulen trennen das Mittel- von den Seitenschiffen, in denen acht Kapellen untergebracht sind. Die größte ist die Sagrario-Kapelle, die älteste (1755) ist der Madonna von Loreto gewidmet und enthält winzige Häuschen, die als Votivgaben dienten.

Die drei Fresken hinter dem Hochaltar stammen von Giuseppe Perovani. Die Originaldecke aus Holz und Stuck, die nach ihrer Zerstörung von 1946–52 wieder aufgebaut wurde, war das Werk des Franzosen Jean Baptiste Vermay, der die San-Alejandro-Akademie der bildenden Künste *(siehe S. 24)* gründete. Der Hochalter aus dem frühen 19. Jh. wird dem italienischen Künstler Giuseppe Bianchini zugeschrieben. Rechts davon steht die Statue des hl. Christopherus, erschaffen von dem Spanier Martín de Andújar (1636). Ihre Beine sind im Vergleich zum Rumpf unproportional kurz, da die Statue durch das Portal passen musste.

Am Namenstag des hl. Christopherus (16. Nov) findet hier eine feierliche Messe statt, während der die Gläubigen in einer Prozession an der Statue vorbeigehen und um seinen Segen bitten. Diese Bitte wird ihnen jedoch nur gewährt, wenn sie schweigen, bis sie die Kirche verlassen haben.

Statue des hl. Christopherus

Papstbesuch 1998

Papst Johannes Paul II. vor der Kathedrale

Papst Johannes Paul II. besuchte Kuba vom 21. bis 26. Januar 1998 *(siehe S. 53)*. Dieses Ereignis war für Kuba von historischer Bedeutung und wurde von der gesamten Bevölkerung (nicht nur den Katholiken) mit großer Freude begrüßt. In den 1990er Jahren hatte die kubanische Regierung mehr religiöse Toleranz und die Zustimmung zum Dialog mit der Kirche signalisiert. Journalisten aus der ganzen Welt begleiteten den Besuch des Papstes, der auch im Fernsehen übertragen wurde. Im Verlauf des Besuchs wurde der 25. Dezember zum Feiertag erklärt. Am 25. Januar hielt der Papst einen Gottesdienst in der Kathedrale ab, bei dem er mit kubanischen Priestern zusammentraf, und gab eine Massenaudienz auf der Plaza de la Revolución.

Museo de Arte Colonial ❷

Calle San Ignacio 61. **Karte** 4 E2.
☎ (7) 8626 440. ○ tägl. 9–18.45
Uhr. ● 25. Dez. ▧ ▨ ▣

D IESE VILLA aus dem 18. Jahrhundert, die vom kubanischen Gouverneur Don Luis Chacón erbaut wurde, beherbergt seit 1963 ein faszinierendes Museum für Kolonialkunst. Das Gebäude selbst ist mit seinem eleganten Innenhof ein Paradebeispiel einer kolonialen Residenz.

In den zwölf Räumen im Erdgeschoss und im ersten Stock sind Möbel, Kerzenhalter, Porzellan und andere Dekorationsgegenstände des Adels und der Mittelklasse aus dem 18. und 19. Jahrhundert zu sehen. Diese vereinen europäische, kreolische und koloniale Traditionen. Neben einer beeindruckenden Sammlung von Tropenholzmöbeln zeigt das Museum eine einzigartige Kollektion von Buntglasfenstern (*mediopunto*), die für die kreolischen Künstler Kubas typisch sind (*siehe S. 23*).

Koloniale Stilmöbel im Museo de Arte Colonial

Museo de Arte Colonial: ein bogenförmiges *mediopunto*-Fenster

In einem weiteren Raum werden Ausstellungen zeitgenössischen Kunsthandwerks gezeigt. An Wochenenden organisiert das Museum zudem Führungen für Kinder und ein Freizeitprogramm für Senioren.

Das kleine Theater nebenan (Eingang Calle San Ignacio) bietet an Wochenenden ein vielfältiges Konzert- und Theaterprogramm.

Seminario de San Carlos y San Ambrosio ❸

Calle San Ignacio 5. **Karte** 4 E2. ☎ (7) 8626 989. ○ Mo–Fr 8.30–16 Uhr ● 1. Jan, 26. Juli, 10. Okt, 25. Dez. ▣

I M 18. JAHRHUNDERT wurde dieses Gebäude von Jesuiten errichtet. Es beherbergte ein Seminar, das schon 1689 gegründet worden war. Berühmte kubanische Patrioten und Intellektuelle studierten hier, z. B. Padre Félix Varela (1788–1853), der geistige Vater des kubanischen Unabhängigkeitskriegs (*siehe S. 26*).

Neben dem alten Portal in der Calle San Ignacio, das im damals typisch spanischen Churriguera-Stil erbaut wurde, gibt es auf der Avenida del Puerto einen weiteren Eingang im Neobarockstil, der aus dem 20. Jahrhundert stammt.

Der große Innenhof ist einzigartig auf Kuba. Auf drei Etagen ist er von Galeriebögen umrahmt – im ersten Stock haben diese einfache Säulen, im zweiten Doppelsäulen und im dritten Holzsäulen. Die prächtig geschmückte Innentreppe ist nicht wie gewöhnlich mit Bögen, sondern mit trapezförmigen Motiven und einem Mahagonigeländer verziert. Im Seminar wird noch immer gelehrt, es kann aber dennoch besichtigt werden.

Bodeguita del Medio ❹

Calle Empedrado 207.
Karte 4 E2. ☎ (7) 8338 857.
○ tägl. 12–0.30 Uhr. ▣

D IE BODEGUITA del Medio – der »kleine Laden in der Mitte« – verdankt seinen Namen der Tatsache, dass er exakt in der Mitte einer kleinen Straße nahe der Kathedrale liegt. Inzwischen wurde aus dem »kleinen Laden« eine große Attraktion.

1942 wurde die Bodeguita als Lebensmittelgeschäft gegründet. Später kam eine Bar dazu, die Bodeguita wurde zum Treffpunkt von Intellektuellen, Künstlern und Politikern. Heute ist sie ein Restaurant, in dem hervorragende kreolische Küche serviert wird, in der Bar werden Rum und Cocktails ausgeschenkt. Die Wände sind mit Fotos, Gemälden, Graffiti und Autogrammen von Besuchern übersät, darunter Nat King Cole, die Schriftsteller Pablo Neruda, Nicolás Guillén, Gabriel García Marquez, Alejo Carpentier (*siehe S. 27*) und Ernest Hemingway, der hier Stammgast war.

Die Wände der Bodeguita del Medio rufen viele Erinnerungen wach

Im Detail: Um die Plaza de Armas

DIE ELEGANTE, WEITLÄUFIGE PLAZA DE ARMAS ist umsäumt von Barockgebäuden, die ihr eine koloniale Atmosphäre verleihen. Die üppige tropische Vegetation und die Stände des Secondhand-Buchmarkts *(siehe S. 69)* beleben den Platz, der im frühen 17. Jahrhundert gebaut wurde. Er sollte die alte Plaza Mayor ablösen, die das Herz des religiösen, politischen und militärischen Lebens Havannas darstellte. Bis Mitte des 18. Jahrhunderts fanden hier auch Militärübungen statt. Nach der Umgestaltung der Plaza (1771–1838) wurde sie besonders bei wohlhabenden Bürgern Havannas populär, die hier mit ihren Kutschen vorfuhren. Die Plaza wurde in den letzten Jahren restauriert und ist nun beliebter Treffpunkt von Touristen und Einheimischen.

Der Palacio del Segundo Cabo (1776), die Residenz des einstigen Gouverneurs, dient heute als Domizil für das kubanische Bücherinstitut.

★ Palacio de los Capitanes Generales
Dieser hübsche Barockpalast wurde für Kubas Kolonialherren gebaut und beherbergt heute das Museo de la Ciudad. Die Kolumbusstatue im Innenhof wirkt, verglichen mit den majestätischen Palmen, winzig. ❽

Plaza de la Catedral *(siehe S. 62f)*

Nicht versäumen

- ★ **Castillo de la Real Fuerza**
- ★ **El Templete**
- ★ **Palacio de los Capitanes Generales**
- ★ **Calle Obispo**

Hotel Ambos Mundos

Ministerio de Educación

Farmacia Taquechel

CALLE TACÓN
CALLE O'REILLY
CALLE MERCADERES
CALLE OBISPO
CALLE OBRAPÍA

★ Calle Obispo
Diese Straße, die an beiden Seiten mit interessanten Gebäuden aus dem 16. bis 19. Jh. (darunter einige historische Geschäfte) gesäumt ist, gleicht einem Open-Air-Museum für koloniale Architektur. ❾

Casa de la Obra Pía
Der majestätische Eingangsbereich dieser Villa aus dem 17. Jahrhundert wurde angeblich in Spanien gefertigt. ❿

★ Castillo de la Real Fuerza

Das Kastell aus dem 16. Jh. mit seinem breiten Burggraben und dem eckigen Schutzwall ist der älteste Militärbau Havannas. Auf einem der Türme ist eine Kopie der Giraldilla, *dem Symbol der Stadt, abgebildet.* ❺

ZUR ORIENTIERUNG
Siehe Kartenteil S. 120ff, Karte 4

Die Calle Enna ist Havannas schmalste und kürzeste Straße. Sie wurde nach einem General der Kolonialzeit benannt.

★ El Templete
Das klassizistische Gebäude im Schatten eines riesigen Kapokbaums weckt Erinnerungen an die Zeit der Stadtgründung. ❻

Das Hotel Santa Isabel befindet sich in der einstigen Residenz des Conde de Santovenia (18. bis 19. Jh.). Nach aufwändigen Restaurationsarbeiten wurde es vor kurzem wieder eröffnet *(siehe S. 248).*

0 Meter	60
0 Yards	60

LEGENDE

– – – – – Routenempfehlung

In der Casa de los Arabes war im 17. Jh. Havannas erste Schule untergebracht.

Calle Oficios
In der makellos restaurierten Straße finden sich verschiedene Geschäfte und Museen, darunter ein Oldtimermuseum. ❼

Treppenaufgang zu den Zinnen des Castillo de la Real Fuerza

Castillo de la Real Fuerza ❺

Calle Tacón e/ Calle Obispo y O'Reilly.
Karte 4 F2. ☎ (7) 8616 120.
⬤ tägl. 9–18.30 Uhr. ⬤ 1. Jan,
1. Mai, 26. Juli, 10. Okt, 25. Dez.

LA GIRALDILLA

Es gibt mehrere Theorien zur Bedeutung der bronzenen Wetterfahne, die Gerónimo Martín Pinzón von 1630 bis 1634 nach dem Vorbild der La Giralda in Sevilla schuf. Eine Theorie besagt, sie sei ein Siegessymbol, eine andere sieht sie als Personifizierung Sevillas, dem Zielhafen der Schiffe, die nach Europa ausliefen. Einer dritten Theorie zufolge stellt die Statue Inés de Bobadilla, die Frau des spanischen

Auf dem Turm prangt die Kopie der La Giraldilla

Gouverneurs Hernando de Soto dar. Sie soll stundenlang zum Horizont gestarrt und auf die Rückkehr ihres Mannes, der in Nordamerika auf Entdeckungsreise war, gewartet haben (allerdings vergebens, da er am Mississippi umgekommen war). Aus diesem Grund soll die Statue am höchsten Punkt mit Blick auf den Hafen aufgestellt worden sein.

Diese Festung (castillo) wurde von 1558 bis 1577 errichtet, um die Stadt vor Piratenangriffen zu schützen, nachdem das ursprüngliche Fort und große Teile der Stadt bei einem Angriff des französischen Freibeuters Jacques de Sores 1555 zerstört worden waren (siehe S. 40). Doch trotz des Burggrabens und der Schutzmauern erwies sich die Burg aufgrund ihrer strategisch ungünstigen Lage tief in der Bucht als ungeeignet zum Schutz der Stadt. Deshalb wurde sie zur Residenz von Gouverneuren und Militärbefehls-

Bemalte Tonschale, Keramikmuseum

habern und auch als vorübergehender Aufbewahrungsort von Schätzen aus Lateinamerika vor deren Transport nach Spanien genutzt. Im Jahr 1634 wurde eine Wetterfahne, La Giraldilla, auf einem der Aussichtstürme angebracht. Sie wurde bald zum Symbol Havannas. Die Originalfahne ist nun im Museo de la Ciudad (siehe S. 70f) ausgestellt, auf dem Turm weht eine Kopie.
Heute ist hier das **Museo Nacional de la Cerámica Cubana** untergebracht, das eine Kunstsammlung moderner kubanischer Künstler beherbergt.

El Templete ❻

Plaza de Armas, Calle Baratillo y O'Reilly. **Karte** 4 F2.
☎ (7) 8612 876.
⬤ tägl. 9.30–18.30 Uhr.
⬤ 1. Jan, 1. Mai.

An der Stelle dieses einfachen, tempelähnlichen Gebäudes soll der Legende nach im Jahr 1599 die Stadt San Cristóbal de La Habana gegründet worden sein. Unter dem grünen Kapokbaum – einer tropischen Baumart, die den Eingeborenen Südamerikas als heilig gilt – haben angeblich das erste Treffen des Stadtrates (cabildo) und die erste Messe stattgefunden. Der Kapokbaum, der heute

Blick auf das Castillo de la Real Fuerza: Zugbrücke, Eingang, Burggraben und der Turm mit La Giraldilla (links)

vor El Templete steht, ist aber nicht mehr der Originalbaum. Daneben befindet sich die Columna de Cacigal, eine Säule, die nach dem Gouverneur, der 1754 ihre Errichtung angeordnet hatte, benannt ist.

El Templete, der einem Bauwerk in der baskischen Stadt Guernica nachempfunden ist, wurde 1828 fertig gestellt. Innen finden sich drei riesige Gemälde von Jean-Baptiste Vermay *(siehe S. 24)*, die Szenen der Stadtgeschichte Havannas darstellen: die Einweihung des Gebäudes, der erste *cabildo* und die erste Messe mit Bischof Juan José Díaz Espada y Land, der die Stadt während der Zeremonie segnete.

Die erste Messe, eines von Vermays Gemälden in El Templete

Calle Oficios ❼

Karte 4 F2.

EINST DIENTE DIESE STRASSE als Verbindung zwischen dem militärischen Zentrum der Plaza de Armas und dem Hafen- und Handelsgebiet um die Plaza San Francisco. Ebenso wie die Calle Obispo ist dies eines der Sträßchen, für deren Besichtigung man sich viel Zeit nehmen sollte. Von besonderem Interesse sind die vielen hübschen Fassaden.

Von der Plaza de Armas aus trifft man zunächst auf drei sehenswerte Gebäude. Das erste, Nr. 8, beherbergt das **Museo Numismático** aus dem späten 18. Jahrhundert. Hier war auch lange die Bank Monte de Piedad untergebracht. Zu sehen ist eine Sammlung von Münzen, Banknoten, alten Lottoscheinen, Medaillen sowie kubanischen und ausländischen Bankdokumenten.

In Nr. 16 befindet sich die **Casa de los Arabes** (18. Jh.), in der spanische und arabische Bronzeplastiken, Stoffe, Teppiche und Möbel aus dem 18. und 19. Jahrhundert zu sehen sind. Dies ist die größte Sammlung arabischer Objekte in Kuba und belegt frühe libanesische, syrische und palästinensische Kolonien auf der Insel. Auch die einzige Moschee Kubas ist hier untergebracht.

Das dritte interessante Museum der Straße ist das **Museo del Auto Antiguo**, in dem Cadillacs, Rolls-Royces, Packards und Fords aus den 1930er Jahren gezeigt werden. Auch der Bel-Air Chevrolet Che Guevaras ist hier zu sehen.

Innenhof der Casa de los Arabes mit einem maurischen Brunnen im Zentrum

🏛 **Casa de los Arabes**
☎ *(7) 8615 868.*
🕐 *tägl. 9–16.30 Uhr.*
⬤ *1. Jan, 26. Juli, 10. Okt, 25. Dez.*
📷

🏛 **Museo del Auto Antiguo**
☎ *(7) 8615 811.*
🕐 *Di–Sa 9–16.30 Uhr, So 9–13 Uhr.*
⬤ *1. Jan, 26. Juli, 10. Okt, 25. Dez.*
📷

🏛 **Museo Numismático**
☎ *(7) 8615 811.* 🕐 *Di–Sa 9–17 Uhr; So 9–13 Uhr.* ⬤ *1. Jan, 26. Juli, 10. Okt, 25. Dez.* 📷

DER MARKT AUF DER PLAZA DE ARMAS

Seit in den frühen 1990er Jahren das Betreiben privater Geschäfte gestattet wurde, hat sich dieser Platz *(siehe S. 67)* mit vielen bunten Ständen gefüllt. In der Mitte, unter dem Céspedes-Monument, finden sich die verschiedensten Bücher und Zeitschriften, Magazine aus den 1940er und 1950er Jahren, Zeitungen aus der Revolutionszeit neben ansonsten meist vergriffenen kubanischen Klassikern. Neben dem Seminario de San Carlo y Ambrosio und hinter dem Castillo findet der Kunsthandwerksmarkt statt, wo Sie unter den Pappmachéfiguren, Glasobjekten und traditionellen Holz- und Keramikgegenständen sicher ein hübsches Souvenir finden werden.

Secondhand-Bücher auf dem Markt der Plaza de Armas

Palacio de los Capitanes Generales **8**

**Marmorbade-
wanne aus dem
frühen 19. Jh.**

D IESER PALAST, ein herrliches Beispiel
barocker kubanischer Baukunst
(siehe S. 22), wurde zwischen 1776 und
1792 für den Gouverneur Felipe Fondes-
viela errichtet. Geplant wurde er von
Antonio Fernández de Trebejos y
Zaldívar. Ursprünglich waren hier ein
Stiftshaus und die Residenz des Gouver-
neurs untergebracht. Im Westflügel befand sich bis 1834
zudem eine Strafanstalt. 1902 wurde der Palacio Sitz der
kubanischen Regierung, 1967 wurde hier das Museo de
la Ciudad (Stadtmuseum) eingerichtet. Während dieser
wechselvollen Geschichte wurde die Struktur des Palacios jedoch nie verändert. Der Komplex bietet einen
sehenswerten Einblick in die Geschichte Havannas, vom
alten Espada-Friedhof über die Kirche Parroquial Mayor
bis hin zu den Unabhängigkeitskriegen.

Kubanischer Ruhmessaal
*Dieser Saal enthält Memo-
rabilien der Unabhängig-
keitskriege, darunter die
Flagge von Céspedes
(siehe S. 42).*

**Die Amtsstäbe
des Cabildo**
*Diese Amtsstäbe von
Juan Díaz (1631)
sind die ältesten Bei-
spiele kubanischer
Goldschmiedekunst. Aus-
gestellt sind sie in der
Sala del Cabildo, dem
einstigen Versamm-
lungsraum des Stadtrats.*

**★ Grabmal aus der
Kirche Parroquial Mayor**
*1557 wurde das älteste kolo-
niale Denkmal Kubas in der alten
Kirche Parroquial Mayor, die damals an dieser Stelle stand, errichtet.
Das Grabmal ist einer jungen Frau
gewidmet, die bei einem Unfall
während des Gebets getötet wurde.*

NICHT VERSÄUMEN

**★ Grabmal
aus der Kirche
Parroquial Mayor**

★ La Giraldilla

★ Salón de los Espejos

★ La Giraldilla
*Am Fuße des Treppenaufgangs
zum Zwischengeschoss steht die
älteste Bronzefigur Kubas. Sie wurde von Gouverneur Juan Bitrián
de Viamonte für den Turm des
Castillo de la Real Fuerza (siehe
S. 68) geordert.*

Galerie
Die elegante Galerie, die den Blick auf den grünen Innenhof freigibt, bildet einen herrlichen Rahmen für die hier ausgestellten Büsten berühmter Persönlichkeiten des Bildhauers Luigi Pietrasanta aus dem frühen 20. Jahrhundert.

INFOBOX

Plaza de Armas, Calle Tacón e/ O'Reilly y Obispo. **Karte** 4 E2.
(7) 8612 876, 8615 062.
tägl. 9–17 Uhr.
1. Jan, 1. Mai.

Im weißen Zimmer
sind die Wappen der spanischen Bourbonen und das Stadtwappen Havannas zu sehen. Es ist mit Meißener Porzellan aus dem 18. und 19. Jahrhundert dekoriert.

Thronsaal
Nach dem Vorbild des großen Salons im Palacio de Oriente in Madrid wurde der Saal einst für einen spanischen Monarchen gebaut, jedoch nie benutzt. 1893 wurde er aus Anlass des Besuchs der Bourbonenprinzessin Eulalia restauriert.

Die Buntglasfenster
erhellen das Grau der *piedra marina*, einer Kalksteinfigur mit Korallenfossilien.

Der Saal des Espada-Friedhofs enthält Überreste des ersten Friedhofs der Stadt, der 1806 von Bischof Juan José Díaz de Espada gegründet wurde. Darunter befindet sich auch das Grabmal des französischen Malers Vermay *(siehe S. 24).*

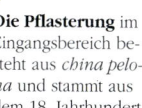

Die Pflasterung im Eingangsbereich besteht aus *china pelona* und stammt aus dem 18. Jahrhundert.

★ Salón de los Espejos
In dem lichtdurchfluteten Saal mit venezianischen Spiegeln wurde 1899 das Ende der spanischen Herrschaft verkündet. 1902 hatte der erste Präsident der Republik Kuba hier seinen Amtssitz.

Die Casa del Agua la Tinaja verkauft gereinigtes Quellwasser

Calle Obispo ❾

Karte 4 E2.

DIE BELEBTESTE und charakteristischste Straße in Havannas Altstadt liegt wie eine lange Brücke zwischen den beiden Teilen des historischen Stadtkerns. Auf der einen Seite befindet sich die Plaza de Armas, die mit ihren barocken, kolonialistischen Gebäuden das Herz der Altstadt darstellen. Auf der anderen Seite trifft die Calle Obispo auf die Avenida de Bélgica und das berühmte Restaurant El Floridita. Die Avenida stellt mit ihrer eklektischen Jugendstil-Architektur den Beginn des moderneren Distrikts dar. Ihren Namen verdankt die Calle Obispo dem ehemaligen Bischofssitz (Bischof = *obispo*) an der Ecke zur Calle Oficios.

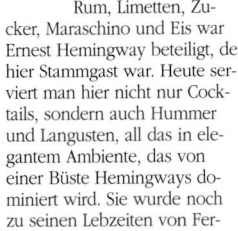

Alter Filter, Casa del Agua la Tinaja

Dank umfangreicher Restaurationsarbeiten, die die Gebäude der Altstadt vor dem Verfall bewahrten, hat die Calle Obispo die Eleganz, Farbensfreude und Lebenslust der Kolonialzeit nicht verloren. Und seit eine Nachtbeleuchtung installiert wurde, kann man hier auch abends bummeln.

Eine Tafel auf der linken Seite des Palacio de los Capitanes Generales trägt Zitate des kubanischen Patrioten José Martí anlässlich des Aufenthalts Garibaldis in Havanna. Gegenüber befindet sich der Laden **Casa del Agua la Tinaja**, in dem seit Jahrhunderten Quellwasser verkauft wird, das noch heute mit uralten Keramikfiltern hervorragend gereinigt wird. Nebenan kann man im Restaurant **La Mina** zu den Klängen von traditioneller Livemusik *(siehe S. 268)* Mahlzeiten und Cocktails genießen.

Zu den faszinierendsten Geschäften in diesem Teil der Straße zählt die Apotheke **Taquechel**, in der kubanische Kosmetik- und Naturprodukte sowie homöopathische Mittel verkauft werden. Auf den Regalen reihen sich hübsche Glas- und Majolikabehälter aus dem 17. und 18. Jahrhundert aneinander, zudem sieht man antike Destilliergefäße, pharmazeutische und medizinische Geräte. Das älteste Haus Havannas ist die Nummer 117–19 *(siehe S. 22)*.

Briefkasten am Haus Nr. 115

Eine der bedeutendsten Sehenswürdigkeiten in der Straße ist das **Hotel Ambos Mundos** *(siehe S. 248)*. Dieses reizende Hotel ist reich an literarischen Erinnerungen, denn hier lebte Ernest Hemingway immer wieder zwischen 1932 und 1939 *(siehe S. 114)* und begann die Arbeit an seinem berühmten Roman *Wem die Stunde schlägt*.

Blaue Holztüren *(azul avana)* am Haus Nr. 117

Gegen Ende der Straße, bei dem kleinen Platz Obispo y Bernaza, gibt es modernere Geschäfte mit einer großen Angebotspalette.

Gleich nebenan liegt das Restaurant **El Floridita** *(siehe S. 268)*, das »Wiege des Daiquiri« genannt wird. Hier perfektionierte der Barkeeper Constante in den 30er Jahren des 20. Jhs. den ursprünglich von Pagliuchi *(siehe S. 267)* kreierten, berühmten Cocktail. Beim Austüfteln der Mischung aus weißem Rum, Limetten, Zucker, Maraschino und Eis war Ernest Hemingway beteiligt, der hier Stammgast war. Heute serviert man hier nicht nur Cocktails, sondern auch Hummer und Langusten, all das in elegantem Ambiente, das von einer Büste Hemingways dominiert wird. Sie wurde noch zu seinen Lebzeiten von Fernando Boada geschaffen.

In der Apotheke Taquechel stehen noch dekorative Majolika-Behälter

Die obere Galerie der Casa de la Obra Pía, die mit Fresken und einer Holzbalustrade geschmückt ist

Casa de la Obra Pía ❿

Calle Obrapía 158 esq. Mercaderes. **Karte** 4 E2. ☎ (7) 8613 097. ⬚ Di–Sa 9.30–16.30 Uhr, So 9.30–12.30 Uhr. ⬤ 1. Jan, 1. Mai, 26. Juli, 10. Okt. 🎦 ▮ ▯

NAMENSGEBER der Calle Obrapía (»Wohlfahrtsstraße«) war eine Villa, deren Name an die großzügigen Taten des Spaniers Martín Calvo de la Puerta y Arrieta erinnert, der ab 1669 hier lebte. Jedes Jahr schenkte er fünf Waisenmädchen eine großzügige Mitgift für eine Heirat oder den Eintritt in ein Kloster. Hundert Jahre später wurde die Casa die Residenz von Don Agustín de Cárdenas, dem wegen seiner Unterstützung der Spanier während der britischen Besatzung Havannas 1762 der Titel Marqués verliehen wurde (*siehe S. 40*). 1793 wurde das Innere des Hauses umgestaltet und der elegante Bogen über dem Treppenaufgang zur Loggia im ersten Stock hinzugefügt.

Die Casa de la Obra Pía gilt als Schmuckstück kubanischer Barockarchitektur. In ihren luxuriösen Salons wurden die Töchter der Adelsfamilien in die Gesellschaft eingeführt.

Straßenschild der Calle de la Obrapía

Viele Legenden ranken sich um die Vergangenheit des Gebäudes. Angeblich sollen wertvolle Schätze in seinen Mauern versteckt sein, und aus einem der Räume sollen bisweilen erbärmliche Klagerufe dringen.

An der Ecke zur Calle Mercaderes liegt die **Casa de México**, ein Kulturzentrum, in dem die enge Verbundenheit zwischen Mexiko und Kuba gezeigt wird. Die Bibliothek umfasst mehr als 5000 Bücher, und im Museum werden handgefertigte Glas-, Silber-, Terrakotta- und Holzobjekte ausgestellt. Am Ende der Straße schließlich steht die **Casa de Guayasamín**, benannt nach dem equadorianischen Maler, dessen Werke hier ausgestellt sind.

Palo-Monte-Objekte *(siehe S. 21)*, **Casa de Africa**

Casa de Africa ⓫

Calle Obrapía 157 e/ San Ignacio y Mercaderes. **Karte** 4 E2. ☎ (7) 8615 798. ⬚ Di–Sa 9.30–16.30 Uhr, So 9.30–12.30 Uhr. ⬤ 1. Jan, 26. Juli, 10. Okt, 25. Dez. ▮ ▯

GEGENÜBER der Casa de la Obra Pía steht ein Gebäude aus dem 17. Jahrhundert, das 1887 völlig umgestaltet wurde. Die obere Etage diente als Wohnung der Plantagenbesitzer, während im Erdgeschoss eine Tabakfabrik untergebracht war, in der Sklaven arbeiteten. Heute dient das Gebäude als Bibliothek und Museum für die Geschichte Schwarzafrikas und die verschiedenen ethnischen Gruppen, die auf Sklavenschiffen nach Kuba gebracht wurden. Viele der Exponate gehörten dem Ethnografen Fernando Ortíz, einem Experten für die afrikanischen Wurzeln der kubanischen Gesellschaft. In der Abteilung für Religion sind Kultobjekte aus verschiedenen afrokubanischen Religionen (*siehe S. 20f*) zu sehen, zudem werden Folterinstrumente, *batá*-Trommeln und Bilder über das Leben auf den Plantagen gezeigt.

Plaza de San Francisco ⑫

Karte 4 F2. Basílica Menor de San Francisco de Asís ☎ *(7) 8629 683, 8669 281.* ◯ *tägl. 9.30–19 Uhr* ⬤ *1. Jan, 1. Mai, 26. Juli, 10. Okt, 25. Dez.* ▧ ✦ ◎

Brunnen Fuente de los Leones, Plaza de San Francisco

DIESER MALERISCHE Platz grenzt an den Hafen. Mit seiner andalusischen Atmosphäre ruft er Bilder vergangener Zeiten hervor, als hier Galeonen voll wertvoller Fracht nach Spanien ausliefen. In der Mitte des Platzes steht der Brunnen **Fuente de los Leones**, der nach dem Vorbild der Alhambra in Granada geschaffen wurde. Dieses Werk des italienischen Bildhauers Giuseppe Gaggini wurde 1836 von Conde de Villanueva, Don Claudio Martínez de Pinillos, gestiftet. Der Brunnen diente den Besatzungen der hier anlegenden Schiffe über viele Jahre hinweg als Trinkwasserquelle.

Die einstige Bedeutung des Platzes als Handelszentrum wird an der Aduana General de la República (dem Zollhaus, 1914) und der **Lonja del Comercio** (der einstigen Börse, 1908) deutlich, auf deren Kuppel eine Statue des Handelsgottes Merkur thront. Dieses 1995 restaurierte Gebäude beherbergt nun Niederlassungen einiger wichtiger ausländischer Firmen.

Das bedeutendste Bauwerk auf dem Platz ist jedoch die **Basílica Menor de San Francisco de Asís**, die von 1580 bis 1591 als Franziskanerdomizil erbaut und im 18. Jahrhundert teilweise restauriert wurde. Das dreischiffige Innere ist kreuzförmig angelegt und mit Gemälden unbekannter kubanischer Künstler aus dem 18. Jahrhundert und einer Holzstatue des heiligen Franziskus geschmückt. Auch sie wurde im 18. Jahrhundert von einem unbekannten Künstler geschaffen. In der Basilika sind die sterblichen Überreste berühmter Bewohner Havannas begraben, darunter die des Marqués González, der während der britischen Besatzung von 1762 starb, sowie die von José Martín Félix de Arrate, einem angesehenen Historiker der Kolonialzeit. Aufgrund ihrer ausgezeichneten Akustik wurde die Basilika in einen Konzertsaal für Chor- und Kammermusik umgestaltet *(siehe S. 280)*.

Vom Glockenturm bietet sich ein herrlicher Blick über die Stadt. Die Statue des Hl. Franz von Assisi, die auf seiner Spitze thronte, wurde bei einem Zyklon 1846 zerstört.

Das angrenzende Kloster (1739) dient als Museum für religiöse Kunst, in dem die Messbücher, wertvolle Votivgaben und Majolika- und Keramikgegenstände gezeigt werden.

Fundación Destilería Havana Club ⑬

Calle San Pedro 262. **Karte 4 F3.** ☎ *(7) 8618 051.* ◯ *tägl. 9–18 Uhr.* ⬤ *1. Jan, 1. Mai, 26. Juli, 10. Okt, 25. Dez.* ▧ ✦ ◎ ◎ ◎

Logo der Fundación Havana Club

IN DER BRENNEREI von Havana Club, dem berühmtesten kubanischen Rum, kann man bei der Herstellung des »fröhlichen Kindes des Zuckerrohrs«, wie der Rum vom kubanischen Schriftsteller und Journalisten Fernando Campoamor, einem Freund Ernest Hemingways, genannt wird, zusehen.

Die Führungen beginnen im Innenhof der Fundación Havana Club. Nach der Vorführung eines kurzen Videos über Geschichte und Anbau des Zuckerrohrs werden die Besucher durch die Produktionsanlagen geführt, wo sie die verschiedenen Stadien der Rumherstellung beobachten können. In der Haupthalle, die vom intensiven Geruch fermentierter Melasse durchsetzt ist, steht ein Modell eines *ingenio (siehe S. 42f)*, einer Zuckerfabrik. Es beinhaltet sogar einen Modelldampfzug.

Die Tour endet in einer Bar, in der man den drei Jahre alten Rum probieren kann. In dieser Bar, die von 9 bis 24 Uhr geöffnet ist, werden auch gute Cocktails serviert.

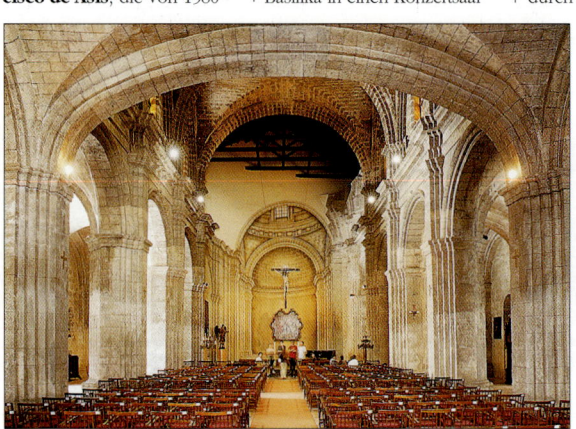

Innenraum der Basilica de San Francisco, in der jetzt Konzerte stattfinden

Kubanischer Rum

DIE GESCHICHTE DES RUMS reicht bis ins frühe 16. Jahrhundert zurück, als zum ersten Mal unreines Destillat aus Zuckerrohr gewonnen wurde. Nach der Ankunft Facundo Bacardís (siehe S. 224) wurde ein neues Brennverfahren eingeführt, und kubanischer Rum (ron) wurde weltweit beliebt. Rum ist Teil des kubanischen Alltags: kaum ein Fest, bei dem kein Rum getrunken wird, die meisten kubanischen Cocktails werden

Qualitätssiegel des kubanischen Rums

auf Rumbasis gemixt, den Göttern der santería wird er als Opfergabe dargebracht. Die Herstellung beginnt mit einem Nebenprodukt des Zuckers, der klebrigen, bernsteinfarbenen Melasse, die mit Wasser verdünnt und mit Hefe fermentiert wird. Durch Destillation und Filterung entsteht aus diesem »Most« ein Schnaps, dem nach 18 Monaten Wasser und Alkohol hinzugefügt werden. So entsteht der junge, klare Silver Dry-Rum.

Die Destillation wurde einst in Destilliergefäßen (links) durchgeführt. Heute wird der Dampf der Melasse in miteinander verbundene Röhren geleitet, bis er zu einer farblosen Flüssigkeit kondensiert, die dann in besonderen Fässern bis zur gewünschten Reife altert.

Beim Blending (Mischen, spanisch: Mezcla) mischt der Blendmeister den neuen Rum mit anderen Beständen. Danach lagert dieser Verschnitt einige Wochen in speziellen Bottichen, bis das gewünschte Aroma erreicht ist.

Für den Reifeprozess werden spezielle Eichenholzfässer verwendet, in denen der Rum mindestens drei Jahre lagert. In dieser Zeit wird er farbintensiver und vollmundiger wie zum Beispiel der sieben Jahre alte Añejo. Temperatur, Luftfeuchtigkeit und -zirkulation in den Reifekellern müssen exakt eingehalten werden.

Carta Blanca

Carta Oro

Añejo

Silver Dry

RUMSORTEN
Neben Silver Dry-Rum, der für Cocktails verwendet wird, gibt es den drei Jahre alten Carta Blanca, den fünf Jahre alten Carta Oro oder den mindestens sieben Jahre alten Añejo. Alter Rum, der auch der teuerste ist, wird pur bei Zimmertemperatur getrunken. Weiter verbreitet ist der Carta Blanca-Rum, der für verschiedene Zwecke verwendet werden kann und oft mit Eis getrunken wird. Es gibt einige hochwertige kubanische Rumsorten, der berühmteste darunter ist der Havana Club.

Der Säulengang des Convento de Santa Clara mit tropischer Vegetation

Plaza Vieja ⑭

Karte 4 E3.

DER PLATZ wurde 1559 angelegt und Plaza Nueva (Neuer Platz) genannt. Nach der Vergrößerung der Plaza de Armas und der Entstehung neuer städtischer Siedlungen im 19. Jahrhundert verlor er jedoch an Bedeutung und wurde in Plaza Vieja (Alter Platz) umbenannt. Zwischen den 1950er und den 1990er Jahren wurde er als Parkplatz genutzt, inzwischen jedoch im Originalzustand restauriert.

Die Plaza wird von Arkaden und historischen Gebäuden aus vier Jahrhunderten gesäumt. Das bedeutendste ist die **Casa del Conde Jaruco**, erbaut von 1733–37. Sie war Residenz der Condesa de Merlin, einer bedeutenden kubani-

schen Romanautorin. Hier finden heute Kunstausstellungen statt. Ein Besuch in dem geräumigen Salon mit seinen großen Buntglasfenstern, den so genannten *mediopuntos (siehe S. 23)* ist äußerst lohnenswert.

Nebenan befinden sich zwei Gebäude aus dem 17. Jahrhundert, und an der Ecke zwischen der Calle Muralla und der Calle Inquisidor steht das auffallende Jugendstil-Hotel Palacio Cueto. 1908 erbaut wurde es zeitweilig als Apartmenthaus genutzt. Zurzeit wird es wieder in ein 5-Sterne-Hotel umgewandelt.

In der Mitte des Platzes steht ein Brunnen von 1796. Er trägt die Wappen Havannas und des Conde de Santa Clara, dem damaligen Gouverneur der Stadt. Daneben wurde ein Zentrum für bildende Künste und eine Fotogalerie eingerichtet.

Convento de Santa Clara ⑮

Calle Cuba 602 e/ Sol y Luz.
Karte 4 E3. ☎ *(7) 8613 335.*
◐ *Mo–Fr 8.30–13.30 Uhr.* ● *1. Jan, 26. Juli, 10. Okt, 25. Dez.* 🎫 📷

DER CONVENTO de Santa Clara ist einer der ältesten und charakteristischsten kolonialen Sakralbauten in der Neuen Welt. Der 1644 von Schwester Catalina de Mendoza gegründete Konvent nimmt eine beträchtliche Fläche der Altstadt ein. Es sollte den armen Mädchen der Stadt als Unterkunft dienen.

Der schnörkellose Bau mit seinen einfachen Fenstern bildet einen krassen Gegensatz zum Inneren des Konvents mit seinem Kolonnadengang und den mit Intarsienarbeiten geschmückten Holzdecken. Zwei der drei ursprünglichen Säulengänge haben dem drohenden Verfall standgehalten. Der eine ist mit tropischen Pflanzen und einem Brunnen aus dem 18. Jahrhundert reich geschmückt. Hier befindet sich das Centro Nacional de Conservación, Restauración y Museología, einem Gremium, das für die Erhaltung historischer kubanischer Architektur verantwortlich ist.

Der zweite Säulengang ist nun Teil eines hübschen Hotels im Kolonialstil. Leider können nur Teile des Gebäudes besichtigt werden.

Fassade der Casa del Conde Jaruco mit den typischen *mediopunto*-Buntglasfenstern im ersten Stock

Das Hauptschiff der Iglesia de la Merced in feierlicher Beleuchtung

Iglesia del Espíritu Santo **16**

Calle Acosta 161. **Karte** 4 E3.
(7) 8624 310. ☐ tägl. 8–12 u.
15–20 Uhr. ☐ ☐ tägl. 18 Uhr.

ALS EINE DER ÄLTESTEN katholischen Kirchen Havannas ist die Iglesia del Espíritu Santo von historischer Bedeutung. Sie wurde 1632 von befreiten afrikanischen Sklaven errichtet. Dank einer päpstlichen Bulle und einem Erlass von König Carlos III. wurde ihr 1772 das Recht verliehen, den von Behörden verfolgten Menschen Asyl zu gewähren.

Architektonisch ist der Turm der auffallendste Teil der Kirche. Er ist fast ebenso hoch wie der Turm der Basilica de San Francisco *(siehe S. 74)*. Im 19. Jahrhundert wurde die Kirche radikal umgestaltet, so dass maurische Elemente nur im Dach erhalten blieben. Die Hauptkapelle mit Steingewölbe und Krypta wurde von Bischof Jerónimo Valdés 1706–29 errichtet.

Auf dem Platz um die Kirche herum findet einer der malerischsten religiösen Märkte statt. *Yerberos* oder Kräuterheiler, verkaufen hier Votivgegenstände und Kräuter, die in afrokubanischen Religionsriten *(siehe S. 20f)* Verwendung finden.

Iglesia de Nuestra Señora de la Merced **17**

Calle Cuba 806. **Karte** 4 E3.
(7) 8638 873. ☐ tägl.
8–12, 15–18 Uhr. ☐ ☐ tägl. 9 Uhr.

DER BAU dieser Kirche begann 1637, sie wurde jedoch erst im 18. Jahrhundert fertig gestellt. Die üppige Ausschmückung des Inneren stammt aus dem 19. Jahrhundert. Die Kirche ist bei Anhängern der afrokubanischen Religion *santería (siehe S. 20f)* sehr beliebt. Für die Anhänger dieser Religion entspricht die Patronin der Kirche der Yoruba-Gottheit Obbatalá. Obbatalá ist eine der Hauptgottheiten der *santería*-Anhänger. Sie gilt als Beschützerin der Menschen und verkörpert Weisheit und Harmonie. Am 24. September, dem Namenstag der heiligen Mercedes, tragen *santería*-Anhänger weiße Kleidung – die Farbe Obbatalás.

Porträt José Martís von Herman Norman im Museum

Museo José Martí **18**

Calle Leonor Perez 314, esq. Egido.
Karte 4 E4. (7) 8613 778, 8615 095. ☐ Di–Sa 9–17 Uhr, So 9–13 Uhr. ☐ 1. Jan, 1. Mai, 26. Juli, 10. Okt, 25. Dez. ☐ ☐ ☐ ☐ www.cult.cu/patrim/cnpc/museos/marti

DANK DER historischen Bedeutung des kubanischen Patrioten José Martí *(siehe S. 45)* wurde dieses einfache Gebäude aus dem 19. Jahrhundert, das im Stadtteil Paula nahe dem Hafen liegt, zum Nationaldenkmal. Der 1853 hier geborene Autor wird von den Kubanern leidenschaftlich verehrt. Er starb im Unabhängigkeitskrieg gegen die Spanier am 19. Mai 1895. Nach seinem Tod lebte seine Mutter Leonor Pérez in dem Gebäude, das nach ihrem Tod an die Kirchengemeinde zurückfiel, der es einst gehörte. 1925 wurde es von der Stadt nach einer beispiellosen Spendenaktion gekauft und in ein Museum umgebaut. Doch erst nach der Machtübernahme Castros war dessen Finanzierung gesichert.

Das Haus wurde inzwischen sorgfältig restauriert. Besucher können hier Möbel, Gemälde und Erstausgaben der Werke Martís betrachten. Zudem sind hier Gegenstände von großem historischen Wert ausgestellt, so das Tintenfass und die Feder, mit dem Generalissimo Máximo Gómez einst das *Manifesto de Montecristi* unterzeichnete, das als Kriegserklärung gegen die Spanier diente. Darüber hinaus werden Alltagsgegenstände gezeigt, z. B. das Taschenmesser, das Martí bei seinem Tod bei sich trug, und ein Album mit Fotos seiner Hochzeit mit Carmen Zayas-Bazán.

Centro Habana und Prado

CENTRO HABANA gleicht einem verarmten Aristokraten – eine edle Gestalt, dessen abgetragene Kleider seiner reichen Vergangenheit spotten. Dieses bunte Viertel hinter der Stadtmauer (die parallel zur heutigen Avenida Bélgica und der Avenida de las Misiones verliefen) wurde im 19. Jahrhundert als Wohngebiet für Havannas Bür-

Überreste der alten Stadtmauer

ger errichtet. Der größte Teil entstand nach 1863, als die Stadtmauer abgerissen wurde, um mehr Bauland zu gewinnen. In den 1920er und 1930er Jahren wurden die Arbeiten abgeschlossen, nachdem der französische Architekt Forestier den Paseo del Prado, den Parque Central, die Gärten des Capitolio und den Parque de la Fraternidad angelgt hatte.

SEHENSWÜRDIGKEITEN AUF EINEN BLICK

Historische Gebäude
Capitolio S. 82f ❸
Castillo de San Salvador
   de la Punta ❽
Hotel Inglaterra ❶
Palacio de Aldama ❻
Real Fábrica de Tabacos
   La Corona ⓬
Real Fábrica de Tabacos
   Partagás ❺

Historische Straßen und Plätze
Avenida Carlos III ⓰
Callejón de Hammel ⓱
Parque de la Fraternidad ❹
Paseo del Prado S. 86f ❼

Ethnische Viertel
Barrio Chino ⓮

Theater
Gran Teatro de La Habana ❷

Kirchen
Iglesia del Ángel Custodio ❿
Iglesia del Sagrado Corazón ⓯

Museen
Museo Nacional de la Música ❾
*Museo de la Revolución
   S. 88f* ⓫
*Museo Nacional de Bellas
   Artes S. 92ff* ⓭

LEGENDE
▨ Detailkarte *S. 80f*
🚉 Bahnhof

ANFAHRT
Am einfachsten erreicht man dieses Viertel mit dem Taxi, erkunden kann man es zu Fuß. Denken Sie jedoch daran, dass viele Straße neben ihren offiziellen Namen noch einen anderen Gebrauchsnamen haben *(siehe S. 118).*

◁ **Die belebten Arkaden am Museo de la Música** *(siehe S. 85)*

Im Detail: Um den Parque Central

An der Grenze zwischen Altstadt und Centro Habana, zwischen dem Capitolio und der Promenade Prado liegt der Parque Central. Er wurde 1877 angelegt, nachdem die Stadtmauer abgerissen worden war. In der Mitte des Platzes wurde eine Statue von Isabella II. aufgestellt, die später durch eine Statue José Martís ersetzt wurde. Der baumbestandene Park ist gesäumt von herrschaftlichen Gebäuden aus dem 19. und 20. Jahrhundert. Er ist das Herz des Stadtzentrums und ein beliebter Treffpunkt. Abends kommen die Menschen hier zusammen und plaudern bis in die frühen Morgenstunden.

★ Gran Teatro de La Habana
Heute heißt das Theater zu Ehren des spanischen Dichters, der 1930 einige Monate in Havanna lebte, Teatro García Lorca. An dem Gebäude sind verschiedene Stilrichtungen erkennbar. ❷

Real Fábrica de Tabacos Partagás
In diesem eleganten Gebäude ist eine berühmte Zigarrenfabrik untergebracht. ❺

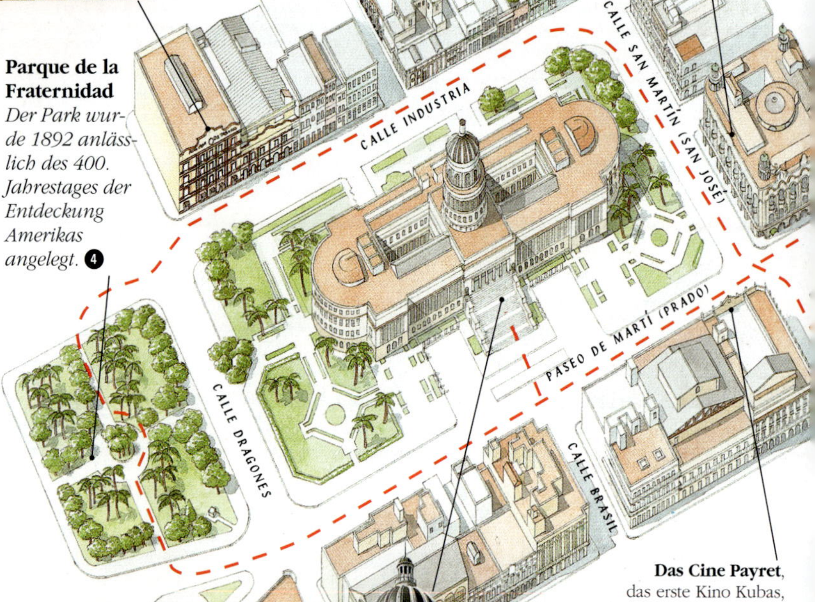

Parque de la Fraternidad
Der Park wurde 1892 anlässlich des 400. Jahrestages der Entdeckung Amerikas angelegt. ❹

Das Cine Payret, das erste Kino Kubas, wurde 1897 eröffnet, nur ein Jahr nachdem die Brüder Lumière ihre Erfindung in Paris vorgestellt hatten.

★ Capitolio
Die Kuppel eines der imposantesten Gebäude Lateinamerikas thront majestätisch über den Dächern Havannas. ❸

NICHT VERSÄUMEN

★ Capitolio

★ Gran Teatro de La Habana

★ Hotel Inglaterra

★ Paseo del Prado

CALLE SAN MARTÍN (SAN JOSÉ)

CALLE INDUSTRIA

PASEO DE MARTÍ (PRADO)

CALLE DRAGONES

CALLE BRASIL

CAPITOLIO

★ **Hotel Inglaterra**
In diesem histori-schen Hotel ist der Geist des 19. Jahr-hunderts noch lebendig. Trotz des englischen Namens ist es in seiner Ar-chitektur und De-koration eindeu-tig spanisch. ❶

ZUR ORIENTIERUNG
Siehe Kartenteil, S. 120ff, Karte 4

Die Calle San Rafael
wird auch *Boulevard* genannt. Die schmale Straße ist eine Fußgän-gerzone, die bis in die 1950er Jahre wegen ihrer Luxusläden berühmt war.

Das Hotel Parque Central
wurde erst vor kurzem errichtet. Seine Bauweise fügt sich gut in die Umge-bung ein *(siehe S. 249).*

★ **Paseo del Prado**
In dieser Avenida gehen die Ein-heimischen gern bummeln. Sie ist gesäumt von hübschen Gebäuden und renovierten Arkaden. ❼

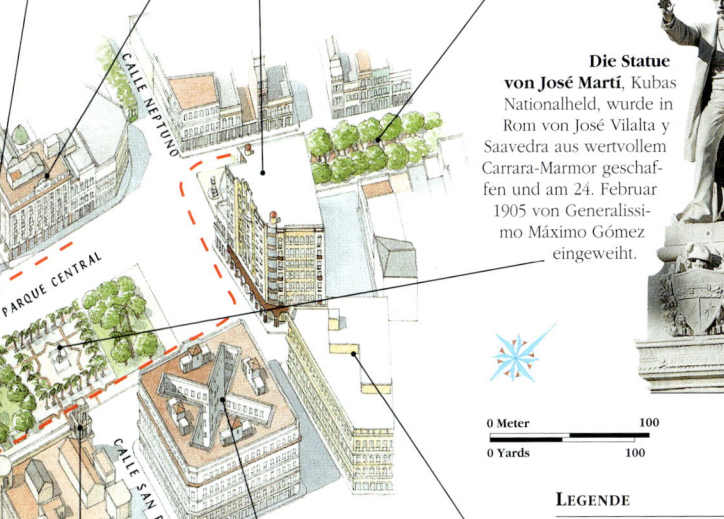

Die Statue von José Martí, Kubas Nationalheld, wurde in Rom von José Vilalta y Saavedra aus wertvollem Carrara-Marmor geschaf-fen und am 24. Februar 1905 von Generalissi-mo Máximo Gómez eingeweiht.

| 0 Meter | 100 |
| 0 Yards | 100 |

LEGENDE

– – – Routenempfehlung

Die Manzana de Gómez, ein Gebäude aus dem 19. Jahrhundert, war einst ein großes Einkaufszent-rum. Mehr und mehr Ge-schäfte kehren inzwischen wieder hierher zurück.

Der Palacio del Centro Asturiano mit seinen cha-rakteristischen Türmen wur-de von dem Spanier Manuel del Busto entworfen und 1928 eröffnet. Hier soll die internationale Kunstsamm-lung des Museo de Bellas Artes *(siehe S. 92ff)* unter-gebracht werden.

Das Hotel Plaza aus dem 19. Jahrhundert war einst Privathaus und wurde 1909 in ein Hotel umgestaltet, in dem berühmte Perso-nen verkehrten wie Isadora Duncan, Enrico Caruso und Anna Pawlowa *(siehe S. 269).*

Hotel Inglaterra ❶

Paseo de Martí (Prado) 416, esq. a San Rafael. **Karte** 4 D2. *Siehe S. 248.*

OBWOHL DIESES HOTEL aus dem 19. Jahrhundert im Stil der klassizistischen Architektur erbaut wurde, schlägt doch ein maurisches Herz in seiner Brust: Die Majolikafliesen in feinen Ocker-, Grün- und Goldtönen wurden aus Sevilla importiert, das Foyer ist mit andalusischen Mosaiken dekoriert und die Holzdecken ähneln maurischen Intarsienarbeiten. Zudem trägt eine der Säulen im *Salón-Café* die klassische arabische Inschrift: »Nur Allah wird siegen«. Das Hotel Inglaterra

wurde 1875 eröffnet, als ein kleines Hotel mit dem lebhaften Nachtklub Le Louvre zusammengelegt wurde. Der Platz vor dem Hotel wurde zu einem beliebten Treffpunkt der Liberalen Havannas. Und hier trat auch der junge José Martí *(siehe S. 45)* für die totale Loslösung Kubas von Spanien ein und widersprach so moderateren Forderungen nach Autonomie. General Antonio Maceo, Held der Unabhängigkeitskriege, schmiedete in diesem Hotel Putschpläne.

Zu den vielen berühmten Gästen gehörten die französische Schauspielerin Sarah Bernhardt und die russische Balletttänzerin Anna Pawlowa.

Gran Teatro de La Habana ❷

Paseo de Martí (Prado) y San Rafael, Centro Habana. **Karte** 4 D2.
📞 (7) 8613 078. 🕐 tägl. 9–18 Uhr.
⬤ 1. Jan, 1. Mai, 26. Juli, 10. Okt, 25. Dez. 📷 ✔ 📷

IM GRAN TEATRO, einem der größten Opernhäuser der Welt, fanden die gesellschaftlichen Höhepunkte der einflussreichen und wohlhabenden spanischen Bevölkerung Havannas statt. Es ist Teil des monumentalen Palacio del Centro Gallego (1915), der von dem belgischen Architekten Paul Belau entworfen wurde.

Dieser Treppenaufgang war einst den Abgeordneten vorbehalten

Capitolio ❸

ALS WEITHIN SICHTBARES SYMBOL der Stadt kombiniert das Capitolio die Eleganz des Klassizismus mit Art-déco-Elementen. Es ist angelehnt an das Capitol in Washington D.C., ist aber noch größer. Eingeweiht wurde es 1929 durch den Diktator Gerardo Machado. An seinem Standort befand sich einst ein botanischer Garten, später der erste Bahnhof der Stadt. Bis 1959 diente es als Regierungssitz und war Schauplatz historischer Ereignisse: 1933 schoss die Polizei hier auf eine Gruppe von Anti-Machado-Demonstranten. Heute hat hier das Ministerium für Wissenschaft, Technologie und Umweltschutz seinen Sitz, die einstigen Regierungsräume und die herrliche Bibliothek können im Rahmen einer Führung besichtigt werden.

Staatliche Wissenschaftsbibliothek

Abgeordnetensaal
Die Abgeordnetenkammer ist noch original möbliert und mit Flachreliefs des italienischen Künstlers Gianni Remuzzi dekoriert.

NICHT VERSÄUMEN

★ **Salón de los Pasos Perdidos**

★ **Kuppel**

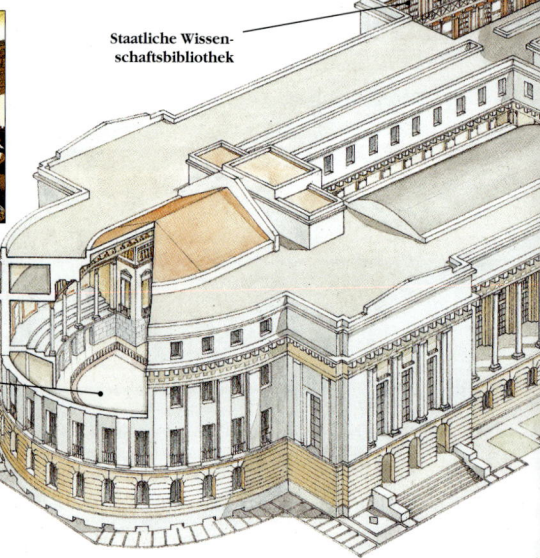

Hinter der Fassade des einstigen Centro Gallego befindet sich heute das Gran Teatro

Die herrliche Fassade ist mit vier Skulpturengruppen des italienischen Bildhauers Giuseppe Moretti geschmückt, den Allegorien für Wohltätigkeit, Bildung, Musik und Theater. Das Gebäude wurde über den Grundmauern des Teatro Nuevo oder Tacón erbaut, das von 1837 bis ins frühe 20. Jahrhundert weltbekannten Künstlern eine Bühne bot. Unter ihnen war die österreichische Balletttänzerin Fanny Essler, die hier am 23. Januar 1841 ihre Debütvorstellung gab. Mitte des 19. Jahrhunderts arbeitete hier auch Antonio Meucci, der mit Graham Bell um den Titel des Erfinders des Telefons konkurriert. Dank der Unterstützung des Impresarios konnte er seine Erfindung in den USA zum Patent anmelden.

Das neue Theater wurde im April 1915 mit einer Inszenierung der *Aida* eingeweiht, der viele hervorragende Produktionen folgten. Sarah Bernhardt trat hier 1918 auf, der Pianist Arthur Rubinstein im Jahr darauf. Auch der kubanische Komponist Ernesto Lecuona und der spanische Gitarrist Andrés Segovia haben hier gastiert.

1959 wurde das Gran Teatro zur »Heimbühne« der berühmten kubanischen Tänzerin Alicia Alonso, der Gründerin des Tanzensembles Ballet Nacional, das jedes Jahr das berühmte Ballettfestival ausrichtet *(siehe S. 282).*

★ Kuppel
Mit ihren 92 Meter Höhe war die Kuppel bis in die 1950er Jahre der höchste Punkt der Stadt.

Parlament

INFOBOX

Paseo de Martí (Prado) esq. a San José. **Karte** 4 D3. (7) 8603 411. Mo–Sa 9–17 Uhr. 1. Jan, 1. Mai, 26. Juli, 10. Okt, 25. Dez.

★ Salón de los Pasos Perdidos
Diese monumentale Halle mit ihren Marmorböden verdankt ihren Namen («Saal der verlorenen Schritte») ihrer ungewöhnlichen Akustik.

Im Boden unter der Kuppel
ist die Kopie eines 25-karätigen Diamanten eingelassen. Das Original gehörte dem letzten russischen Zaren und wurde an Kuba verkauft. Es wurde gestohlen und gelangte später auf undurchsichtigen Wegen zum Präsidenten.

Statue der Republik
Diese 17 Meter hohe und 49 Tonnen schwere Statue wurde in Rom gegossen und mit 22-karätigem Blattgold überzogen.

Parque de la Fraternidad ❹

Karte 4 D3.

IM 19. JAHRHUNDERT wurde die Grünanlage hinter dem Capitolio »Campo di Marte« (Paradeplatz) genannt, da hier oft militärische Paraden abgehalten wurden. Seit 1928 heißt sie Parque de la Fraternidad und erinnert mit Denkmälern bedeutender Amerikaner, darunter der Argentinier José de San Martín, der Venezuelaner Simón Bolívar und der US-Präsident Abraham Lincoln, an die gemeinsamen Wurzeln der Kubaner und anderer amerikanischer Völker.

In der Mitte des Parks befindet sich ein Tor mit einer Tafel, auf der ein berühmtes Zitat von José Martí zu lesen ist: »Es ist an der Zeit, dass wir uns versammeln und zusammen marschieren, wir müssen so zusammenhalten wie das Silber in den Tiefen der Anden. Nur durch Freundschaft, Brüderlichkeit und Liebe finden Völker zueinander.« Hinter dem Tor steht als Monument amerikanischer Freundschaft und Solidarität ein großer Kapokbaum: diese Pflanze gilt den amerikanischen Ureinwohnern und den Afrikanern, die als Sklaven in die neue Welt gebracht wurden, als heilig.

Vor dem Platz steht der Marmorbrunnen »Fuente de la India« oder »La Noble Habana« von Giuseppe Gaggini (1831) – eine allegorische Darstellung Havannas.

Heute ist der Parque de la Fraternidad meist voller alter amerikanischer Autos, die hier als private Taxis eingesetzt werden.

Der Brunnen vor dem Park symbolisiert die Stadt

Fassade der Zigarrenfabrik Partagás mit ihren auffallenden Ziergiebeln

Real Fábrica de Tabacos Partagás ❺

Calle Industria 524. **Karte** 4 D3. 📞 (7) 8624 604. ◷ Mo–Sa 9.30–11 Uhr, 12.30–15 Uhr. ⬤ 1. Jan, 1. Mai, 26. Juli, 10. Okt, 25. Dez. 📷♿

KUBAS GRÖSSTE Zigarrenfabrik mit ihrer klassizistischen Fassade ist ein gutes Beispiel industrieller Architektur des 19. Jahrhunderts. Sie wurde 1845 von dem ehrgeizigen katalanischen Geschäftsmann Jaime Partagás Ravelo gegründet. Das Geheimnis seiner Tabakblätter und ihrer Verarbeitung gab er niemals preis. Die einzig überlieferte Information ist, dass er als Erster Holzfässer zur Fermentierung der Blätter verwendete, um ihr Aroma zu verstärken.

Von den Gewinnen, die seine Zigarrenfabrik abwarf, kaufte Partagás eine Plantage in der Provinz Pinar del Río. Er wollte alle Arbeitsschritte bei der Zigarrenherstellung selbst überwachen, vom Züchten der Pflanzen bis zum Anlegen der Deck-, Um- und Einlegeblätter durch den *torcedor (siehe S. 31)*. Partagás wurde jedoch unter mysteriösen Umständen ermordet und sein Projekt scheiterte. Die

Neonschild an der Zigarrenfabrik Partagás

Fabrik wurde daraufhin von einem anderen cleveren Geschäftsmann, Ramón Cifuentes Llano, aufgekauft.

In den mit Tabakduft durchzogenen Fabrikhallen arbeiten Dutzende Menschen. Allerdings liest heute niemand mehr Unterhaltsames und Lehrreiches vor, um die Monotonie der Arbeit erträglicher zu gestalten, wie es noch im 19. Jahrhundert üblich war. Diese Sitte wurde von Partagás selbst eingeführt. Heute werden die Arbeiter mit Musik und Nachrichten aus dem Radio unterhalten und informiert. An die Fabrik sind eine Casa del Habano (Zigarrengeschäft) und ein Probierraum angeschlossen.

Palacio de Aldama ❻

Avenída Simón Bolívar (Reina) y Máximo Gómez (Monte). **Karte** 4 D3. ⬤ nicht öffentlich zugänglich.

DIESE VILLA *(siehe S. 23)* wurde von Manuel José Carrera entworfen und Mitte des 19. Jahrhunderts im Auftrag des reichen baskischen Industriellen Domingo de Aldama y Arrechaga erbaut. Um die Residenz vor dem Paradeplatz Campo di Marte, der militärischen und administrativen Gebäuden vorbehalten war, errichten zu dürfen, musste er sich den Einfluss seiner wichtigen Freunde zu Nutze machen. Noch heute ist die monumentale Größe des klassizistischen Gebäudes, das als Paradebeispiel für Architektur des 19. Jahrhunderts in Kuba steht, Ehrfurcht einflößend. Die Residenz dient heute als Sitz des Instituto de Historia de Cuba. Leider ist das Gebäude nicht öffentlich zugänglich. Wer jedoch beim Portier anfrägt, wird in den herrlichen Innenhof mit seinen Marmortreppen, barocken schmiedeeisernen Bögen und in die beiden Gärten mit ihren aus Carrara-Marmor gefertigten Brunnen vorgelassen.

Das Reiterstandbild von
General Máximo Gómez

Paseo del Prado ❼

Siehe S. 86f.

Castillo de San Salvador de la Punta ❽

Malecón y Paseo de Martí (Prado).
Karte 4 D1.

DIE SCHNÖRKELLOSE Festungsanlage *(castillo)* am Westufer der Hafeneinfahrt bietet aufgrund ihrer exponierten Lage an der Straße eine passende Kulisse für politische Ansprachen und Konzerte. Zurzeit wird sie in ein Schifffahrtsmuseum umgebaut. In der Vergangenheit spielte das Castillo eine zentrale Rolle bei der Verteidigung der Stadt.

Die von Giovanni Battista Antonelli, Juan de Tejeda und Cristóbal de Roda 1589–1610 erbaute Anlage war, zusammen mit dem größeren Castillo de los Tres Reyes del Morro auf der anderen Seite der Bucht, Teil der ersten Verteidigungslinie der Stadt.

Die beiden Festungen wurden durch eine riesige Kette aus schwimmenden Holz- und Bronzeringen verbunden, eine geniale Erfindung des italienischen Ingenieurs Antonelli aus dem 16. Jahrhundert. Sobald ein feindliches Schiff gesichtet wurde, wurde die Kette gespannt und so die Hafeneinfahrt blockiert. Die drei Kanonen, an denen die Kette befestigt war, stehen noch auf dem Platz vor dem Castillo.

Im Vorhof stehen einige Denkmäler, die eher von historischer als von künstlerischer Bedeutung sind. In der Mitte befindet sich eine Reiterstatue von Generalissimo Máximo Gómez, dem Helden der Unabhängigkeitskriege, geschaffen von Aldo Gamba (1935). In der alten Kapelle dahinter werden eine Briefmarkensammlung gezeigt und täglich Vorträge gehalten. Sie war Teil des Gefängnisses Real Cárcel, in dem José Martí wegen subversiver Aktionen gegen die spanische Krone 16 Jahre lang festgehalten wurde. Einige Zellen stehen noch immer, ebenso wie die Mauer, an der 1871 einige Studenten wegen ihres Aufstands gegen die spanische Herrschaft exekutiert wurden. Ihnen wurde ein Ehrenmal auf dem Kolumbus-Friedhof *(siehe S. 104)* erbaut.

Das Museo de la Música ist beispielhaft für eklektische Architektur

Museo Nacional de la Música ❾

Calle Capdevila 1, e/ Habana y Aguiar.
Karte 4 E1. 📞 (7) 8619 846, 8630 052. 🕐 Mo–Sa 10–17.30 Uhr. ⚫ 1. Jan, 1. Mai, 26. Juli, 10 Okt, 25. Dez. 📷 🚫 📹

MIT SEINEM STILMIX gilt dieses Gebäude von 1905 als typisches Beispiel für die eklektische Architektur des 20. Jahrhunderts. Einst diente es als Residenz einer Familie von Opernmäzenen, zu deren illustren Gästen u. a. der italienische Tenor Enrico Caruso und der spanische Poet Federico García Lorca zählten.

Heute ist hier das nationale Musikmuseum untergebracht, das 1971 gegründet wurde. Es beherbergt die größte Sammlung traditioneller Musikinstrumente Kubas. Sie wurden vom Ethnologen Fernando Ortiz, einem Pionier bei der Erforschung der afrikanischen Wurzeln Kubas, zusammengetragen. Neben der weltweit größten Sammlung afrikanischer Trommeln ist hier das Klavier des Sängers und Komponisten Bola de Nieve *(siehe S. 28)* zu sehen sowie 40 Gitarren, die von legendären kubanischen Musikern gespielt wurden, darunter das Trío Matamoros und Sindo Garay. Zudem sieht man Grammophone, Fotos und Originalmanuskripte berühmter Komponisten. Im Foyer liegt die Partitur der kubanischen Nationalhymne *Bayamo* aus. Besucher können in kubanischen und internationalen Musikzeitschriften und seltenen Dokumenten stöbern.

Befestigungswall des Castillo de la Punta, dahinter die Festung Morro

Paseo del Prado ❼

Tagsüber lädt der malerischste Boulevard Havannas zum Bummeln und Plaudern ein, nach Sonnenuntergang wird er zur Flaniermeile. Im Jahr 1772 ließ der Marqués de la Torre den Paseo außerhalb der Stadtmauern anlegen. Bald wurde er ein beliebtes Ausflugsziel für die Aristokraten der Stadt, die mit ihren Kutschen hierher fuhren. An fünf Stellen entlang dem Boulevard wurden Musikgruppen positioniert, um die Passanten zu unterhalten. Im 19. Jahrhundert wurden auf dem Paseo militärische Paraden und Karnevalszüge abgehalten. Der Prado in seiner heutigen Form wurde 1927 von dem französischen Architekten Forestier entworfen: eine breite Prachtstraße mit Bronzelöwen und Marmorbänken.

Löwen
Acht Löwen wurden 1927 als Symbol Havannas aufgestellt, denen man weiße Marmorbänke hinzufügte.

Die Casa del Científico, einst Residenz von José Miguel Gómez, dem zweiten Präsidenten der Republik Kuba, ist heute ein kleines Hotel.

Neomaurisches Gebäude
Das Gebäude an der Ecke zur Calle Virtudes ist reich mit mudéjar-Bögen dekoriert und zeigt mit seinem eklektischen Stilmix eine für Havanna typische Architektur.

Hotel Sevilla
Das historische Hotel wurde 1908 eröffnet, der zehnstöckige Turm 1918 angefügt. Die mudéjar-Dekoration (siehe S. 22) der Fassade und Lobby ist eine Hommage an die maurische Architektur.

Palacio de los Matrimonios
Der »Hochzeitspalast« (1914) verdankt seinen Namen den Hochzeiten, die im ersten Stock gefeiert werden. Ursprünglich wurde er als Kasino genutzt.

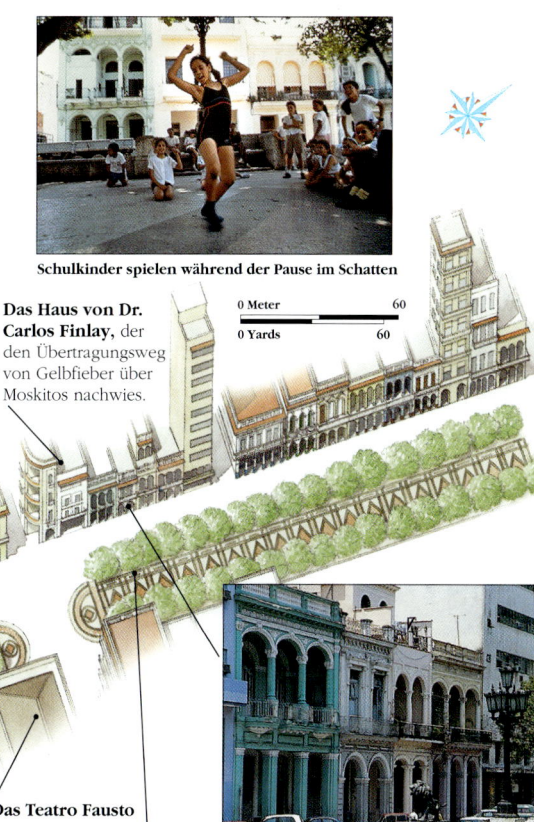

Schulkinder spielen während der Pause im Schatten

Das Haus von Dr. Carlos Finlay, der den Übertragungsweg von Gelbfieber über Moskitos nachwies.

0 Meter 60
0 Yards 60

Das Teatro Fausto wurde 1938 über dem Fundament eines alten Theaters desselben Namens erbaut.

Restaurierte Gebäude
Einst waren diese Häuser mit ihren Säulengängen aus dem späten 19. und frühen 20. Jahrhundert private Wohnhäuser. Nach umfassenden Renovierungsarbeiten erstrahlen sie nun wieder in bunten Farben.

Straßenlaternen
1834 wurden am Boulevard elegante schmiedeeiserne Laternen aufgestellt und die Straße wurde bunt gepflastert.

Iglesia del Ángel Custodio ⑩

Calle Compostela 2, esq. Cuarteles. **Karte** 4 D2. ☎ *(7) 8610 469, 8338 460.* ◯ *Di–So 9–12, 15–18 Uhr.* ✝ *Di–Sa 18 Uhr, So 9 u. 18 Uhr.*

I M JAHR 1689 wurde dieses Gebäude auf dem Hügel Peña Pobre oder »Loma del Ángel« als Einsiedelei gebaut und erst 1788 in eine Kirche umgewandelt. Als Resultat radikaler »Restaurierungsarbeiten« sieht der neogotische Bau heute allerdings viel zu weiß und fast unwirklich aus.

Die Kirche zwischen dem ehemaligen Präsidentenpalast (dem heutigen Museo de la Revolución) und der Altstadt fand in vielen literarischen Werken Erwähnung – der kubanische Autor Cirilo Villaverde *(siehe S. 26)* beispielsweise ließ seinen Roman *Cecilia Valdés* auf der Loma del Ángel spielen.

Félix Varela *(siehe S. 26)* und José Martí *(siehe S. 45)* wurden hier getauft.

Der Glockenturm Iglesia del Ángel Custodio mit seinen Spitztürmchen

GRAHAM GREENE IN HAVANNA

Der klassische Spionagethriller *Unser Mann in Havanna* (1958) des englischen Schriftstellers malt ein anschauliches Bild der Stadt vor dem Ausbruch der Revolution. In seinem Buch erzählt Greene von den Erlebnissen eines Staubsaugervertreters, der gegen seinen Willen zum Geheimagenten wird. Die Novelle zeichnet sich durch trockenen Humor und bildhafte Beschreibungen einer Welt aus Kasinos, New Yorker Wolkenkratzer, dekadenten Jugendstilvillen, Bühnenshows und Prostitution aus. Und immer wieder spielt das Hotel Sevilla als Kulisse eine Rolle.

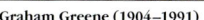

Graham Greene (1904–1991)

Museo de la Revolución ⑪

DIE ENTSCHEIDUNG, das Museo de la Revolución im einstigen Präsidentenpalast von Diktator Fulgencio Batista unterzubringen, hatte symbolischen Charakter. Das von den Architekten Carlos Maruri (Kuba) und Paul Belau (Belgien) entworfene Gebäude wurde 1920 von Mario García Menocal eingeweiht und diente noch 21 weiteren Präsidenten bis 1959 als Residenz. Der Prachtbau mit seinen klassizistischen Elementen wurde von Tiffany in New York dekoriert und enthält Werke bedeutender kubanischer Dekorateure des frühen 20. Jahrhunderts sowie Arbeiten von Bildhauern wie Juan José Sicre, Esteban Betancourt und Fernando Boada. Ausgestellt sind hier Dokumente, Fotos und Erinnerungsstücke, die Kubas Unabhängigkeitskampf seit der Kolonialzeit dokumentieren und sich besonders auf die Revolution konzentrieren.

Statuen von Che Guevara und Camilo Cienfuegos
Diese lebensgroßen Wachsfiguren zeigen die beiden Helden im Kampf.

Im dritten Stock sind die ältesten Fotos und Exponate ausgestellt.

Der Seitenflügel des Palastes, der Batista zur Flucht diente, ist gegenwärtig nicht öffentlich zugängig.

DENKMAL DER *GRANMA*

In dem Glaspavillon auf der Plaza hinter dem Museum ist die Yacht *Granma* (benannt nach der Großmutter des ersten Besitzers) zu sehen. 1956 brachte sie Fidel Castro und seine Kameraden von Mexiko nach Kuba, um den bewaffneten Kampf gegen Batista zu beginnen *(siehe S. 48).* Daneben werden Exponate im Zusammenhang mit der Invasion der Schweinebucht (1961) gezeigt. Zudem sieht man ein amerikanisches Spionageflugzeug, das während der Kubakrise 1962 abgeschossen wurde, sowie Zeugnisse kubanischer Aktivitäten in Äthiopien und Angola.

Abgeschossenes Spionageflugzeug

NICHT VERSÄUMEN

★ **Salón de los Espejos**

★ **Haupttreppe**

Kuppel

Das Kuppelinnere besteht aus bunten Keramikfliesen und ist von der Treppe aus zu sehen. Die Eckgemälde wurden von Esteban Valderrama und Mariano Miguel Gonzáles vor einem Hintergrund aus Blattgold gestaltet.

INFOBOX

Calle Refugio 1, e/ Avenida de las Misiones y Zulueta.
Karte 4 D2.
📞 (7) 8624 091.
🕐 tägl. 10–17 Uhr.
♿ 📷 gegen Gebühr.

Im zweiten Stock erhält man einen Überblick über kubanische Aufstände von der Kolonialzeit bis zur Revolution.

★ Salón de los Espejos

Der mit großen Spiegeln (espejos) ausstaffierte Audienzsaal des einstigen Präsidentenpalasts zeigt an den Decken Fresken der kubanischen Maler Armado Menocal und Antonio Rodríguez Morey.

Die hohen Fenster ähneln denen im Gran Teatro de La Habana; sie wurden von demselben Architekten, Paul Belau, entworfen.

Von der Terrasse bietet sich ein herrlicher Blick auf die Bucht von Havanna.

Eingang

★ Haupttreppe

In der monumentalen Treppe zum ersten Stock sind noch immer die Einschusslöcher des Angriffs vom 13. März 1957 zu sehen, als revolutionäre Studenten versuchten, Batista zu ermorden. Der Diktator konnte sich nur mittels Flucht durch eine Geheimtür in seinem Büro retten.

Real Fábrica de Tabacos La Corona ⑫

Calle Zulueta 106, e/ Paseo de Martí
(Prado) y Colón. **Karte** 4 D2. 📞 (7)
8626 173. 🕐 Mo–Fr 9–15 Uhr.
⬤ 1. Jan, 1. Mai, 26. Juli, 25. Dez.
📷 *Gruppenermäßigung*. 📷 📷 📷
Feuchtraum und Bar 🕐 Mo–Sa
9–17 Uhr, So 9–15 Uhr.

DIE URSPRÜNGLICHE Produktionsstätte der Miguel Fernández Roig-Zigarren, auch bekannt unter dem Namen »La Corona«, wurde 1842 gegründet. Nach radikalen Veränderungen der Stadt durch den Abriss der Stadtmauer siedelte die Fabrik in den Palacio Aldama *(siehe S. 84)* um. 1902 zog sie an ihren

Das alte Schild der renommierten Zigarrenfabrik La Corona

endgültigen Standort, ein Gebäude mit dem Namen »La Dama de Hierro« (Eiserne Dame) – es war das erste Bauwerk mit Metallstruktur.

Besucher können an einer Führung durch die Fabrik teilnehmen und den Zigarrenrollern, den so genannten *torcedores (siehe S. 31)* bei der Arbeit zusehen. Neben hochwertigen Zigarren wird hier auch Raucherzubehör verkauft. Wer möchte, kann in der angeschlossenen **Bar** mit ihren eleganten **Feuchträumen** auch gleich eine Zigarre probieren. Hier herrscht die richtige Luftfeuchtigkeit zur Lagerung der Zigarren.

Museo Nacional de Bellas Artes ⑬

Siehe S. 92ff.

Altarraum der Iglesia de la Caridad

Barrio Chino ⑭

Karte 3 C3.

DAS CHINESISCHE VIERTEL Havannas, der Barrio Chino, umfasst heute das Gebiet zwischen den Straßen San Nicolás, Dragones, Zanja und Rayo. Es entstand im 19. Jahrhundert, zu seiner Blütezeit Anfang des 20. Jahrhunderts gab es hier chinesische Theater- und Opernaufführungen sowie ein Kasino. Auf den belebten Straßen wurden asiatische Speisen sowie das beste Obst und die frischesten Fische der Stadt verkauft.

Heute konzentrieren sich die chinesischen Geschäfte im Gebiet der so genannten Cuchillo de Zanja (die Kreuzung zwischen Zanja und Rayo); abgesehen vom Eingangstor mit seiner Pagode ist die Architektur hier jedoch wenig charakteristisch. An der Ecke der Calle Dragones und der Calle Amistad wurde 1998 allerdings ein eindrucksvoller Säulengang im Ming- und Ching-Stil errichtet. Den 19 Meter breiten Gang bekam Kuba von der chinesischen Regierung geschenkt.

Im Barrio Chino steht auch die **Iglesia de la Caridad**, die Kubas Nationalheiliger gewidmet ist *(siehe S. 217)*. In der Kirche befindet sich seit den 1950er Jahren eine ganz besondere Statue: eine Madonna mit asiatischen Gesichtszügen.

DIE CHINESISCHE GEMEINSCHAFT HAVANNAS

Die ersten Chinesen erreichten Kuba Mitte des 19. Jahrhunderts, um in der Zuckerindustrie zu arbeiten, wo sie wie Sklaven behandelt wurden. Die ersten, die in die Freiheit entlassen wurden, bewirtschafteten kleine Felder in Havanna. Hier, nahe der heutigen Calle Salud, bauten sie die ersten Mangos an, die bei den Kubanern sofort beliebt waren. Nach der zweiten Einwanderungswelle wohlhabenderer chinesischer Immigranten aus Kalifornien (1869–75) entstanden viele chinesische Restaurants. Die Chinesen haben sich in die kubanische Gesellschaft eingefügt, ohne ihre Identität zu verlieren, und teilen das Schicksal der anderen Bewohner. Eine Granitsäule an der Ecke der Calle Linea und Calle L gedenkt der Chinesen, die für die kubanische Unabhängigkeit kämpften.

Eingangstor zum Barrio Chino, dem chinesischen Viertel Havannas

Der Callejón de Hammel ist berühmt für seine bunten und exotischen Wandmalereien

Iglesia del Sagrado Corazón ⓰

Avenida Simón Bolívar (Reina) 463.
Karte 3 B3. ☎ *(7) 8624 979.*
◔ *tägl. 7.30–12, 15-18 Uhr.*
✝ *tägl. 8 u. 16.30 Uhr.* 🖼 📷 📷

MIT DEM GLOCKENTURM von 77 Meter Höhe ist die Iglesia del Sagrado Corazón weithin sichtbar. Sie wurde im frühen 20. Jahrhundert von dem Jesuitenpater Luis Gorgoza entworfen und 1923 geweiht. Sie ist eines der wenigen Beispiele neogotischer Architektur in Kuba.

Die Fassade wird von einer großen Christusfigur dominiert, die auf drei Säulen ruht. Diese sind mit einem Kapitell geschmückt, das die Parabel des verlorenen Sohnes zeigt.

Eingang der Iglesia del Sagrado Corazón mit der Christusstatue

Das Innere schmücken Stuck, Spitzbögen und Buntglasfenster, die das Leben Christi zeigen. Auf dem Hochaltar thront ein byzantinisches Herz mit Skulpturen von Heiligen und Propheten.

Avenida Carlos III ⓰

(Avenida Salvador Allende) **Karte** 3 B3.

DER 1850 UNTER der Leitung von General Miguel de Tacón angelegte Boulevard (offiziell: Avenida Salvador Allende) war als militärische Verbindungsstraße vom Castillo del Príncipe – auf dem Hügel Aróstegui Ende des 18. Jahrhunderts erbaut – zum Paradeplatz, dem heutigen Parque de la Fraternidad, konzipiert.

Der Mittelteil war Kutschen vorbehalten, während die seitlichen Straßenarme mit Bänken, Bäumen und Brunnen für Fußgänger angelegt waren. Die ursprünglich Alameda de Tacón oder Paseo Militar benannte Straße wurde zu Ehren des spanischen Königs, der im 18. Jahrhundert Handel und Kultur in Kuba förderte, umbenannt.

Eines der eigentümlichsten Gebäude der Avenida ist der Freimaurertempel aus den 1950er Jahren, auf dessen Dach eine Weltkarte zu bestaunen ist.

Darstellung von Ochún, der Göttin der Liebe

Callejón de Hammel ⓱

Karte 3 A2.

DIESE STRASSE im Arbeiterviertel Cayo Hueso ist ein eigentümliches afrokubanisches Refugium. Für seinen Namen stand der legendäre französisch-deutsche Einwohner Fernando Hammel Pate. Der wohlhabende Waffenhändler und Kaufmann prägte einst das Gesicht des Viertels. Das farbenfrohe 200 Meter lange Wandgemälde, das die Straße bekannt gemacht hat, ist eine Arbeit des Malers Salvador González. Er wollte in diesem Bild seinen vielfältigen kulturellen Wurzeln Tribut zollen, indem er alle religiösen Gruppen afrikanischen Ursprungs darstellte, die in Kuba noch lebendig sind. So erklären sich die vielen Symbole, Schriften und Bilder afrikanischer Gottheiten und Abakuá-Teufel *(siehe S. 21).*

In den Läden dieser Straße gibt es alles: von handgemachten religiösen Gegenständen bis hin zu *Ngangas,* dampfkesselartigen Gefäßen, die in der Palo-Monte-Religion eingesetzt werden. Diese Religion wurde von Bantu-Sklaven aus dem Kongo überliefert. Samstags wird der Callejón de Hammel zur Open-Air-Bühne für Rumba-Shows.

Museo Nacional de Bellas Artes ⓭

DAS MUSEUM DER BILDENDEN KUNST wurde im Februar 1913 dank der Bemühungen des Architekten Emilio Heredia, seinem ersten Direktor, gegründet. Nach mehreren Umzügen fanden die Sammlungen in dem Gebäudeblock, der einst den Colón-Markt beherbergte, eine Heimat. Die ursprünglichen Arkaden des Gebäudes wurden abgerissen, und der Palacio de Bellas Artes wurde 1954 im neuen Design eingeweiht. Das rationalistische Gebäude mit den streng geometrischen Linien wurde von Rodríguez Pichardo entworfen. Das Museum ist heute auf zwei Gebäude verteilt: den ursprünglichen, von José Linares renovierten Palacio und den Palacio del Centro Asturiano am Parque Central.

ZUR ORIENTIERUNG
Siehe Kartenteil, Karte 4, S. 123

Jungfrau und Kind
Dieses Triptychon von Hans Memling (1433–1494) ist beispielhaft für den lebendigen Stil und die räumliche Darstellung, die Memling zu einem der großen flämischen Maler machte.

Sagrada Familia
Die Heilige Familie *des spanischen Künstlers Bartolomé Esteban Murillo (1618–1682), der schon zu Lebzeiten hohes Ansehen genoss, stellt eine fast meditativ ruhige Szene dar.*

PALACIO DEL CENTRO ASTURIANO
Im Centro Asturiano wird neben europäischen Gemälden und Skulpturen eine Sammlung antiker Kunst gezeigt. Das Gebäude wurde 1927 von Manuel Bustos entworfen und vor kurzem renoviert.

NICHT VERSÄUMEN

★ **La Silla von Wifredo Lam**

★ **La Habana en Rojo von René Portocarrero**

★ **Panathenäische Amphore**

★ **Panathenäische Amphore**
Diese schwarzfigurige Terrakotta-Amphore ist eines der bedeutendsten Stücke in der Sammlung altgriechischer Vasen, die einst dem Condé de Lagunillas gehörte.

INFOBOX

Palacio del Centro Asturiano,
San Rafael, e/ Zulueta y Monserrate. **Palacio de Bellas Artes**,
Calle Trocadero, e/ Zulueta y
Monserrate. **Karte** 4 D2.
☎ (7) 8621 643, 8620 140,
8639 042. **FAX** (7) 613 857.
🕐 Di–Sa; So vormittag.
⬤ 1. Jan, 1. Mai, 26. Juli,
10. Okt, 25. Dez. 🎫 🎟 📷

★ **La Habana en Rojo (1962)**
Havanna in Rot *ist Teil einer Bilderreihe, die René
Portocarrero der kubanischen Hauptstadt gewidmet
hat. Bei diesem Werk wird der barocke Geist, der
das Werk Portocarreros kennzeich-
net, besonders deutlich.*

Die Dauerausstellung
im ersten und zweiten
Stock ist chronologisch
angeordnet.

Eingang

**PALACIO
DE BELLAS ARTES**
*Der Palast der bildenden Künste ist
ganz der kubanischen Kunst gewidmet.
Der Innenhof ist mit Skulpturen umsäumt, im
Zwischengeschoss sind Räume für kulturelle Bildung, ein Auditorium und die Bibliothek untergebracht. Die Galerien in den beiden oberen Etagen
sind in drei Sektionen unterteilt: Kolonialkunst,
akademische Kunst und Kunst des 20. Jahrhunderts (von den 1930er bis zu den 1990er Jahren, chronologisch nach Dekaden geordnet).*

Forma, Espacio y Luz (1953)
*Diese Skulptur von Rita Longa im Museums-
eingang wird charakterisiert vom Konzept
fließender Masse. Zwei männliche Figuren
schaffen ein harmonisches Gegengewicht.*

★ **La Silla (1943)**
*Eine der berühmten Arbeiten Wifredo Lams, in der
er Kubismus und Surrealismus kombiniert und
mit eindeutig kubanischen Elementen versieht: ein
kubistischer Stuhl mit einer Vase darauf vor einem
faszinierenden Dschungelhintergrund.*

Überblick:
Das Museo Nacional de Bellas Artes

BEI DER NEUBEWERTUNG kubanischer Institutionen nach 1959 wurde das Nationalmuseum um viele Werke bereichert – Ergebnis der Enteignungen »unangemessenen Privateigentums«. Die Sammlung wurde in kubanische, europäische und antike Kunst untergliedert. Die kubanische Sammlung umfasst 4336 Gemälde, 12837 Drucke und Zeichnungen sowie 285 Skulpturen, die europäische verfügt über 1649 Gemälde und 126 Skulpturen sowie Zeichnungen; die antike Sammlung umfasst 600 Werke vom ägyptischen bis zum römischen Zeitalter.

Clotilde en los Jardines de la Granja von Joaquín Sorolla

PALACIO DEL CENTRO ASTURIANO (KUNST AUS ALLER WELT)

DAS GEBÄUDE, das als Heimstatt der Weltkunst-Sammlung entworfen wurde, hat seine ursprünglichen architektonischen Elemente wie eiserne Fenstergitter, Buntglasfenster und Ausstattungsgegenstände wie Stilmöbel und Lüster behalten. Neben der Galerie gibt es auch Leseräume, einen Buchladen, eine Bar, einen Videoraum und ein Auditorium.

Die 548 Gemälde und 27 Skulpturen der Sammlung sind in mehrere Bereiche unterteilt: Mittelalter, Italien, Deutschland, Flandern, Niederlande, Frankreich und Spanien. Zudem werden Werke einiger europäischer Schulen und Arbeiten aus den USA, aus Lateinamerika, Japan und China

Kopf des Gottes Amon, alt-ägyptische Skulptur

sowie eine Ikonensammlung gezeigt. Besonders herausragend sind die flämischen Gemälde und die spanischen Bilder des 19. Jahrhunderts, darunter *Entre Naranjos* von Joaquín Sorolla (1903). In seiner Darstellung eines Banketts auf dem Land schafft er mit seinem Spiel von Figuren, Licht und Schatten eine impressionistische Atmosphäre. Ähnliches gilt für die Hintergrunddarstellung des Wassers und Gartens in *Clotilde en los Jardines de la Granja*. Andere hier repräsentierte spanische Künstler sind Murillo und Zurbarán, zudem werden Werke von Constable, Bouguereau und Van Mieris gezeigt. Die italienische Sammlung umfasst einige Landschaftsgemälde, z. B. *Chelsea College, Rotunde, Ranelagh House und die Themse* von Canaletto (1751), in dem der Maler die Atmo-

phäre Londons darstellt. Francesco Guardi zeigt in *La Laguna frente a las Fondamento Nove* eine Szene in Venedig, in der sich die Detailtreue seiner späteren Arbeiten andeutet. Andere italienische Werke sind *San Cristóbal* von Jacopo Bassano (ca. 1515–1592), *Alpine Landschaft mit Figuren* von Alessandro Magnasco (1667–1748) und *Die Jungfer* von Giovanni Battista Piazzetta. *Die Ankunft der Gesandten* von Vittore Carpaccio (1490) folgt einer strikt symmetrischen Komposition. Die 8047 Drucke und Zeichnungen werden in Wechselausstellungen gezeigt.

Auch der Bereich der antiken Kunst ist faszinierend: 270 griechische, 195 römische und 131 ägyptische Arbeiten reihen sich neben mesopotamische, phönizische und etruskische Funde. Besonders sehenswert: die griechische Amphore aus dem 5. Jh. v. Chr. und die Porträts aus Faijum.

PALACIO DE BELLAS ARTES (KUBANISCHE KUNST)

DIE SAMMLUNG kubanischer Kunst vom 17. bis zum 20. Jahrhundert bietet einen umfassenden Einblick in die Werke einzelner Künstler und Schulen, wobei die Hauptströmungen jeder Epoche besonders herausgestellt werden. Die Wechselausstellungen von

Eine der vielen Ansichten Londons von Canaletto

Drucken, Zeichnungen und Gemälden bereichert die Dauerausstellung, die bedeutende Werke der Meister zeitgenössischer kubanischer Kunst zeigt.

Zwei der wichtigsten Vertreter dieser Epoche sind Wifredo Lam (*La Silla*, 1943) und der Bildhauer Agustín Cárdenas, die beide von europäischer Avantgarde und afrikanischer Kunst beeinflusst werden. Das freie Formenspiel in seiner Statue *Figure* zeigt deutlich die afrikanisch inspirierte Sensibilität, die Cárdenas auszeichnet.

Die kubanische Kunst des 19. Jahrhunderts, die durch hohes technisches Können geprägt ist, zeigt sich in den Porträts des Akademikers und Malers Guillermo Collazos und in den Landschaften der Brüder Chartrand. Zu den kubanischen Künstlern mit akademischem Hintergrund zählen auch die Brüder Menocal und Leopoldo Romañach, Maler und Dozent an der Akademie.

Besonders interessant sind die Pioniere moderner kubanischer Kunst. Dazu zählt Víctor Manuel García, ein außergewöhnlicher Landschaftsmaler, dessen ruhige Flüsse und wellenförmige Körper eine friedliche Atmosphäre vermitteln. García hat auch die archetypische Figur »mestizo« geschaffen: Seine Darstellung eines Frauenkörpers vor öder Landschaft in *Gitana Tropical*

El Malecón von Manuel Mendive, ein bedeutendes Beispiel naiver Malerei

Figure (1953) von Agustín Cárdenas

(1929) wurde zum Symbol kubanischer Malerei *(siehe S. 24)*. Das Genre des Stilllebens erfuhr eine Wiederbelebung in den Werken von Amelia Peláez, die kubistische Elemente mit kubanischen Motiven verbindet, z. B. in *Naturaleza Muerta sobre Ocre* (1930) und *Flores Amarillas*, eine ihrer späteren Arbeiten, in der sie sich von ihrer »barocken« Schaffensperiode abwendet und einfachere Kompositionen kreiert.

El Rapto de las Mulatas (1938) von Carlos Enríquez ist ein traumartiges »Gewirr« menschlicher Körper, Pferde und einer Landschaft, die das klassische Thema des Raubs der Sabinerinnen aufgreift. Es gilt als exemplarisch für kubanische Malerei im Allgemeinen und die Enríquez' im Besonderen. Die Verletzlichkeit menschlicher Körper und die tropische Atmosphäre dieser Arbeit sind der Schlüssel zur Interpretation der Motive traditioneller Kunst.

Die chronologische Anordnung der Arbeiten zeichnet die Entwicklung der kubanischen Kunst nach. In den 1950er Jahren bewegte sie sich weg von figurativen Darstellungen, wie in den Werken von Guido Llinás und Hugo Consuegra

deutlich wird. Nach der Revolution 1959 nahmen kubanische Künstler extrem unterschiedliche Stile an. Servando Cabrera machte zunächst die Guerrillas zum Thema, wandte sich dann aber erotischen Bilderreihen zu. Antonia Eiriz war eine besonders ausdrucksstarke Vertreterin des Neo-Expressionismus und Raúl Martínez bewegte sich von abstrakter Kunst in Richtung Pop-Art.

Ein weiterer renommierter zeitgenössischer Künstler ist Manuel Mendive, der in der Darstellung Kubas afrikanischen Erbes nach den verborgenen Tiefen der Existenz sucht. In seinem Werk *El Malecón* (1975) zeigt er den berühmten Boulevard als beinahe heiligen Ort, an dem Menschen und afrikanische Götter aufeinander treffen. Der Stil dieses Bildes ist naiv und ausgereift zugleich.

Aus den 1970er Jahren sind Werke der bedeutenden Maler Ever Fonseca, Nelson Domínguez und des einzigartigen Illustrators Roberto Fabelo zu sehen. Bei den jüngeren Künstlern (alle sind Absolventen der San-Alejandro-Akademie) bestechen vor allem Tomás Sánchez mit seinen archetypischen Landschaften und José Bedia mit seinen kühnen Installationen. Viele junge Künstler bekommen die Chance, ihre Arbeiten in den Wechselausstellungen zu zeigen.

Momentan sind im Museum 639 Gemälde, 184 Zeichnungen und 69 Skulpturen zu sehen, der Rest wird nach dem Rotationsprinzip gezeigt.

Flores Amarillas (1964), ein Stillleben aus Amelia Peláez' später Schaffensperiode

Vedado und Plaza

Die Idee eines gitterartigen Grundrisses Vedados stammt von Luis Yboleón Bosque (1859). Er sah großzügig angelegte Gehwege, Häuser mit Gärten sowie breite, gerade Straßen vor. Der Name Vedado (»verboten«) leitet sich von einem Erlass aus dem 16. Jahrhundert ab, der es untersagte, in dieser Gegend zu bauen, um nicht den Blick auf herannahende Piraten zu behindern. Ende des 19. und Anfang des 20. Jahrhunderts wurde das Viertel vergrößert und bei den reichen Familien der Stadt beliebt. Vedado spielt zwei Rollen: Es ist Havannas modernes politisches und kulturelles Zentrum mit Hotels, Restaurants, Theatern, Kinos und Behörden, es ist aber auch ein historisches Viertel mit großzügigen Gärten und herrlichen Häusern im Kolonialstil. Auf der Plaza de la Revolución finden heute große Veranstaltungen statt. Auch das politische Leben Havannas und ganz Kubas spielt sich hier ab. Sie ist somit von großer symbolischer Bedeutung.

Skulptur an der Ecke
23. und 12. Straße

Sehenswürdigkeiten auf einen Blick

Museen und Galerien
Museo de Artes Decorativas ❸
Museo Napoleónico ❺

Historische Gebäude
Casa de las Américas ❷
Quinta de los Molinos ❻
Universidad de La Habana ❹

Denkmäler
Memorial José Martí S. 103 ❽

Straßen und Plätze
Plaza de la Revolución ❼

Friedhöfe
Necrópolis Colón S. 104f ❾

Spaziergänge
Spaziergang durch Vedado S. 98f ❶

LEGENDE

■ Spaziergang *S. 98f*

ℹ Information

🚌 Busbahnhof

ANFAHRT

Dieses Viertel ist groß. Wer Zeit hat, sollte es dennoch zu Fuß erkunden – es lohnt sich. Ansonsten empfiehlt es sich, ein Taxi zu nehmen. Die Orientierung behält man leichter, wenn man sich das System der Straßennamen einprägt *(siehe S. 118)*.

0 Meter 1000
0 Yards 1000

◁ Ende des Malecón in Vedado an der Mündung des Río Almendares

Spaziergang durch Vedado ❶

Dieser Spaziergang führt Sie durch die typischen Avenidas und gibt Einblick in den Architekturmix des Viertels: von Wolkenkratzern aus den 1950er Jahren bis zu baufälligen klassizistischen Villen. Auf dem Weg liegt nur ein Museum (Vedado hat nicht viele konventionelle Attraktionen), so dass Sie genügend Zeit zum Bummeln und Beobachten haben. Calle 23, die berühmteste Straße des alten Havanna, ist Ihr Anhaltspunkt. Der berühmteste Abschnitt an ihrem Anfang heißt La Rampa.

Hotel Habana Libre mit dem Mosaik La Fruta Cubana (1957)

Blick vom Focsa-Turm auf das Hotel Nacional

LEGENDE

• • • Routenempfehlung

0 Meter　　　　　300
0 Yards　　　　　300

Malecón

Der Abschnitt des Malecón, an dem dieser Spaziergang beginnt, wird von der Landzunge dominiert, auf das Hotel Nacional ❶ errichtet wurde. Dieses Juwel der Art-déco-Architektur wurde 1930 eröffnet (siehe S. 250). Zu seinen Gästen zählten Winston Churchill, Fred Astaire, Buster Keaton und Walt Disney. Der Hotelpark bietet einen herrlichen Blick über die Bucht.

La Rampa

In der Nähe liegt der Abschnitt der Calle 23, der La Rampa genannt wird (zwischen Küste und Calle N). Mit den Büros, Restaurants und Bars mit altmodischen Neonschildern könnte man sie für eine typische Straße aus den 1950er Jahren halten. Nur die Fassade des Zuckerministeriums (Minaz) mit dem revolutionären Wandgemälde und dem »futuristischen« Pabellón Cuba holt einen ins Jetzt zurück. Über diese Etappe des Spaziergangs wacht das Edificio Focsa ❷, ein Wolkenkratzer aus den 1950ern.

Die Route führt vorbei an einem kleinen Kunsthandwerkermarkt und am Centro Internacional de la Prensa, dem internationalen Pressezentrum.

Calle 23

In der Mitte des Parks an der Ecke Calle 23 und Calle L befindet sich die Eisdiele Coppelia ❸. Sie wurde durch den Film Erdbeer und Schokolade (siehe S. 27) von Tomás Gutiérrez Alea berühmt und ist heute eine Institution in Havanna (daher die Warteschlangen).

Auf der anderen Seite der Calle 23 steht das legendäre Hotel Habana Libre (siehe S. 249) mit einem gefließten Wandmosaik der kubanischen Künstlerin Amelia Peláez. Das Hotel wurde 1958 eröffnet, ein Jahr später von den Amerikanern zurückgefordert und zu Fidel Castros Hauptquartier umfunktioniert. Innen gibt es zwei Mosaike von Portocarrero und Sosabravo (siehe S. 24f).

An der Kreuzung mit der Calle J liegt der grüne Parque del Quijote ❹ mit der modernen Statue eines nackten Don Quixote auf einem Pferd von Sergio Martínez. Weiter auf der Calle 23 werden die Gebäude niedriger und ihre Architektur abwechslungsreicher.

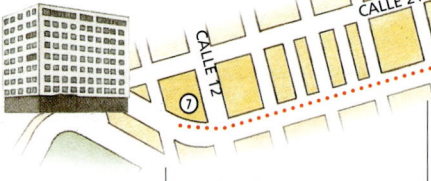

Statue des Don Quixote von Sergio Martínez (1980)

Sehenswürdigkeiten auf einen Blick

Casa de la Amistad (6)
Edificio Focsa (2)
Coppelia (3)
Hotel Nacional (1)
ICAIC (7)
Museo de la Danza (5)
Parque del Quijote (4)

Typische Schlange vor der Eisdiele Coppelia

Routeninfos

Start: *Hotel Nacional.*
Ende: *Ecke der 23. und 12. Straße.* ***Länge:*** *3,5 km.*
Rasten: *Coppelia-Eisdiele, Casa de la Amistad, Bars an der Ecke 23. und 12. Straße. Pausen und Museumsbesuch sollten Sie in die heißen Mittagsstunden legen.*
Museo de la Danza
☎ *(7) 8312 198, 8320 828.*
🕒 *Mo–Sa 10–13, 16–19 Uhr.*
⛔ *1. Jan, 1. Mai, 26. Juli, 25. Dez.*

Avenida de los Presidentes
Weiter geht es in der Calle G (Avenida de los Presidentes), einer breiten, baumbestandenen Avenida mit luxuriösen Gebäuden im französischen Stil (19./20. Jh.). Die Straßenmitte wird durch Bänke und Blumenbeete geziert. Hinter der Statue von Simón Bolívar liegt die Kreuzung mit der Calle Línea.

Calle Línea
Die erste Straße Vedados verdankt ihren Namen der Tatsache, dass einst eine Tramlinie *(línea)* das Herz des Viertels mit dem historischen Zentrum verband. Auch hier stehen viele Gebäude im französischen Stil neben Kolonialbauten mit Buntglasfenstern und schmiedeeisernen Fenstergittern.

Das renovierte Gebäude an der Ecke zur Calle G beherbergt das Museo de la Danza (5), das von der legendären Balletttänzerin Alicia Alonso, der Gründerin des Ballet Nacional *(siehe S. 83)*, geführt wird. Das einzige Tanzmuseum Lateinamerikas zeigt Erinnerungsstücke an berühmte Tänzer, die in Kuba auftraten, Kulissenentwürfe, Fotos, Presseartikel und Arbeiten zeitgenössischer Künstler.

Alicia Alonsos Schuhe, Museo de la Danza

Paseo
Verlässt man das Museum, gelangt man weiter über die Calle Línea zur Kreuzung mit einer der hübschesten Straßen in Havanna: die Calle Paseo, ein langer, schmaler Park, der bis zur Plaza de la Revolución *(siehe S. 102)* reicht. Sie ist gesäumt von eleganten Gebäuden mit herrlichen Gärten: meist Ministerien und Behörden, von denen man nur wenige besichtigen kann. Die Casa de la Amistad (6) in Nr. 406 zwischen Calle 17 und 19 ist ein Kulturzentrum mit Bar und Restaurant und in einem Gebäude untergebracht, das der vermögende Pedro Baró einst seiner Geliebten Caterina Lasa schenkte. Als ihre Affäre entdeckt wurde, mussten sie nach Europa fliehen. Nach ihrer Scheidung 1917 kehrten die beiden nach Havanna zurück.

23 y 12
Gehen Sie 200 Meter weiter auf der Calle Paseo zurück in Richtung der Calle 23. Sechs Blocks weiter erreichen Sie eine belebte Kreuzung, das Ende dieses Spaziergangs. Hier erinnert eine Tafel an die Rede, in der Fidel Castro am 16. April 1961, dem Tag vor der amerikanischen Invasion in der Schweinebucht *(siehe S. 163)*, die sozialistische Revolution in Kuba ankündigte.

An der Ecke Calle 23 und 12 gibt es Restaurants, Geschäfte und Kinos, z. B. das Instituto Cubano del Arte y la Industria Cinematográficos (ICAIC) (7) *(siehe S. 27)* mit einer Kunstgalerie. Südlich führt die Calle 12 zur Necrópolis Colón *(siehe S. 104f)*.

Posterausstellung im Gebäude des ICAIC

Dieses Art-déco-Gebäude beherbergt die Casa de las Américas

Casa de las Américas ❷

Calle 3ra, esq. G. **Karte** 1 C1. 📞 (7) 8552 706, 8552 707. 🕐 Di–Fr 10–17 Uhr, Sa 10–15 Uhr. 🔴 1. Jan, 1. Mai, 26. Juli, 10. Okt, 25. Dez. 📷

AUF DEM MALECÓN, hinter dem Monumento al *Maine (siehe S. 58)*, befindet sich eine Art säkulärer Tempel mit einem Glockenturm, aber ohne Kreuz. Es ist die Casa de las Américas, ein Kulturinstitut, das nach dem Sieg der kubanischen Revolution in nur vier Monaten gebaut wurde. Haydée Santamaría, eine der Heldinnen der Revolution, gründete die Casa, die den Austausch zwischen Künstlern und Schriftstellern auf dem amerikanischen Kontinent zum Ziel hat.

Hier wird die Sammlung Arte Nuestra América gezeigt, die wohl umfassendste Kollektion lateinamerikanischer Malerei und grafischer Kunst seit den 60er Jahren des 20. Jhs.

Museo de Artes Decorativas ❸

Calle 17, 502. **Karte** 2 D2. 📞 (7) 8309 848. 🕐 Di–Sa 11–18.30 Uhr. 🔴 1. Jan, 1. Mai, 26. Juli, 10. Okt, 25. Dez. 📷 🔳 www.cult.cu/patrim/cnpc/museos

DAS WUNDERBARE MUSEUM dekorativer Kunst ist in der einstigen Residenz einer der reichsten Kubanerinnen des 20. Jahrhunderts untergebracht: die Condesa de Revilla de Camargo war die Schwester von José Gómez Mena,

dem Besitzer der Manzana de Gómez *(siehe S. 81)*. Die Villa wurde 1927 erbaut. Ihre Einrichtung im Stil Ludwigs XV. sowie die Gärten lohnen einen Besuch.

Die Sammlung bezeugt den stilsicheren und exotischen Geschmack der herrschenden Schicht und der wohlhabenden Kunstsammler der Kolonialzeit. Zu sehen sind hier u. a. zwei Gemälde von Hubert Robert, *Die Schaukel* und *Der große Wasserfall bei Tivoli*, sowie zwei Bronzestatuen.

Im größten Saal des Erdgeschosses sind chinesische Vasen aus dem 18. Jahrhundert, Meißener Porzellan, ein großer Aubusson-Teppich von 1722 und Gemälde französischer Maler ausgestellt.

Im Schlafzimmer ist eine Sammlung chinesischer Paravants zu sehen, im Zimmer der Condesa steht ein Sekretär, der einst Marie Antoinette gehörte.

Unbedingt sehenswert ist auch das Art-déco-Badezimmer aus rosa Marmor.

Chinesische Vase, Museo de Artes Decorativas

Universidad de La Habana ❹

Calle 27 de Noviembre (Jovellar) y Ronda. **Karte** 2F2. **Museo Antropológico Montané**, Felipe Poey Bldg, Plaza Ignacio Agramonte. 📞 (7) 8793 488. 🕐 Mo–Fr 9–12, 13–16 Uhr. 🔴 1. Jan, 1. Mai, 26. Juli, 10. Okt, 25. Dez. 📷

DIE UNIVERSITÄT von Havanna wurde 1721 auf eine päpstliche Bulle hin gegründet und ursprünglich im Convento de San Juan de Letrán in Habana Vieja untergebracht. 1902, nur wenige Tage nach der Ausrufung der kubanischen Republik, wurde sie nach Vedado verlegt und an der Stelle eines ehemaligen Sprengstofflagers eingerichtet.

Die neue Universität, deren Fakultäten auf mehrere Gebäude verteilt sind, wurde zwischen 1906 und 1940 erbaut. Vor dem Haupteingang, wo heute politische Veranstaltungen und Konzerte stattfinden, steht eine Statue der Alma Mater, dem Symbol der

Klassizistisches Foyer des Museo de Artes Decorativas

Nüchterne Fassade der Universidad de la Habana mit der Statue der Alma Mater vor dem Haupteingang

Universität. Die Frauenfigur, die ihre Arme in einer einladenden Geste ausbreitet, wurde 1919 von dem tschechischen Bildhauer Mario Korbel in New York geschaffen und 1927 am Ende des breiten Treppenaufgangs zum Eingang aufgestellt. Der Studenteneingang zur Universität liegt in der Calle San Lázaro, die in einen Platz mündet, auf dem die Asche von Julio Antonio Mella *(siehe S. 46)* aufbewahrt wird.

In der naturwissenschaftlichen Fakultät steht den Besuchern das Museo de Historia Natural »Felipe Poey« offen. Sehr viel interessanter ist jedoch das **Museo Antropológico Montané** in der mathematischen Abteilung. Das 1903 gegründete Museum zeigt eine außergewöhnliche Sammlung präkolumbischer Funde aus Kuba, z. B. den Ídolo del Tabaco, der im Osten der Insel gefunden wurde, den Ídolo de Bayamo, eine der größten Steinskulpturen der Karibik, und den Dujo de Santa Fe, eine Art hölzerner Thronstuhl.

Das älteste Gebäude auf dem Hügel ist die Aula Magna mit ihrer schnörkellosen Fassade, hinter der die allegorischen Gemälde von Armando Menocal zu sehen sind. In der Halle selbst wird die Glocke der alten Universität von San Gerónimo ausgestellt. Zudem liegen hier die sterblichen Überreste von Félix Varela *(siehe S. 26)*, die 1911 von Florida hierher gebracht wurden.

Museo Napoleónico ❺

Calle San Miguel 1159, esq. a Ronda. **Karte** 2 F3. 🎧 *(7) 8791 412, 8791 460.* ⬤ *Mo–Sa 10–17 Uhr.* ⬤ *1. Jan, 1. Mai, 26. Juli, 10 Okt, 25. Dez.* 🏷️ 📷 📷 ⬤ Ⓦ *www.cult.cu/ patrim/cnpc/museos*

D IE ÜBERRASCHENDE Existenz eines napoleonischen Museums hat Kuba der Leidenschaft des Zuckermagnaten Julio Lobo zu verdanken. Jahrelang schickte er Agenten durch die Welt, die Erinnerungsstücke an Napoleon suchen sollten. Als Lobo Kuba 1959 verließ, kaufte ihm die Regierung seine Sammlung ab.

In jedem Zimmer des eigentümlichen Museums findet man Möbel im Stil der imperialistischen Zeit sowie alle möglichen Memorabilien an Napoleon, z. B. seine Zähne oder eine Haarsträhne. Des Weiteren werden zwei Porträts – eines von Antoine Gros und eines von Andrea Appioni, gemalt während Napoleons zweitem Italienfeldzug – gezeigt. Ebenfalls zu sehen ist die Totenmaske Napoleons, die zwei Tage vor seinem Ableben von seinem italienischen Arzt und Begleiter auf St. Helena, Francesco Antommarchi, gefertigt wurde. Dieser ließ sich später in Kuba nieder.

Die Villa selbst wurde um 1920 von Oreste Ferrara, einem Berater des Diktatoren Gerardo Machado, erbaut und eingerichtet.

Ídolo de Tabaco, Museo Montané

Quinta de los Molinos ❻

Avenida Carlos III (Salvador Allende) y Luaces. **Karte** 2 F3. 🎧 *(7) 8798 850.* ⬤ *wegen Renovierungsarbeiten.* **Anlage** ⬤ *Di–Sa 7–19 Uhr.*

D IE FÜR DIE BAUWEISE des Vedado des 19. Jahrhunderts typische Villa Quinta de los Molinos wurde 1837 als Sommerresidenz der Militärbefehlshaber in einer grünen Gegend gebaut. In der Nähe gibt es zwei Tabakmühlen *(molinos)*.

Das Grundstück um die Villa wurde mit tropischen Pflanzen aus dem Botanischen Garten üppig bepflanzt. Dieser befand sich damals nahe dem Capitolio, wurde aber aufgelöst, als der Parque Central vergrößert wurde. Die Parkanlagen hier sind bei Musikern beliebt.

1899 lebte hier General Máximo Gómez, der Oberkommandierende der Befreiungsarmee. Aus diesem Grund wurde den Kriegshelden hier ein Museum gewidmet *(siehe S. 44)*.

Buntglasfenster in der Quinta de los Molinos

Parade vor dem Innenmisterium auf der Plaza de la Revolución

Plaza de la Revolución ❼

Karte 2 E5.

S EIT 1959 IST DIE Plaza de la Revolución Kubas politisches, administratives und kulturelles Zentrum. Der Platz wurde 1952 unter dem Batista-Regime angelegt und so stammen auch die meisten Gebäude aus jener Zeit. Nach Fidel Castros Sieg 1959 wurde die einstige Plaza Cívica in Plaza de la Revolución umbenannt.

Auch wenn die Plaza de la Revolución nicht gerade durch besonders gelungene Architektur besticht, sollte man ihr doch aufgrund ihrer historischen Bedeutung einen Besuch widmen. Denn hier fanden nach dem Umsturz die ersten Massenkundgebungen statt und auch die Feierlichkeiten anlässlich des Kampfes gegen den Analphabetismus wurden hier 1961 abgehalten.

Seit 1959 kommen auf der Plaza regelmäßig mehr als eine Million Menschen zu Militärparaden und offiziellen Feierlichkeiten zusammen. Die Redner, zu denen auch stets Fidel Castro gehört, nehmen dann ihren Platz auf dem Podium neben der Statue von José Martí am Fuß des Obelisken ein.

Am 25. Januar 1998 zelebrierte Papst Johannes Paul II. vor Tausenden von Gläubigen auf diesem Podium eine Messe *(siehe S. 53)*.

🏛 Ministerio del Interior
Calle Aranguren.

Die Fassade des Innenministeriums, das direkt gegenüber dem Martí-Denkmal steht, ist fast völlig von einer riesigen Bronzeskulptur Che Guevaras bedeckt. Der Guerrillakämpfer hatte in den frühen 1960er Jahren ein Büro in diesem Gebäude. Dieses symbolisch bedeutende Bild lehnt sich an das weltberühmte Foto des Pressefotografen Alberto Korda *(siehe S. 172)* an. Unter der Büste, die erst 1995 fertig gestellt wurde, kann man die Worte: »Hasta la victoria siempre« (bis zum ewigen Sieg) lesen. Nachts ist die Fassade beleuchtet.

🏛 Museo Postal Cubano
Ave Rancho Boyeros, 19 de Mayo y 20 de Mayo. **C** (7) 8705 193, 8815 551. ⬜ Mo–Fr 9–16.30 Uhr. ⬤ 1. Jan, 1 Mai, 26. Juli, 10. Okt, 25. Dez. 🏷 📷

Das faszinierende Postmuseum besteht seit 1965 in einem kleinen Bereich des Kommunikationsministeriums. Anhand von Briefmarken wird die Geschichte Kubas während der letzten zweihundert Jahre veranschaulicht – von der Kolonialzeit über die Unabhängigkeitskriege mit Persönlichkeiten wie Machado, Batista und Che Guevara bis hin zur Zeit nach dem Zusammenbruch des Kommunismus in Osteuropa.

Das kurioseste Exponat ist ein Teil einer »Postrakete«, die einige Kubaner 1939 zur »Expressbeförderung« der Post von Havanna nach Matanzas einsetzen wollten. Sie explodierte jedoch kurz nach ihrem Abschuss.

🏛 Palacio de la Revolución
Calle Martí.

Das einstige Justizministerium (1958) hinter dem Martí-Denkmal beherbergt nun die Büroräume des Staatsrats, des Ministerrats und des Zentralkomitees der Kommunistischen Partei Kubas. Hier empfing Präsident Fidel Castro am 22. Januar 1998 Papst Johannes Paul II.

Elegante hölzerne Karteikästen in der Biblioteca Nacional

🏛 Biblioteca Nacional José Martí
Plaza de la Revolución.
C (7) 8555 442. ⬜ Mo–Fr 8–21 Uhr, Sa 8–18 Uhr. ⬛

In der Nationalbibliothek Kubas lagern über zwei Millionen Bücher, besonders aus den Geisteswissenschaften. Das Embargo der USA und die Auswirkungen des Sparprogramms der Período Especial haben die Einrichtung eines computergestützten Archivsystems bislang verzögert.

🏛 Teatro Nacional
Paseo y 39.
C (7) 8796 011, 8793 558.

Das wichtigste Kulturgebäude Kubas (1959) zeichnet sich besonders durch seine konvexe Fassade aus. Der größere der beiden Säle, die Avellaneda, fasst 2500 Zuschauer, in der Covarrubia finden 800 Menschen Platz. Dieser Saal wird geziert von einem Wandgemälde des Kubaners René Portocarrero *(siehe S. 24)*. Neben Theaterproduktionen finden hier auch Lesungen, Ballettaufführungen und Konzerte statt. Im *café chantant* und der Pianobar gibt es Live-Shows *(siehe S. 280)*.

Blick vom Martí-Denkmal auf das Teatro Naciónal

Memorial José Martí ❽

DIE ARBEITEN AN DEM DENKMAL in der Mitte der Plaza de la Revolución wurden 1953, am 100. Geburtstag des kubanischen Nationalhelden, aufgenommen, fertig gestellt wurde es 1959. Es besteht aus einem 109 Meter hohen Turm, der einen fünfzackigen Stern darstellt und aus grauem Marmor von der Isla de la Juventud gebaut wurde. An dessen Fuß steht eine riesige Statue José Martís in Meditationshaltung. Das eigentliche Denkmal befindet sich, neben der Sala de Actos, einem Konzert- und Lesungssaal, im Inneren des Turms.

★ Panorama
An klaren Tagen sieht man vom mirador auf der Turmspitze, dem höchsten Punkt Havannas, über die ganze Stadt. Diese Aufnahme zeigt das Innenministerium im Vordergrund, am Horizont glitzert das Meer.

Die oberste Plattform erreicht man per Lift. Sie hat eine Höhe von 139 Metern, denn der Turm wurde auf einem Hügel von 30 Metern erbaut.

INFOBOX

Plaza de la Revolución.
Karte 2 E5. (7) 8820 906.
Di–Sa 9.30–17 Uhr, So 10–14 Uhr. 1. Jan, 1. Mai, 26. Juli, 10. Okt, 25. Dez.
W www3.cuba.cu/memorial/

★ Das Denkmal
In zwei Räumen werden Erinnerungsstücke an Martí gezeigt; ein dritter illustriert die Geschichte des Denkmals und des Platzes, im vierten finden Kunstausstellungen statt. Auf einem Wandgemälde wird die Philosophie Martis abgebildet.

Statue von José Martí
Die 18 Meter hohe Statue aus weißem Marmor wurde am Ort von Juan José Sicre behauen. Sie ist von sechs Halbsäulen umgeben.

NICHT VERSÄUMEN

★ Panorama

★ Das Denkmal

Necrópolis Colón ❾

MIT EINER FLÄCHE VON 55 HEKTAR ist Havannas monumentaler Kolumbusfriedhof einer der größten Friedhöfe der Welt. Mehr als zwei Millionen Gräber gibt es hier – ebenso viele wie Einwohner in Havanna. Er wurde um 1860 von dem spanischen Architekten Calixto de Loira in Anlehnung an die streng symmetrischen römischen Militärlager entworfen und von 1871 bis 1886 erbaut. Aufgrund der vielen Skulpturen und Denkmäler in unterschiedlichen Stilrichtungen – von eklektischen bis zu gewagten zeitgenössischen Werken – wurde die Necrópolis unter Denkmalschutz gestellt. Doch trotz ihrer historischen und künstlerischen Bedeutung wird sie nach wie vor als Friedhof genutzt, auf dem man neben Spaziergängern auch immer wieder Grabgänger trifft.

Das Osario General, das Beinhaus aus dem Jahr 1886, ist einer der ältesten Bauten der Necrópolis.

Martires del Asalto al Palacio Presidencial
Dieses Avantgarde-Denkmal (1982) wurde zu Ehren der Studenten errichtet, die beim Angriff auf den Präsidentenpalast Batistas 1957 umkamen.

La Milagrosa

Das Pantheon von Catalina Lasa *(siehe S. 99)* wurde von ihrem zweiten Ehemann Juan Pedro Baró in Auftrag gegeben. Er hatte sie auch einbalsamieren und von Paris nach Havanna überführen lassen.

★ La Piedad von Rita Longa
Dieses marmorne Halbrelief der Pietà schmückt das schwarze Marmorgrabmal der Familie Aguilera aus den 1950er Jahren.

Kapelle der sechs Medizinstudenten

★ Haupteingang
Die Statue aus Carrara-Marmor zeigt die drei religiösen Tugenden Glaube, Hoffnung und Liebe. Sie wurde 1904 von dem Kubaner José Villalta de Saavedra im »neoromanischen« Stil geschaffen.

JANUA SUM PACIS

Grabmal des Schriftstellers Alejo Carpentier (1904–1980)

Eingang

Panteón de las Fuerzas Armadas Revolucionarias

Hier liegen die Helden der revolutionären Armee begraben.

Panteón de los Prelados

INFOBOX

Calle Zapata esq a Calle 12.
Karte 1 C5.
(7) 8321 050, 8341 96.
tägl. 8–17 Uhr.

Capilla Central

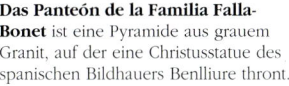

Mitte des 19. Jahrhunderts wurde diese Kapelle auf der zentralen Straße des Friedhofs, der Avenida Colón, errichtet. Sie enthält bedeutende Kunstwerke, darunter einige Fresken des kubanischen Malers Miguel Melero.

Das Panteón de la Familia Falla-Bonet ist eine Pyramide aus grauem Granit, auf der eine Christusstatue des spanischen Bildhauers Benlliure thront.

★ Las Víctimas de la Caridad

Dieses monumentale Grabmal wurde zu Ehren der Opfer eines Unfalls errichtet, der sich 1890 im Eisenwarenladen Isasí ereignete. Der Entwurf stammt von den spanischen Architekten Agustín Querol und Julio Zapata.

Grabmal von Generalissimo Máximo Gómez (*siehe S. 44*)

LA MILAGROSA

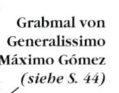

Eine Mutter legt vor der Statue La Milagrosa Blumen nieder

»Die Wundersame« ist das Grabmal von Amelia Goyri de la Hoz, die 1901 im Alter von 24 Jahren bei der Geburt ihrer Tochter starb. Auch das Neugeborene überlebte nicht. Nach der damaligen Tradition wurden die beiden gemeinsam bestattet. Eine Legende besagt, dass ihr Körper bei der Graböffnung nach mehreren Jahren völlig unversehrt war. Dieses »Wunder«, ebenso wie die Trauer des Ehemanns, der das Grab täglich besuchte und ihm nie den Rücken zuwandte, machten Amelia zum Symbol der Mutterliebe. Sie wurde zur Schutzpatronin Schwangerer und Neugeborener. Werdende Mütter pilgern zu ihrem Grab, um ihren Segen zu erbitten. Auch sie wenden ihm nie den Rücken zu. Die Statue von José Villalta de Saavedra wurde 1909 aufgestellt.

NICHT VERSÄUMEN

★ Haupteingang

★ La Piedad von Rita Longa

★ Las Víctimas de la Caridad

ABSTECHER

SEHENSWÜRDIGKEITEN außerhalb der Stadt sind recht weit verstreut. Der Stadtteil Miramar liegt im Westen. Das Castillo del Morro und die Festung Fortaleza de La Cabaña, die von Havannas strategischer Bedeutung zeugen, sind räumlich von der Stadt getrennt, historisch jedoch mit ihr verbunden. Kubaner lieben das Strandleben. Die goldenen Strände der Playas del Este östlich der Stadt sind beliebte Ausflugsziele an den Wochenenden. Zu den weiteren Attraktionen zählen die Ferienziele Ernest Hemingways, darunter die Finca La Vigía, in der er einige seiner besten Romane schrieb, und das Fischerdorf Cojímar.

SEHENSWÜRDIGKEITEN AUF EINEN BLICK

Museen
Finca La Vigía ⑩

Denkmäler und Kirchen
Castillo del Morro ❸
San Carlos de La Cabaña ❹
Santuario di San Lázaro ⑬

Parks und Gärten
Jardín Botánico Nacional ⑫
Parque Lenin ⑪

Strände
Playas del Este ❾

Städte und Vororte
Casablanca ❺
Cojímar ❽
Guanabacoa ❼
Regla ❻

Historische Orte
Tropicana ❷

Spaziergänge
Spaziergang durch Miramar (S. 108f) ❶

LEGENDE

◼ Historisches Zentrum
◻ Außenbezirke
✈ Flughafen
⛴ Fähre
— Schnellstraße
— Hauptstraße
= Nebenstraße

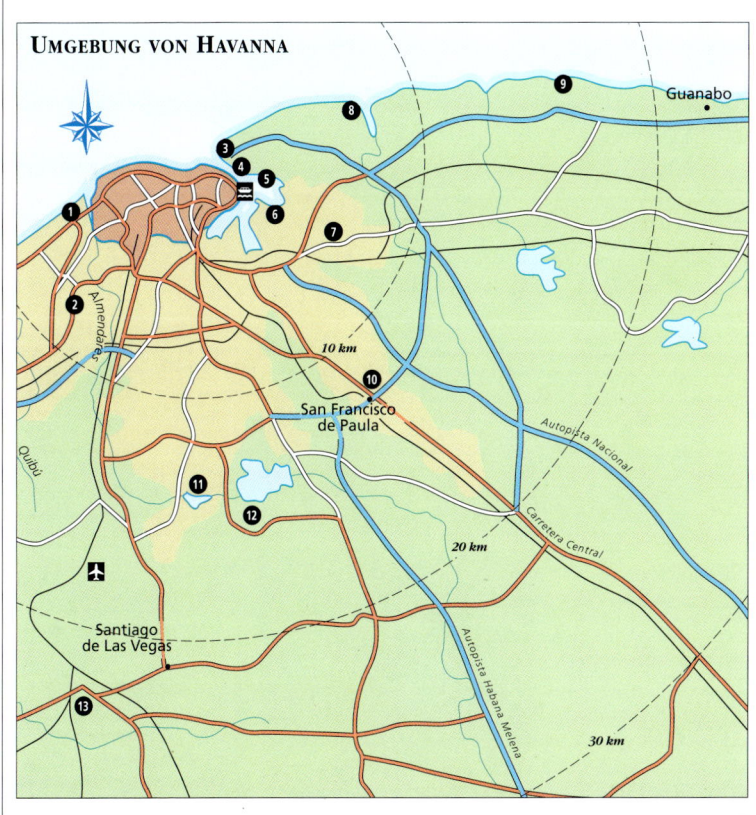

UMGEBUNG VON HAVANNA

10 km
San Francisco de Paula
20 km
30 km
Guanabo
Santiago de Las Vegas
Almendares
Quibú
Autopista Nacional
Carretera Central
Autopista Habana Melena

Spaziergang durch Miramar ❶

Miramar ist der eleganteste Stadtteil Havannas. So war es auch vor der Revolution, als hier die finanzielle Oberschicht Havannas lebte. Die Lebensader von Miramar ist die quirlige Avenida 5, eine breite, baumbestandene Straße, entlang derer sich herrliche Villen aus dem frühen 20. Jahrhundert und Luxushotels reihen. Verwaltungstechnisch gehört Miramar zur Gemeinde Playa, ebenso wie der Nachbarort Cubanacán, in dem viele ausländische Botschaften ihren Sitz haben.

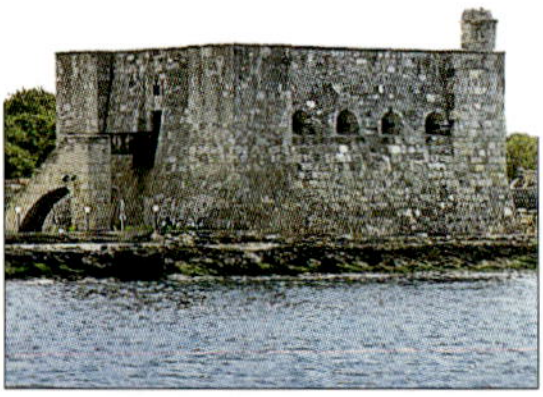

Kompaktes Bollwerk Fuerte de la Chorrera

Ausgangspunkt Vedado

Der Spaziergang beginnt an der denkmalgeschützten Festung Fuerte de Santa Dorotea de la Luna en la Chorrera ①. Sie wurde von Giovanni Battista Antonelli entworfen, 1645 erbaut und war 200 Jahre für die Verteidigung der Stadt von zentraler Bedeutung *(siehe S. 110)*. Gegenüber liegt das Restaurant 1830 ② *(siehe S. 268)*. Das Gebäude gehörte Carlos Miguel de Céspedes, dem Minister für Infrastruktur unter Präsident Machado. Über die Brücke der Calle 11 erreichen Sie Miramar. Biegen Sie hier rechts in die Avenida 5 *(»Quinta Avenida«)* ein.

Entlang der Avenida 5

Diese breite, ruhige Straße mit einem Grünstreifen in der Mitte beginnt an der Ausfahrt des nördlichsten Tunnels unter dem Fluss Almendares.

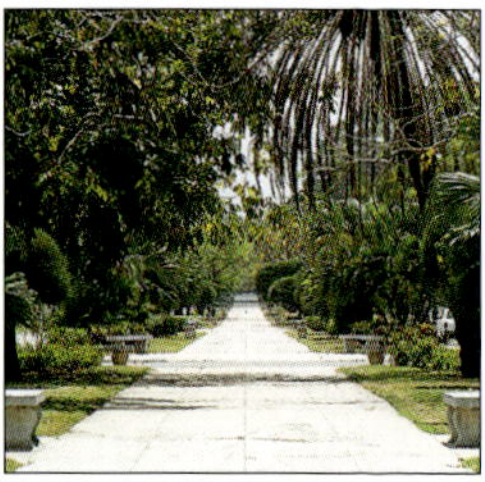

Blick auf die Avenida 5, die wichtigste Straße in Miramar

Auf beiden Seiten des Boulevards prangen imposante Villen aus dem frühen 20. Jahrhundert und Häuser im Art-déco- oder eklektischen Stil. Die meisten wurden nach der Machtübernahme Fidel Castros verlassen. Die kubanische Regierung hat viele dieser Gebäude in Ministerien, Botschaften und sogar Waisenhäuser umgebaut (zum Beispiel die Residenz des ehemaligen Präsidenten Grau San Martín an der Ecke zur Calle 14). Weiter entlang der Avenida, an der Ecke zur Calle 26, treffen Sie auf die

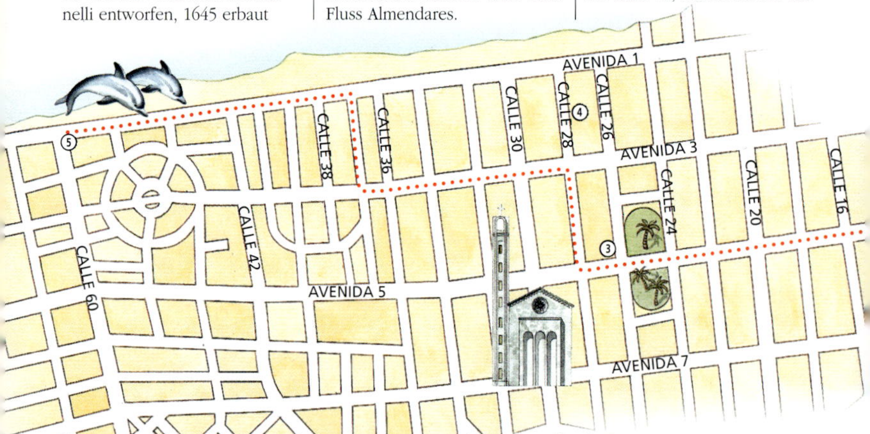

Legende

•••• Routenempfehlung

0 Meter 400
0 Yards 400

Sehenswürdigkeiten

Fuerte de Santa Dorotea de la Luna en la Chorrera ①
Restaurante 1830 ②
Iglesia de Santa Rita ③
Maqueta de la Habana ④
Acuario Nacional ⑤

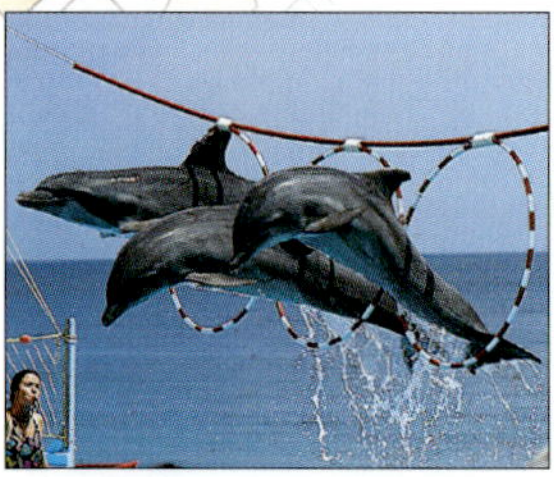

Die besonders bei Kindern beliebte Delfinshow im Acuario Nacional

Infobox

Start: *Fuerte de la Chorrera, Malecón.*
Länge: *5 km.*
Zwischenstopps: *Mesón La Chorrera, Calle Calzada 1252 vor dem Tunnel; Cafetería Rumbos, Playita 16; Bar Media Noche, Calle 4 e/ Ave 3 y 5; Bar Dos Gardenias, Ave 7 y Calle 28.*

faszinierende moderne Iglesia de Santa Rita ③, deren Fassade durch die drei Bögen einzigartig ist. Innen sollten Sie die Statue der hl. Rita links vom Eingang betrachten. Sie wurde von der kubanischen Bildhauerin Rita Longa geschaffen. Gehen Sie die Calle 28 entlang zur Avenida 3 (*»tercera«*). Einen Block weiter steht im Museum Maqueta de La Habana ④ ein detailliertes Modell der Stadt, das über 10 m² misst und die Entwicklung der Stadt veranschaulicht. Weiter geht es auf der Avenida 3, deren elegante Architektur Sie beachten sollten. Biegen Sie dann rechts in die Avenida 1 und gehen Sie einen Block weiter.

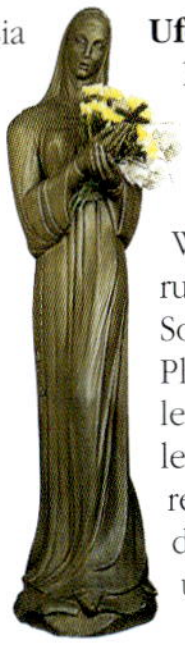

Statue von Rita Longa, Iglesia de Santa Rita

Uferstraße

Der Avenida 1 (*»primera«*) fehlt es im Vergleich zum Malecón an Lebendigkeit und Faszination, aber das Wasser ist hier klar und die ruhigen Plätze laden zum Sonnenbaden ein, z. B. die Playita 16 (am Ende der Calle 16). An der Ecke zur Calle 60 steht ein unübersehbares hellblaues Haus, in dem das Acuario Nacional ⑤ untergebracht ist. Hier wurde in großen Salzwasseraquarien die Unterwasserwelt der karibischen See und des Ozeans imitiert. Etwa 3500 Exemplare 350 verschiedener Tierarten leben hier. Der spektakulärste Bereich ist sicherlich das Becken mit den Tümmler-Delfinen, die in kubanischen Gewässern häufig vorkommen. Hier gibt es auch regelmäßige Delfinshows. Das Aquarium ist täglich außer Montag von 10 bis 18 Uhr geöffnet.

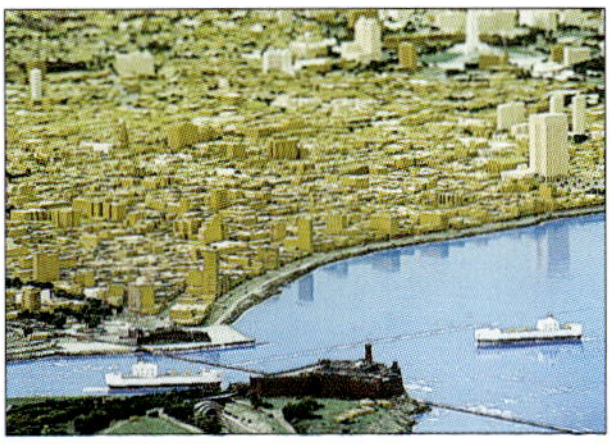

Das Modell Havannas mit dem Castillo del Morro (vorn) und dem Malecón (hinten)

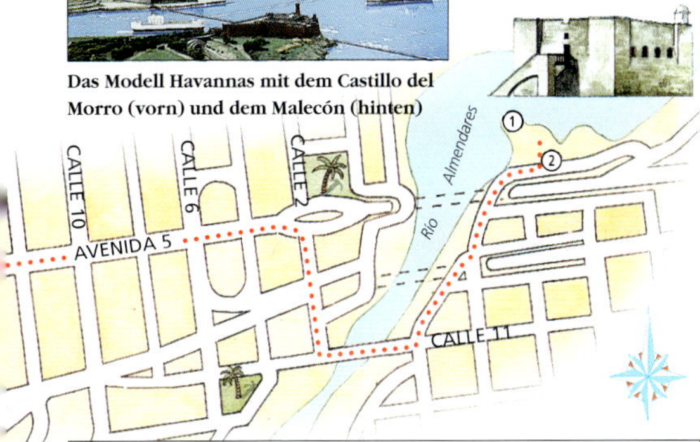

Río Almendares

Der Fluss Almendares ist leider nicht mehr ganz so klar, wie er es einmal gewesen sein muss. Im 17. Jahrhundert kam ein spanischer Bischof namens Almendáriz in schlechter Gesundheit nach Havanna. Nach einem Aufenthalt am Ufer dieses Flusses war er völlig genesen. Daraufhin erhielt der Fluss den Namen des Bischofs. An seinem Westufer, an der Brücke der Calle 23 von Vedado, liegt der Parque Almendares, in dem eine tropische Vegetation gedeiht.

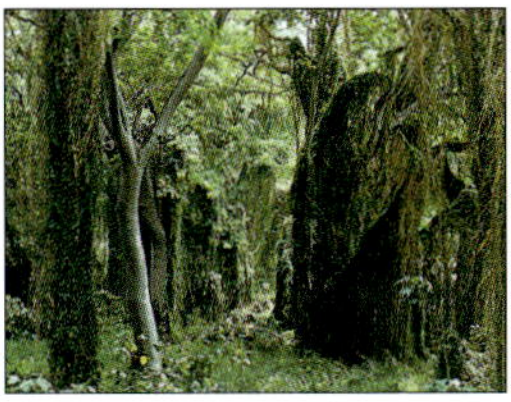

Im Parque Almendares, Havannas »Wald«, blüht eine üppige Vegetation

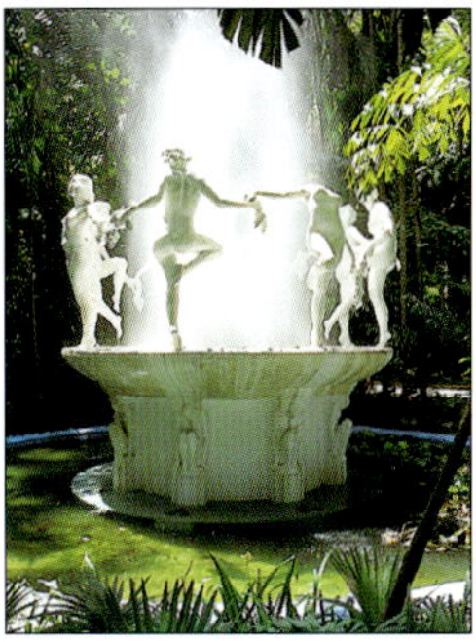

Musenbrunnen aus dem frühen 20. Jahrhundert im Tropicana

Tropicana ❷

Calle 72 e/ 41 y 45. Marianao.
☎ *(7) 8270 174, 8271 584.*

Der berühmteste Nachtklub Kubas, vielleicht sogar Amerikas und der ganzen Welt, liegt in einem Vorort Havannas, im Bezirk Marianao. Viele legendäre Persönlichkeiten des 20. Jahrhunderts traten hier auf, darunter Josephine Baker, Bola de Nieve, Rita Montaner und Nat King Cole.

Das Tropicana war einst eine große Farm, die Mina Pérez Chaumont gehörte. Sie war die Witwe des russischen Konsuls Regino Truffin. In den 1930er Jahren gestaltete sie das Anwesen in ein Restaurant und eine Showbühne um, auf der bunte Shows in extravaganten Kostümen gezeigt wurden. Der Nachtklub öffnete am 31. Dezember 1939.

Überraschenderweise hat der Klub den politischen Machtwechsel überlebt und ist beliebt wie eh und je. Noch immer stehen die ursprünglich gepflanzten Bäume, die inzwischen einem Tropenwald gleichen. Nachts werden die Palmen zum Teil durch Kunstnebel verdeckt und mit Flutlichtern angestrahlt. An das goldene Zeitalter des Tropicana erinnert der Ballsaal »Bajo las Estrellas«, in dem 1000 Personen genügend Platz zum Tanzen haben.

Am Haupteingang prangt der Musenbrunnen (1952). Die Statue einer Balletttänzerin von Rita Longa (1952) wurde zum Symbol des Klubs.

Blick auf das Castillo del Morro, das auf einer felsigen Landzunge an der Bucht von Havanna errichtet wurde

Castillo del Morro ❸

Carretera de la Cabaña, Habana del Este. **Parque Histórico Militar Morro Cabaña** 📞 *(7) 8620 617-19, 8627 623.* ⭘ *tägl. 10–22 Uhr.* ⬤ *1. Jan., 1. Mai, 26. Juli, 25. Dez.*

D ER BAU DIESER Festung, die von dem italienischen Militärarchitekten Giovanni Battista Antonelli geplant wurde, begann 1589 auf Befehl des Gouverneurs Juan de Texeda. Vom Castillo de los Tres Reyes del Morro (so sein voller Name) sollten nahende feindliche Schiffe (v. a. Piraten) gesichtet werden. Denn an Bord der Schiffe, die auf ihrem Weg nach Spanien immer wieder im Hafen von

Die Alte Lampe des Morro-Leuchtturms

Havanna anlegten, waren oft Schätze aus der Neuen Welt gelagert, die beschützt werden mussten.

Der ursprüngliche Leuchtturm auf dem »Morrillo«, dem höchsten Punkt des Hügels, wurde mehrmals umgebaut, bis General Leopoldo O'Donnel 1845 anordnete, einen neuen zu bauen. Dieser Steinturm steht noch heute, und auch seine Originallampe leuchtet noch 30 km weit in die Nacht. Heute steht das Castillo del Morro Besuchern als Parque Histórico-Militar offen. Viele Touristen und Einheimische kommen aber auch, um den herrlichen Blick auf den Hafen und die Stadt zu genießen.

In die Burg gelangt man über eine eindrucksvolle Gale-

rie. Tafeln zeigen die Stellen an, an denen die Briten 1762 in die Festung eindrangen und nach einer 40-tägigen Belagerung das Castillo und die ganze Stadt eroberten.

An der Nordseite liegt die Plataforma de la Reina mit Verteidigungswällen und Treppen zur oberen Plattform. Von hier können Besucher die Festung von oben betrachten.

San Carlos de La Cabaña ❹

Carretera de la Cabaña, Habana del Este. ⭘ *Siehe Castillo del Morro.* 📷

N ACH DER EINNAHME Kubas durch die Briten 1762 dauerte es elf Monate, ehe die Spanier die Stadt zurückeroberten. Die bittere Erfahrung der Besatzung überzeugte sie von der Notwendigkeit einer

HAVANNAS VERTEIDIGUNGSSYSTEM

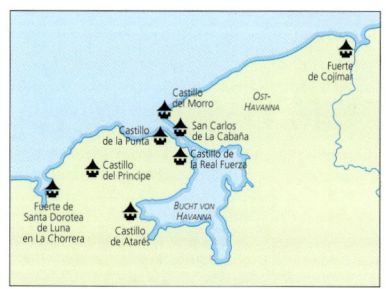

Im 18. Jahrhundert war Havanna der bedeutendste Hafen der Neuen Welt. Aufgrund der strategischen Position in der Karibik war er ein beliebtes Ziel von Feinden und Piraten. Deshalb wurde Havanna besser gesichert als jede andere Stadt im spanischen Kolonialreich. Hinter dem Kanal, über den man zur Bucht von Havanna gelangte, lagen die beiden Festungen Morro und Cabaña. Zusammen mit den Bastionen Real Fuerza, Punta, Atarés und Príncipe sowie den Stadtmauern bildeten sie ein sehr effektives Angriffs- und Verteidigungssystem. Von den vorgelagerten Forts Cojímar und La Chorrera konnten alle herannahenden feindlichen Schiffe gesichtet werden.

effektiveren Verteidigungsanlage auf dem Hügel. So wurde am 4. November 1763 mit dem Bau der Festung Cabaña begonnen. 4000 Männer arbeiteten an dem Bau, darunter mexikanische und indianische Gefangene, die von der Halbinsel Yucatán unter sklavenähnlichen Bedingungen hierher gebracht wurden.

Der neue Verteidigungsposten kostete 14 Millionen Pesos, eine Summe, die so hoch war, dass folgende Legende berichtet wird: Als König Carlos III. von Spanien über die Kosten informiert wurde, soll er um ein Fernglas gebeten und gesagt haben: »Ein so teurer Bau sollte doch von Madrid aus zu sehen sein.«

La Cabaña, die sich auf mehr als 700 Metern am Einfahrtskanal der Bucht erstreckt, ist ein riesiges Vieleck auf einer Fläche von 10 Hektar. Der Grundriss folgt den Prinzipien französischer Militärakademien, die Details wurden von dem spanischen Ingenieur Silvestre Abarca entworfen. Die kronenförmige Anlage gilt als Paradebeispiel einer bastionartigen Verteidigungsanlage.

Ein Besuch der Festung bietet einige Höhepunkte. Der Haupteingang führt zur Bastei

Eingang zur Gemeindekirche von La Cabaña am Paradeplatz der Festung

Baluardo di San Ambrosio und der Teraza de San Agustín, auf der der Dichter Juan Clemente Zenea aufgrund seiner separatistischen Ideologie 1871 hingerichtet wurde. Hier werden auch sowjetische Atomraketen aus der Kubakrise 1962 *(siehe S. 52)* gezeigt.

Im **Museo Monográfico** wird die Geschichte der Festung anhand von Dokumenten und Fotografien illustriert. Das **Museo de Armas y Fortifica-** **ciones** ist ein Militärmuseum. Nicht verpassen sollten Sie allerdings die **Comandancia del Che**: Am 3. Januar 1959 besetzten die *barbudos* (wie Castro und seine bärtigen Revolutionäre genannt wurden) La Cabaña und richteten in dem Gebäude aus dem 19. Jahrhundert, das einst die Residenz des spanischen Militärgouverneurs war, ihre Kommandozentrale ein. Heute ist es ein Museum, das persönliche Gegenstände von Che zeigt, darunter seine Waffen, seine Brille und Kamera. Das Büro des Revolutionärs blieb original erhalten und kann besichtigt werden.

Casablanca ❺

Regla (Havanna). 🚢 *von Muelle de la Luz, Habana Vieja, alle 30 Min.* ☎ *(7) 8977 473.* 🅿

DIESES FISCHERDORF entstand im 18. Jahrhundert an der anderen Seite der Bucht von Havanna. Bekannt ist der Ort wegen der 18 Meter hohen Christusstatue (1958) aus weißem Marmor, die über die Stadt wacht. Die Arbeit der kubanischen Bildhauerin Jilma Madera wurde von der Frau von Präsident Batista in Auftrag gegeben.

Riesige Statue Cristo de La Habana

Sie hatte bei den Studentenangriffen auf den Palast des Präsidenten 1957 geschworen, sie würde eine Christusstatue finanzieren, falls er den Anschlag, bei dem sein Leben auf dem Spiel stand, überstehen sollte. Sie wurde nur eine Woche vor der Revolution fertig gestellt. Sie ist von vielen Teilen der Stadt aus zu sehen und allen Kubanern bekannt.

CAÑONAZO

Jeden Abend um 21 Uhr wird in der Festung La Cabaña die malerische »Cañonazo«-Zeremonie abgehalten. Um Punkt 21 Uhr feuert eine Gruppe junger Soldaten der revolutionären Armee, in Uniformen aus dem 18. Jahrhundert gekleidet, Kanonensalven ab. Dieser Ritus hat einen historischen Hintergrund: Während der Kolonialzeit wurden jeden Abend Böllerschüsse abgegeben, um die Bürger zu informieren, dass die Stadttore geschlossen und die Hafeneinfahrt durch eine Kette *(siehe S. 85)* abgeriegelt wurde.

Die Cañonazo-Zeremonie wird in historischer Kleidung zelebriert

Regla ❻

Havanna. 🏙 100 000.
🚢 von Muelle de la Luz, Habana
Vieja, alle 30 Min; 📞 (7) 8977 473.
ℹ️ Infotur, Calle Albuquerque y
Marti 📞 (7) 970 297.

Regla liegt an der Ostküste
der Bucht von Havanna,
wenige Fährminuten von Muelle de la Luz entfernt. Die
Stadt wurde 1687 gegründet
und erlangte im Lauf der Zeit
als Fischerhafen und Zentrum
der großen Zuckerlager wirtschaftliche Bedeutung. Im
19. Jahrhundert ließen sich
hier befreite Sklaven nieder,
und so ist die afrokubanische
Kultur noch sehr lebendig.

Die Kirche **Nuestra Señora
de la Virgen de Regla** wurde
Anfang des 19. Jahrhunderts
errichtet, Ende desselben Jahrhunderts wurde das Liceo

**Inneres der Kirche von Regla mit
ihrem vergoldeten Hochaltar**

LA VIRGEN DE REGLA

Die Jungfrau von Regla wurde
1714 zur Schutzpatronin der
Fischer und der Stadt Havanna
ernannt. In dem ihr geweihten
Altarraum steht eine Ikone, auf
der eine dunkelhäutige Madonna mit einem weißen Kind
zu sehen ist. Die Gläubigen
nennen sie »La Negra«. Die Herkunft der Ikone ist unbekannt,
es wird jedoch erzählt, sie habe
die dunkle Farbe bei der Überfahrt über das Schwarze Meer
angenommen. Sie wurde 1696
von einem Einsiedler aus Spanien hierher gebracht und um
1900 von Panchita Cárdenas
bewacht, dessen Haus den
Gläubigen offen steht. Anhän-

**La Virgen de Regla, die Schutz-
patronin der Fischer**

ger der *santería* sehen in der Virgen de Regla die Göttin
Yemayá, Patronin des Meeres und Mutter aller Männer. Ihr
werden Speisen, Blumen und Kerzen geopfert, an ihrem
Namenstag (8. Sep) wird die Ikone durch die Stadt getragen.

Artístico y Literario mit einer
berühmten Rede José Martís
zur kubanischen Unabhängigkeit eröffnet.

Guanabacoa ❼

Havanna. 🏙 100 000. 🚢

Nach ihrer Gründung 1607
wurde diese Stadt zum
obligatorischen Anlaufha-
fen der Sklavenschiffe,
was ihren Ruf als Zent-
rum der afrokubani-
schen Kultur
erklärt. Ihr Name ist
indianischen Ur-
sprungs und bedeutet
»Dame der vielen Was-
ser«: die Quellen in
diesem Gebiet
veranlassten einst
reiche Bewohner
Havannas, sich
hier niederzulas-
sen. Heute sind
deren Kolonialhäuser
Guanabacoas ganzer
Stolz. Drei bedeu-
tende Musiker des 20. Jahrhunderts wurden hier geboren: der
Pianist und Komponist Ernesto Lecuona, die Sängerin Rita
Montaner und der Chansonnier
Ignacio Villa, besser bekannt
als Bola de Nieve.

Guanabacoa hat mehrere
interessante Kirchen. Die
Ermita de Potosí aus dem

**Mano Poderosa im
Museo Municipal de
Guanabacoa**

Jahr 1675 ist besonders
sehenswert. Sie ist eine der
ältesten und besterhaltenen
Kirchen aus der Kolonialzeit.

In dem interessanten **Museo
Municipal de Guanabacoa**,
in einem Haus im Kolonialstil
untergebracht, wird die Stadtgeschichte illustriert. Die he-
rausragende Persönlichkeit ist
Pepe Antonio, ein Held im
Kampf gegen die Briten im
18. Jahrhundert. Das Museum befasst sich beson-
ders mit den Religionen
Santería und *Palo Mon-
te* sowie den Ritualen des
Abakuá-Kults *(siehe S. 21)*.
Ein eindrucksvolles Stück
in diesem Bereich ist die
Mano poderosa, eine viel-
farbige Holzskulptur
von 1 Meter Höhe.
Einer Legende
zufolge soll sie
einer Frau gehört
haben, die mit
den Toten in Kon-
takt treten konnte.
Im Innenhof wer-
den traditionelle
afrokubanische Feste gefeiert.

Das Museum wird derzeit
renoviert, zwei Räume im
Anbau neben dem Museums-
laden können jedoch besichtigt werden.

🏛 **Museo Municipal
de Guanabacoa**
Calle Martí 108, esq. Versalles. 📞 (7)
8979 117. ● *wegen Renovierung.*
**Räume im Anbau und Bazar de los
Orichas,** Calle Martí y Lama. 📞 (7)
8979 510. 🕐 Mo–Sa 9–17 Uhr.

Cojímar ❽

Havanna. 🏙 20 100.
🚢 ℹ️ Villa Panamericana,
(7) 8973 571.

Mit seinen einstöckigen
Holzhäusern, meist mit
Garten, Veranda und Hof, ist
Cojímar ein reizende Kleinstadt, in der einst nur Fischer
lebten. Heute wohnen hier
auch viele ältere Menschen,
darunter Schriftsteller und
Künstler, die dem hektischen
Leben der Großstadt entflie-
hen wollen.

In den 1950er Jahren traf
man in Cojímar jedoch nur
einen Schriftsteller: Ernest
Hemingway. Er war mit vielen

Fort von Cojímar aus dem 17. Jahrhundert

der Fischer hier befreundet, spielte und trank Rum mit ihnen, während er ihren Geschichten lauschte. Und so verwundert es nicht, dass Cojímar Schauplatz seiner berühmten Novelle *Der alte Mann und das Meer* wurde.

Auf dem kleinen Platz, der nach Hemingway benannt wurde, steht eine Büste des Autors – eine detailgetreue Kopie der Büste im El Foridita *(siehe S. 72)*. Finanziert wurde sie von seinen Fischerfreunden, die Haken und Werkzeuge als Rohmaterial für den Guss spendeten.

An der Uferstraße befindet sich ein kleines Fort, das 1645 als östlichster Verteidigungspunkt Havannas erbaut wurde. Es wurde vom Architekten des Castillo del Morro *(siehe S. 110)*, Giovanni Battista Antonelli, entworfen.

In Cojímar steht auch Hemingways Lieblingsrestaurant La Terraza *(siehe S. 269)*. Es ist noch immer elegant und gut geführt wie zu Hemingways Zeiten. Die Cocktaillounge mit ihrer Holzbar ist äußerst einladend.

Playas del Este ❾

Havanna.

H AVANNA IST EINE der wenigen Städte der Welt, die nur 20 Autominuten entfernt nennenswerte Strände haben. Die Playas del Este bestehen aus einem 50 Kilometer langen Strandstreifen mit feinstem Sand und kristallklarem Wasser. Sie sind über eine Schnellstraße mit guter touristischer Infrastruktur leicht zu erreichen und eignen sich besonders für Urlauber, die Strand- und Sightseeing-Urlaub verbinden möchten.

Allerdings gehören diese Strände zum Jagdrevier der *jineteros (siehe S. 292)*, es wurden aber Sicherheitskräfte zur Abschreckung eingesetzt.

Wer vom Stadtzentrum anfährt, trifft zunächst auf den Strand **Bacuranao**, einem ruhigen, besonders bei Familien beliebten Küstenabschnitt. Die hübschesten Gebiete sind jedoch **Santa María del Mar** und **Guanabo**. Santa María del Mar ist besonders bei Touristen beliebt. Es bietet den schönsten Strand, der mit Bäumen bestanden ist, sowie ein hervorragendes Angebot an Hotels und Sportmöglichkeiten. Guanabo ist traditioneller, mit kleinen Häusern, Restaurants und Geschäften; an Wochenenden ist dies der belebteste Küstenabschnitt. Die Bajo de las Lavanderas lässt das Herz von Tauchern höher schlagen. In der **Marina Veneciana** werden Touren zum Hochseefischen angeboten. An der Mündung des Flusses Itabo liegt die kleine Insel **Mi Cayito**, und vom Mirador Bellomonte bietet sich ein herrlicher Blick.

Einer der beliebten Strände der Playas del Este

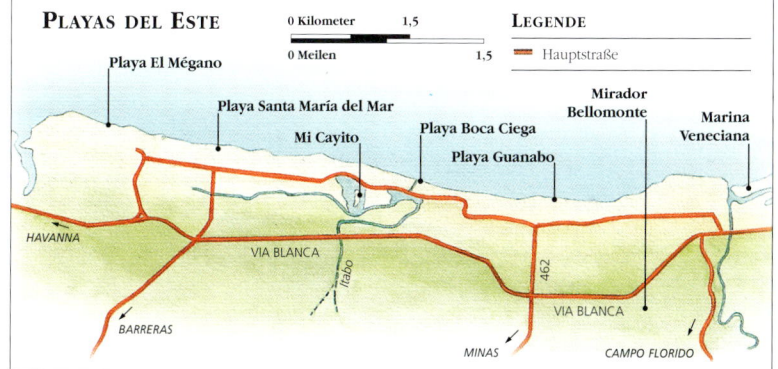

PLAYAS DEL ESTE

0 Kilometer 1,5
0 Meilen 1,5

LEGENDE
⎯ Hauptstraße

Playa El Mégano

Playa Santa María del Mar

Mi Cayito

Playa Boca Ciega

Playa Guanabo

Mirador Bellomonte

Marina Veneciana

HAVANNA

VIA BLANCA

Itabo

462

BARRERAS

VIA BLANCA

MINAS

CAMPO FLORIDO

Ernest Hemingway auf Kuba

**Plakat des
Ambos Mundos
aus den 1930ern**

DER GROSSE AMERIKANISCHE Schriftsteller (1895–1961) verliebte sich 1932 bei seinem ersten Besuch auf Kuba in die Insel, als er eigentlich nur Marlinfischen wollte. Doch erst 1939 ließ er sich dort nieder. Zunächst lebte er im Hotel Ambos Mundos *(siehe S. 248)* in der Altstadt von Havanna. Später zog er mit der Journalistin Martha Gellhorn (die er 1940 heiratete) in eine ruhige Villa am Stadtrand, die Finca La Vigía, um zu schreiben. Seine Liebesbeziehung zu Kuba hielt länger als seine Ehe und überdauerte sogar das Batista-Regime und den Beginn der Revolution. Hemingways letzte Ehefrau, Mary Welsh (Hochzeit 1946), folgte dem Schriftsteller nach Kuba und lebte mit ihm in der Finca La Vigía. Heute ist die Villa ein Museum *(S. 115)*. 1960, ein Jahr vor seinem Selbstmord, kehrte Hemingway in die USA zurück.

Der Cocktailliebhaber Hemingway war Stammgast in der Bodeguita del Medio (siehe S. 65) *und im El Floridita* (siehe S. 72). *Beide Bars lagen nur einen Katzensprung vom Ambos Mundos Hotel entfernt. An der Erfindung des Daiquiri war er maßgeblich beteiligt.*

Hemingway schrieb seine berühmten Romane in Kuba. 1954 erfuhr er auch in der Finca La Vigía, dass er den Nobelpreis gewonnen hatte. »Dieser Preis gehört Kuba, denn meine Arbeiten entstanden hier, bei den Bewohnern von Cojímar, meiner Heimatstadt.« Mit diesen Worten legte Hemingway den Preis an der Statue der Madonna del Cobre (siehe S. 217) *nieder.*

ANGELLEIDENSCHAFT
Hemingway liebte das Meer und war leidenschaftlicher Schwertfisch- und Marlinangler. Er ging diesem Sport mit viel Enthusiasmus und Mut nach – nicht auf einer Luxusyacht, sondern auf dem kleinen Fischerboot *Pilar*, das im Hafen von Cojímar festmachte. Sein ständiger Begleiter und Freund war der Fischer Gregorio Fuentes, der erst im Januar 2002 verstarb.

In der Hemingway Marina wird jedes Jahr ein Marlin-Angelwettbewerb abgehalten.

Gregorio Fuentes

Ernest Hemingway

Martha Gellhorn

Finca La Vigía ❿

Calle Vigía y Steinhard, San Francisco de Paula, Havanna. 🚋 *San Francisco de Paula.* ☎ *(7) 8910 809.*
⭘ *Mi–Mo 9–16 Uhr; So 9–12.30 Uhr.*
⬤ *1. Jan, 26. Juli, 10. Okt, 25. Dez.*
🎫🎦📷📁🖥

I N SAN FRANCISCO de Paula am Stadtrand von Havanna liegt das einzige Haus, das Ernest Hemingway jemals außerhalb der USA besessen hat. Hier lebte er in der Zeit zwischen seinen berühmten Reisen fast 20 Jahre lang.

Die Villa wurde 1887 nach einem Plan des katalanischen Architekten Miguel Pascual de Balaguer gebaut, Hemingway kaufte sie 1939. 1962, als die Nachricht vom Selbstmord des Schriftstellers Kuba erreichte, wurde sie zum Museum.

Alles in der Villa ist noch ebenso penibel geordnet wie zu Hemingways Lebzeiten: seine Bibliothek mit 8000 Büchern, Jagdtrophäen seiner Afrikasafaris, persönliche Gegenstände – darunter seine Pfeifen und die Schreibmaschine – sowie wertvolle Kunstwerke, u. a. eine Keramikmedaille von Picasso. Die Tatsache, dass nichts am Haus verändert wurde, schafft eher die Atmosphäre eines bewohnten Hauses als eines Museums.

Zwei etwas eigentümliche Elemente im Garten sind der Katzenfriedhof (Hemingway hatte insgesamt 60 Katzen) und die *Pilar*, Hemingways Fischerboot, das aus Cojímar hierher gebracht und in einem

Die Finca La Vigía liegt in tropische Vegetation eingebettet

eigens dafür gebauten Pavillon im Garten untergestellt wurde. Die *Pilar* war ein komfortables und schnelles Boot aus dunklem Eichenholz. Hemingway liebte es, gemeinsam mit seinem Freund Gregorio Fuentes in diesem Boot über die Wellen zu jagen und zu fischen. Während des Zweiten Weltkriegs suchte er damit das Meer nördlich von Kuba nach deutschen U-Booten ab. Diese lauerten in dieser Gegend, um Schiffe mit Zucker für die Alliierten zu versenken.

UMGEBUNG: In der Nähe der Villa liegt der Ort **Santa María del Rosario**, der 1732 von Condé Don José Bayona y Chacón auf dem Gelände seiner riesigen Zuckerfabrik gegründet wurde. Die gleichnamige Kirche (die bisweilen auch Catedral de los Campos de Cuba genannt wird) ist ein echtes Juwel, besonders die *mudéjar*-Decken sind sehenswert. Die Kirche wurde 1760–66 von dem Architekten José Perera gebaut. Die nüchterne Fassade erinnert an spanische Missionen im Westen der USA, während das Innere ungewöhnlich prunkvoll ist. So sieht man hier einen kunstvoll vergoldeten Hochaltar und Gemälde, die dem kubanischen Künstler Nicolás de la Escalera zugeschrieben werden.

Das Wohnzimmer in Hemingways Villa ist mit Jagdtrophäen geschmückt

Parque Lenin ⓫

Calle 100 y Carretera de la Presa,
Arroyo Naranjo, Havanna.
🄲 (7) 8443 026-28. 🄾 tägl. 9–17
Uhr. 🖾 🄾 🄵 🖼 🎣 🌊
ExpoCuba 🄾 Mi.–So. 🎣 Parque
Zoológico Nacional 🄾 Mi.–So. 🖾

Eindrucksvolles Leninmonument von Lev Korbel

AUF EINER FLÄCHE von 745 Hektar erstreckt sich der Leninpark, nur 20 km südlich von Centro Habana. Er wurde in den 1970er Jahren als Vergnügungspark für Kinder und als Grünanlage angelegt.

Zur gleichen Zeit entwarf der russische Architekt auf Initiative von Castros persönlicher Assistentin Celia Sánchez das riesige Ehrenmal für den sowjetischen Führer. Der Bau der Leninstatue, die 1200 Tonnen wiegt und 9 Meter hoch ist, wurde 1982 unter der Leitung von Antonio Quintana Simonetti, der auch für den Entwurf des Parks verantwortlich zeichnete, fertig gestellt.

Am bequemsten lernt man den Park mit der Schmalspurbahn kennen, die ihn auf 9,5 Kilometer Länge durchquert und mehrere Haltepunkte anfährt. Die alten Dampfflokomotiven des Zugs wurden bis vor wenigen Jahren von Kubas Zuckerfabriken zum Transport von Zuckerrohr eingesetzt. Aus den offenen Wagen kann man die Anlage bewundern.

Der Park mit seinen Palmen, Zedern, Pinien und Araukarien ist sehr beliebt. Er bietet auch ein Aquarium, Ställe, Swimmingpools, ein Open-Air-Kino, eine Kunstgalerie, ein Café und das Restaurant Las Ruínas. Dieses ist in einem Gebäude aus den 1960er Jahren untergebracht, das um die Ruinen eines alten Plantagenhauses gebaut wurde.

UMGEBUNG: In der Nähe des Parks liegt Kubas größtes Messezentrum **ExpoCuba**, in dem ganzjährig Messen und Ausstellungen abgehalten werden. Im Herbst findet hier die bekannte Messe Feria Internacional de La Habana statt, in der ein Überblick über Kubas wirtschaftliches und soziopolitisches Leben präsentiert wird.

Vom Parque Lenin ist es nicht mehr weit zum **Parque Zoológico Nacional**, in dem Tiere in natürlichen Lebensräumen gehalten werden, oftmals sogar ohne Käfige. In der nachgestalteten Savannenlandschaft leben u. a. Zebras, Flusspferde, Giraffen und Antilopen. Außerdem gibt es ein Löwengehege.

Jardín Botánico Nacional ⓬

Carretera del Rocío km 3, Calabazar,
Arroyo Naranjo (Havanna). 🄲 (7)
8547 278. 🄾 tägl. 9–18 Uhr. 🄾
1. Jan, 26. Juli, 25. Dez. 🖾 🄵 🄾

IN DIESEM RIESIGEN, 600 Hektar großen Botanischen Garten, der in einer Wald- und Felderlandschaft liegt, wachsen Pflanzen aus der ganzen Welt.

Der friedliche Japanische Garten ist Teil des Jardín Botánico Nacional

Die Gärten dienen nicht nur als öffentliche Grünanlage, sondern auch für wissenschaftlichen Untersuchungen. Die Anlage ist in geografische Zonen unterteilt – Kuba, Amerika, Afrika, Asien und Ozeanien. Im karibischen Bereich wachsen über 7000 Blühpflanzen, die Hälfte davon gibt es nur auf Kuba. Eine Besonderheit in diesem botanischen Garten ist der Bosque Arcaico (urzeitlicher Wald), dessen Pflanzen aus längst vergangenen geologischen Perioden nachgezüchtet wurden, so z. B. die *Palma corcho*, eine urzeitliche Palmenart, die nur noch in der Gegend um Pinar del Río zu finden ist. Im Palmenhaus wachsen Bäume aus allen tropischen Breitengraden.

Ein absolutes Muss ist der Kakteengarten, der interessanteste Bereich ist allerdings der Jardín Japonés, der japanische Garten mit künstlichen Wasserfällen und einem Teich mit Pavillion. Der Garten wurde 1989 von der asiatischen Gemeinschaft Kubas gestiftet.

Auch den Orchideengarten mit seinen vielfältigen Arten sollte man nicht verpassen.

Kirche Santuario de San Lázaro bei El Rincón

Santuario de San Lázaro ⓭

Calzada de San Antonio km. 23, El Rincón, Santiago de las Vegas (Havanna). ☎ *(683) 2396.*
🕐 *tägl. 7–18 Uhr.* ✝ *Mi–Fr, So 9 Uhr.* 🎉 *Feiertag des hl. Lazarus, 16. u. 17. Dez.*

DIESE KIRCHE ist dem Heiligen Lazarus, dem Schutzpatron der Kranken, geweiht und liegt in dem kleinen Ort El Rincón außerhalb von Santiago de las Vegas neben einem ehemaligen Leprakran-

kenhaus (heute eine dermatologische Klinik).

In der afrokubanischen Religion entspricht Lazarus dem Gott Babalú Ayé. Beide Heiligen werden in der volkstümlichen Ikonographie als alte, in Lumpen gekleidete und von Wunden übersäte Männer dargestellt. Die Hautkrankheit des afrikanischen Heiligen soll eine Strafe Olofis, des Vaters aller Götter *(siehe S. 20)*, für seine ehebrecherische und zügellose Vergangenheit sein.

Am 17. Dezember ist die kleine Kirche Ziel von Tausenden Gläubigen, die den Heiligen Lazarus bitten, Fürsprache für sie zu halten. Vor dem Hochaltar oder vor dem Bild des Lazarus an einem Seitenaltar zünden sie Kerzen an, legen Blumen nieder oder stiften Votivgaben.

Das Wasser aus dem Brunnen rechts von der Kirche soll heilende Kräfte besitzen.

ITALO CALVINO UND KUBA

Der Ort Santiago de las Vegas hat nicht nur die Kirche San Lázaro hervorgebracht, sondern ist auch der Geburtsort des italienischen Schriftstellers Italo Calvino (1923–1985). Sein Vater Mario, ein angesehener Agronom, wurde 1918 zum Direktor der Estación Experimental de Santiago de las Vegas berufen. Diese wissenschaftliche Versuchsanstalt, in der 100 Akademiker und 63 Büroangestellte arbeiteten, umfasste eine Fläche von 50 Hektar. Bei seiner Arbeit in Kuba entwickelte Mario Calvino genetische Verbesserungen beim Zuckerrohr und führte neue Pflanzen ein, z. B. Kürbisse und Salatpflanzen. Außerdem widmete er sich dem Anbau von Tabak, Mais und Sorghum. Seine Frau Eva schrieb in der Zeit Artikel über Emanzipation, die bei kubanischen Frauen Interesse an einer fundierten Ausbildung wecken sollten.

Als die Calvinos nach Italien zurückkehrten, nahmen sie nicht nur ihren Sohn, sondern auch Mango-, Avocado-, Flamboyant-, Cherimoya- und Zuckerrohrsamen mit, die sie in San Remo kultivierten. 1964 wurde Italo Calvino Jurymitglied für den Preis Casa de las Américas *(siehe S. 100)*, weshalb er Kuba besuchte und zu seinem Geburtsort zurückkehrte. Bei dieser Gelegenheit traf er auch Che Guevara.

Der Autor Italo Calvino, der hier zur Welt kam

Altar des hl. Lazarus mit Blumengaben von Gläubigen

KARTENTEIL HAVANNA

Straßenschild: Ecke Calle 13 und Ave de los Presidentes

ER ÜBERSICHTSPLAN auf dieser Seit zeigt die Teile Havannas, die im Kartenteil abgedeckt werden. Alle Kartenangaben in diesem Buch beziehen sich auf die Karten in diesem Register. Adressangaben werden nach dem kubanischen System genannt, so dass sie auch von Einheimischen verstanden werden, falls Sie weitere Hilfe benötigen. Auf den Straßennamen (und evtl. die Hausnummer) folgt entweder »e/« (*entre*, »zwischen«) und die Namen zweier Straßen, zwischen denen sich die gesuchte Adresse befindet, oder »*esq.*« (*esquina*, »Ecke«) und der Name der Straße, die die gesuchte Straße kreuzt.

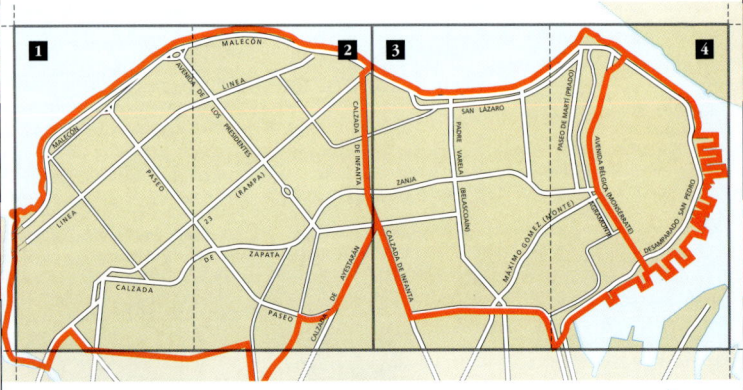

Hohes Verkehrsaufkommen auf der La Rampa in Vedado

| 0 Meter | 700 |
| 0 Yards | 700 |

MASSSTAB, KARTEN 1–4

| 0 Meter | 270 |
| 0 Yards | 270 |

LEGENDE

- Wichtige Sehenswürdigkeit
- Sehenswürdigkeit
- Andere Gebäude
- **P** Parken
- **i** Information
- Krankenhaus
- Polizei
- Kirche
- Postamt
- Busbahnhof
- Bahnhof
- Fähre

KUBANISCHE STRASSENNAMEN

Straßenschild aus Keramik

Da die Namen vieler Straßen nach der Revolution geändert wurden, haben viele neben dem offiziellen Namen noch einen inoffiziellen Namen, der meist geläufiger ist. In diesem Fall wird in diesem Buch der Gebrauchsname in Klammern hinter dem offiziellen Namen angegeben. In Vedado sind die Straßen in 100 Meter lange Blocks oder *cuadras* unterteilt. Dieses Schachbrettmuster erleichtert die Orientierung. Die Straßen, die parallel zum Ufer laufen, haben ungerade Zahlen, die Querstraßen haben Buchstaben (A bis P) oder gerade Zahlen. Auf den Straßenschildern an Kreuzungen sind die entsprechenden Koordinaten angegeben.

Kartenregister

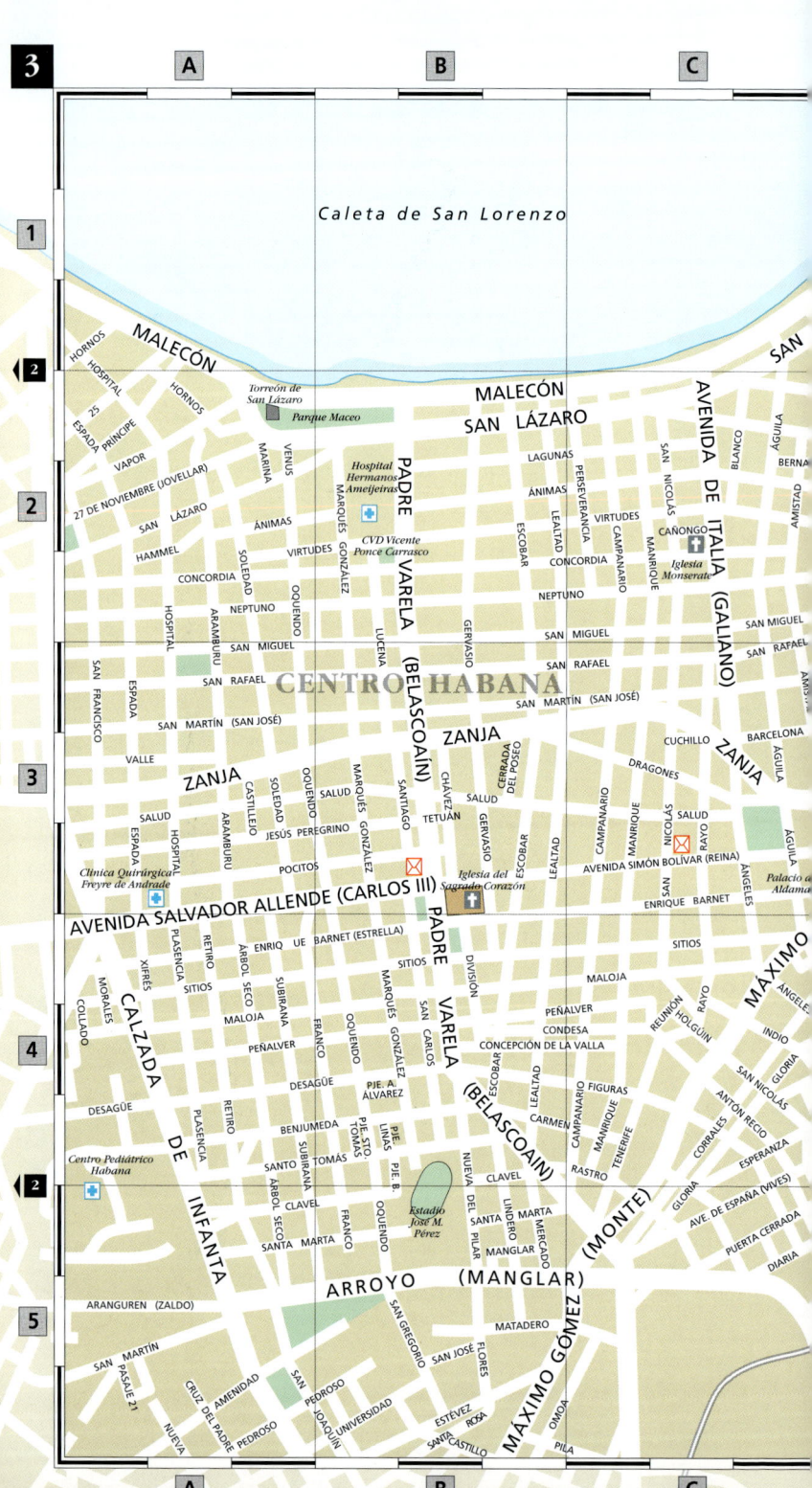

3

A   B   C

1

Caleta de San Lorenzo

2

HORNOS
MALECÓN
HOSPITAL
25
ESPADA PRÍNCIPE
HORNOS
VAPOR
27 DE NOVIEMBRE (JOVELLAR)
SAN LÁZARO
HAMMEL
VENUS
MARINA
ÁNIMAS
CONCORDIA
SOLEDAD
MARQUÉS GONZÁLEZ
VIRTUDES
Torreón de San Lázaro
Parque Maceo
MALECÓN
SAN LÁZARO
Hospital Hermanos Ameijeiras
PADRE VARELA
CVD Vicente Ponce Carrasco
LAGUNAS
ÁNIMAS
ESCOBAR
LEALTAD
PERSEVERANCIA
VIRTUDES
CONCORDIA
CAMPANARIO
MANRIQUE
SAN NICOLÁS
AVENIDA DE ITALIA (GALIANO)
BLANCO
ÁGUILA
BERNA
SAN
CAÑONGO
Iglesia Monserate
AMISTAD

2

HOSPITAL
NEPTUNO
ARAMBURU
SAN MIGUEL
OQUENDO
SAN MIGUEL
GERVASIO
SAN MIGUEL
SAN MIGUEL
SAN FRANCISCO
ESPADA
SAN RAFAEL
SAN MARTÍN (SAN JOSÉ)
LUCENA
SAN RAFAEL
SAN MARTÍN (SAN JOSÉ)
SAN RAFAEL
CENTRO HABANA
CUCHILLO
BARCELONA
AMIS
ÁGUILA

3

VALLE
ZANJA
SALUD
ESPADA
ARAMBURU
CASTILLEJO
SOLEDAD
OQUENDO
MARQUÉS GONZÁLEZ
JESÚS PEREGRINO
POCITOS
SALUD
SANTIAGO
CHÁVEZ
TETUÁN
ZANJA
CERRADA DEL POSEO
SALUD
GERVASIO
ESCOBAR
LEALTAD
(BELASCOAÍN)
DRAGONES
ZANJA
CAMPANARIO
MANRIQUE
SAN NICOLÁS
SALUD
RAYO
AVENIDA SIMÓN BOLÍVAR (REINA)
ÁNGELES
ÁGUILA
Clínica Quirúrgica Freyre de Andrade
Iglesia del Sagrado Corazón
ENRIQUE BARNET
Palacio de Aldama

4

AVENIDA SALVADOR ALLENDE (CARLOS III)
PADRE VARELA
PLASENCIA
XIFRÉS
RETIRO
ÁRBOL SECO
ENRIQUE BARNET (ESTRELLA)
SITIOS
DIVISIÓN
SITIOS
MORALES
COLLADO
SITIOS
SUBIRANA
MALOJA
FRANCO
MARQUÉS GONZÁLEZ
SAN CARLOS
MALOJA
PEÑALVER
CONDESA
CONCEPCIÓN DE LA VALLA
MÁXIMO
ÁNGELE
REUNIÓN
HOLGUÍN
RAYO
INDIO
CALZADA DE INFANTA
PEÑALVER
DESAGÜE
OQUENDO
PJE. A. ÁLVAREZ
ESCOBAR
LEALTAD
CARMEN
CAMPANARIO
MANRIQUE
FIGURAS
TENERIFE
SAN GLORIA
ANTÓN RECIO
SAN NICOLÁS
DESAGÜE
RETIRO
PLASENCIA
BENJUMEDA
PJE. LINAS
PJE. STO TOMÁS
(BELASCOAÍN)
CORRALES
ESPERANZA
Centro Pediátrico Habana
SUBIRANA
SANTO TOMÁS
PJE. B.
NUEVA DEL PILAR
CLAVEL
RASTRO
GLORIA
AVE. DE ESPAÑA (VIVES)
ÁRBOL SECO
CLAVEL
FRANCO
OQUENDO
Estadio José M. Pérez
SANTA MARTA
LINDERO
MERCED
(MONTE)
PUERTA CERRADA
SANTA MARTA
MANGLAR
DIARIA

2

5

ARANGUREN (ZALDO)
SAN MARTÍN
PASAJE 21
CRUZ DEL PADRE
AMENIDAD
SAN PEDROSO
NUEVA
PEDROSO
SAN JOAQUÍN
UNIVERSIDAD
SAN GREGORIO
ARROYO
(MANGLAR)
SAN JOSÉ
FLORES
ESTÉVEZ
ROSA
SANTA
CASTILLO
PILA
MATADERO
MÁXIMO GÓMEZ
OMOA

A   B   C

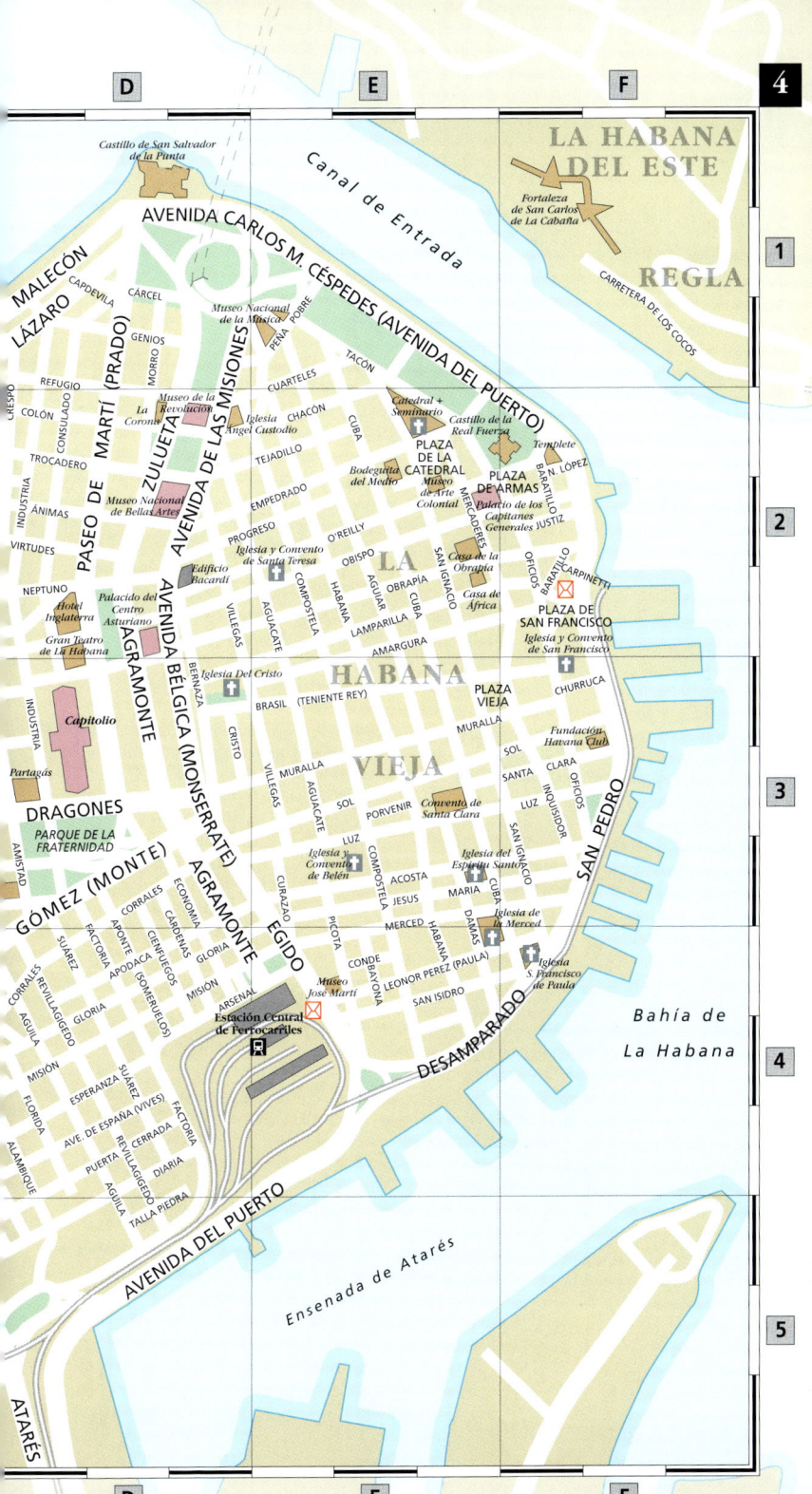

FÜHRER DURCH DIE REGIONEN

Kuba im Überblick

DIE FANTASTISCHEN PALMENSTRÄNDE KUBAS wie in Varadero und auf dem Cayo Largo sind berühmt, und das zu Recht. Aber auch das Landesinnere hat eine Menge zu bieten und reicht von Gebirgslandschaften über Marschland bis hin zu Süßwasserlagunen. In den Ortschaften gibt es Interessantes zu entdecken, und oft ist die schöne Architektur sehr gut erhalten. Kuba hat im Prinzip zwei Hauptstädte. Havanna ist eine monumentale, maritime, moderne Kolonialstadt mit europäischem Touch. Die zweite, Santiago, verkörpert die karibische Seele Kubas. Für diesen Führer wurde die Insel in fünf Regionen unterteilt: Havanna, Westkuba, Zentralkuba – Westen, Zentralkuba – Osten und Ostkuba. Die Seiten jedes Bereichs sind jeweils mit der hier aufgezeigten Farbe gekennzeichnet.

Varadero (siehe S. 158f), *ist bekannt für sein klares Wasser und ein beliebter Urlaubsort mit Sportanlagen und Parks wie dem Parque Josone.*

HAVANNA

ZENTRALKUBA – WESTEN
Seiten 150–173

WESTKUBA
Seiten 128–149

Das Valle de Viñales (siehe S. 138f) *bietet mit seinen einzigartigen Felsnasen (mogotes) und zahlreichen Höhlenformationen spektakuläre Landschaften. Die beeindruckendste Höhle ist die Cueva del Indio.*

Cayo Largo del Sur (siehe S. 148f), *eine kleine Insel mit karibischen Traumstränden, ist ein wahres Ferienparadies.*

Trinidad (siehe S. 178ff) *liegt vor der Bergkulisse der Sierra del Escambray, die hier hinter dem Kirchturm der Iglesia de San Francisco zu sehen ist.*

◁ **Kirche und Kloster San Juan de Dios in Camagüey**

Cayo Coco *ist ein Naturreservat für Flamingos im Archipel Jardines del Rey (siehe S. 194f). Die Küsten sind überwiegend Marschland mit Mangrovensümpfen.*

Baracoa (siehe S. 238f), *die abgelegene, östlichste Stadt Kubas, weist als einzige noch Spuren der Ureinwohner auf. In der Nähe der Stadt befinden sich Überreste des Regenwalds, der die gesamte Insel bedeckte, als Kolumbus zum ersten Mal auf Kuba an Land ging.*

Camagüey (siehe S. 196ff) *im östlichen Teil Zentralkubas hat zahlreiche gut erhaltene Kolonialbauten, Innenhöfe, schöne Straßen und Plätze wie hier die Plaza San Juan de Dios.*

ZENTRALKUBA – OSTEN
Seiten 174–203

0 km   90
0 Meilen   90

OSTKUBA
Seiten 204–241

Santiago de Cuba (siehe S. 218ff) *liegt in einer Bucht und ist eine faszinierende Stadt, deren Zentrum um die Catedral de la Asunción angesiedelt ist. Jeden Sommer findet in Santiago der lebhafteste Karneval Kubas statt, an dem alle Einwohner teilnehmen.*

WESTKUBA

PINAR DEL RÍO · ISLA DE LA JUVENTUD · CAYO LARGO DEL SUR

D IE WESTLICHSTE REGION DES KUBANISCHEN FESTLANDS *ist durch bewirtschaftete Felder und teilweise atemberaubende Landschaften gekennzeichnet. Hauptanziehungspunkt ist das Viñales-Tal, in dem ungewöhnliche Kalkstein-Felsnasen (so genannte* mogotes*) aus üppigen Tabakfeldern ragen. Vor der Küste laden verstreute Inseln mit weißen Stränden zum Verweilen ein.*

Glaubt man den Einwohnern von Santiago, ist die Provinz Pinar del Río der »friedfertigste« Teil Kubas. In dieser ländlichen Region wohnen weiße Bauern, die nie durch eine besonders kampfeslustige Einstellung auf sich aufmerksam gemacht haben, wenngleich Westkuba im späten 19. Jahrhundert Schauplatz mehrerer Schlachten gegen die Spanier war und sich 1958 hier eine revolutionäre Front bildete. Pinar del Río wurde im 16. und 17. Jahrhundert von Europäern, vornehmlich von den Kanaren, kolonialisiert. Pinar konzentrierte sich von jeher darauf, den nach eigenen Angaben besten Tabak der Welt herzustellen. Tabakfelder schlängeln sich an den Hängen der Sierra del Rosario und der Sierra de Organos entlang, die knapp 600 Meter über dem Meeresspiegel liegen – zu niedrig, um als Berge zu gelten, hoch genug, um für eine atemberaubende Landschaft zu sorgen. Palmen und Kiefern wechseln sich ab und hier und da wachsen Orchideen. Zudem kann man in dieser Gegend hervorragend wandern. Die Sierra del Rosario ist mittlerweile Biosphärenreservat der UNESCO, zusammen mit der Halbinsel Guanahacabibes weiter westlich. In beiden Gebieten wird stark auf umweltbewussten Ökotourismus geachtet.

Ganz anders der Cayo Largo, eine lang gezogene Insel mit schönem Meer und Sand sowie zahlreichen Hotels. Sie ist Teil des Archipiélago de los Canarreos im Karibischen Meer, das sich aus 350 *cayos* zusammensetzt. Abgesehen von Cayo Largo und dem geschichtsträchtigen Taucherparadies Isla de la Juventud (Insel der Jugend) sind sie alle unbewohnt.

Kilometerlange weiße Strände und wunderbar klares Wasser an der Playa Tortuga, Cayo Largo

◁ Radfahren im ruhigen Viñales-Tal; im Hintergrund ein typischer *mogote*

Überblick: Westkuba

DIE AUSSERGEWÖHNLICHE RUHE und das angenehme Klima von Westkuba eignen sich hervorragend zum Entspannen. Sie haben Gelegenheit zum Wandern, Reiten oder Besichtigen der Provinzhauptstadt Pinar del Río. Vor der Nordküste erwarten Sie leicht zugängliche Korallenstrände. Etwas mühsamer ist der Weg in das entlegene María La Gorda, das sich mehr und mehr zum Tauchzentrum entwickelt. Die Isla de la Juventud bietet faszinierende Tauchreviere, interessante Höhlenmalereien, und außerdem kann der Urlauber das einstige Gefängnis Fidel Castros besichtigen. Die Hotels im Valle de Viñales eignen sich hervorragend als Stützpunkt für die Erkundung Westkubas.

Blick auf eine Straße in Pinar del Río, der »Stadt der Kapitelle«

Bauern mit ihren typischen Ochsenkarren vor einem *mogote*

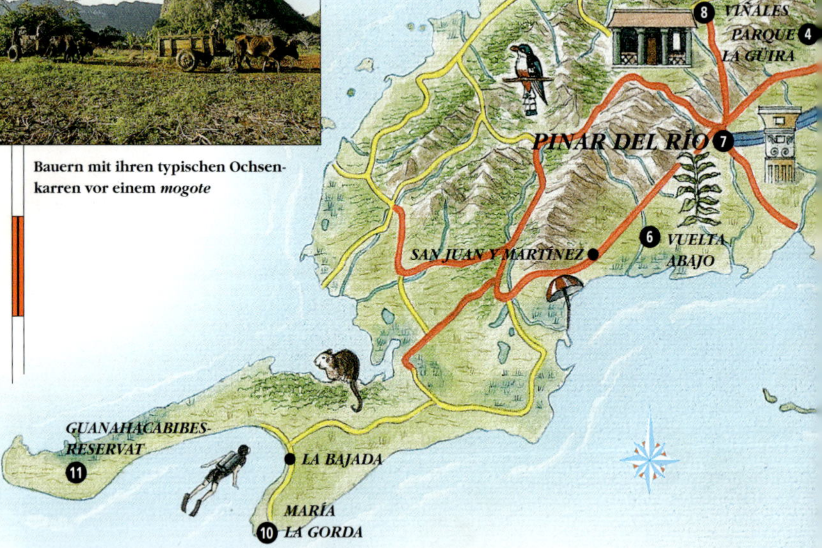

CAYO LEVISA **3**

● **CAYO JUTÍAS**

VALLE DE VIÑALES **9**

8 **VIÑALES**

PARQUE **4**
LA GÜIRA

PINAR DEL RÍO **7**

SAN JUAN Y MARTÍNEZ ● **6** **VUELTA ABAJO**

GUANAHACABIBES-RESERVAT
11

● **LA BAJADA**

MARÍA
10 LA GORDA

Im Archipel Los Canarreos trifft man oft auf ganze Schwärme tropischer Fische

IN WESTKUBA UNTERWEGS

Die Schnellstraße *(autopista)* verbindet Havanna mit Pinar del Río (ca. 2 Std.). Entlang der Nordküste verläuft eine kleinere, wesentlich malerischere Straße. Von Pinar aus führt eine Straße südwestlich nach Guanahacabibes. Von Havanna aus werden Tagestouren angeboten, die Soroa, Pinar und Viñales, nicht aber die Strände einschließen. Informationen erhalten Sie in allen Touristenbüros. Auf die Isla de la Juventud und Cayo Largo gelangen Sie am besten mit dem Flugzeug von Havanna aus (40 Min.). Oder Sie fahren mit dem Tragflügelboot ab Batabanó (2 Std.). Organisierte Ausflüge auf die beiden Inseln werden von Havanna und anderen größeren Städten aus angeboten.

SEHENSWÜRDIGKEITEN AUF EINEN BLICK

Cayo Largo del Sur
  S. 148f **13**
Cayo Levisa **3**
Guanahacabibes-Reservat **11**
Isla de la Juventud
  S. 144ff **12**
María La Gorda **10**
Maspotón **5**

Parque La Güira **4**
Pinar del Río S. 136f **7**
Sierra del Rosario **2**
Soroa **1**
Valle de Viñales
  S. 138f **9**
Viñales **8**
Vuelta Abajo **6**

SIEHE AUCH
• *Übernachten* S. 252f
• *Restaurants* S. 270f

LEGENDE
Schnellstraße
Hauptstraße
Nebenstraße
Fluss
Aussichtspunkt

0 Kilometer   20
0 Meilen   20

Soroa ❶

Candelaria (Pinar del Río). **Straßen-karte** A2. 🚉 *Candelaria.* 🛈 *Rumbos, Pinar del Río, (82) 771 402.*

DIE STRASSE VON HAVANNA nach Soroa führt durch ein ländliches Gebiet mit Feldern und kleinen Dörfern. Soroa selbst liegt 250 m über dem Meeresspiegel mitten im Regenwald. Der Ort wurde nach zwei baskischen Brüdern benannt, Lorenzo und Antonio Soroa Muñagorri, die 1856 mehrere Kaffeeplantagen aufkauften und bald das ganze Gebiet in ihren Besitz nahmen. Eines der Landgüter, die Finca Angerona, war im 19. Jahrhundert Schauplatz für eine legendäre Liebesgeschichte zwischen dem Deutschfranzosen Cornelius Souchay, der den Hof 1813 errichtete, und der Haitianerin Ursula Lambert. Heute ist Soroa Kleinstadt und Ferienort (Villa Soroa) mit vielen Attraktionen. Beliebtestes Fotomotiv ist der **Saltón**, ein spektakulärer Wasserfall am Manantiales. Der Fluss ist von

Blume im Orchideengarten von Soroa

Villa Soroa aus in zehn Minuten zu Fuß erreichbar. Hauptanziehungspunkt ist jedoch der zum Nationaldenkmal erklärte Orchideengarten **Orquideario** mit einer der größten Orchideensammlungen der Welt: Auf einer Fläche von 35 000 Hektar wachsen über 700 Arten, von denen 250 endemisch sind. Der Park, den auch Hemingway gerne besuchte, wurde 1943 von einem von den Kanaren stammenden Rechtsanwalt namens Tomás Felipe Camacho errichtet. Zum Gedenken an seine Tochter, die im Alter von 20 Jahren bei der Geburt ihres Kindes gestorben war, ließ er Orchideen aus aller Welt hierher bringen. Etwas außerhalb liegt das **Castillo de las Nubes**, ein burgähnliches Gebäude, das 1940 für den Landbesitzer Antonio Arturo Sánchez Bustamante erbaut wurde. Das Castillo ist heute ein Restaurant mit Blick über die Sierra del Rosario.

🌺 **Orquideario de Soroa**
Carretera de Soroa km 8. ☎ (85) 2558. ⏱ *täglich.* 📷 📷

Erfrischendes Bad unter dem Wasserfall bei Soroa

Sierra del Rosario ❷

Pinar del Río. **Straßenkarte** A2.
🛈 *Las Terrazas, Büro für Umweltforschung; für Informationen fragen Sie die Vermittlung nach Nummer 16.*

DIESES 25 000 HEKTAR große, beinahe unberührte Stück Kuba wurde von der UNESCO zum Biosphärenreservat erklärt. Durch die dicht bewachsene Sierra del Rosario und ihre Wälder fließt der

---

Die Strände der Nordküste

VON HAVANNA AUS gelangt man alternativ auch über eine kleinere Straße in die Gegend um Pinar. Sie führt entlang der Küste am Fuße der Bergkette Guaniguanico. Die landschaftlich reizvolle Fahrt von der Hauptstadt nach Viñales dauert rund fünf Stunden. Von der Nordküste aus ist es auch möglich, einige der kleinen Inseln des Archipiélago de los Colorados und ihre schönen Strände zu besuchen. Die Einheimischen leben hier hauptsächlich von der Fischerei, doch die Inseln haben mittlerweile den Tourismus als Einnahmequelle entdeckt. Die teilweise raue See und die eher dürftige touristische Infrastruktur zieht eher begeisterte Wassersportler als reine Strandurlauber an.

Cayo Jutías ist noch weitgehend unberührt und wird mehr von Kubanern als von Touristen besucht. Die Insel ist eine Oase der Ruhe mit weißem Sand und Lebensraum für zahlreiche Vogelarten.

LEGENDE

🛣	Schnellstraße
🛣	Hauptstraße
🛣	Nebenstraße
⛴	Fähre

Cayo Inés de Soto   Cayo Levisa
Cayo Jutías
Puerto Esperanza
Santa Lucía
Minas de Matahambre

Rund 3 km von Santa Lucía mit seinen Hotels und Verkehrsverbindungen entfernt führt ein Damm vom Festland auf den Cayo Jutías.

Fluss San Juan mit seinen kleinen Wasserfällen. Die Fauna ist vielfältig: 90 Vogelarten und viele verschiedene Reptilien und Amphibien sind hier zu Hause. Es gibt wunderschöne Wanderwege, die von Blumen und Orchideen gesäumt sind. (Die erforderliche Wandererlaubnis erhält man im Büro für Umweltforschung.)

Die meisten Bauern in der Sierra leben in Kommunen, die im Zuge eines Regierungsprogramms 1968 gebildet wurden. Am bekanntesten ist **Las Terrazas**, deren Name von den kiefernbewachsenen Terrassen abgeleitet wird, die heute typisch für die Gegend sind. Die 900 Einwohner leben von Holzwirt-

schaft und Ökotourismus, der seit dem Bau des umweltfreundlichen Moka Hotels *(siehe S. 252)* zugenommen hat. Das Hotel ist ein guter Ausgangspunkt für Wanderungen im Reservat, die alle einfach zu bewältigen sind und nicht länger als zwei Stunden dauern. Interessant ist auch die ehemalige, kürzlich restaurierte Buena Vista Kaffeeplantage mit Restaurant.

Zum Beobachten von Vögeln wandern Sie den Fluss San Juan entlang bis zur Cañada del Infierno, einem schattigen Teich, an dem einheimische Vögel wie der *zunzún*-Kolibri, der *tocororo* und die *cartacuba (siehe S. 18f)* leben.

Gut zugänglicher Kiefernwald bei Las Terrazas

Cayo Levisa ❸

Pinar del Río. **Straßenkarte** A2.
🚤 *von Palma Rubia (1 Std.), Abfahrt 11.30 Uhr, Rückfahrt 17 Uhr.*
Ausflüge von Pinar del Río aus
🛈 *Rumbos, Calle Maceo 117, Pinar del Río, (81) 771 402.*

DIESE KLEINE INSEL mit ihren weißen Sandstränden, dem vorgelagerten Korallenriff und den Mangroven ist der Touristenliebling des Archipels Los Colorados und bietet als einziger Cayo Tauchmöglichkeiten. Die Insel ist Lebensraum vieler Vogelarten und Fische, insbesondere des Marlins (Fächerfisch).

Künstlicher Teich im Herzen der bäuerlichen Kommune Las Terrazas

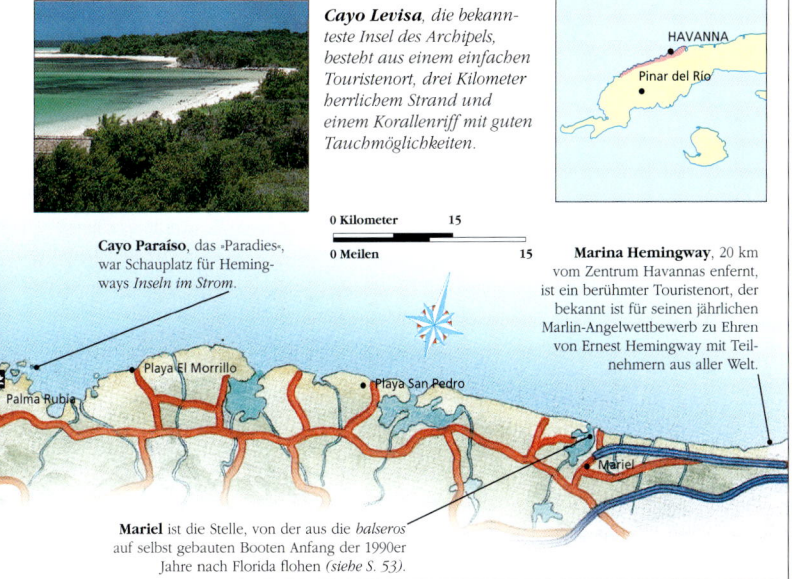

Cayo Levisa, die bekannteste Insel des Archipels, besteht aus einem einfachen Touristenort, drei Kilometer herrlichem Strand und einem Korallenriff mit guten Tauchmöglichkeiten.

HAVANNA
Pinar del Rio

0 Kilometer 15
0 Meilen 15

Cayo Paraíso, das »Paradies«, war Schauplatz für Hemingways *Inseln im Strom*.

Playa El Morrillo
Playa San Pedro
Palma Rubia
Mariel

Marina Hemingway, 20 km vom Zentrum Havannas enfernt, ist ein berühmter Touristenort, der bekannt ist für seinen jährlichen Marlin-Angelwettbewerb zu Ehren von Ernest Hemingway mit Teilnehmern aus aller Welt.

Mariel ist die Stelle, von der aus die *balseros* auf selbst gebauten Booten Anfang der 1990er Jahre nach Florida flohen *(siehe S. 53)*.

Parque La Güira ❹

San Diego de Los Baños (Pinar del Río). **Straßenkarte** A2. 🏯 *3 000.*
ℹ️ *Restaurant La Güira, (8) 826 11.*
⏲ *täglich.* 📷

Der Parque La Güira ist voller hübscher Gärten

DON MANUEL CORTINA, der Kuba 1959 verlassen musste, war einer der ersten, die nach Castros Revolution enteignet wurden. Sein ehemaliger Landsitz hat noch heute einen großen Park mit Ruinen eines mittelalterlichen Wohnhauses und einem englischen Garten mit einem kleinen chinesischen Tempel und Statuen mit mythologischen Figuren wie Sphinxen und Satyrn. In manche Bäume wurden kleine Baumhäuser gebaut, die hinter dem Blattwerk kaum sichtbar sind und von jedem gemietet werden können, der gerne einmal ganz eins mit der Natur sein möchte.

Rund 5 km östlich des Güira-Parks liegt **San Diego de los Baños**, ein ruhiges Dorf an den Hängen der Sierra de los Quemados, das seine koloniale Atmosphäre bewahrt hat. Es ist von jeher ein großes Touristen- und Therapiezentrum. Seine Schwefelquellen sind gut gegen Rheuma und Hautkrankheiten; das Wasser kann auch von einer Quelle auf einem Hügel gleich vor dem Ort bezogen werden.

Don Manuel Cortina besaß auch die im 19. Jahrhundert entdeckte Höhle **Cueva de los Portales**. Sie wurde von Ur-

Eingang zur
Cueva de los Portales

einwohnern als Versteck vor den Massakern der Spanier im frühen 16. Jahrhundert genutzt. Während der Kubakrise diente sie Che Guevara als Hauptquartier. Einige seiner persönlichen Gegenstände und Andenken sind hier ausgestellt.

Maspotón ❺

Los Palacios (Pinar del Río). **Straßenkarte** A3. ℹ️ *Touristenzentrum, (8) 335 410.* ⏲ *wg. Renovierung.*

UNTER DEN VIELEN Jagdrevieren Kubas ist Maspotón mit seinen drei Lagunen und 61 Unterständen das bekannteste. Neben den endemischen Vögeln gibt es hier auch viele Zugvögel, die vor der Kälte Nordamerikas fliehen, Wildvögel sowie Enten, Schnepfen, Fasane und wilde Perlhühner.

Das Jagen und Fischen ist im Maspotón geregelt. Jagdsaison ist von Oktober bis März. Jäger dürfen maximal 40 Vögel pro Tag schießen. Da Maspotón nahe am Meer liegt, können Fischer sowohl Süßwasser- als auch Salzwasserfische fangen. Das Jagdhaus verleiht die notwendige Ausrüstung, auch für eine Jagd auf dem Pferd, und stellt Jägern entsprechende Führer zur Verfügung. Nach Maspotón gelangt man von Pinar del

Río aus über eine unbefestigte Straße (25 Kilometer).

Momentan ist das Reservat wegen der Renovierung des Besucherzentrums geschlossen.

Vuelta Abajo ❻

Pinar del Río. **Straßenkarte** A3.

IN DEM KLEINEN GEBIET zwischen Pinar del Río, San Juan y Martínez und San Luís wächst qualitativ hochwertiger Tabak, was mit verschiedenen Faktoren zusammenhängt. Die Sierra del Rosario schützt die Pflanzen vor starken Regenfällen und die rote Erde, in der die Tabakpflanzen gedeihen, wird gut entwässert und ist stickstoffhaltig – alles in allem einzigartige Bedingungen. Nachdem sie Kuba 1959 verlassen hatten, versuchten die einstigen Landbesitzer vergeblich, in Nicaragua, Honduras, Santo Domingo und den USA dasselbe Ergebnis zu erzielen.

Auf dem Weg nach San Juan y Martínez können die Hoyo-de-Monterrey-Plantagen besichtigt werden. Hier werden die Pflanzen mit Tüchern vor der Sonne geschützt, um die Tabakblätter weich zu halten. Auch sieht man *ranchos*, Lagerschuppen ohne Fenster, in denen die Blätter an langen Stangen getrocknet werden.

**Banderole von
Hoyo de Monterrey**

Kubanischer Tabak

DIE TABAKPFLANZE *(Nicotiana tabacum)* hat kleine, runde goldene Samen. Die qualitativ hochwertigen kubanischen Samen sind weltweit gefragt. Die Pflanze erreicht ihre volle Höhe in den Monaten von November bis Februar. Wie die Zigarrenherstellung *(siehe S. 30f)* basiert auch der Tabakanbau auf langjähriger Überlieferung von Generation zu Generation. Tabakpflanzen sind sehr empfindlich und benötigen sorgsame Pflege. Es gibt zwei Arten: Die *Corojos* werden in Gewächshäusern angebaut. Sie haben die makellosesten Blätter und werden als Deckblätter der Zigarren verwendet. Die *Criollos* wachsen im Freien und liefern die restlichen Blätter.

Criollo-*Blätter* *werden in drei Kategorien eingeteilt:* ligero, seco *und* volado. *Erstere sind die besten, aromatischsten. Sie absorbieren am meisten Sonne und werden erst geerntet, wenn sie ganz reif sind.*

Treibhausanbau *ist eine Form der experimentellen Hydrokultur, bei der die Samen im Vergleich zum herkömmlichen Anbau zehn Tage früher keimen.*

Stangen zum Transport und Trocknen

Herkömmlicher Anbau in Reihen

TABAKERNTE
Die Tabakernte ist ein heikles und aufwändiges Unterfangen. Die Blätter werden zu Bündeln geschnürt, auf Stangen gehängt und dann in Trockenschuppen transportiert. Die Ernte der *Corojo*-Pflanze durchläuft diverse Stadien in Intervallen von mehreren Tagen.

Das Trocknen *dauert 45–60 Tage. Die Blätter hängen an Stangen in* casas del tabaco *(Lagerschuppen) und wechseln langsam die Farbe von Hellgrün zu Braun.*

Die Befeuchtung *ist ein wichtiger Vorgang nach dem Trocknen, damit die Blätter nicht spröde werden und austrocknen. Danach werden die Blätterbündel zum Abtropfen aufgehängt.*

Mit der Einführung des Tabakmonopols *1717 zwangen die Kolonialbehörden die Bauern, ihren Tabak nach Spanien zu verkaufen. Und obwohl die kubanische Regierung privaten Tabakbauern heute sieben Hektar Land zugesteht, ist der Staat noch immer alleiniger Zigarrenhersteller und -händler.*

Pinar del Río 7

Straßenkarte A3. 👥 *200 000.*
ℹ *Empresa de Recreación y Turismo, Calle Máximo Gómez 190, (82) 3040.*
🚆 🚌 *ab Havanna.*

Bei der Gründung der kubanischen Provinzen wurde der Ort Nueva Filipina in Pinar umbenannt, da in der unmittelbaren Umgebung an den Ufern des Guamá-Flusses Pinien wuchsen. Ganz in der Nähe führte General Antonio Maceo 1896/97 mehrere Schlachten an, die entscheidend für den Sieg der Kubaner im 3. Befreiungskrieg waren.

Zwar gibt es hier heute keine Pinien mehr, doch die saubere Luft und das koloniale Flair von Pinar del Río sind geblieben. Der Ort war lange Zeit Zentrum für den Anbau und die industrielle Herstellung von Tabak. Historisch gesehen fallen in dieser kleinen, ruhigen Stadt die zahlreichen Säulen auf, ob korinthisch oder ionisch, einfach oder verziert. Nicht umsonst ist Pinar del Río als »Stadt der Kapitelle« bekannt.

Verziertes Kapitell

Die bedeutendsten Bauwerke stehen in den Arkaden der Hauptstraße Calle Martí (oder Real). Im Laden der Kulturstiftung an der Ecke zur Calle Rosario werden einheimisches Kunsthandwerk und Kunstrepliken verkauft. Abends finden in der **Casa de la Cultura** (Haus-Nr. 125) Vorstellungen und Konzerte mit traditioneller Musik wie *punto guajiro (guajiro* ist das kubanische Wort für *Bauer)* statt, der sich vom Spanischen ableitet und eine Art Improvisationstanz ist. In der Calle Colón (Haus-Nr. 172, 174 und 176) stehen drei ungewöhnliche, von Rogelio Pérez Cubillas entworfene Gebäude.

Eines der drei Häuser im Kirchenstil in der Calle Colón

Palacio de Guasch

Calle Martí, esq. Comandante Pinares.
Museum ☎ *(82) 3087.*
○ *Di–Sa, So vorm.*
● *1. Jan, 1. Mai, 26. Juli, 10. Okt, 25. Dez.* 🎟 ✋ 📷

Dieses extravagante Gebäude ist eine Mischung aus maurischen Bögen, gotischen Türmen und barocken Elementen. Erbaut wurde es 1909 im Auftrag eines reichen, weit gereisten Physikers, der in seinem Wohnsitz die Architekturstile, die ihn am meisten beeindruckten, vereinen wollte. Nach 1959 wurde das Haus in ein Museo de Ciencias Naturales (naturwissenschaftliches Museum) umgewandelt und nach Tranquilino Sandalio de Nodas benannt, einem bekannten Landvermesser der Region. Das Museum zeigt die naturwissenschaftliche und

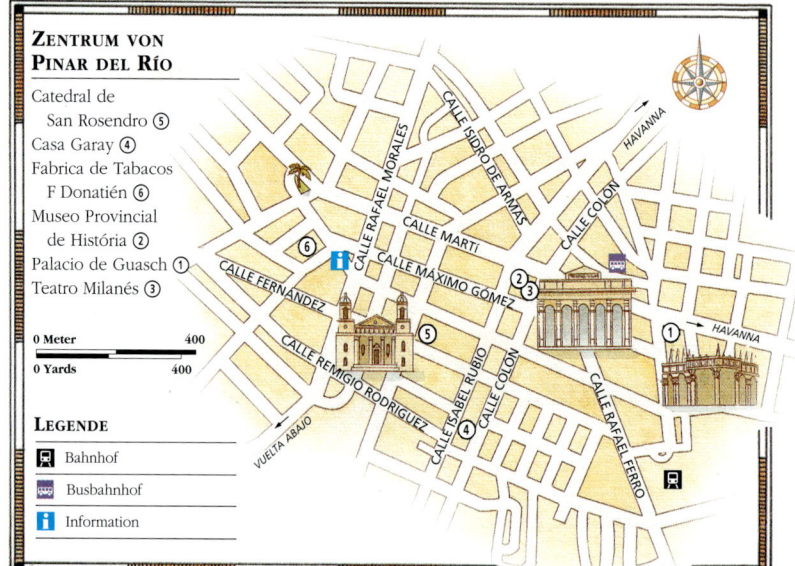

Zentrum von Pinar del Río

Catedral de San Rosendro 5
Casa Garay 4
Fabrica de Tabacos F Donatién 6
Museo Provincial de História 2
Palacio de Guasch 1
Teatro Milanés 3

0 Meter 400
0 Yards 400

Legende

🚆 Bahnhof
🚌 Busbahnhof
ℹ Information

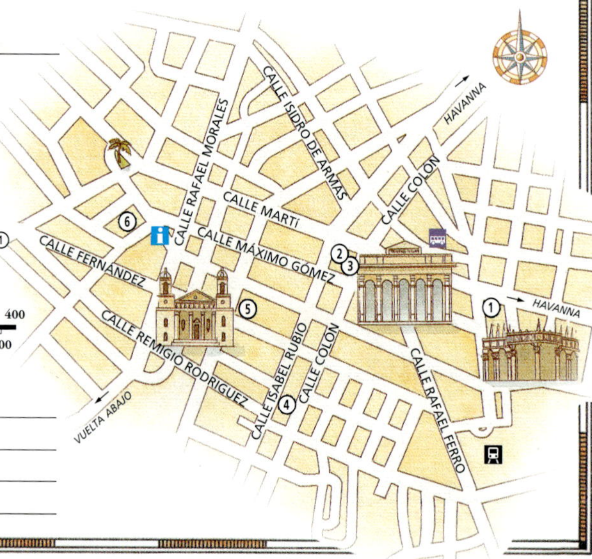

Calle Isidro de Armas
Calle Rafael Morales
Havanna
Calle Colón
Calle Martí
Calle Máximo Gómez
Calle Fernandez
Calle Remigio Rodriguez
Calle Isabel Rubio
Calle Colón
Calle Rafael Ferro
Havanna
Vuelta Abajo

Ausgefallene Fassade des Palacio de Guasch in Pinar del Río

geologische Geschichte von Pinar. Dort sind ausgestopfte Vögel, Schmetterlinge und andere Tiere (u. a. der Kolibri *zunzún* und ein über vier Meter langes Krokodil) sowie seltene Pflanzen ausgestellt. Im Innenhof stehen Skulpturen prähistorischer Tiere.

🏛 Museo Provincial de Historia

Calle Martí 58 e/ Colón y Isabel Rubio.
📞 (82) 4300. ◯ Mo–Fr, Sa vorm.
⬤ 1. Jan, 1. Mai, 26. Juli, 10. Okt, 25. Dez. 📷 🎫 📷
Dieses Museum zeigt die Geschichte der Provinz vom präkolumbischen Zeitalter bis zur Gegenwart, darunter eine Waffensammlung aus dem 19. Jahrhundert, Kolonialmöbel oder Gemälde einheimischer Künstler, so auch eine Landschaft von Domingo Ramos und Andenken an den Musiker Enrique Jorrín, den Vater des Cha-Cha-Cha.

🎭 Teatro Milanés

Calle Martí y Colón.
📞 (82) 3871. ⬤ wg. Renovierung (telefonisch nachfragen).
Dieses Theater, ein klassizistisches Juwel und der Stolz der Stadt, ist nach dem einheimischen romantischen Lyriker José Jacinto Milanés benannt, der in der kubanischen Republik Senator war. Das ursprüngliche Theater Lope de Vega, eröffnet 1838, wurde 1880 von Félix del Pino Díaz aufgekauft, der es grundlegend renovierte und dem Teatro Sauto in Matanzas *(siehe S. 154)* nachempfand.

Das Theater hat einen rechteckigen Grundriss, eine gerade Fassade und einen Portikus mit hohen Säulen. Der opulente, dreistöckige, U-förmige Zuschauersaal fasst 500 Besucher.

🎭 Casa Garay

Calle Isabel Rubio 189 e/ Ceferino Fernández y Frank País.
📞 (82) 2966. ◯ Mo–Fr; Sa jede 2. Woche. ⬤ 1. Jan, 1. Mai, 26. Juli, 10. Okt, 25. Dez. 🎫 📷
Die Casa Garay stellt seit 1892 nach einem alten Rezept den berühmte Likör Guayabita del Pinar her. Dabei wird Brandy vom Zucker der *guayaba* (Guave) distilliert, die in dieser Gegend wächst.

Am Ende der Besichtigung kann der Besucher die süßen und trockenen Arten dieses beliebten Getränks auch verkosten.

🎭 Fabrica de Tabacos Francisco Donatién

Calle Mateo 157 Oeste.
📞 (82) 3424. ◯ Mo–Fr, Sa vorm.
⬤ 1. Jan, 1. Mai, 26. Juli, 10. Okt, 25. Dez. 📷 🎫 📷
In dieser kleinen Zigarrenfabrik in einem ehemaligen Krankenhaus aus dem 19. Jahrhundert können Sie zusehen, wie die *veguero*-Zigarren hergestellt werden. Für diese und andere Zigarren gibt es auch ein Ladengeschäft. Hier werden außerdem *torcedores (siehe S. 31)* ausgebildet.

Viñales 🟢

Pinar del Río. **Straßenkarte** A3.
🚶 4 000. 🚌

DER NAME VIÑALES leitet sich ab von einem Weinberg, der von einem Siedler von den Kanarischen Inseln hier angepflanzt wurde.

Der 1607 gegründete Ort, der von jeher auf Landwirtschaft ausgerichtet war, steht als Beispiel einer vorbildlich erhaltenen Kolonialsiedlung unter staatlichem Schutz. Die Hauptstraße, die nach einem Patrioten aus dem 19. Jahrhundert, Salvador Cisneros Betancourt, benannt ist, zieren viele Kolonialhäuser mit ihren charakteristischen Arkaden, die auch guten Schutz vor der heißen Sonne und plötzlich auftretenden tropischen Regenfällen bieten.

Der architektonische Höhepunkt befindet sich auf dem Hauptplatz, dem **Parque Martí**, auf dem die Iglesia del Sagrado Corazón de Jesús (1888) und die ehemalige Colonia Española (diplomatische Zentrale des spanischen Adels) stehen. In Letzterer ist heute die Casa de la Cultura untergebracht, die interessante kulturelle Aktivität anbietet.

Weiteres architektonisches Kleinod ist die **Casa de Don Tomás**, erbaut 1887/88 für einen reichen Händler und Vertreter einer Reederei. Das vom spanischen Architekten Roger Reville entworfene Haus wurde 1991 restauriert und in ein gutes Fischlokal umgewandelt *(siehe S. 270)*.

Die Hauptstraße von Viñales säumen einstöckige Gebäude mit Portikus

Valle de Viñales ❾

EINZIGARTIGE LANDSCHAFTEN prägen das
Bild des Viñales-Tals. Die charakteristischen *mogotes*, gigantische Karstfor-
mationen, die an Zuckerhüte erinnern,
wachen über Korn- und Tabakfelder,
rote Erde, majestätische Königspalmen
und Bauernhäuser mit Dächern aus
Palmblättern. Die Legende besagt, dass
sich einst spanische Segler der Küste
näherten. Die *mogotes,* die sie durch den
Nebel nur unscharf erkennen konnten,
erinnerten sie an Kirchenorgeln. Daher
trägt die Hügelkette dieser Gegend den
Namen Sierra de los Organos *(organo* ist
das spanische Wort für *Orgel).*

Lagerschuppen vor einem *mogote*

Die Sierrita de San Vicente
ist berühmt für ihren heißen
Frühling. Eine Farm in der
Nähe des Dorfes züchtet
Kampfhähne
für den nach wie vor beliebten Hahnenkampf.

Mural de la Prehistoria
Der kubanische Maler Leovigildo González,
Schüler des mexikanischen Künstlers Diego
Rivera, malte 1959–62 auf die Felswand eines
mogote die Evolutionsgeschichte von den
Ammoniten bis zum Homo sapiens und nutzte
dabei Felsspalten für Licht- und Farbeffekte.
1980 wurde das Kunstwerk restauriert.

San Vicente •

• Cueva
del Ruiseñor

S I E R R A
D E   V I Ñ A L E S

V A L L E   D E   L A   G U A S A S A

Mogote •   ▲ Mogote
Dos Hermanas ▲   Del Valle

Minas de Matahambre

Eingang zur
Santo-Tomás-Höhle

V A L L E   D E   V I Ñ A L E S

Hotel Los Jazmines •

• Pinar del Rio

LEGENDE

▲	Gipfel
	Befestigte Straße
	Pfad
	Fluss
	Unterirdischer Fluss

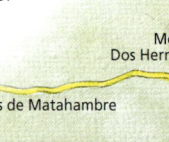

Gran Caverna de Santo Tomás
Dies ist das größte Höhlensystem Lateiname-
rikas. Die Gran Caverna mit ihren 18 Kilo-
meter Stollen und auf bis zu fünf Ebenen
miteinander verbundenen Grotten ist ein
Eldorado für Höhlenforscher. Im 19. Jahr-
hundert feierten die Bauern in der Cueva
del Salón gelegentlich Feste.

Cueva del Indio

Diese 1920 entdeckte Höhle liegt im San-Vicente-Tal. Die Führung erfolgt anfangs zu Fuß durch beleuchtete Tunnels und anschließend rund einen halben Kilometer per Motorboot auf dem unterirdischen San-Vicente-Fluss.

INFOBOX

Viñales (Pinar del Río).
Straßenkarte A3. 🏠 6 850.
🚩 Rumbos, Calle S. Cisneros 140, Viñales, (8) 936 300.
🚌 Carretera Cementerio, Viñales, (8) 931 19; Verbindungen nach Havanna, Pinar del Rio und Varadero.
Ausflüge und Höhlenbesichtigungen 🚩 Buró de Rumbos, Hotel Los Jazmines, (8) 936 205.

Palenque de los Cimarrones

*Tief in der Cueva de San Miguel liegt eine spektakuläre Höhle, die einst entflohenen afrikanischen Sklaven (*cimarrones*) als Versteck diente. Heute befinden sich dort ein kleines Museum und ein nettes Restaurant.*

Puerto Esperanza

VALLE DE SAN VICENTE

La Palma

ueva De San Miguel

▲ Mogote La Esmeralda

▲ Mogote De Robustiano

Rio Palmarito

▲ Mogote Rustico

• Viñales

• Hotel La Ermita

0 Kilometer   1

0 Meilen   1

Viñales ist mit seiner kolonialen Atmosphäre *(siehe S. 137)* eine sympathische Kleinstadt – ideal für einen Kurzbesuch.

STRUKTUR EINES MOGOTE

Die *mogotes* zählen zu den ältesten Felsen Kubas und sind Überreste eines ehemaligen Kalksteinplateaus. Im Laufe von Millionen von Jahren höhlten unterirdische Wasserwege den Kalkstein aus. Dabei entstanden große Höhlen, deren Decken später einstürzten. Nur die harten Kalksteinsäulen, die heutigen *mogotes*, blieben stehen. *Mogotes* haben meist nur eine dünne Erdschicht, doch in der Sierra de los Organos sind sie dicht bewachsen. Einige endemische Pflanzen haben sich an die Bedingungen angepasst, etwa die Bergpalme *Bombacopsis cubensis* und die seltene Korkpalme *Microcycas calocoma*.

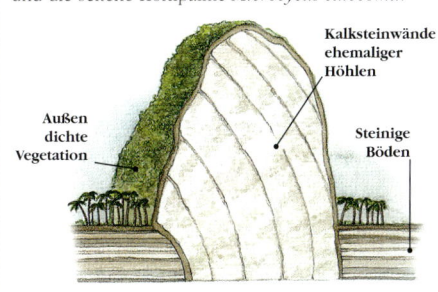

Kalksteinwände ehemaliger Höhlen

Außen dichte Vegetation

Steinige Böden

Steg in María La Gorda, von wo aus Boote die Touristen zu den Tauchrevieren bringen

María La Gorda ❿

Pinar del Río. **ℹ** *María La Gorda Tauchcenter, La Bajada, (82) 781 31, 780 77.*

DER BEKANNTESTE Badeort des Südwestens verdankt seinen Namen einer traurigen Sage, derzufolge einst ein molliges *(gorda)* Mädchen namens María von Piraten von der venezuelanischen Küste verschleppt und dann hier zurückgelassen wurde. Um überleben zu können, war sie gezwungen, sich für die vorbeifahrenden Seeräuber zu prostituieren. Der Ort trägt noch heute ihren Namen.

Die außergewöhnliche Schönheit der Korallenriffe, die Meeresschildkröten, Riffhaien und seltenen Fischen Lebensraum bieten, macht diesen 8 km langen Küstenstreifen mit feinem, weißem Sand und klarem Wasser zu einem tropischen Aquarium. Die Riffe liegen nahe am Ufer und sind schnell erreichbar. Schon beim Schnorcheln sieht man Korallen und Fische.

Vom Steg gegenüber des Tauchcenters fährt ein Boot mit einem Arzt an Bord Taucher zweimal täglich zu den Tauchrevieren. Besonders interessant: das Tal der Schwarzen Korallen, eine über 100 m lange Korallenwand, und der Salón de María, eine 18 m tiefe Meereshöhle, in der seltene Fischarten leben.

Guanahacabibes-Reservat ⓫

Pinar del Río. **Ausflüge** *von Pinar del Río aus.* **ℹ** *Rumbos, Calle Maceo 117, Pinar del Río, (82) 5771, 4160, 4632.* 🗗

Im Reservat sieht man auch die Papageienart *cotorra*

DIE HALBINSEL Guanahacabibes, benannt nach einem präkolumbischen Stamm, ist ein 100 km langer und 6–34 km breiter Landstrich. 1985 erklärte ihn die UNESCO zum Biosphärenreservat, um die Flora und Fauna zu schützen.
Daher besteht nur ein beschränkter Zugang zum Innenbereich in der Nähe von La Bajada. Genehmigungen erteilen die Förster von Pinar del Río in den Touristenbüros der Hotels. Der Park kann dann mit einem einheimischen Führer im Jeep besichtigt werden.

Der Mischwald aus Laub- und Nadelbäumen umfasst rund 600 Pflanzenarten und zahlreiche Tiere, darunter Hirsche, Rehe, Wildschweine, Reptilien und *jutías*, Nagetiere, die in Bäumen leben und dem Opossum ähneln. An Vögeln sieht man Spechte, Papageien, Kolibris, *cartacubas* und *tocororos (siehe S. 18).*

Cabo San Antonio, die Westspitze Kubas, erkennt man am Roncalli-Leuchtturm, der 1849 von einem spanischen Gouverneur erbaut wurde und daher seinen Namen trägt.

Cabo Corrientes am südlichen Ende des Guanahacabibes-Reservats

◁ **Valle de Viñales mit *bohíos*, den typischen Bauernhäusern des ländlichen Kuba**

Tauchen im Karibischen Meer

DIE KORALLENRIFFE des Karibischen Meeres zählen zu den faszinierendsten überhaupt. Die Formationen liegen in maximal 15 m Tiefe bei einer durchschnittlichen Wassertemperatur von 23 °C (Tiefsttemperatur 18 °C). Die beeindruckendsten Tauchgebiete liegen bei María la Gorda, dem

Taucher inmitten eines Schwarms von Grunzern

Archipelago de los Canarreos, der Playa Santa Lucía und den Jardines de la Reina. Professionelle Tauchschulen *(centros de buceo)* bieten Ausflüge zu den Riffen an. In manchen Gebieten sieht man auch schon beim Schnorcheln bunte tropische Fische und Korallen *(siehe S. 285)*.

Die Lila Federgorgonie verdankt ihren Namen ihrer Ähnlichkeit mit einer Feder.

Weichkorallen entstehen aus einem Evolutionsprozess, in dem das harte Skelett eine elastische Struktur annimmt.

Der Barsch mit seiner unverwechselbaren Färbung zählt zusammen mit dem Königinnen-Drückerfisch und dem Pomacanthus paru *(Französischer Kaiserfisch)* zu den verbreitetsten Fischen der Karibik. Weit verbreitet sind auch der silberne Tarpon und der Barrakuda mit seinen scharfen Zähnen. Haie sind eher selten.

Schwamm

Der Palettendoktor ist bei Geburt hellgelb und wird später blau.

Koralle

MEERESBODEN
Korallenriffe sind ein komplexes Ökosystem. Am Meeresgrund des Karibischen Meeres gibt es unzählige Korallenarten, Meeresschwämme und Gorgonien sowie tropische Fische, Meeresschildkröten und Schalentiere.

Die **Hirnkoralle** ist eine der zahlreichen Korallen in der Karibik. Dazu zählen auch die Schwarze Koralle, die stabähnliche Drahtkoralle und die flache Elchgeweihkoralle.

Röhrenschwämme sind unterschiedlich groß und werden maximal zwei Meter hoch. Wenn man sie zusammendrückt oder darauf tritt, sondern sie einen violetten Farbstoff ab, der tagelang Flecken auf der Haut hinterlässt.

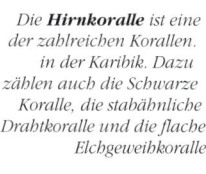

Fächergorgonien (Gorgonia ventalina) sind in der Karibik weit verbreitet. So kann man auch erstaunlich große Exemplare entdecken.

Isla de la Juventud ⑫

Begrüßung am Ortseingang von Nueva Gerona

Der Naturforscher Alexander von Humboldt *(siehe S. 181)* nannte sie eine verlassene Insel, Robert Louis Stevenson *Schatzinsel*, der Diktator Batista wollte sie zu einem Paradies für reiche Amerikaner machen und Fidel Castro bevölkerte sie mit jungen Leuten und änderte ihren Namen in Isla de la Juventud (Insel der Jugend). Mit 2200 Quadratkilometer Fläche und 86 000 Einwohnern ist sie die größte Insel des Archipiélago de los Canarreos. Sie wird vergleichsweise selten von Touristen besucht, doch es gibt einige interessante Sehenswürdigkeiten und hervorragende Tauchmöglichkeiten.

Ensenada de los Barcos

La Demajagu
Atanagildo Cajo
Mina de Oro

0 km   5
0 Meilen   5

Hotel Colony

Ensenada de la Siguanea

Cocodrilo

Nuestra Señora de los Dolores in Nueva Gerona

Nueva Gerona

Die Hauptstadt der Insel ist eine beschauliche Kleinstadt, umgeben von Hügeln, in deren Steinbrüchen vielfarbiger Marmor abgebaut wird. Nueva Gerona wurde 1828 von spanischen Siedlern an den Ufern des Flusses Las Casas gegründet. Sie kamen zusammen mit ihren Sklaven aus unabhängig gewordenen Ländern des amerikanischen Kontinents hierher.

Der Ort ist schachbrettartig aufgebaut (Parallelstraßen und Kreuzungen, mit einer Hauptstraße und einem Platz im Zentrum) und der moderne Stadtrand wird ständig erweitert.

Guter Ausgangspunkt für eine Besichtigung von Nueva Gerona ist die **Calle 39**, die charmante Hauptstraße mit ihren bunten Arkaden. Hier befinden sich Kino, Theater, Apotheke (die immer geöffnet ist), Post, Krankenhaus, Bank,

Casa de la Cultura, Touristenbüro sowie Bars und Restaurants. Die Straße endet am Parque Central, Nueva Geronas Hauptplatz mit der **Iglesia de Nuestra Señora de los Dolores**. Diese Kirche, die ursprünglich 1853 im klassizistischen Stil erbaut worden war, wurde 1926 von einem Wirbelsturm völlig zerstört und drei Jahre später im Kolonialstil wiederaufgebaut.

Auf der Südseite des Parque Central steht das ehemalige Rathaus, heute **Museo Municipal** (Stadtmuseum), in dem zahlreiche Gegenstände und Dokumente zu Piraten und Freibeutern – den Protagonisten in der Geschichte der Insel – sowie Fotos und Andenken an die Revolution gezeigt werden. Das **Museo de la Lucha Clandestina** ist dem Kampf gegen die Batista-Diktatur gewidmet. Ein weiteres Muss für Besucher ist das

Museo de Ciencias Naturales, das naturgeschichtliche Museum, in dem die geologische und naturwissenschaftliche Geschichte der Insel aufgezeigt wird. Es beherbergt auch ein Planetarium, das weltweit einzige, von dem man den Nordstern zusammen mit dem Kreuz des Südens sehen kann.

Pittoresker Fischerhafen von Nueva Gerona

o Redondo
NUEVA
GERONA
Chacón
Playa Bibijagua
Júcaro
La Fé
a Victoria
El Chalet
La Reforma
Argelia Libre
Julio Antonio Mella
Cayo Piedra
ISLA DE LA JUVENTUD
Punta
del Este

INFOBOX

Gemeinde mit Sonderstatus.
🏃 86 000. ✈ *Rafael Cabrera
Mustelier, Carretera La Fé, km 5,
Tel. (61) 223 00.* 🛥 *von Batabanó aus Panoramafähren
(6 Std.): Di, Mi, Fr, So. Informationen unter Tel. (61) 244 25.*
🚢 *von Batabanó aus (2 Std.):
täglich 10 und 16 Uhr. Informationen unter Tel. (61) 249 77.*
Nueva Gerona 🛈 *Gaviota,
Carretera La Fé, tel. (61) 232 56.*

LEGENDE

▬	Schnellstraße
▬	Hauptstraße
▬	Nebenstraße
▬	Unbefestigte Straße
✈	Inlandsflughafen
🛥	Fähre
🏖	Empfehlenswerter Strand
⌂	Präkolumbische Stätte
☀	Aussichtspunkt

🏛 Museo Municipal de Nueva Gerona

Calle 30 e/ 37 y Martí.
📞 *(61) 237 91.*
🕐 *Di–Sa, So vorm.*
📷 📹 📸

🏛 Museo de Ciencias Naturales

Calle 41, esq. 54.
📞 *(61) 231 43.*
🕐 *Di–Sa, So vorm.*
⊘ *1. Jan, 1. Mai, 26. Juli, 10. Okt,
25. Dez.* 📷 📹 📸

**Bummel unter den Arkaden der
Calle 39 in Nueva Gerona**

Die monumentale Fassade des Gefängnisses Presidio Modelo

⚒ Presidio Modelo

4 km südöstlich von Nueva Gerona,
Reparto Delio Chacon. 📞 *(61) 251
12.* 🕐 *Di–Sa, So vorm.*
⊘ *1. Jan, 1. Mai.* 📷 📹 📸
An der Straße von der Hauptstadt zur Playa Bibijagua,
einem beliebten schwarzen
Sandstrand, steht das berühmteste Gefängnis Kubas. Es
wurde unter Machado nach
dem Vorbild des Gefängnisses
von Joliet in Illinois (USA)
erbaut und 1967 in ein Museum umgewandelt. In den vier
mehrstöckigen, runden Ze-
mentblocks befinden sich
winzige Zellen. In der Mitte
jedes Blocks stand ein Wach-
haus, von dem aus die Wächter die Gefangenen im Blick
hatten. Wächter und Gefangene kamen nie miteinander in
Kontakt. Die Wächter drehten
ihre Runden in unterirdischen
Gängen und bewachten so
die Gefangenen über sich.

In dieses Presidio wurden
die Anstifter des Sturms auf
die Moncada-Kaserne in Santiago, allen voran Fidel
Castro, im Oktober 1953 ein-
geliefert. Sie kamen erst eineinhalb Jahre später, im Mai
1955, frei. Am Eingang des
ersten Rundblocks befindet
sich die Zelle 3859, in der
Castro trotz Isolationshaft die
revolutionäre Bewegung neu
organisierte und auch sein
legendäres Verteidigungs-
plädoyer *Die Geschichte wird
mich freisprechen (siehe
S. 47)* verfasste.

Überblick: Isla de la Juventud

Auf der Isla de la Juventud gibt es – im Gegensatz zu anderen Inseln des Archipelago de los Canarreos – keine großen Luxushotels. Demzufolge findet man hier eine typisch kubanische Atmosphäre, und die Tourismusindustrie geht ganz natürlich mit anderen Aktivitäten Hand in Hand. Die Insel ist schon länger bewohnt, nicht wie andere *cayos*, die erst seit kurzer Zeit bebaut werden, und kann auf eine fünf Jahrhunderte alte Geschichte zurückblicken. Die Hauptstadt und ihre Umgebung sind ein guter Ausgangspunkt für einen Besuch, der dann weiter zur Südküste führen kann. Die meisten Hotels liegen im Südwesten. An der Ostspitze faszinieren Höhlenmalereien von Siboney-Indianern.

Korallenformationen am Meeresgrund

🏛 Finca El Abra

Carretera Siguanea km 1.5 (5 km südwestlich von Nueva Gerona).
◯ Mo–Sa, So vorm. ● 1. Jan, 1. Mai, 26. Juli, 10. Okt, 25. Dez.
Am Rande der Sierra de las Casas steht eine elegante Villa, in der 1870 der junge José Martí neun Wochen lang festgehalten wurde, bevor er wegen seiner separatistischen Ansichten nach Spanien abgeschoben wurde. Ein Teil des Gebäudes ist heute ein Museum, das das Leben des Nationalhelden auf der Insel dokumentiert. Die restliche Villa ist noch von den Nachkommen des ersten Besitzers bewohnt.

Ganz in der Nähe befindet sich der Parque Natural Juan Antonio Mella mit botanischem Garten, Zoo, Vergnügungspark, künstlichem See und einem Aussichtspunkt über die ganze Insel. Richtung Süden sieht man das Marschland Ciénaga de Lanier mit dem Dorf Cayo Piedra.

Hotel Colony

🚌 zum Centro de Buceo, täglich um 9 Uhr, Rückfahrt 16.30–17 Uhr.
Dieses niedrige Hotel (*siehe S. 253*) – Anziehungspunkt für alle Taucher auf der Isla de la Juventud – fügt sich harmonisch in die natürliche Umgebung ein. Das Meer ist grün und klar, mit sandigem Grund, die oft von Teppichen der Wasserpflanze *Thalassia testudinum* überzogen ist.

Vom Hotel aus überblickt man die Playa Roja, einen langen, palmengesäumten Strand, an dem sich auch das große Tauchzentrum **Centro Internacional de Buceo** befindet.

Morgens werden die Gäste in Kleinbussen vom Hotel Colony zum Tauchzentrum gefahren, wo jegliche Ausrüstung ausgeliehen werden kann (es ist jedoch empfehlenswert, einen 3-mm-Nassanzug und eine Sauerstoffflasche mitzubringen). Anschließend werden die Taucher mit Booten zu den Tauchgebieten gebracht. Mittagessen gibt es im Ranchón, einem Pfahlbau-Restaurant, das über eine Pontonbrücke mit dem Strand von Cabo Francés verbunden ist.

Schild des Hotels Colony

Die 52 Tauchreviere zwischen Cabo Francés und Punta Pardenales liegen am Ende eines Riffs, das anfangs nur 20 bis 25 Meter tief ist und dann plötzlich Hunderte von Metern steil abfällt. In dieser Steilwand halten sich besonders viele Fische auf, die nahe bei den Tauchern schwimmen. Während oberhalb des Riffs auch Anfänger tauchen können, ist das Riff selbst schwieriger und nur für erfahrene Taucher geeignet.

Zu den faszinierendsten Tauchrevieren zählen das bei La Pared de Coral Negro mit unzähligen Schwarzen Korallen und Schwämmen mit bis zu 35 Meter Durchmesser, El Reino del Sahara für herrliche Flachwassertauchgänge, El Mirador für Steilwandtauchgänge zu Schwämmen und großen *madrepores*, und El Arco de los Sábalos, das Gebiet des Tarpons. Am Cayo Los Indios können Sie schon in einer Tiefe von 10 bis 12 Meter Wracktauchen.

Vom Hotel Colon aus gibt es ebenfalls zwei wunderschöne Bootsausflüge. Der eine geht zum Tauchparadies Península Francés, besser bekannt als **Costa de los Piratas**, mit farben- und artenreicher Unterwasserflora und

Das Hotel Colony liegt inmitten tropischer Vegetation

Traumstrand Punta del Este: weißer Sand und kristallklares Wasser

-fauna. Auch viele andere Aktivitäten werden hier angeboten, zum Beispiel Wasserski, Surfen, Segeln, Hochseefischen und Reiten.

Der zweite Ausflug führt nach **Cocodrilo**, dem früheren Jacksonville. Dieses traditionelle Fischerdorf wurde Anfang des 20. Jahrhunderts von einer kleinen, aus der britischen Kolonie der Cayman-Inseln emigrierten Gemeinde gegründet. So ist auch heute noch für einige wenige Einwohner Englisch die Muttersprache.

Die Siedler in Cocodrilo führten einen jamaikanischen Rundtanz ein. In ihm vermischten sich jamaikanische

Tanzvariationen mit dem kubanischen *Son* (dem *Son Montuno*). Daraus entstand ein neuer, interessanter Tanz, der bei den Einheimischen sehr beliebt ist und *Sucu-Sucu* genannt wird.

Präkolumbische Malereien in den Cuevas del Este, die einen Kalender darstellen

Cuevas de Punta del Este

59 km südöstlich von Nueva Gerona.

Rentamicar, Nueva Gerona, (61) 261 85.

Die Punta del Este, die Südostspitze der Insel, hat einen strahlend weißen Sandstrand. Noch berühmter ist sie allerdings für ihre sieben Höhlen, die 1910 von einem französischen Schiffbrüchigen entdeckt wurden, der darin Zuflucht suchte. An den Höhlenwänden sind 235 Malereien der Siboney-Indianer zu sehen.

Die Felsenmalereien in der größten Höhle – eine Reihe von roten und schwarzen konzentrischen Kreisen, durchzogen von von gen Osten zeigenden Pfeilen – stellen wahrscheinlich einen Sonnenkalender dar. Aufgrund ihrer Komplexität nannte der kubanische Ethnologe Fernando Ortíz 1925 die Malereien die »Sixtinische Kapelle der Karibik«. Sehen Sie sich vor: Die Höhlen sind voller Mücken.

GESCHICHTE DER INSEL

Der Korsar Sir Francis Drake

Die Taínos und Siboneys wussten von der Isla de la Juventud *(siehe S. 38)* schon lange bevor Kolumbus sie 1494 auf seiner zweiten Reise »entdeckte«. Die spanische Krone vergab die Insel an Viehzüchter, überließ sie in Wirklichkeit aber den Piraten. Aufgrund des flachen Wassers konnten schwere spanische Galeonen im Gegensatz zu den kleineren Piratenschiffen nicht auf der Insel anlegen. So diente die Insel sagenumwobenen Figuren wie Francis Drake, Henry Morgan, Oliver Esquemeling und Jacques de Sores als Versteck für ihre »spanische« Beute. Nach der Gründung von Nueva Gerona (1828) war die Isla de la Juventud bis Mitte des 20. Jahrhunderts eine Gefängnisinsel für kubanische Nationalisten, darunter José Martí. Der Bau des Presidio Modelo begann 1926. 1953 machte Batista die Insel zu einer freien Zone, in der Geldwäsche betrieben werden konnte. Der Diktator wollte sie auch in ein Ferienparadies für reiche Amerikaner umwan-

deln, doch diese Pläne scheiterten. In der Silvesternacht 1958, als Castros *barbudos* in Havanna einfielen, übernahmen Soldaten der Rebellenarmee während der Eröffnungszeremonie des Hotels Colony die Insel und verhafteten die Mafiosi im Hotel. Infolge eines schweren Wirbelsturms 1966 beschloss die kubanische Regierung, neue Zitrushaine auf der Insel zu pflanzen, die von Studenten aus Kuba und der ganzen Welt gepflegt werden sollten. Diese Idee war ein so durchschlagender Erfolg, dass die Bevölkerung der Insel innerhalb von zehn Jahren von 10 000 auf 80 000 anstieg.

Alte Landkarte der Isla de la Juventud aus dem Stadtmuseum von Nueva Gerona

Cayo Largo del Sur ❸

Das Logo von Cayo Largo

DIESE INSEL IST EIN perfektes Urlaubsziel für alle, die Sonne, Meer und Sand lieben. Sie ist 25 Kilometer lang und 37,5 Quadratkilometer groß. Das Klima ist moderat, es regnet sehr wenig, die Temperaturen liegen bei 24 °C im Winter und unter 30 °C im Sommer. Die Küste ist flach, der Sand weiß und fein wie Zucker und das Meer klar und ruhig. Die Insel eignet sich gut zum Tauchen sowie für weitere sportliche Aktivitäten wie Reiten, Segeln, Tennis und Surfen. Und wenn Sie nicht so gerne schwimmen, können Sie auch kilometerlange Spaziergänge im flachen Wasser unternehmen. Es gibt keine Ortschaften bis auf die Touristenorte mit neuen, komfortablen Hotels und Restaurants, Bars, Diskos und Swimmingpools.

Blick auf die Playa Tortuga

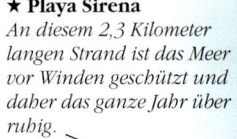

Marina Cayo Largo
ist der Ausgangspunkt für Bootsfahrten zu verschiedenen Tauchgebieten. Im flachen Wasser gibt es Korallengärten mit bunten Fischen und ein 30 km langes Riff mit Schwarzen Korallen. In den Wassersportzentren kann man sich Angelausrüstung ausleihen.

★ Playa Sirena
An diesem 2,3 Kilometer langen Strand ist das Meer vor Winden geschützt und daher das ganze Jahr über ruhig.

Combinado ist ein öffentliches Meeresbiologiezentrum.

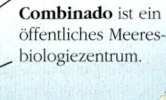

Isla del Sol   Las Piedras

Playa Paraíso ist sehr abgeschieden, so dass FKK-Möglichkeit besteht.

Playa Lindamar, ein Strand mit vielen Muscheln, ist 5 km lang und durch weiße Felsen geschützt. Er hat viele Hotels, Feriendörfer und Bademöglichkeiten.

Feriendörfer
Exklusive Ferienanlagen mit Bungalows und Hütten für Familien konzentrieren sich auf der Südwestküste. Rechts die Villa Iguana (siehe S. 252).

NICHT VERSÄUMEN

★ **Playa Sirena**

★ **Playa Los Cocos**

★ **Playa Tortuga**

INFOBOX

Archipiélago de los Canarreos
(Isla de la Juventud). **Straßenkarte** B3. 👥 500. ✈ *Vilo
Acuña, (5) 482 41.* ℹ *Abatur,
(5) 482 41; Cubatur, Hotel Isla
del Sur (5) 482 18; Havanatur
(5) 482 15; Rumbos, (5) 483 27.*
Ausflüge *von Marina Cayo Largo aus: Abfahrt morgens, Rückkehr bei Sonnenuntergang.*

★ **Playa Tortuga**
*Dieser Strand im Osten der Insel ist ideal für Naturlieb-
haber: Er ist Brutstätte für Meeresschildkröten und Naturreservat für die Untergattung der Chaelonidae, die auch
im Combinado aufgezogen werden.*

LEGENDE

▬	Hauptstraße
▬	Nebenstraße
▬	Unbefestigte Straße
✈	Internationaler Flughafen
🏖	Strand
⛴	Fähre

**Playa
Los Pinos**

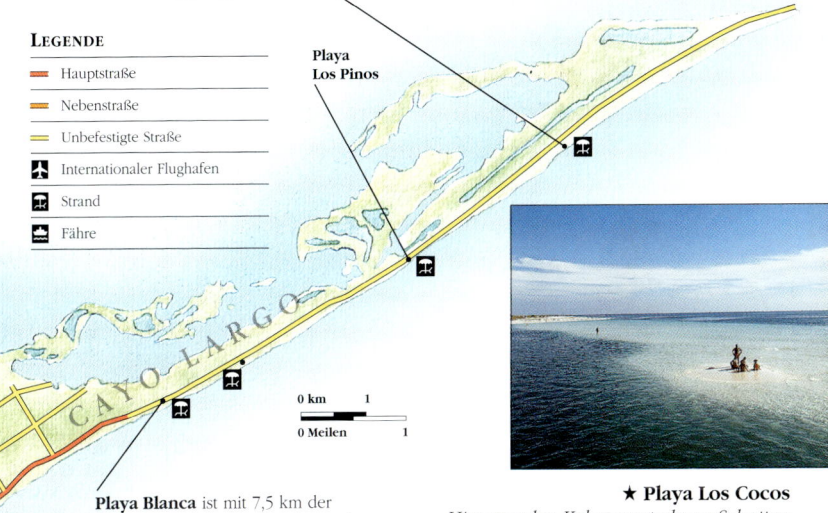

0 km   1
0 Meilen   1

CAYO LARGO

Playa Blanca ist mit 7,5 km der
längste Strand der Insel und umgeben
von weißen Felsen. Die Infrastruktur
für Touristen zählt hier zu den besten.

★ **Playa Los Cocos**
*Hier spenden Kokosnusspalmen Schatten
und das flache Wasser ist ideal für Kinder.
Die nahe gelegenen Korallenriffe und
Schiffswracks sind beliebt bei Tauchern.*

Leguan auf dem Cayo Iguana

ABSTECHER AUF DIE NEBENINSELN

Die nahe gelegenen kleinen *cayos* sind von berauschender
Natur. Cayo Rico, eine Insel mit smaragdgrünem Wasser und
feinen Sandstränden, ist nur wenige Bootsminuten entfernt.
Auf dem faszinierenden Meeresgrund, der von Glasboden-
booten aus beobachtet werden kann, leben besonders viele
Hummer und Weichtiere. Das Tauchparadies Cayo Rosario
ist bekannt für den Artenreichtum seiner Fische, während auf
Cayo Iguana, gleich vor der Westspitze von Cayo Largo, ausschließlich die harmlosen Leguane leben, die bis zu einen
Meter lang werden können. Der zerklüftete Cayo Pájaro bietet vielen Seevögeln Lebensraum. Der Cayo Cantiles ist bekannt für Blumen, Vögel, Fische sowie mehrere Affenarten.

ZENTRALKUBA – WESTEN

....

MATANZAS · CIENFUEGOS · VILLA CLARA

D IE WESTLICHEN PROVINZEN ZENTRALKUBAS *sind das ländliche Herz der Insel mit bewirtschafteten Feldern und sanfter Landschaft bis hin zur Sierra del Escambray. Abgesehen vom berühmten Ferienort Varadero sind die Hauptanziehungspunkte dieser Region die zwei lebhaften Orte Santa Clara und Cienfuegos, die Natur auf der Halbinsel Zapata und die Berge von Escambray.*

Als der spanische Seefahrer Sebastián Ocampo 1509 um Kuba steuerte, erblickte er eine Bucht an der nördlichen Atlantikküste, die von Siboney-Indianern bewohnt war. Ihr Land wurde quasi unmittelbar eingezogen und Siedlern von den Kanarischen Inseln zugesprochen. Es heißt, dass sich die Indianer so heftig gegen diese Ungerechtigkeit auflehnten, dass die Stadt Matanzas, die im 17. Jahrhundert in dieser Bucht erbaut wurde, in Gedenken an das Massaker *(matanza)* an Spaniern durch die Ureinwohner so benannt wurde.

Eine weitere Bucht sichtete Kolumbus 1494 an der Südküste. Die dort lebenden Jagua-Indianer wurden später ausgerottet, doch erst 1819 gründeten katholische Siedler aus den ehemaligen französischen Kolonien Haiti und Louisiana Cienfuegos. Ihnen wurde dieses Gebiet zugesprochen, um einen Ausgleich zur hohen Zahl afrikanischer Sklaven zu schaffen. Von Mitte des 16. Jahrhunderts bis Mitte des 18. Jahrhunderts wurden beide Küstenregionen von schweren Piraterien heimgesucht. Aus dieser Zeit stammen die heute noch sichtbaren Redouten, Zitadellen und Burgen. 1689 beschlossen 20 Familien aus Remedios, ins Landesinnere zu ziehen, um vor den Seeräubern in Sicherheit zu sein. Auf diese Weise entstand Santa Clara, die heutige Hauptstadt der Provinz Villa Clara. Sie war auch Schauplatz der Heldentaten von Che Guevara und seinen *barbudos*. Am 28.12.1958 fand dort der letzte und entscheidende Kampf der Revolution statt *(siehe S. 48)*, woraufhin Batista das Land verließ.

Typisches Holzhaus auf der Halbinsel Punta Gorda, Cienfuegos

◁ Varadero steht im Katalog der meisten internationalen Reiseveranstalter

Überblick: Zentralkuba – Westen

DIESER TEIL KUBAS wartet mit außergewöhnlichen Anziehungspunkten auf: den Stränden von Varadero – den vielleicht schönsten und mit Sicherheit den am besten ausgestatteten Kubas – und dem Sumpf *(ciénaga)* von Zapata, einem Naturreservat mit guten Möglichkeiten zur Vogelbeobachtung. Santa Clara ist ein Muss für alle, die sich für Che Guevara interessieren. Als Route bietet sich an, in Matanzas und Varadero zu starten und dann weiter nach Cienfuegos, eventuell über die Península de Zapata, zu fahren. Von dort aus ist es ein Katzensprung nach Santa Clara und weiter nach Remedios.

Luftaufnahme des Cayo Libertad vor der Küste von Varadero

VARADERO ❹

HAVANNA

VALLE DE YUMURÍ ❷

❶ MATANZAS

CÁRDENAS ❺

CUEVAS DE BELLAMAR ❸

JOVELLANOS

AUTOPISTA NACIONAL

COLÓN

JAGÜEY GRANDE

GUAMÁ

PENÍNSULA DE ZAPATA ❻

PLAYA GIRÓN

Rekonstruktion eines Indianerdorfes in Guamá mit Bronzestatuen von Rita Longa

IM WESTEN ZENTRALKUBAS UNTERWEGS

Durch die westlichen Provinzen Zentralkubas können Sie auf der Carretera Central fahren, was zwar langsamer, aber reizvoller ist als die Schnellstraße (Autopista Nacional), die Havanna mit Santa Clara verbindet. Die Eisenbahnlinie von Havanna nach Santiago führt über Matanzas und Santa Clara, die von Havanna nach Trinidad über Cienfuegos. Es gibt auch täglich Flüge von Havanna nach Cienfuegos, Varadero and Santa Clara. Wer nur wenig Zeit hat, bucht am besten organisierte Ausflüge, die meist in eine Provinz oder mehrere Städte führen und auch die Besuche von Parks einschließen.

SEHENSWÜRDIGKEITEN AUF EINEN BLICK

Arkaden des Prado mit korinthischen Säulen in Cienfuegos

0 Kilometer 30
0 Meilen 30

Iglesia de San Juan Bautista, die **Kathedrale** von Remedios

SAGUA LA GRANDE

CARRETERA CENTRAL

CAYOS DE LA HERRADURA

11 *REMEDIOS*

SANTA CLARA **9**

CIENFUEGOS
7

8 *JARDÍN BOTÁNICO SOLEDAD*

10 *SIERRA DEL ESCAMBRAY*

Sancti Spíritus

LAGO HANABANILLA

Trinidad

Villa Clara
Historia viva · Decisión · Victoria

SIEHE AUCH

• *Übernachten* S. 253ff
• *Restaurants* S. 271f

LEGENDE

Schnellstraße
Hauptstraße
Nebenstraße
Fluss
Aussichtspunkt

Großes Schild an der Grenze zur Provinz Villa Clara

Matanzas ❶

Buntglasfenster der Apotheke Triolet

MATANZAS LIEGT AN EINER großen Bucht und ist Hauptstadt der gleichnamigen Provinz. Die wichtige Industriestadt hat den weltweit viertgrößten Hafen für Zuckerexporte.

Aufgrund ihrer vielen Brücken über die Flüsse Yumurí und San Juan, über die man vom historischen Zentrum zu den verschiedenen Stadtvierteln und den beiden Vororten Versalles und Pueblo Nuevo gelangt, nannte man sie auch »Kreolisches Venedig«, ein ebenso stolzer Vergleich wie »Athen Kubas«. Diese Beinamen gehen auf das 19. Jahrhundert zurück, als das künstlerische und kulturelle Leben der Stadt, dem Zentrum einer blühenden Region, Havanna in den Schatten stellte.

Teatro Sauto in Matanzas mit seiner beeindruckenden Holzverkleidung

Das Zentrum von Matanzas

Die Straßen von Matanzas haben offizielle Nummern, doch werden ihre kolonialen Namen im Alltag immer noch verwendet.

Guter Ausgangspunkt für eine mehrstündige Besichtigung des historischen Zentrums ist die **Plaza de la Vigía**. Auf dem Platz steht die Statue eines unbekannten Soldaten aus den Befreiungskriegen, eingerahmt von einigen der Sehenswürdigkeiten der Stadt: dem klassizistischen Feuerwehrhaus (1898), dem Justizpalast (1826), dem Museo Provincial, dem Teatro Sauto und den Ediciones Vigía.

🏛 Museo Provincial

Calle Milanés, e/ Magdalena y Ayllon.
📞 (5) 243 464. ⏰ Di, Fr, Sa; So vorm. ⬛ 1. Jan, 1. Mai, 26. Juli, 10. Okt, 25. Dez. 🖼 🎞 📷

Das Museum ist im Palacio del Junco untergebracht, einem hellblauen Gebäude mit Portikus, das von 1835–40 erbaut wurde. Ausgestellt werden Unterlagen und Objekte zur Geschichte der Provinz von der präkolumbischen Zeit bis 1959. Besonders interessant: die Kolonialzeit mit Dokumenten über die Sklaverei und die Zuckerproduktion, des Weiteren Kopien von *Aurora*, dem kubanischen Wochenblatt aus dem 19. Jahrhundert..

🎭 Teatro Sauto

Calle Magdalena y Milanés.
📞 (5) 242 721. ⏰ Di–So. ⬛ 20. Dez – 5. Jan. 🖼 🎞 📷

Dieses Theater, der Stolz der Stadt, wurde vom italienischen Architekten Daniele Dell'Aglio entworfen, ebenso wie die Kirche San Pedro im Stadtteil Versalles. Es wurde am 6. April 1863 eröffnet und nach dem Provinzgouverneur benannt, der den Bau finanziert hatte: Esteban. Später wurde es in Teatro Sauto umbenannt, in Anlehnung an den einheimischen Apotheker Ambrosio de la Concepción Sauto, einen begeisterten Theaterbesucher. Er war berühmt dafür, Königin Isabella II. von Spanien mit einer selbst hergestellten Creme von einem Hautleiden geheilt zu haben.

Das Theater ist ein solider klassizistischer Bau mit verschiedenen Statuen aus Carrara-Marmor im griechischen Stil und hat viele Fresken, die sich an die Renaissance anlehnen und vom Architekten Dell'Aglio selbst angefertigt wurden. Der U-förmige Zuschauersaal ist fast vollständig mit Holz verkleidet.

Dank seiner außergewöhnlichen Akustik fanden in dem vielseitigen Theater die verschiedensten Aufführungen statt und es traten so wohl große kubanische Künstler des 19. und 20. Jahrhunderts auf als auch Weltstars wie die Schauspielerin Sarah Bernhardt (1887 in *Camille*), die Balletttänzerin Anna Pavlova und der Gitarrist Andrés Segovia.

DER DANZÓN

Im 19. Jahrhundert wurden zwei Komponisten, José White und Miguel Failde, in Matanzas, dem damals kulturellen Zentrum Kubas, geboren. 1879 komponierte Letzterer *Las Alturas de Simpson*, was einen neuen Tanzstil einführte: den Danzón. Diese karibisch-kreolische Abwandlung europäischer Volkstänze war daraufhin rund fünfzig Jahre lang der beliebteste Tanz der Insel. Er wird heute noch in der Casa del Danzón, dem Geburtshaus von Failde und heutigem Museum, getanzt.

So wurde einst der Danzón getanzt

Bücher werden bei Ediciones Vigía noch von Hand gebunden

🔵 Ediciones Vigía

Calle Magdalena 1, Plaza de la Vigía.
📞 (5) 4845. 🕐 Mo–Sa. 🔴 1. Jan,
1. Mai, 26. Juli, 10. Okt, 25. Dez. 📷

Die Bücher dieses Verlagshauses werden alle in Handarbeit mit unbehandeltem oder recyceltem Spezialpapier hergestellt (vervielfältigt, bemalt und gebunden). Besucher können bei den verschiedenen Stadien der Produktion zusehen sowie Bücher und Zeitschriften erwerben.

Parque Libertad

Die große Einkaufsstraße Calle Milanés führt zu einem weiteren großen Platz, dem Parque Libertad, an dem im 19. Jahrhundert Paraden abgehalten wurden. Erbaut wurde er auf dem Grund eines Yacayo-Indianerdorfes. Die in der Mitte des Platzes

stehende Statue von José Martí ist umgeben von einigen interessanten Gebäuden: dem Liceo Artístico y Literario (1860); dem Casino Español, erbaut Anfang des 20. Jahrhunderts; dem Palacio del Gobierno; der **Catedral de San Carlos** aus dem 17. Jahrhundert, die aber im 19. Jahrhundert größtenteils wiederaufgebaut wurde, und dem Museo Farmacéutico Ernesto Triolet.

🏛 Museo Farmacéutico Ernesto Triolet

Calle Milanés 4951, e/ Santa Teresa y Ayuntamiento. 📞 (5) 243 179.
🕐 Di–So. 📷 🎫 📷

Dieses schöne Beispiel für eine Apotheke aus dem 19. Jahrhundert am Parque Libertad wurde am 1. Januar 1882 von Ernesto Triolet und Juan Fermín de Figueroa eröffnet und ist seit 1964 ein Museum.

In den hölzernen Regalen stehen original französische, handbemalte oder aus den USA importierte Porzellanbehälter und eine große Zahl an Fläschchen mit Kräutern, Sirups und Elixieren. Des Weiteren bietet das Museum eine Sammlung von drei Millionen alten Etiketten, Mör-

INFOBOX

Matanzas. **Straßenkarte** B2.
🏙 150 000. ✈ Carretera
Regalito, (5) 7015. 🚌 Ave. 8 y
5, (5) 924 09. 🚌 Calzada de
Esteban, (5) 914 73. 🚌 Terminal Paseo Martí, Versalles, (5)
532 78. ℹ Rumbos, Calle Magdalena y Medio, (5) 534 93.

sern und Destillierapparaten sowie Werbeplakate über die wundersamen Heilkräfte der Arzneien des Dr. Triolet.

Der Laden dient auch als Büro für wissenschaftliche Informationen mit über einer Million Originalformularen und seltenen Büchern zu den Themen Botanik, Medizin, Chemie und Arzneimittel in verschiedenen Sprachen.

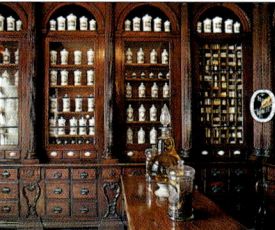

Hölzerne Regale im Museo Farmacéutico Ernesto Triolet

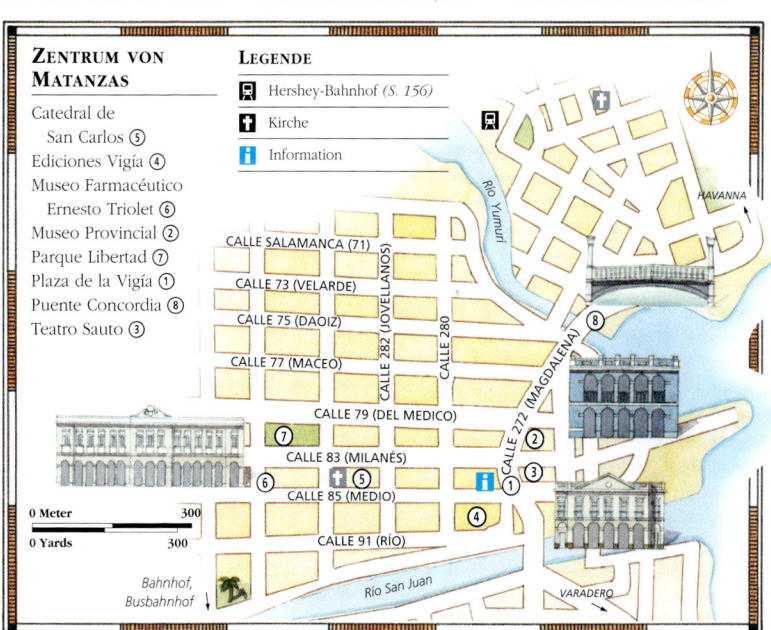

ZENTRUM VON MATANZAS

Catedral de
   San Carlos ⑤
Ediciones Vigía ④
Museo Farmacéutico
   Ernesto Triolet ⑥
Museo Provincial ②
Parque Libertad ⑦
Plaza de la Vigía ①
Puente Concordia ⑧
Teatro Sauto ③

LEGENDE

🚉 Hershey-Bahnhof (S. 156)

✝ Kirche

ℹ Information

HAVANNA

RÍO Yumurí

CALLE SALAMANCA (71)

CALLE 73 (VELARDE)

CALLE 75 (DAOIZ)

CALLE 77 (MACEO)

CALLE 282 (JOVELLANOS)

CALLE 280

CALLE 79 (DEL MEDICO)

CALLE 272 (MAGDALENA)

⑦

CALLE 83 (MILANÉS)

⑥ ✝ ⑤

CALLE 85 (MEDIO)

②

③

ℹ ①

④

0 Meter   300

0 Yards   300

CALLE 91 (RÍO)

⑧

Bahnhof,
Busbahnhof ↓

Río San Juan

VARADERO

Die Bacunayagua-Brücke führt in 110 Meter Höhe über den Fluss Yumurí

Valle de Yumurí ❷

Matanzas. **Straßenkarte** B2.

DIE BACUNAYAGUA-BRÜCKE, 7 km westlich von Matanzas, ist mit einer Höhe von 110 Metern die höchste Brücke Kubas. Sie wurde Anfang der 1960er Jahre über den Fluss Yumurí gebaut. Beim Überqueren hat man eine schöne Aussicht über das Tal unter sich, das über eine parallel zum Fluss führende Straße erreichbar ist.

Dieses beeindruckende, hügelige Gebiet mit zahlreichen Königspalmen ist bekannt für seine Kliniken und Zentren für die Behandlung von Stress, Asthma und Bluthochdruck. Vom Monserrat-Hügel aus, auf dem die

Kirche Nuestra Señora de Monserrat steht, hat man einen fantastischen Blick auf die Bucht von Matanzas. Es gibt unterschiedliche Theorien zur Entstehung des Namens »Yumurí«. Die einen sagen, er rührt von den Wehklagen der von den Spaniern massakrier-

Riesige Kalksteinformation in den Cuevas de Bellamar

ten Indianer. Eine andere Version geht aus einem Brief der schwedischen Schriftstellerin Fredrika Bremer aus dem ausgehenden 19. Jahrhundert hervor. Demnach begingen die Siboney-Indianer, um der Sklaverei zu entrinnen, Selbstmord, indem sie sich in den Fluss stürzten und »Yo morí« (Ich sterbe) schrien.

Cuevas de Bellamar ❸

Carretera de las Cuevas de Bellamar, Matanzas. **Straßenkarte** B2.
täglich.

DIE FASZINIERENDEN Bellamar-Höhlen wurden 1861 zufällig von einem Sklaven entdeckt, der das Gebiet nach Wasser absuchte. Sie liegen nur 5 km westlich von Matanzas.

Bis dato sind erst 3 km dieses riesigen Höhlengeflechts erforscht und Speläologen rechnen mit vielen weiteren Überraschungen. Mit einem Führer kann man sich auf einer Länge von 1,5 km in die Höhle hineinwagen. In diesem Abschnitt befinden sich Höhlen und Stollen, die mit faszinierenden Kristallgebilden aufwarten. Die Temperatur liegt auch bei durchlässigen Höhlenwände konstant bei 26 °C. Diese eindrucksvolle Tour (täglich möglich) führt

DER HERSHEY-ZUG

Der kleine Elektrozug Hershey

Der 1916 eingeweihte erste Streckenabschnitt der Eisenbahnlinie Hershey verband die Zuckerfabrik Hershey mit dem Dorf Canasí, beide an der Küste im Westen von Matanzas gelegen. Das elektrische System war eines der ersten in Kuba. 1924 gab es 38 Züge, von denen aber nur vier die volle Distanz zwischen Havanna und Matanzas zurücklegten. Heute verbindet der Hershey-Zug auf einer landschaftlich reizvollen Strecke mit mehreren Zwischenstops Casablanca *(siehe S. 111)* mit Matanzas *(S. 154f)*.

den Besucher 26 Meter unter den Meeresspiegel, wo er auf 26 Millionen Jahre alte Meeresfossile stößt. Zertifizierte Speläologen haben Zutritt zu einer 50 Meter unter dem Meeresspiegel liegenden Höhle.

In Varadero können in größeren Hotels Führungen in die Höhlen gebucht werden.

Varadero ❹

Siehe S. 158f.

Cárdenas ❺

Matanzas. **Straßenkarte** B–C 2.
🏚 100 000. 🛈 *Rumbos, Ave. 13 y 16, (5) 524 717.*

Geradlinige Fassade des Dominica-Gebäudes in Cárdenas

BEI DER ANKUNFT IN Cárdenas, 50 km östlich von Matanzas und 18 km südlich von Varadero, hat man das Gefühl, in einer anderen Zeit zu sein. Das liegt hauptsächlich an den vielen Gigs und Einspännern, die während der Período Especial *(siehe S. 53)* sehr beliebt waren und noch heute dutzendweise durch die Straßen fahren.

Der Ort, einer der symmetrischsten der Insel, wurde 1828 unter dem Namen San Juan de Dios de Cárdenas gegründet. Im 19. Jahrhundert erlebte er dank der boomenden Zuckerindustrie eine Blütezeit. Heute allerdings finden die Einwohner von Cárdenas,

abgesehen von einer Rumfabrik in der Nähe des Hafens, nur noch in zwei Bereichen Arbeit: in der Landwirtschaft oder in Varaderos Tourismusindustrie.

Die Ortschaft hat kleine, aber feine Sehenswürdigkeiten. Auf dem Parque Colón, einem der beiden Hauptplätze von Cárdenas, steht die erste Statue von Christoph Kolumbus, die in Kuba aufgestellt wurde. Sie wurde 1862 von Gertrudis Gómez de Avellaneda, der spanisch-kubanischen Autorin aus dem 19. Jahrhundert *(siehe S. 26)*, eingeweiht.

Neben der Iglesia de la Inmaculada Concepción (1846) steht ein bedeutendes Monument: das **Dominica**-Gebäude. 1850, als es noch Sitz des spanischen Gouverneurs in Kuba war, hissten

hier kubanische Nationalisten unter der Führung von Narciso López erstmals die kubanische Flagge.

Auf dem zweiten großen Platz, dem Parque Echevarría, steht ein schönes klassizistisches Gebäude aus dem Jahr 1862, ein ehemaliges Gefängnis. 1900 wurde es zum **Museo Municipal Oscar María de Rojas**, was es zum ältesten Stadtmuseum Kubas macht. Ausgestellt werden Münzen, Waffen, Muscheln und Mineralien.

Zudem ist Cárdenas berühmt als Geburtsort von José Antonio Echevarría (1932–1957), dem Rebellen, der der Studentenvereinigung der Universität vorstand. Er führte eine Kampagne gegen Batista und wurde von der Polizei ermordet. Sein Geburtshaus ist heute ein Museum mit interessanten historischen Einblicken in die kubanische Revolution; außerdem zeigt es persönliche Gegenstände von Echevarría und José Martí.

🏛 **Museo Municipal Oscar María de Rojas**
Calzada 4, e/ José Antonio Echevarria y José Martí.
📞 (5) 2417. 🕐 Di–Sa; So vorm. ⬤ 1. Jan, 1. Mai, 26. Juli, 25. Dez. 🈺 📷 📸

🏛 **Museo Casa Natal de José Antonio Echevarría**
Plaza José A Echevarria.
📞 (5) 4145. 🕐 Di–Sa.
⬤ 1. Jan, 1. Mai, 26. Juli, 25. Dez. 🈺 📷 📸

Cárdenas, die Stadt der Pferdekutschen

Varadero ❹

**Indianer-
denkmal**

KUBAS TOP-FERIENORT auf der 19 km langen Península de Hicacos ist über eine Zugbrücke mit dem Festland verbunden, ein Zeichen der Exklusivität von Varadero. Als Ende des 19. Jahrhunderts einige Familien aus Cárdenas Land auf der Halbinsel erwarben und sich Sommerresidenzen an der Nordküste bauten, kam der Strand von Varadero für Reiche in Mode. Nach der Machtübernahme durch Castro 1959 wurde das Gebiet für alle geöffnet. Heute, da in Varadero alles in Dollar gezahlt werden muss, sieht man allerdings nur noch wenige Kubaner dort Urlaub machen.

In diesem hübschen Haus ist das Stadtmuseum Varaderos untergebracht

Überblick: Varadero

Die Halbinsel, die man auch bequem per Fahrrad, Mofa oder Pferdekutsche entdecken kann, ist eine Aneinanderreihung von Hotels, Restaurants, Feriendörfern, Bars, Diskos, Geschäften, Kinos, Campingplätzen und Sportzentren. Überall wachsen Bougainvilleas, Flamboyants, Kokosnusspalmen und Seetrauben.

Der Teil der Hauptstraße, der entlang der Nordküste der Halbinsel führt, heißt Avenida Primera (1ra), der östliche Teil Avenida Las Américas. Hier befinden sich die führenden Luxushotels, die großen Yachtklubs und ein Golfplatz. Die Schnellstraße Autopista Sur verläuft entlang der Südküste.

Das historische Zentrum

Die Altstadt von Varadero, die keine nennenswerten historischen Bauwerke hat, befindet sich rund um die Iglesia de Santa Elvira und den **Parque Central** in der Avenida 1ra zwischen Calle 44 und 46. Das älteste erwähnenswerte Hotel ist das Hotel Internacional aus den 1950er Jahren im Westen der Insel. Es verfügt über ein Kasino und einen extravaganten Swimmingpool.

❀ Parque Retiro Josone
Avenida Primera y Calle 56.
(5) 667 228. wg. Instandhaltungsmaßnahmen.
Ein schöner Park mit Bäumen, tropischen Blumen und Pflanzen, Restaurants und einem kleinen See mit vielen Vögeln, an dem Ruderboote gemietet werden können. Er wurde 1942 von José Uturrió, dem Besitzer der Rumfabrik Arrechabala vor Cárdenas eingerichtet. Der Name ist eine Kombination aus der ersten Silbe seines Vornamens *José* und dem seiner Frau *Onelia*.

🏛 Museo Municipal
Calle 57 y Playa. *(5) 613 189.* täglich.
Das Stadtmuseum erzählt von der Geschichte Varaderos sowohl als Stadt als auch als Touristenzentrum. Es zeigt zudem eine Sammlung indianischen Kunsthandwerks. Besonders interessant ist das Gebäude, in dem es untergebracht ist.

Das blauweiße Holzhaus mit Ziegeldach ist typisch für den architektonischen Stil, der aus den USA eingeführt wurde und in Varadero und der Karibik Anfang des 20. Jahrhunderts allgemein in Mode war. Diese in Louisiana hergestellten Fertighäuser sind leicht aufzustellen und eignen sich gut als Feriendomizile.

Der ursprüngliche Besitzer, Architekt Leopoldo Abreu, schuf fantastische Gärten, welche die Museumsbesucher noch heute bestaunen können. Eine Seite des Museums zeigt zum Meer und vom Balkon aus hat man einen schönen Blick auf den Strand und die Küste.

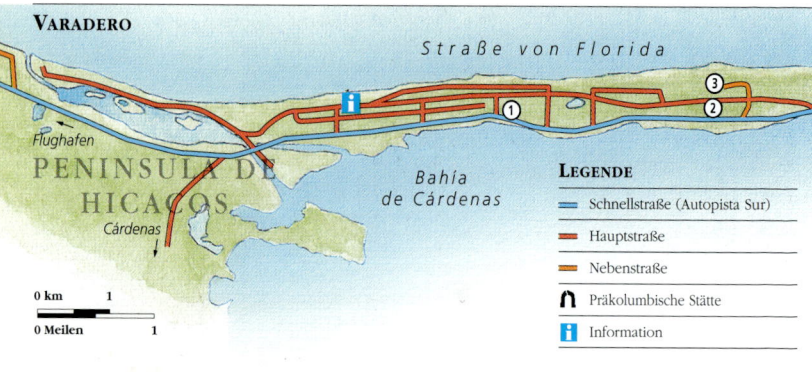

VARADERO

Straße von Florida

Flughafen

PENINSULA DE HICACOS

Cárdenas

Bahía de Cárdenas

LEGENDE
— Schnellstraße (Autopista Sur)
— Hauptstraße
— Nebenstraße
🛇 Präkolumbische Stätte
ℹ Information

0 km 1
0 Meilen 1

Strandabschnitt in Varadero

🍴 Restaurante Las Américas (Villa Xanadú)

Avenida Las Américas,
Reparto Las Torres. ☎ *(5) 667 750.*
🕐 *Mittag- und Abendessen.*

Zwischen 1920 und 1950 kaufte der amerikanische Millionär und Chemiker Alfred Irénée Dupont de Nemours den Erben der spanischen Landbesitzer den Großteil der Halbinsel Hicacos für teures Geld ab. Zu jener Zeit standen dort nur ein paar Villen und ein Hotel. Dupont teilte das Gebiet in Parzellen für Kubaner und Amerikaner ein, die innerhalb weniger Jahre Varadero in ein Zentrum für Glücksspiel und Prostitution verwandelten.

Dupont ritt weiter auf seiner Erfolgswelle und beauftragte die beiden kubanischen Architekten Govantes und Cabarrocas, die schon das Capitolio in Havanna entworfen hatten *(siehe S. 82f)*, eine Villa auf das felsige Kap San Bernardino, den höchsten Punkt Varaderos, zu bauen. Für dieses luxuriöse, vierstöckige Gebäude, das 1929 fertig gestellt und Villa Xanadú genannt wurde, wurden italienischer Marmor und Edelhölzer verarbeitet. Das Dach wurde mit Keramikziegeln gegen die Hitze isoliert. Um das Haus herum lag ein riesiger Garten mit seltenen Pflanzen und Besonderheiten wie einer Leguanfarm und einem Golfplatz. Der Bau kostete insgesamt 338 000 US-Dollar, eine für die damalige Zeit mehr als stolze Summe.

Nach der Revolution 1959 floh Dupont aus Kuba und überließ die Villa der kubanischen Regierung, die sie 1963 in »Las Américas«, das eleganteste Restaurant Varaderos, umwandelte.

Das Restaurant ist auf französische Küche spezialisiert, kann aber auch ohne Restaurantbesuch besichtigt werden. Im Speisesaal stehen noch immer die Originalmöbel, und in der Bibliothek sind Bücher und Fotografien der Dupont-Familie ausgestellt. Die große Terrasse mit Blick auf den Golfklub von Varadero gehört zum Barbereich. Auf Anfrage können Golfspieler auch Übernachtungen in den wenigen Zimmern buchen.

Ehemalige Villa Xanadú, heute Bar und Restaurant, mit ihrem grünen Dach

INFOBOX

Matanzas. **Straßenkarte** B2.
👥 *10 000.* ✈ *6 km westlich, (5) 613 016.* 🚆 *Cárdenas, 18 km südwestlich.*
🚌 *Autopista Sur y 36, (5) 614 886.* ℹ *Rumbos, Ave. 1, esq. 23.*

⛰ Punta Hicacos

Wenn Sie sich für die freie Natur interessieren, sollten Sie den faszinierendsten Teil von Varadero nicht versäumen: das Gebiet bei der Punta Hicacos, das mittlerweile ein Naturreservat ist. Hier gibt es mehrere Höhlen zu besichtigen, darunter die Cueva de Ambrosio mit präkolumbischen Wandmalereien, daneben eine Lagune (Laguna de Mangón) und abgeschiedene Strände.

Die Halbinsel ist auch ein gutes Tauchgebiet mit insgesamt 23 Tauchrevieren.

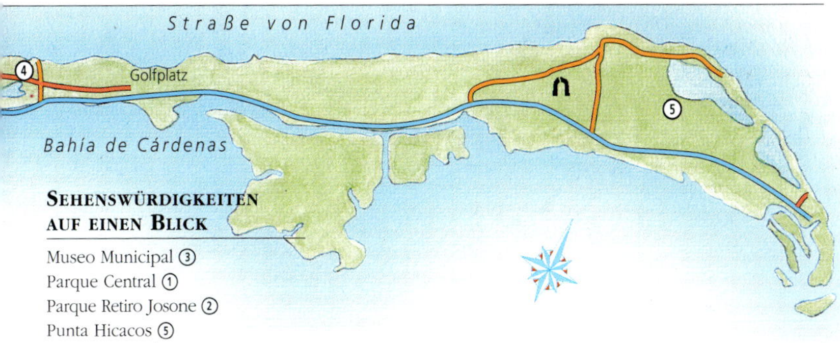
Straße von Florida
Golfplatz
Bahía de Cárdenas

SEHENSWÜRDIGKEITEN AUF EINEN BLICK

Museo Municipal ③
Parque Central ①
Parque Retiro Josone ②
Punta Hicacos ⑤
Villa Xanadú ④

Península de Zapata ❻

Eine
Ananaspflanze

DIESE HALBINSEL ist nach dem Grundbesitzer genannt, dem das Land 1636 von der spanischen Krone zugesprochen wurde. Sie gehört zu den am wenigsten besiedelten Gebieten Kubas und besteht hauptsächlich aus einem großen Sumpf. In der Vergangenheit verdienten die Einwohner ihren Lebensunterhalt mit Torf. Zapata zählt zu den umfangreichsten Wildreservaten der Karibik, in dem zahlreiche Vögel und Tiere leben. Das Gebiet um die Laguna del Tesoro wurde zum Nationalpark erklärt, dem Gran Parque Natural de Montemar. Die karibische Küste mit ihren Sandstränden zieht Taucher und Wassersportler an.

Ein für karibische Küstenregionen typischer Mangrovensumpf

NICHT VERSÄUMEN

★ **Guamá**

★ **Playa Larga**

★ **Playa Girón**

Corral de Santo Tomás ist Zuflucht und Beobachtungspunkt für Zugvögel. Er kann nur mit einem Führer betreten werden. (Fragen Sie an der Rezeption des Hotels Villa Playa Larga.)

Santo Tomás

Quemado Grande

Maneadero

Z A P A T A

Die Laguna de las Salinas ist von November bis Mai Heimat für viele Arten von Zugvögeln.

FAUNA DES ZAPATA-SUMPFS

In diesem Sumpf leben rund 150 Vogelarten, darunter der *zunzuncito* (siehe S. 19), der Kuba-Kauz, die Kuba-Ralle, eine seltene Art des Blässhuhns, Teichhühner, Papageien und Reiher. Entlang der Küste sieht man Seekühe. (Sie werden hier über 4 m lang und wiegen rund 600 kg.) Die Strände und Straßen werden im Frühjahr von Krabben bevölkert, die zur Paarung an Land kommen.

Das heimische Krokodil (Cocodrilo rhombifer) *ist seit den 1960er Jahren geschützt.*

Der Kuba-Kauz (Glaucidium siju) *ist ein kleiner, nachtaktiver Raubvogel.*

Der graue Reiher *ernährt sich von kleinen Fischen und Amphibien.*

Der zunzuncito (Mellisuga helenae) *ist bunt (Männchen) bzw. schwarzgrün (Weibchen).*

LEGENDE

— Hauptstraße

— Nebenstraße

✈ Flugtaxi

ℹ Information

🏖 Empfehlenswerter Strand

⚘ Naturschutzgebiet

✚ Krankenhaus

Ingenio Australia
*Während des Schwei-
nebucht-Konflikts
1961 war diese
Zuckerfabrik Haupt-
quartier der kubani-
schen Armee. Heute ist
sie das Museo de la
Comandancia.*

INFOBOX

Matanzas. **Straßenkarte** B2.
🚶 10 000.
🚌 von Boca de Guamá nach
Guamá.
ℹ️ Rumbos, Villa Playa Larga,
(59) 7228.

★ Guamá
*In Guamá,
einem Ferienort,
der sich auf
zehn Inseln in
der Laguna del
Tesoro verteilt,
steht auch das
Aldea Taína, die
Rekonstruktion
eines typischen
präkolumbischen
Dorfes.*

★ Playa Larga
*Die Playa Larga hat einen
netten Strand und ein Hotel.*

Caleta Buena, eine schöne Bucht acht Kilometer
von der Playa Girón ent-
fernt, eignet sich hervorragend zum Tauchen.

La Cueva de los Peces
ist ein 70 Meter tiefes
natürliches Becken
(cenote), das an einer
Verwerfung liegt. Es ist
ideal zum Tauchen
und Schnorcheln.

★ Playa Girón
*Dieser Strand erlangte
weltweite Berühmtheit
als Schauplatz der
Schlacht zwischen
Castros Männern und
der konterrevolutionä-
ren Armee vom 17. bis
19. April 1961.*

Überblick: Halbinsel Zapata

Willkommensgruß auf der Halbinsel Zapata

DIE HALBINSEL ZAPATA ist ein klassisches Beispiel für unberührte Natur und üppige tropische Vegetation. Hier stoßen Wanderer auf Lianen, Mangroven und Sumpfpflanzen, Besucher liegen in einer Hängematte im Schatten von Palmen, beobachten bunte Vögel, gehen fischen oder fahren Ruderboot auf der Laguna del Tesoro. Der ruhige Gran Parque Natural de Montemar ist mehr etwas für Liebhaber der Wildnis und der unberührten Natur als für Abenteurer. In jedem Fall hat der Besucher von der Wildnis nichts zu fürchten – es gibt auf der Insel keine Raubtiere oder giftigen Schlangen.

Manguanay-Skulptur der kubanischen Künstlerin Rita Longa

Boca de Guamá

Vom Norden aus kommen Sie zuerst durch Jagüey Grande (mit den größten Zitrushainen Kubas) und Ingenio Australia (*siehe S. 161*) und erreichen dann Boca de Guamá. Hier weist ein malerischer *ranchón*, heute ein Restaurant, darauf hin, dass Sie sich dem **Criadero de Cocodrilos**, der Krokodilfarm, nähern. Die Krokodile können von einem Aussichtspunkt aus beobachtet und fotografiert werden.

Die Krokodilfarm, die 1962 gegründet wurde, um 16 bedrohte Reptilienarten zu retten, ist inzwischen die größte Kubas. Hier leben heute rund 100 000 Tiere je nach Größe, Alter und Gattung in getrennten Becken.

Criadero de Cocodrilos

☐ *täglich.* 📷

Guamá

Dieses ungewöhnliche Feriendorf *(siehe S. 253)* in der Laguna del Tesoro (Schatzlagune) verteilt sich auf 90 Quadratkilometer und ist nach einem Taíno-Krieger benannt, der den spanischen Konquistadores bis zu seiner Ermordung 1533 Widerstand leistete.

Die 49 Hütten stehen auf mehreren kleinen Inseln in der Lagune. Sie sind aus Palmenholz und mit Palmenblättern gedeckt. Zwar sind sie einfach gebaut, aber modern ausgestattet und haben sogar Klimaanlage. Bei einem Aufenthalt sollten Sie sich gut gegen Moskitos schützen. Die Hütten sind Pfahlbauten und

über Hängebrücken oder per Kanu zu erreichen. Auch in das Feriendorf selbst gelangt man nur mit dem Boot. Die Fahrt von Boca de Guamá aus dauert etwa eine Stunde und führt durch einen Kanal mit dicht bewachsenem Ufer zur Lagune.

Das Ressort hat ein Restaurant, eine Disko und ein kleines Museum, das Muestras Aborígenes, in dem Funde aus der Zeit der Taínos ausgestellt sind, die im Gebiet um die Laguna del Tesoro entdeckt wurden. Interessant ist auch

die Rekonstruktion des Taíno-Dorfes Aldea Taína, das auf einer der Laguneninseln steht. Dazu zählen vier *bohíos*, typisch indianische Erdhütten, ein *caney* (ein größerer Rundbau) und 25 lebensgroße Skulpturen der bekannten kubanischen Künstlerin Rita Longa. Die Figuren formen den Batey Aborigen, den Indianerplatz, und stellen die wenigen Menschen nach, die in dem Dorf lebten: ein junges Mädchen namens Dayamí, den Krokodiljäger Abey, Cajimo, den Jäger des Nagetiers *jutía (siehe S. 142)*, Manguanay, die Mutter, die ihrer Familie *casabe* (Maniok) kocht, Yaima, ein kleines Mädchen, das spielt, und die Schlüsselfigur Guamá, den tapferen Taíno-Krieger.

Eine der 49 Pfahlhütten in der Laguna del Tesoro

Playa Larga

Am Ende der Schweinebucht liegt einer der besseren Strände dieses Küstenabschnitts, der zumeist bis zum Ufer hinunter dicht bewachsen ist. Das vorgelagerte Korallenriff ist ein fantastisches Tauchrevier. Der Touristenbereich von Playa Larga ist beliebt bei Kubanern und bietet auch ausländischen Urlaubern ausreichenden Standard.

In der Nähe des Parkplatzes erinnert ein Denkmal an die Landung der Anti-Castro-Truppen 1961. Die Straße zur Playa Girón ist gesäumt von Gedenksteinen zu Ehren der kubanischen Opfer, die in der drei Tage dauernden Schlacht fielen.

Nordöstlich der Playa Larga liegt ein ornithologisches Reservat und das Centro Internacional de Aves (Internationales Vogelzentrum).

Die Cueva de los Peces *(siehe S. 161)* ist ideal zum Tauchen

Playa Girón

Dieser Strand wurde im 17. Jahrhundert nach dem französischen Piraten Gilbert Giron benannt, der hier Zuflucht fand. Drei Jahrhunderte später wurde er 1961 zum Schauplatz der erfolglosen, von den Amerikanern gestützten Invasion. Auf einem großen Schild am Eingang zum Strand steht: »Hier erlitt der nordamerikanische Imperialismus seine erste große Niederlage.«

Der Strand eignet sich hervorragend zum Fischen und Tauchen und ist auf Touristen eingestellt.

Lassen Sie sich nicht das **Museo Girón** entgehen, das die Invasion in Fotos, Dokumenten, Waffen, einem Panzer und Flugzeugwracks aus der letzten Schlacht darstellt und während der Invasion gedrehte Filme zeigt.

🏛 **Museo Girón**
Playa Girón, Península de Zapata.
📞 (59) 4122. ⏱ täglich.
🖼 📷 📷

Playa Girón, der östlichste Sandstrand in der Schweinebucht

SCHWEINEBUCHT-INVASION

Die lang gezogene, enge Schweinebucht *(Bahía de Cochinos)* wurde 1961 weltbekannt. Am 14. April dieses Jahres, zum Höhepunkt des Kalten Krieges, lief eine Gruppe von 1400 Exilkubanern, die mit der Zustimmung des Präsidenten der Vereinigten Staaten, John F. Kennedy, von der CIA ausgebildet worden waren, auf sechs Schiffen aus Nicaragua aus. Am nächsten Tag griffen sechs amerikanische B-26-Bomber die drei Militärstützpunkte Kubas an. Es gab sieben Tote und 53 Verletzte.

Am 16. April ging die Gruppe von Konterrevolutionären an den größten Stränden, Playa Larga und Playa Girón, an Land. Dort stießen sie jedoch auf kubanische Kämpfer, die von

Freigelassene Geiseln bei ihrer Rückkehr aus Kuba in die Vereinigten Staaten

Fidel Castro persönlich angeführt wurden. Sie waren gut auf die Schlacht vorbereitet und hatten den Rückhalt der kubanischen Bevölkerung. Der Kampf dauerte nur drei Tage und endete mit der schnellen Niederlage der Angreifer. Um eine internationale Krise zu verhindern, die aufgrund der sowjetischen Unterstützung Kubas schwer wiegende Konsequenzen hätte haben können, zogen die USA plötzlich ihre Flugzeuge ab und überließen die Angreifer an Land – viele davon waren Söldner – ihrem Schicksal. Diese wurden verhaftet und sofort verurteilt. Nach 20 Monaten Haft durften sie gegen Medizin, Nahrungsmittel und Krankenhausausstattungen in die USA zurückkehren.

Cienfuegos ❼

Triumphbogen (1902)

Cienfuegos, die Hauptstadt der gleichnamigen Provinz, ist eine maritime Stadt mit einem gut erhaltenen historischen Zentrum und einer der bezauberndsten Buchten der Karibik, weshalb die Stadt in der Kolonialzeit die »Perle des Südens« genannt wurde. Als Kolumbus den Golf 1494 entdeckte, war sie noch von Jagua-Indianern bewohnt. Um die Bucht vor Piraten zu schützen, erbauten die Spanier 1745 hier ein Fort. Die erste Stadt wurde 1819 gegründet und nach dem damaligen kubanischen Gouverneur José Cienfuegos benannt. Die Straßen sind schachbrettartig angelegt, ein Relikt des Klassizismus.

Der »Kilometer null« auf dem Parque Martí

Parque Martí

Der »Kilometer null«, Mittelpunkt von Cienfuegos, befindet sich in der Mitte des Parque Martí, des ehemaligen Paradeplatzes Plaza de Armas. Der große rechteckige Platz (200 x 100 m) wurde wegen seiner Gebäude und deren historischer Bedeutung zum Nationaldenkmal erklärt. Hier wurde die Gründung der Stadt in einer glanzvollen Zeremonie unter einem Hibiskusbaum gefeiert. Dieser diente als Markierung für die ersten 25 Blocks, die in der Stadt gebaut wurden.

Löwen auf einem Marmorpodest säumen ein 1906 aufgestelltes Denkmal für José Martí. In der Calle Bouyón steht der einzige Triumphbogen Kubas, der 1902 vom örtlichen Arbeiterverband in Auftrag gegeben wurde, um die Ausrufung der Republik Kuba zu manifestieren. Eine Seite des Platzes wird vom **Palacio del Ayuntamiento** eingenommen, der an das Capitolio in Havanna *(siehe S. 82f)* erinnert und heute Sitz der Provinzregierung ist.

🎭 Teatro Tomás Terry

Ave. 56 No. 2703 y Calle 27.
📞 *(432) 33 61.* ⬜ *täglich.*
🎫 ◻ ◉

Dieses Theater wurde 1886 bis 89 erbaut, um dem letzten Willen von Tomás Terry Adams nachzukommen, einem skrupellosen Fabrikbesitzer, der mit Sklavenhandel zu Reichtum gekommen war und dann zum Major wurde. Anfang des 20. Jahrhunderts traten hier auch Weltstars wie Enrico Caruso und Sarah Bernhardt auf. Entworfen wurde es von Lino Sánchez Mármol als Theater im italienischen Stil, mit einem beeindruckenden, U-förmigen Zuschauersaal auf drei Ebenen und einem riesigen Fresko von Camilo Salaya, einem philippinisch-spanischen Maler, der Ende des 19. Jahrhunderts nach Kuba umsiedelte. Die einfache, wohlproportionierte Fassade hat fünf Bögen und Eingänge. Die Keramikmasken auf den Giebeldreiecken stammen aus den Salvatti-Ateliers in Venedig und stellen die Drei Grazien dar.

Links vom Theater steht das Colegio de San Lorenzo, eine Stiftung von Nicolás Jacinto Acea, der bedürftigen Kindern der Stadt die Möglichkeit zur Ausbildung geben wollte.

🔒 Catedral de la Purísima Concepción

Ave. 56 No. 2902 y Calle 29.
📞 *(432) 5297.* ⬜ *Mo–Sa; So vorm.* 🔒

Die von 1833-69 erbaute Kathedrale von Cienfuegos zählt zu den bedeutendsten Gebäuden auf dem Hauptplatz. Auffallend sind ihre klassizistische Fassade mit zwei unterschiedlich hohen Glockentürmen und Buntglasfenstern aus Frankreich, die die zwölf Apostel darstellen.

🏛 Museo Provincial

Ave 54 No. 2702 esq. Calle 27.
📞 *(432) 9722.*
⬜ *Di–Sa; So vorm.*
⬤ *1. Jan, 1. Mai, 26. Juli, 25. Dez.*
🎫 ◻ ◉

Das Provinzmuseum befindet sich im ehemaligen Kasino Español, einem kirchenähnlichen Gebäude, das am 5. Mai 1896 eröffnet wurde. Die Einrichtung in Bronze, Marmor und Alabaster mit Kristall- und Porzellansammlungen zeugt vom Geschmack und Wohlstand der Einwohner im 19. Jahrhundert.

Die einfache und doch beeindruckende Fassade des Teatro Tomás Terry

Der Palacio Ferrer mit seiner unverwechselbaren blauen Kuppel

🏛 Palacio Ferrer

Ave. 54 esq. Calle 25. ☎ *(432) 6584.* 🕐 *für kulturelle Ereignisse.* ♿ *Zugang zum Aussichtspunkt.*

Der Palast, in dem heute die Casa Provincial de la Cultura untergebracht ist, wurde Anfang des 20. Jahrhunderts vom Zuckermagnaten José Ferrer Sirés erbaut. Enrico Caruso soll während seiner Auftritte im Teatro Tomás Terry hier gewohnt haben. Das Gebäude steht am Westende des Platzes und ist der eigentümlichste Bau am Platz. Es hat eine Kuppel mit blauen Mosaiken. Über eine Wendeltreppe gelangt man nach oben und hat einen schönen Blick über die Stadt.

🏛 Museo Histórico Naval Nacional

Ave. 60 y Calle 21, Cayo Loco. ☎ *(432) 9143.* 🕐 *Di–Fr; Sa, So vorm.* ● *1. Jan, 1. Mai, 26. Juli, 25. Dez.* ♿ 📷

Nordöstlich des Parque José Martí, auf der Halbinsel Cayo Loco, steht das größte Schifffahrtsmuseum Kubas mit einer Reihe von Dokumenten über den Aufstand vom 5. September 1957 gegen Batista und einer interessanten Ausstellung über die Geschichte der kubanischen Marine.

> **INFOBOX**
>
> Cienfuegos. **Straßenkarte** C3. 👥 *150 000.* ✈ *5 km nordöstlich, (432) 2296.* 🚆 *Ave. 58 y Calle 4.* 🚌 *Calle 49, e/ Ave. 56 y 58.* ℹ *Rumbos, Calle 25 no. 5405, (432) 451 234; Ave. 20, e/ 39 y 41, (432) 9651.*

Paseo del Prado

Die 1922 angelegte, belebteste Straße der Stadt ist bekannt für elegante, gut erhaltene Gebäude und Denkmäler zu Ehren einheimischer Persönlichkeiten. Sie führt durch die Altstadt und geht Richtung Süden bis Punta Gorda.

Paseo del Prado, Hauptstraße der Altstadt von Cienfuegos

LEGENDE
Kirche
Information
0 Meter 300
0 Yards 300
Cayo Loco
CALLE 19
AVENIDA 62
AVENIDA 60
AVENIDA 58
AVENIDA 56 (SAN CARLOS)
AVENIDA 54
AVENIDA 52
AVENIDA 50
CALLE 23
CALLE 25
CALLE 29
CALLE 31
CALLE 33
CALLE 35
PASEO DEL PRADO (CALLE 37)
Bahnhof
Busbahnhof
Punta Gorda
Reina
ZENTRUM VON CIENFUEGOS
Ayuntamiento 4
Catedral de la Purísima Concepción 3
Museo Histórico Naval Nacional 7
Museo Provincial 5
Palacio Ferrer 6
Parque Martí 1
Paseo del Prado 8
Teatro Tomás Terry 2

Überblick: Cienfuegos

D IE NÄHE ZUM MEER ist immer stärker spürbar, je weiter man von der Altstadt von Cienfuegos in Richtung der Stadtviertel Reina und Punta Gorda geht, zwei engen Landstrichen, die fast vollständig von Wasser umgeben sind. Am eindrucksvollsten ist es jedoch am Eingang zur Bucht mit der Festung Castillo de Jagua und dem pittoresken Fischerhafen Perché. Südöstlich von Cienfuegos befindet sich einer der spektakulärsten botanischen Gärten Lateinamerikas.

Interieur des Palacio de Valle mit neomaurischer Dekoration

Typische Holzhäuser von Punta Gorda

Punta Gorda

An der Südspitze der Bucht von Cienfuegos liegt Punta Gorda – Anfang des 20. Jahrhunderts aristokratisches Stadtviertel –, von wo aus man einen schönen Blick über die Bucht hat. Bei einem Spaziergang entlang der Küste sieht man viele Jugendstilvillen. An der Spitze der Halbinsel stehen typische Holzhäuser in hellen Farben. Sie wurden den vorgefertigten »Ballonrähmen«-Häusern der USA nachempfunden, die Anfang des 20. Jahrhunderts in Mode waren.

🏛 Palacio de Valle

Calle 37 e/ Ave. 0 y 2, Punta Gorda.
📞 *(432) 451 226.*
◻ *täglich.* 📷
Ⓦ *www.pvalle.islagrande.cu*
Der 1913–17 erbaute Palacio de Valle wurde von einheimischen und ausländischen Architekten entworfen. Bauherr war der Zuckerhändler Acisclo del Valle Blanco, damals einer der reichsten Männer Kubas. Das zweistöckige Gebäude, heute ein Restaurant, ist mit gotischen, venezianischen und neomaurischen Motiven dekoriert und weist starke Einflüsse des arabisch-spanischen Stils der Alcázars in Granada und Sevilla auf. Die Fassade hat drei unterschiedliche Türme, die Macht, Religion und Liebe symbolisieren. Die Terrasse ist öffentlich zugänglich.

🏛 Cementerio Monumental Tomás de Acea

Ave. 5 de Septiembre. 📞 *(432) 5257.*
◻ *täglich.* 📷📷
Beeindruckender Monumentalfriedhof im Osten von Cienfuegos. Er vereint verschiedene Stilrichtungen und wurde als Garten mit Pfaden und Obstbäumen konzipiert. Der Eingang ist eine Replik des Parthenon in Athen.

Palacio de Valle, den Batista in ein Kasino umwandelte und der heute ein Restaurant ist

⚰ Cementerio General La Reina

Ave. 50 y Calle 7, Reina.

🔘 *täglich.* 🖼

Der klassizistische Stadtfriedhof La Reina befindet sich am Westende der Stadt. Er wurde in den 1830er Jahren angelegt und mittlerweile zum Nationaldenkmal erklärt. Hier steht unter anderem auch die berühmte Grabstatue *La Bella Durmiente* (»Schlafende Schönheit«).

Statue der Schlafenden Schönheit auf dem Friedhof La Reina in Cienfuegos

♠ Castillo de Jagua

Poblado Castillo de Jagua. 🚤
📞 *(432) 6402.* 🔘 *Di–So.*
🚫 *1. Jan, 1. Mai, 26. Juli, 25. Dez.*
🖼 📷 📷

Das Castillo wurde von Bruno Caballero entworfen und unter Leitung von José Tantete erbaut. Es sollte die Region vor jamaikanischen Piraten beschützen und war im 18. Jahrhundert die drittgrößte Festung Kubas und die einzige Zentralkubas. Burggraben und Zugbrücke sind noch intakt, im Gebäude selbst befindet sich heute ein Fischlokal.

Die Legende besagt, dass die Zitadelle von einer geheimnisvollen Dame in blauen Gewändern bewohnt war, die jede Nacht durch die Räume und Flure wandelte und die Wächter erschreckte. Eines Morgens soll ein Wächter aufgefunden worden sein, der völlig verstört ein Stück blauen Stoffs in den Händen hielt. Der Unglückselige erholte sich nie von seinem Schock und landete im Irrenhaus.

Am Fuße des Castillo liegt das Fischerdorf **Perché** mit hübschen Holzhäusern, die in starkem Kontrast zu dem majestätischen Militärbau stehen.

Zum Castillo gelangen Sie am besten mit einer Fähre vom Hotel Pasacaballos (29 km südlich von Cienfuegos), über den Kai in Cienfuegos oder mit dem Boot von Punta Gorda.

UMGEBUNG: Die Provinz Cienfuegos ist interessant für Ökotouristen. Neben der Heilquelle **Ciego Montero** nördlich der Hauptstadt sind auch **El Nicho** im Südosten – berühmt für ihre Wasserfälle – und das Naturschutzgebiet Aguacate sehenswert.

Hauptanziehungspunkt ist das **Valle de Yaguanabo** im Süden. Durch dieses Tal fließt der gleichnamige Fluss mit kleinen Wasserfällen und klaren Süßwasserbecken. An einem der Berge, auf dem auch Wildschweine, Rehe, Hirsche und Opossums leben, geht es in die **Cueva de Martín Infierno**. Diese Höhle ist seit 1990 Nationaldenkmal, da dort einer der größten Stalagmiten der Welt (67 m hoch) und weitere seltene mineralogische Vorkommen wie Mondmilch und Flores de Yeso zu sehen sind.

Rund 20 Kilometer südlich von Cienfuegos liegt die **Playa Rancho Luna** mit goldenem Sand und einem Hotel *(siehe S. 253).* Hierher kommen sowohl Einheimische als auch Touristen gerne.

BENNY MORÉ

Der besondere Stolz von Cienfuegos ist Maximiliano Bartolomé Moré, besser bekannt als Benny Moré, der am 24. August 1919 im nahe gelegenen Santa Isabel de las Lajas geboren wurde. Moré inspirierte viele Generationen nicht nur von Kubanern mit seiner weichen, einzigartigen Stimme, mit der er eine Vielzahl von Musikgenres abdeckte. Aus diesem Grund wurde er auch *el bárbaro del ritmo* (Rhythmusbarbar) genannt. Er war Autodidakt und sang schon in jungen Jahre mit berühmten Orchestern wie dem der Matamoros-Brüder und Pérez Prado *(siehe S. 28f).* Er verstarb Anfang der 1960er Jahre. Einige Zeit lang gedachte ihm Cienfuegos – eine Stadt mit großer musikalischer Tradition und Wiege des Cha-Cha-Cha – mit dem Internationalen Benny Moré Festival. Der Cabildo Congo di Lajas in seiner Heimatstadt veranstaltet Konzerte mit afrokubanischen Volksliedern und -tänzen.

Der kubanische Sänger Benny Moré

Jardín Botánico Soledad ❽

EDWIN ATKINS, BESITZER DER ZUCKERFABRIK Soledad 15 Kilometer von Cienfuegos entfernt, wandelte 1912 vier Hektar seines Areals in ein Zuckerrohr-Forschungs-zentrum um und bepflanzte dessen Garten mit zahlrei-chen tropischen Pflanzen. 1919 wurde der Grund von der Universität Harvard aufgekauft, die ein Botanisches Ins-titut für Zuckerrohr und die karibische Flora ins Leben rief. Der Botanische Garten steht seit 1961 unter der Lei-tung der kubanischen Regierung und zählt mit einer Fläche von 90 Hektar und über 2000 verschiedenen Pflanzenarten, darunter 300 Palmen, zu den größten La-teinamerikas. Abgesehen von den endemischen Pflanzen stehen dort auch riesige Bambusbäume. Bei Führungen wird der Garten teils zu Fuß teils mit dem Auto erkundet.

★ **Zufahrt zum Garten**
Die Zufahrt, eine Allee aus Königspalmen, führt vom Eingang bis zum Glashaus

Gemüsepflanzen

Labor

Kasse, Bibliothek

Heilpflanzen,
die im ganzen Land angebaut werden, gibt es in diesem klei-nen Bereich zu sehen.

Wald-pflanzen

Geschützter Wald

NICHT VERSÄUMEN

★ **Banyan**

★ **Zufahrt zum Garten**

★ **Banyan**
Von den über 80 Feigenbäu-men im Botanischen Garten ist der beeindruckendste der riesige Ficus benghalensis (bengalische Feige oder Banyan), ein Luftwurzler mit über 20 Meter Umfang. Wurzeln, Stämme und Zwei-ge bilden eine schier un-durchdringbare Mauer.

Kakteen
*Im Glashaus wachsen
über 200 Kakteenarten.
Sie sind alle recht jung,
nachdem Hurrikan Lilly 1996 schwere Schäden angerichtet hatte.*

Wasserlilien
Der Teich in der Nähe des Glashauses wird völlig von Wasserlilien bedeckt. Sie sind hellrosa, weiß, dunkellila, blau oder gelb und geben so ein farbenfrohes Bild ab.

Santa Clara ❾

Siehe S. 170ff.

Sierra del Escambray ❿

Villa Clara, Sancti Spíritus, Cienfuegos. **Karte** C3. *Informationszentrum Topes de Collantes, (42) 401 80.*

DIE SIERRA DEL ESCAMBRAY mit einer durchschnittlichen Höhe von 700 Metern über dem Meeresspiegel erstreckt sich weit über den südlichen Teil von Zentralkuba und geht dabei durch drei Provinzen: Villa Clara, Cienfuegos und Sancti Spíritus *(siehe S. 187)*. Im Herzen der Bergkette liegt das Naturreservat **El Nicho**. Seine umfangreiche Bergfauna und -flora ist von großem wissenschaftlichen und ökologischen Wert. Am **Pico San Juan**, dem höchsten Berg der Sierra (1156 m), wachsen Nadelbäume und Flechten sowie Kaffeepflanzen.

Ein langer, steiler Weg führt von der Nordseite der Berge hinauf zum atemberaubenden **Embalse Hanabanilla**, einem großen künstlichen See, über dem ein Hotel thront. Der Río-Negro-Pfad, der um den gleichnamigen Wasserfall verläuft, führt zu einem Aussichtspunkt mit Blick über den See.

In Macagua steht die 1968 gegründete Schauspielschule **Comunidad Teatral del Escambray**. Mitglieder des Theaters von Havanna probten hier, bevor sie auf landesweite Tournee gingen.

Mimose
Die Mimose mit ihren geteilten Blättern ist eine wunderschöne Zierpflanze.

PALMEN

Für viele Kubaner symbolisieren Palmen die Macht der Götter. Auf der Insel wachsen viele Arten: die Königspalme *(Roystonea regia)*, die Nationalpflanze, die Flaschenpalme *(Colpothrinax wrightii)*, genannt *barrigona* (Schwangere), da der Stamm in der Mitte dicker wird, die Sabal-Palme, deren farnartige Blätter zum Dachdecken verwendet werden, die einheimische Coccothrinax *(C. crinita)* mit ihren unverwechselbaren Blättern und die Korkpalme *(siehe S. 139)*.

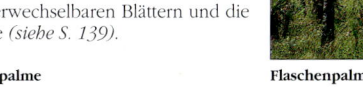
Königspalme

Flaschenpalme

Coccothrinax-Palme

Santa Clara 9

Im Teatro de la Caridad trat schon Enrico Caruso auf

Büste von Leoncio Vidal

Sᴀɴᴛᴀ Cʟᴀʀᴀ ᴡᴜʀᴅᴇ ᴀᴍ 15. Jᴜʟɪ 1689 von einer Gruppe Einwohner von Remedios gegründet *(siehe S. 173)*, die von der Küste weggezogen waren, um den Piratenübergriffen zu entkommen. Santa Clara war über Jahrhunderte hinweg Hauptstadt der Provinz Las Villas, zu der die heutigen Provinzen Cienfuegos, Sancti Spíritus und Villa Clara gehörten. Ein historisches Ereignis machte Santa Clara berühmt: 1958 fand hier der letzte Kampf der Guerilleros unter Führung von Che Guevara statt, mit dem das Ende der Batista-Diktatur eingeläutet wurde. Das lebhafte Santa Clara, bekannt als »Stadt der heroischen Guerilleros«, hat viel zu bieten.

Santa Claras hübscher Hauptplatz, der Parque Leoncio Vidal

Parque Leoncio Vidal

Im Herzen der Stadt liegt dieser bezaubernde Platz, der mit seinen gepflegten Blumenbeeten, schmiedeeisernen Bänken und Straßenlaternen noch die Original-Atmosphäre von 1925 beibehalten hat.

Der Obelisk wurde von der reichen Erbin Martha Abreu de Estévez in Gedenken an zwei Priester, Juan de Conyedo und Hurtado de Mendoza, gestiftet. Sie finanzierte auch weitere Bauten, so das Teatro de la Caridad, die erste öffentliche Badeanstalt der Stadt, das Observatorium, das Elektrizitätswerk, ein Krankenhaus und ein Feuerwehrhaus.

Auf dem Platz steht auch eine Büste von Leoncio Vidal, einem Oberst der nationalen Befreiungsarmee, der 1896 im Kampf fiel, sowie ein Brunnen und eine Skulptur mit dem Titel *Niño de la Bota* (Kind in Stiefeln), die vom New Yorker Kunsthandel J. L. Mott aufgekauft wurde.

Bis 1894 durften Schwarze den Platz nicht betreten, sondern nur bestimmte Gehsteige entlanggehen.

🎭 Teatro de la Caridad

Parque Vidal 3.
📞 *(422) 5548.*

Dieses Theater, das nach Entwürfen des Ingenieurs Herminio Leiva y Aguilera im Auftrag der Erbin Martha Abreu de Estévez erbaut wurde, wur-

Antike Vase in einer Halle des Museo de Artes Decorativas

de 1885 eröffnet. Es bot noch viel mehr als Theater: einen Barbier, einen Ballsaal, eine Spielhalle, ein Café und ein Restaurant. So sollte Geld gesammelt werden, das für die Armen der Stadt gedacht war (daher sein Name »Theater der Wohltätigkeit«).

Das Gebäude hat eine gerade, einfache Fassade, die ganz im Gegensatz steht zum verzierten Interieur mit seinen zahlreichen Kandelabern und Wandgemälden und einer Bühne mit allen technischen Raffinessen und drapierten Vorhängen. Der Zuschauersaal selbst hat drei Ränge mit schmiedeeisernen Balkonen und Klappsitze im Parkett, was damals in Kuba eine absolute Neuheit war.

Besonders schön sind die Deckenfresken des spanisch-philippinischen Malers Camilo Salaya, die Allegorien über Genie, Geschichte und Ruhm darstellen.

🏛 Museo de Artes Decorativas

Calle Martha Abreu esq. Luis Estévez
📞 *(422) 5368.*
🕐 *Mo, Di, Do–Sa, So nachm.*
⊘ *1. Jan, 1. Mai, 26. Juli, 25. Dez.*

Das Museo de Artes Decorativas in einem Gebäude aus dem Jahr 1810 ist in jedem Fall einen Besuch wert. Es stellt Möbel aus dem 18., 19. und 20. Jahrhundert sowie Mobiliar und Gemälde aus dem Besitz der damals einflussreichsten Familien der Stadt aus. Besonders elegant und reizvoll sind die Stiftungen der kubanischen Lyrikerin Dulce María Loynaz *(siehe S. 27)*, darunter zwei Gefäße aus Sèvres-Porzellan, die größten ihrer Art in Kuba.

Das Tren-Blindado-Denkmal, ein Kunstwerk von José Delarra

Villa Clara. **Straßenkarte** C3.
👥 250 000. 🚂 Luis Estévez
323. 🚌 Carretera Central km
2,5. ℹ️ Fremdenverkehrsamt,
Hotel Santa Clara Libre, Parque
Vidal, (422) 275 48.

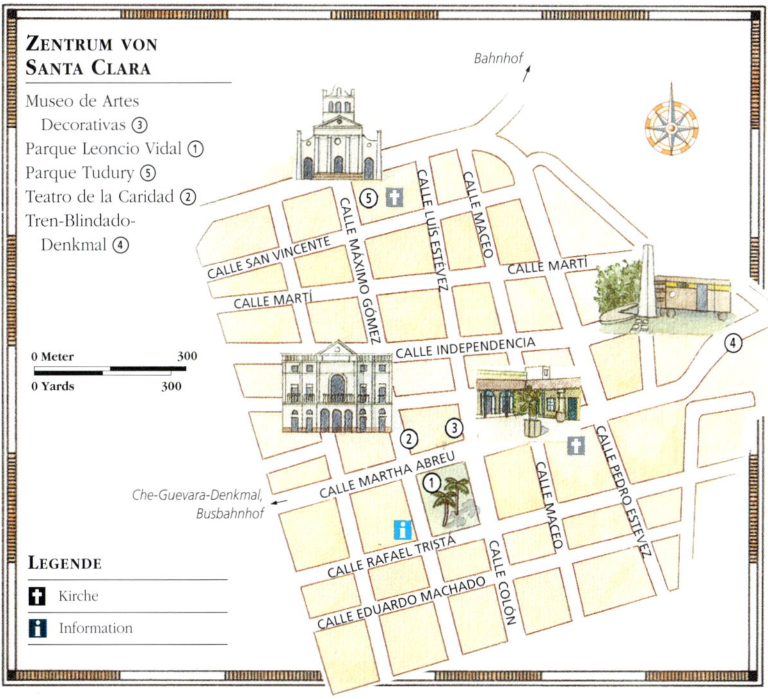

🏛 **Tren-Blindado-Denkmal**

Carretera Camajuaní, Kreuzung mit
Eisenbahnlinie.

Am 28. Dezember 1958
gelang es Che Guevara mit
Hilfe von nur 300 Männern,
die Stadt zu erobern, die von
3000 Soldaten Batistas vehe-
ment verteidigt wurde. Am
darauf folgenden Tag sorgte
Che Guevara für einen weiteren schweren Rückschlag des
Diktators, indem er einen
Militärzug zum Entgleisen
brachte, der 408 Soldaten und
diverse Waffen in den Osten
Kubas bringen sollte, um die
Rebellen aufzuhalten.

Der kubanische Bildhauer
José Delarra gedachte dieses
Ereignisses, indem er an seinem Schauplatz – im nordöst-
lichen Teil von Santa Clara,
auf der Linie nach Remedios
– ein Monumentalmuseum
schuf. Hier wird der Ablauf
der Ereignisse nachgestellt.
Dafür wurden Originalele-
mente wie vier Waggons des
Militärzugs, militärische Pläne
und Karten, Fotografien und
Waffen verwendet. Ebenfalls
ausgestellt ist der D-6-Bulldo-
zer, mit dem die Guerilleros
die Gleise entfernten und die
Entgleisung verursachten. Die
Episode endete damit, dass
sich Batistas Männer ergaben.

Parque Tudury

Auf dem Parque Tudury, dem
Platz vor der 1756 erbauten
klassizistischen Kirche Iglesia
di Nuestra Señora del Carmen, steht ein Denkmal in
Erinnerung an die Gründung
der Stadt Santa Clara. Es wurde 1951 um einen Tamarin-
denbaum herum errichtet,
dort, wo am 15. Juli 1689 die
erste Messe in der neuen
Stadt abgehalten wurde. Das
Denkmal besteht aus insgesamt 18 Säulen, in die die
Namen der ersten Familien
eingraviert sind, die in Santa
Clara lebten.

**ZENTRUM VON
SANTA CLARA**

Museo de Artes
   Decorativas ③
Parque Leoncio Vidal ①
Parque Tudury ⑤
Teatro de la Caridad ②
Tren-Blindado-
   Denkmal ④

Bahnhof

CALLE SAN VINCENTE
CALLE MÁXIMO GÓMEZ
CALLE LUIS ESTÉVEZ
CALLE MACEO
CALLE MARTÍ
CALLE MARTÍ
CALLE INDEPENDENCIA
CALLE MARTHA ABREU
CALLE MACEO
CALLE PEDRO ESTÉVEZ
CALLE RAFAEL TRISTÁ
CALLE COLÓN
CALLE EDUARDO MACHADO

0 Meter   300
0 Yards   300

Che-Guevara-Denkmal,
Busbahnhof

LEGENDE

🔲 Kirche

ℹ️ Information

Skulpturenkomplex zu Ehren von Che Guevara in Santa Clara

☗ Denkmal »Comandante Ernesto Che Guevara«

Plaza de la Revolución Ernesto Guevara, Santa Clara.

☏ (422) 5878. ☐ Di–So.
☀ 1. Jan, 1. Mai, 26. Juli, 25. Dez.
♿ ☐ ☐

Das Monument auf der Plaza de la Revolución wurde anlässlich des 30. Jahrestages der Schlacht von Santa Clara erbaut. Es wurde vom Architekten Jorge Cao Campos und dem Bildhauer José Delarra entworfen und am 28. Dezember 1988 enthüllt.

Der Komplex umfasst ein Museum und das Mausoleum von Che Guevara. Dominiert wird das Denkmal von einer eindrucksvollen Bronzestatue von Che mit eingegipstem Arm. (Er hatte sich in der Schlacht gebrochen.) Daneben zeigt ein Flachrelief Kampfszenen, in die Zitate Ches aus seinem Abschiedsbrief vor seinem Aufbruch nach Bolivien eingraviert wurden.

Unter dem Denkmal (der Eingang liegt auf der Rückseite) befindet sich das Museum, ein Entwurf von Blanca Hernández Guivernau, in dem persönliche Gegenstände Ches sowie eine chronologische Rekonstruktion seines Lebens ausgestellt sind. Hier wird seine Ideologie besonders deutlich.

Zu den persönlichen Gegenständen gehören sein Pistolenhalfter, seine Uniform, der Kanister, aus dem er seinen Mate-Tee trank, seine Mütze und das Telefon, das er in der Schlacht von Santa Clara benutzte.

Der jüngste Bau auf dem Platz ist das Mausoleum mit den sterblichen Überresten Che Guevaras und sechs weiterer Kameraden, die 30 Jahre nach ihrem Tod in Bolivien gefunden und im Juli 1997 nach Kuba überführt wurden. Das Grab ist einer Höhle nachempfunden, hat Nischen für die Ossuarien und eine Ewige Flamme in der Mitte. Täglich strömen viele Kubaner hierher, um ihrem Helden die Ehre zu erweisen.

ERNESTO CHE GUEVARA

Als Ernesto Guevara de la Serna in Bolivien auf Befehl des CIA getötet wurde, war er erst 39 Jahre alt. Im Sommer 1997 – als Kuba den 30. Todestag des *guerrillero heroico* beging – wurde sein Leichnam nach Kuba überführt. Che war einer von nur zwei Ausländern in der Geschichte Kubas (der andere ist der dominikanische General Máximo Gómez), die zu kubanischen Staatsbürgern «durch Geburt» erklärt wurden.

Fotograf Korda mit seinem berühmten Porträt Che Guevaras

Als sein Sarg zur Musik der *Suite de las Américas* aus dem Flugzeug heruntergelassen wurde, wurde jedem, insbesondere den jungen Kubanern, klar, dass Che Guevara wirklich existiert hatte; er war nicht nur eine Legende des 20. Jahrhunderts, sondern Realität für Millionen von Menschen, die seine Weltanschauung teilten. Weiteres Zeugnis sind seine Kinder, seine Witwe Aleida March, all diejenigen, die mit ihm in der Sierra und im Kongo gekämpft hatten, und auch Alberto Granado, mit dem Che seine ersten Reisen nach Lateinamerika unternommen hatte und der nach der Revolution auf Einladung seines Freundes hin nach Kuba übersiedelte. Trotz seines Asthmas hatte Che einen eisernen Willen. Er war Idealist, Perfektionist, Schöngeist und Altruist – ein Mann der Tat, der Sport und Bücher liebte und oft über das Leben sinnierte und schrieb. So führte er auch bis zu seinem Tod Tagebuch.

SE ASIGNA AL COMANDANTE
ERNESTO CHE GUEVARA LA MI.
SION DE CONDUCIR DESDE
LA SIERRA MAESTRA HASTA
LA PROVINCIA DE LAS VILLAS
UNA COLUMNA REBELDE

Ausschnitt aus dem Flachrelief auf dem Che-Guevara-Denkmal

Iglesia de San Juan Bautista, die
Kathedrale von Remedios

Remedios ⓫

Villa Clara. **Karte** C3. 🎭 50 000.
🚂 🚌 ℹ️ *Hotel Mascotte, Calle
Máximo Gómez 114, (42) 395 144.*
🎭 *Parrandas (4.–24. Dez).*

BEI IHRER GRÜNDUNG um
1514 durch Vasco Porcallo
de Figueroa hieß die Stadt
Santa Cruz de la Sabana. Sie
wurde nach einem Brand 1578
in San Juan de los Remedios
del Cayo umbenannt.

Der ruhige Ort hat einen
kleinen, gut erhaltenen historischen Stadtkern aus der Kolonialzeit in der Gegend um die
Plaza Martí. An diesem Platz
steht die Stadtkathedrale Iglesia de San Juan Bautista, eine
der bedeutendsten Kirchen
Kubas. Im 20. Jahrhundert ließ
sie der reiche Landbesitzer
Eutimio Falla Bonet restaurie-
ren. Dabei wurde der ur-
sprüngliche barocke Glanz
wiederhergestellt, ohne den
klassizistischen Glockenturm
zu verändern. Am beein-
druckendsten sind der opulente Barockaltar und die pracht-
volle Deckenmalerei.

Hinter der Kathedrale steht
das **Museo Alejandro García
Caturla**. Hier sind Musikinstrumente, Fotografien und persönliche Gegenstände dieses

talentierten Musikers aus dem
20. Jahrhundert ausgestellt.
García Caturla war Komponist,
Pianist, Saxophonist, Perkus-
sionist, Violinist und Sänger.
Zudem war er ein guter Ten-
nisspieler, Ruderer, Journalist
und Kunstkritiker. Zum Skan-
dalträger wurde er, als er eine
Farbige heiratete und elf Kinder mit ihm hatte. Er trat für die
Armen ein und genoss den
Ruf eines fairen und ehrlichen
Richters. Seine Integrität war
auch Grund für seine Ermordung: Am 12. November 1940
wurde er im Alter von 34 Jahren von einem Angeklagten
umgebracht, der versucht hatte, ihn zu bestechen.

Auf dem Platz stehen drei
weitere sehenswerte Gebäude:
das frühere Casino Español,
heute Casa de la Cultura, das
Café El Louvre (1866) sowie
das Hotel Mascotte, wo es
1899 zum bedeutenden Treffen zwischen Generalissimo
Máximo Gómez und einer US-
Delegation kam.

Am berühmtesten ist Reme-
dios allerdings wegen des örtlichen Festivals Parrandas, das
im faszinierenden **Museo de
las Parrandas Remedianas**
dokumentiert wird. Hier werden die Parrandas in Fotografien, Musikinstrumenten,
Kostümen, Sketchen, Wägen
und *trabajos de plaza* – geschmückten Holzkonstrukti-
onen – zum Leben erweckt.

🏛 **Museo Alejandro
García Caturla**
Calle Camilo Cienfuegos 5.
⬤ *Di–Sa, So vorm.* ● *1. Jan,
1. Mai, 26. Juli, 25. Dez.* 💳 🎫 📷

🏛 **Museo de las
Parrandas Remedianas**
Calle Máximo Gómez 71, esq. Andrés
del Río. ⬤ *Di–Sa, So vorm.* ● *1.
Jan, 1. Mai, 26. Juli, 25. Dez.*
💳 🎫 📷

PARRANDAS

**Belebter Platz auf einem Druck
aus dem 19. Jahrhundert**

1829 hatte der Gemeinde-
pfarrer Francisco Virgil de
Quiñones den Einfall, einige Buben mit Blechge-
trommel durch den Ort zu
schicken, um die Kirchen-
gemeinde dazu zu bewe-
gen, in der Adventszeit
(16.–24. Dezember) mehr
an den Nachtmetten teilzu-
nehmen.

Im Laufe der Zeit ent-
wickelte sich dieses eigentümliche Konzert zu einem
wahren Festival mit Musik,
Tänzen, Umzügen und rie-
sigen Holzvehikeln *(trabajos de plaza)*. Das Fest ist
eine Art Mischung aus Karneval und dem italieni-
schen Palio. Im Mittelpunkt
steht dabei der Wettkampf
zwischen den zwei Stadt-
vierteln San Salvador und
Carmen.

Die Parrandas beginnen
am 4. Dezember mit Kon-
zerten auf Perkussions-
instrumenten und enden
an Heiligabend mit einem
rauschenden Fest. Die beiden *trabajos de plaza*, einer pro Viertel, die wäh-
rend des Jahres gebaut
werden, bleiben bei den
Feiern auf der Plaza Martí
stehen. Um 21 Uhr werden
sie beleuchtet und zeigen
ihr historisches, patrioti-
sches, politisches, wissen-
schaftliches oder architektonisches Thema. Feuer-
werke begleiten den späteren Einzug der Wagen
(carrozas), der nie vor
3 Uhr morgens stattfindet.

Was die Parrandas mit
ihren Liedern, Polkas und
Rumbas so sympathisch
macht, ist die Tatsache,
dass Einwohner aller
Altersgruppen daran teil-
nehmen.

Plaza Martí, der ruhige Hauptplatz von Remedios

ZENTRALKUBA – OSTEN

SANCTI SPÍRITUS · CIEGO DE ÁVILA · CAMAGÜEY · LAS TUNAS

D IESES GEBIET IM HERZEN DER INSEL *hat zwei Facetten. Zum einen den kolonialen Teil mit spanischen Zügen in der Architektur und den Bräuchen, was sich am meisten im barocken Trinidad und dem labyrinthartigen Camagüey widerspiegelt. Der zweite Aspekt ist die unberührte Natur mit ihren vorgelagerten cayos, die erst seit kurzem für den Tourismus entdeckt wurde.*

Trinidad, Camagüey und Sancti Spíritus, die Kulturmetropolen dieser Gegend, waren drei von sieben Städten, die im 16. Jahrhundert von einer kleinen Gruppe Spanier unter der Führung von Diego Velázquez gegründet wurden. Das 17. und 18. Jahrhundert war geprägt von der Bedrohung Kubas durch die Engländer und von Piratenübergriffen wie dem von Henry Morgan in Camagüey (damals Puerto Príncipe) im Jahr 1666. Zu dieser Zeit hatte Trinidad die politische und militärische Rechtsprechung über ganz Zentralkuba inne, einem Gebiet, dessen Wirtschaft ausschließlich auf Rohrzuckeranbau bzw. Zuckerhandel basierte.

Als in der zweiten Hälfte des 19. Jahrhunderts neue Technologien aufkamen, stürzte dies die Region aufgrund der mangelnden Qualifikation der Arbeiter in eine Krise. Es kam immer häufiger zu gewaltsamen Sklavenaufständen, der erste im Jahr 1616 in Camagüey, und die Konkurrenz aus Cienfuegos wurde immer größer. Ende des 19. Jahrhunderts verließen die Großgrundbesitzer die Städte, in denen ihre Villen standen. Mit der Zeit verkauften sie ihre Zuckerfabriken an Amerikaner, die sie in immer größeren Firmen zusammenschlossen. Camagüey konzentrierte sich auf die Viehzucht, während Trinidad sich auf andere Aktivitäten wie Kunsthandwerk und Zigarrenherstellung verlagerte. Erst 1919 wurde eine Eisenbahnlinie nach Trinidad und in den 1950er Jahren eine Straße nach Cienfuegos und Sancti Spíritus gelegt. Durch diese Isolation konnte aber der koloniale Charme der historischen Zentren von Trinidad und Sancti Spíritus überdauern.

Luftaufnahme des Damms, der Cayo Coco mit dem Festland verbindet

◁ Calle Simón Bolívar in Trinidad, die langsam in die Ebene abfällt

Überblick: Zentralkuba - Osten

KULTURELL GESEHEN IST IN DIESEM GEBIET die hübsche Siedlung Trinidad am interessantesten. Diese Kleinstadt hat auch einen schönen Strand in der Nähe und ist ein guter Ausgangspunkt für lohnenswerte Ausflüge in die Sierra del Escambray oder in das Valle de los Ingenios. Der Durchgangsort Sancti Spíritus mag nach Trinidad enttäuschend wirken, während Camagüey sowohl wegen seiner Kolonialarchitektur als auch seiner Authentizität fasziniert. Die Atlantikküste in der Provinz Ciego de Ávila eignet sich gut zum Schwimmen und Tauchen, besonders bei Cayo Coco und Guillermo.

Playa Prohibida auf Cayo Coco mit ihren Sanddünen

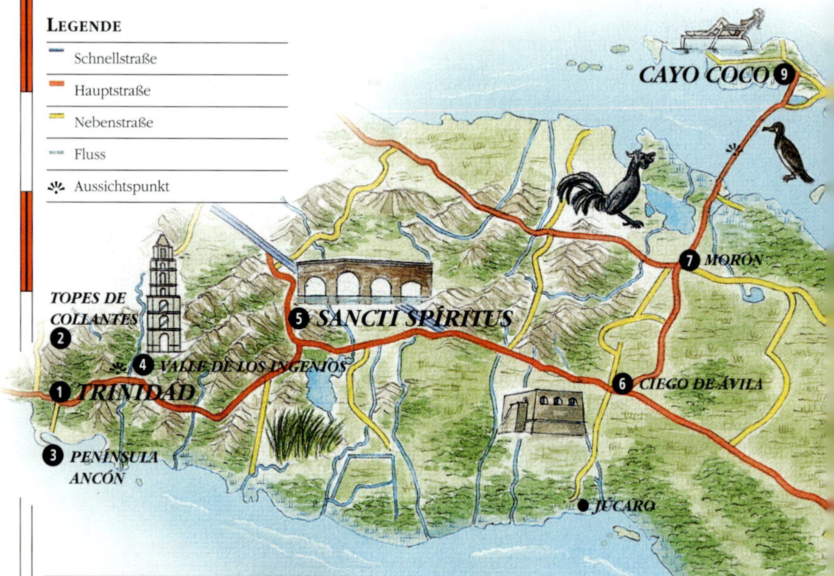
LEGENDE
Schnellstraße
Hauptstraße
Nebenstraße
Fluss
Aussichtspunkt
CAYO COCO 9
7 MORÓN
TOPES DE COLLANTES
2
5 SANCTI SPÍRITUS
4 VALLE DE LOS INGENIOS
1 TRINIDAD
6 CIEGO DE ÁVILA
3 PENÍNSULA ANCÓN
JÚCARO
15 JARDINES DE LA REINA

Salto del Caburní bei Topes de Collantes, zwischen Felsen und roter Erde

SIEHE AUCH

• ***Übernachten*** S. 272f

• ***Restaurants*** S. 257ff

Eines der Kolonialhäuser um den ruhigen Fußgängerplatz San Juan de Dios in Camagüey

SEHENSWÜRDIGKEITEN AUF EINEN BLICK

IM OSTEN ZENTRALKUBAS UNTERWEGS

In jeder Provinz gibt es mindestens einen Flughafen für Inlandsflüge. Straßen und Eisenbahn führen nach Osten. Von Trinidad aus fährt ein romantischer kleiner Dampfzug ins Valle de los Ingenios. Nach Cayo Coco gelangt man mit dem Auto über den Damm oder per Flugzeug. Am wenigsten erschlossen ist die Sierra del Escambray *(siehe S. 169)*, auch wenn organisierte Ausflüge mittlerweile auch bei Topes de Collantes anhalten.

Hahnen-Fest zu Ehren des Wahrzeichens von Morón

8 **JARDINES DEL REY**

11 **SIERRA DE CUBITAS**

13 **CAYO SABINAL**

NUEVITAS ●

12 **PLAYA SANTA LUCÍA**

10 **CAMAGÜEY**

● **PUERTO PADRE**

GUÁIMARO ●

14 **LAS TUNAS**

● **SANTA CRUZ DEL SUR**

| 0 km | 15 |
| 0 Meilen | 15 |

Trinidad ●

Eine als Poller verwendete Kanone

TRINIDAD WURDE 1514 VON Diego Velázquez gegründet und 1988 von der UNESCO zum Weltkulturerbe erklärt. Kopfsteinpflaster und pastellfarbene Häuser vermitteln den Eindruck, die Zeit sei seit der Kolonialzeit stehengeblieben. Vom 17. bis 19. Jahrhundert war die Stadt Zentrum für Zucker- und Sklavenhandel. Die Gebäude um die Plaza Mayor, dem Herzen Trinidads, zeugen vom Reichtum der damaligen Landbesitzer. Von Mitte des 19. bis Mitte des 20. Jahrhunderts schützte eine lange Zeit der Isolation die Stadt vor Neubauten, so dass sie ihr ursprüngliches Bild weitgehend erhalten hat. Die Altstadt wurde vor kurzem sorgfältig restauriert, was sich auch in Details wie Straßenlaternen widerspiegelt.

★ Palacio Brunet
Dieses Haus ist heute das Museo Romántico mit Möbeln und Gegenständen der damals reichsten Familien Trinidads (S. 181).

Casa de la Música

Nuestra Señora de la Popa *(siehe S. 186)*

SIMÓN BOLÍVAR

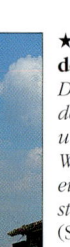

★ Iglesia y Convento de San Francisco
Das Kloster beherbergt das Museo de la Lucha contra Bandidos, und vom Glockenturm, dem Wahrzeichen der Stadt, hat man eine schöne Aussicht. Die Glocke stammt aus dem Jahr 1853 (S. 185).

CALLE HERNÁNDEZ ECHERRI

CALLE PIRO GUINART

CALLE MARTÍNEZ VILLENA

Canchánchara
Diese typische casa de infusiones in einem Gebäude aus dem 18. Jahrhundert ist bekannt für ihren gleichnamigen Cocktail aus Rum, Limone, Wasser und Honig. Hier gibt es auch Livemusik.

Auf der **Plazuela del Jigüe** mit ihrer Akazie *(jigüe)* zelebrierte Pater Bartolomé de Las Casas 1514 die erste Messe in Trinidad (S. 185).

Das **Museo de Arqueología Guamuhaya** ist in einem Gebäude aus dem 18. Jh., in dem Humboldt einst übernachtete *(siehe S. 181)*, untergebracht.

NICHT VERSÄUMEN

★ Palacio Brunet

★ Palacio Cantero

★ Iglesia y Convento de San Francisco

LEGENDE

- - - Routenempfehlung

Iglesia Parroquial de la Santísima Trinidad

Die Dreifaltigkeitskirche wurde Ende des 19. Jahrhunderts an der Stelle einer alten Kirche errichtet, die von einem Wirbelsturm zerstört worden war. Beeindruckend ist der geschnitzte Holzaltar mit schönen Intarsien (S. 180).

INFOBOX

Sancti Spíritus. **Straßenkarte** C3. 🚶 50 000. 🚌 Calle Piro Guinart 224, e/ Maceo e Izquierdo, (419) 2404, 3737. 🚉 Ave. Simón Bolívar 422, (419) 3348. 🛈 Rumbos, Calle Maceo y Zerquera, (419) 4414. 🏠 täglich.

La Casa de la Trova, in der oft Livemusik geboten wird *(siehe S. 279)*, steht auf der Plazuela de Segarte, einem kleinen Platz mit Häusern aus dem 18. Jahrhundert.

In der **Casa de los Conspiradores** mit einem Holzbalkon als Erker traf sich die nationalistische Geheimorganisation *La Rosa de Cuba* zu konspirativen Sitzungen.

Museo de Arquitectura Colonial

Dieses Museum über die Kolonialarchitektur Trinidads ist in der wunderschön restaurierten Casa de los Sánchez Iznaga untergebracht (S. 180).

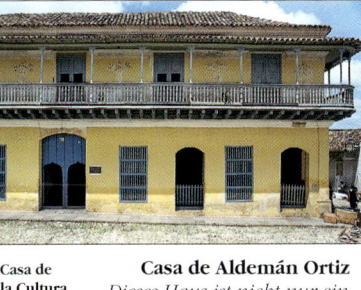

Casa de la Cultura **(S. 185)**

Casa de Aldemán Ortiz

Dieses Haus ist nicht nur ein schönes Beispiel für die Architektur des 19. Jahrhunderts, sondern auch Kunstgalerie mit Werken einheimischer Künstler sowie Kunsthandwerk (S. 180).

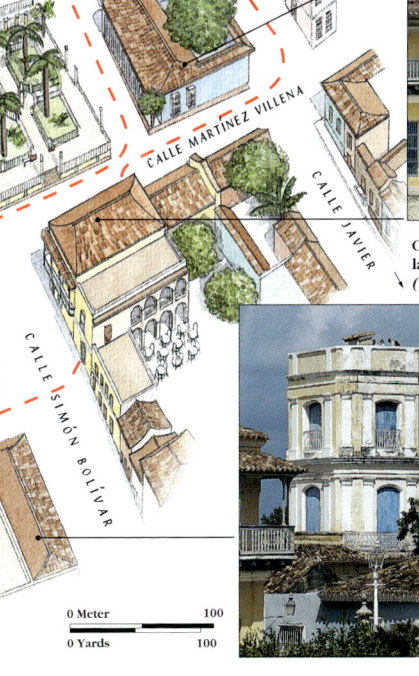

★ Palacio Cantero

Dieses klassizistische Kleinod wurde Anfang des 19. Jahrhunderts erbaut und ist heute das Museo Histórico Municipal, das die Geschichte der Region erzählt. Der Turm bietet einen wunderschönen Blick auf die Altstadt (S. 185).

PLAZUELA DE SEGARTE

PLAZA MAYOR

CALLE MARTÍNEZ VILLENA

CALLE JAVIER

CALLE SIMÓN BOLÍVAR

0 Meter 100
0 Yards 100

Trinidad: Auf der Plaza Mayor

DIE MUSEEN UND GEBÄUDE, die Trinidads Hauptplatz säumen, verleihen der Stadt historisches Gewicht und vermitteln das Gefühl einer Zeitreise in vergangene Tage. Es lohnt sich, mindestens einen halben Tag für einen Streifzug durch die Innenstadt einzuplanen. Es locken Museen, Märkte und schattige Parkbänke. Die Bar am Fuße der Kathedrale lädt zum Verweilen ein.

Dekoration auf der Plaza Mayor

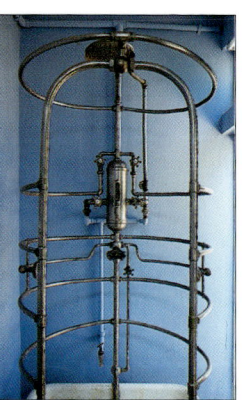

Dusche aus dem 19. Jahrhundert, Museo de Arquitectura Colonial

🔒 Iglesia Parroquial de la Santísima Trinidad

Plaza Mayor.

🕐 unregelmäßig.

Diese 1892 fertig gestellte, schmucklose Kirche mit klassizistischer Fassade steht am höchsten Punkt der abfallenden Plaza Mayor. Sie hat vier Seitenschiffe und einen schönen gotischen Altar mit einem Gemälde des kubanischen Künstlers Antonio Herr auf der Rückwand. Aber die eigentliche Attraktion dieser Kirche ist eine in Spanien gefertigte Holzstatue aus dem 18. Jahrhundert, der *Señor de la Vera Cruz*, mit der eine interessante Geschichte verknüpft ist. Die Skulptur, die für eine Kirche in Vera Cruz, Mexiko, bestimmt war, verließ 1731 den Hafen von Barcelona, doch dreimal hintereinander wurde das Schiff von starken Winden in den Hafen von Casilda,

6 km von Trinidad entfernt, getrieben. Während der Vorbereitungen, in einem vierten Anlauf auf Mexiko zuzusteuern, beschloss der Kapitän, auf einen Teil der Fracht zu verzichten. Dazu gehörte auch die riesige Kiste mit der Christusstatue. Die Einheimischen werteten das Eintreffen des Heiligtums als Zeichen Gottes. Seit diesem Tag wid der *Señor de la Vera Cruz* hoch verehrt. Der Statue ist auch die Gründonnerstagsprozession gewidmet, die nach ihrer Aussetzung 1959 im Jahr 1997 wieder aufgenommen wurde.

🏛 Museo de Arquitectura Colonial

Calle Ripalda 83, e/ Hernández Echerri y Martínez Villena, Plaza Mayor.

📞 (419) 3208. 🕐 Di–So.
⬤ 1. Jan, 1. Mai, 26. Juli, 10. Okt, 25. Dez. 🈲 📷 🎦

Die Front des Hauses der Familie Sánchez Iznaga aus dem 18. Jahrhundert, das heute das Museum für Kolonialarchitektur beherbergt, hat einen hübschen Portikus mit dünnen Säulen, schmiedeeiserner Balustrade und Holzbalken. Ursprünglich bestand das Gebäude aus zwei separaten Häusern, von denen beide dem Zuckermagnaten Saturnino Sánchez Iznaga gehörten. Sie wurden im 19. Jahrhundert miteinander verbunden.

Das Museum, das einzige seiner Art in Kuba, illustriert die verschiedenen archi-

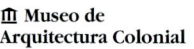

Türklopfer aus Bronze im Museo de Arquitectura Colonial

tektonischen Elemente Trinidads und erläutert die Bautechniken der Kolonialzeit. Es zeigt eine Sammlung verschiedener Schlösser, Türen, Scharniere, Fenster und Gitter sowie Wandteile und Ziegel.

In einem der Badezimmer, das zum Innenhof zeigt, steht eine Dusche aus dem 19. Jahrhundert mit einem komplizierten Rohrwerk für warmes und kaltes Wasser.

🏛 Casa de Aldemán Ortiz (Galería de Arte)

Calle Martínez Villena y Bolívar, Plaza Mayor. 📞 (419) 4432. 🕐 Sa–Di.

Dieses wunderschöne Haus mit langem Holzbalkon im Stil der Kolonialbauten in Habana Vieja erinnert an das Goldene Zeitalter der Stadt. Es wurde 1809 für den ehemaligen Sklavenhändler und späteren Bürgermeister von Trinidad, Ortiz de Zúñiga, erbaut. Heute gehört es der Stiftung für Kulturgut. Im Erdgeschoss befindet sich eine Kunstschule mit einer Verkaufsausstellung an Gemälden zeitgenössischer kubanischer Künstler wie Antonio Herr, Juan Oliva, Benito Ortiz, Antonio Zerquera und David Gutiérrez. Interessant in der Galerie selbst sind die Fresken, das großartige Treppenhaus und im oberen Saal eine mit Figuren verzierte Decke. Vom Balkon aus hat man einen schönen Blick auf den Platz.

Señor de la Vera Cruz (1731) in einer der Kapellen in der Santísima Trinidad

Museo de Arqueología Guamuhaya aus dem Blickwinkel der Casa Ortiz; dahinter der Palacio Brunet

🏛 Museo de Arqueología Guamuhaya

Calle Simón Bolívar 457, e/ Hernández Echerri y Martínez Villena, Plaza Mayor. ☎ (419) 3420.
🕐 Mo–Sa. ⬤ 1. Jan, 1. Mai, 26. Juli, 10. Okt, 25. Dez. 🎫 📷 📷

Alexander von Humboldt

HUMBOLDT IN KUBA

Der deutsche Naturforscher Alexander von Humboldt (1769–1859), Vater der modernen Geografie, unternahm zwei Reisen nach Kuba (1800/01 und 1804), die in einem Museum in der Calle Oficios 252 in Havanna dokumentiert sind. Das darauf folgende Buch, *Politisches Essay über die Insel Kuba*, in dem er Kuba als »Land des Zuckers und der Sklaven« bezeichnete und sich für die Abschaffung der Sklaverei aussprach, wurde bald verboten.

Das Gebäude, in dem sich heute das Archäologische Museum befindet, wurde im 18. Jahrhundert erbaut und im 19. Jahrhundert vom wohlhabenden Don Antonio Padrón gekauft, der einen Portikus mit Backsteinsäulen und ionischen Kapitellen hinzufügte.

Die Guamuhaya-Sammlung (indianischer Name für die Gebirgsgegend Escambray) umfasst präkolumbische archäologische Funde, Gegenstände aus der Zeit der spanischen Eroberung und der Sklaverei in Kuba, und ausgestopfte Tiere (u.a. den *manjuari*, eine uralte Fischart, die noch immer in den Zapata-Sümpfen lebt).

Im Hof steht eine Bronzebüste des Naturalisten Alexander von Humboldt, der 1801 auf seiner Reise in die Neue Welt Gast bei Padrón war.

🏛 Palacio Brunet (Museo Romántico)

Calle Hernández Echerri 52, esq. Simón Bolívar, Plaza Mayor.
☎ (419) 4363. ⬤ wg. Restaurierung. 🎫 📷 📷

Der Palacio wurde 1812 als Residenz der wohlhabenden Borrell-Familie erbaut und ist heute das Museo Romántico. Die Dekoration des Hauses passt gut zu den Ausstellungsstücken, von denen die meisten Mariano Borrell, dem Gründer der Familie, gehör-

ten. Er vererbte sie seiner Tochter, der Frau des Grafen Nicolás de la Cruz y Brunet (daher der Name Palacio Brunet).

Die 14 Räume des Museums zeigen alle auf die Hofarkade mit ihrer eleganten Balustrade. Das geräumige Wohnzimmer hat einen Boden aus Carrara-Marmor, eine Kassettendecke, klassizistische Dekoration, Möbel aus Edelhölzern, Sèvres-Vasen und böhmisches Kristall. Zu sehen sind auch englische Spucknäpfe, die darauf hinweisen, dass die adeligen Landbesitzer des 19. Jahrhunderts eine Schwäche für Zigarren hatten. Nicht versäumen sollten Sie auch die schönen Fenster im Esszimmer, das Schlafzimmer der Gräfin mit einem Bronzebaldachin über dem Bett und die Küche mit handbemalten Tonkacheln.

Eines der eleganten Fresken im Palacio Brunet

Häuser Trinidads

VON DEN VIELEN ALTEN Kolonialhäusern, die sich in der Altstadt von Trinidad zusammendrängen, werden die meisten noch von den Nachkommen alteingesessener Familien bewohnt. Die ältesten, einstöckigen Gebäude haben zwei Korridore und ein parallel zur Straße verlaufendes Portal sowie einen Hinterhof. Ende des 18. Jahr-

Eine mampara, eine Innentür mit zwei Flügeln

hunderts kam ein weiterer Korridor hinzu. Im 19. Jahrhundert bildeten die Häuser ein Quadrat um einen offenen Innenhof. Die Häuser Trinidads haben im Allgemeinen weder Vestibül noch Portikus. Der Eingang besteht aus einem großzügigen Wohnzimmer, das über eine Arkade oder eine *mampara*, eine Doppeltür, ins Esszimmer führt.

Barrotes, kleine gedrechselte Holzsäulen, sind typisch für Fenster aus dem 18. Jahrhundert.

Rotes Ziegeldach

Holzstreben

Holzbalken stützen die zwei- oder vierfachen Dachschrägen. Die Dächer sind mit Tonziegeln gedeckt. Im Inneren sieht man häufig Kassettendecken im Mudéjar-Stil.

TRINIDADS FASSADEN
Die typische Fassade in Trinidad hat eine breite Haupttür, in die eine oder mehrere kleinere Türen eingelassen sind. Die Fenster liegen nur knapp über dem Boden und sind fast so hoch wie die Tür. Statt Gläsern haben sie dicke Holzgitter. Dieses Haus steht auf der Plaza Mayor neben der Casa Ortiz.

Schmiedeeiserne Ornamente

Die charakteristischen Bogenfenster haben strahlenförmige Latten anstelle von Mediopunto-*Fenstern. Diese lassen zwar Luft, nicht aber Sonnenstrahlen durch.*

Holzgitter

Die Eisengitter aus dem 19. Jahrhundert ersetzten die barrotes aus Holz. Sie haben meist oben und unten einfache Verzierungen.

Die hölzerne Eingangstür zieren bisweilen Stuckmotive: Gussformen und flache Pilaster bzw. Halbpfeiler entweder mit einfachen toskanischen Kapitellen oder mit halbrunden, nach oben gerichteten Abschlüssen.

◁ **Blick vom Glockenturm der San-Francisco-Kirche: im Vordergrund die Plaza Mayor, dahinter die Küste**

Trinidad: Rund um die Plaza Mayor

E IN SPAZIERGANG IN DEN STRASSEN um die Plaza Mayor ist ein faszinierendes Erlebnis. Beachten Sie dabei die kleinen Details eines Fensters, eines winzigen Balkons, das unregelmäßige Kopfsteinpflaster oder die als Poller verwendeten Kanonen. In der Altstadt gibt es so gut wie keinen Verkehr. Abends werden die Häuser in das warme Licht des Sonnenuntergangs getaucht und die Straßen mit Musik erfüllt: Es gibt täglich Konzerte in der Casa de la Trova *(siehe S. 179)* und der Casa de la Música *(S. 178)*.

Kopfsteinpflaster *(chinas pelonas)* **aus Flusssteinen**

Eingangshalle im Palacio Cantero mit Fresken und Böden aus italienischem Marmor

🏛 Casa de la Cultura Trinitaria

Calle Zerquera 406. ☎ *(419) 4308.*
Tagsüber nutzen einheimische Künstler das geräumige, gut beleuchtete Vestibül, um ihre Bilder auszustellen und zu verkaufen. (Einigen dient es auch als Atelier.) Abends werden im Hinterhof unterschiedliche Aufführungen veranstaltet, von Theater über Tanz und Konzerte bis hin zu Vorstellungen für Kinder.

🏛 Palacio Cantero (Museo Histórico Municipal)

Calle Bolívar 423. ☎ *(419) 4460.*
◻ *So–Fr.* ● *1. Jan, 1. Mai, 26. Juli, 10. Okt, 25. Dez.* 🎦 📷
Dieses Anwesen, das ursprünglich dem Zuckerbaron Don Borrell y Padrón gehörte, wurde 1851 von einem Landbesitzer aus dem Valle de los Ingenios aufgekauft. Er benannte es nach sich selbst und machte es zu einem der prachtvollsten

Wohnhäuser der Stadt. Heute beherbergt es das Museo Histórico Municipal.

Von der großen Eingangshalle mit ihren Freskenbögen und dem Boden aus italienischem Marmor führt der Weg in das Esszimmer, die Küche, den Hof und den Personalbereich.

Die Geschichte Trinidads findet sich hier in Austellungsstücken, Karten und Monumenten zu verschiedenen Themen: die Familie Cantero, Piraterei, die Plantagen im Valle de los Ingenios, Sklavenhandel und Befreiungskriege. Der *mirador* (Aussichtsplattform) auf dem Turm ist auch für die Öffentlichkeit zugänglich.

Plazuela del Jigüe
Dieser ruhige, kleine Platz mit Schatten spendenden Akazien kann auf eine bewegte Geschichte zurückblicken *(siehe S. 178)*. Das Restaurant El Jigüe befindet sich in einem hübschen Gebäude mit Portikus und bemalten Kacheln.

🏛 Iglesia y Convento de San Francisco

Calle Hernández Echerri, esq. Guinart.
Museo de la Lucha contra Bandidos ☎ *(419) 4121.*
◻ *Di–So.* ● *1. Jan, 1. Mai, 26. Juli, 10. Okt, 25. Dez.* 🎦 📷 📷
Diese elegante Kirche wurde 1813 von Franziskanermönchen erbaut. Sie wurde ihnen aber 1848 entzogen und zur Gemeindekirche erklärt. 1895 wandelten die Behörden das Kloster in eine Garnison für die spanische Armee um. 1920 dann wurden das Kloster und ein Teil der Kirche aufgrund des desolaten Zustands abgerissen. Nur der Glockenturm blieb erhalten, zusammen mit Nebengebäuden, in denen bis 1983 eine Schule untergebracht war. Danach wurde es zum **Museo de la Lucha contra Bandidos**.

Das Museum dokumentiert (u.a. im Kreuzgang des ehemaligen Klosters) anhand von Unterlagen, Fotografien und Ausstellungsstücken den Kampf gegen die »Banditen«, die Konterrevolutionäre, die nach 1959 in die Sierra del Escambray geflohen waren.

Auf der kleinen Plazuela del Jigüe wird auch Kunsthandwerk angeboten

Abseits der Altstadt von Trinidad

AUCH ABSEITS DES ZENTRUMS gibt es viel zu entdecken. Nicht verpassen sollten Sie den Parque Céspedes, wo die Einheimischen, ob Jung oder Alt, abends zusammenkommen und zur Livemusik tanzen. Oder ostwärts die zu jeder Tageszeit belebte Plaza Santa Ana. Vom Hügel nördlich der Plaza Mayor aus hat man einen atemberaubenden Blick ins Tal, besonders bei Sonnenuntergang.

Cabildo de San Antonio mit Votivgaben und geweihten Trommeln

Fassade der Einsiedelei Nuestra Señora de la Candelaria de la Popa

🔒 Ermita de Nuestra Señora de la Candelaria de la Popa

Diese kleine Kirche aus dem 18. Jahrhundert steht auf einem Hügel nördlich des Zentrums und ist über eine enge, steile Straße mit der Plaza Mayor verbunden. Der Glockenturm mit seinen drei Bögen kam 1812 hinzu, als der Kirche von einem Wirbelsturm arg zugesetzt worden war und sie repariert werden musste. Sie ist nicht mehr zugänglich. Ein Besuch lohnt dennoch, zumal sie sehr schön gelegen ist.

Plaza Santa Ana

Dieser Platz im Ostteil der Stadt ist nicht weit von der Plaza Mayor entfernt und wird von der Iglesia de Santa Ana aus dem 18. Jahrhundert dominiert. 1800 wurde sie zum Teil neu gebaut. Zwölf Jahre später kam der Glockenturm hinzu. Neben der mittlerweile baufälligen Kirche steht ein Flamboyant. Der Platz ist nicht nur wegen des Kulturzentrums im ehemaligen Gefängnis ein netter Treffpunkt. Auch ein Restaurant, Café und eine Kunstgalerie machen ihn beliebt.

🏛 Cabildo de los Congos Reales de San Antonio

Calle Isidro Armenteros 168.
Im malerischen Arbeiterviertel El Calvario im Norden von Trinidad steht der Cabildo de los Congos Reales, eine 1859 zu Ehren afrokubanischer Götter errichtete Kultstätte. Im 19. Jahrhundert entstanden in Kuba die *cabildos*, Kulturzentren verschiedener ethnischer Gruppen, die das spirituelle und musikalische Erbe der Sklaven bewahren wollten. Das Cabildo in Trinidad ist Oggún gewidmet, einem Kriegsgott, der im katholischen Glauben dem hl. Antonius von Padua entspricht. Es ist für Anhänger der Glaubensrichtung Palo Monte (*siehe S. 21*).

UMGEBUNG: 1 km nordöstlich des Zentrums, in der Nähe des Motels Las Cuevas (*siehe S. 259*), steht das am 20. Mai 1999 eröffnete **Museo Espeleológico** in einer 3 700 Quadratmeter großen Höhle. Es kann mit einem Führer bis zum Salón de las Perlas, einer kleineren Höhle, besichtigt werden. Die Legende besagt, dass ein Indianermädchen namens Cacubu hier Zuflucht fand und starb, nachdem sie dem zudringlichen spanischen Conquistador Porcallo de Figueroa entkommen war. Zu sehen sind auch Karstfossile aus Höhlen bei Matanzas.

Iglesia de Santa Ana auf dem gleichnamigen Platz im Ostteil von Trinidad

Topes de Collantes ❷

Die unberührte Landschaft der Sierra del Escambray *(siehe S. 169)*, in der Pinien und Eukalyptusbäume neben Laubbäumen wachsen, ist äußerst reizvoll und lässt sich am besten auf einer Wanderung vom Topes de Collantes aus entdecken, der 30 Fahrminuten nördlich von Trinidad liegt. Es gibt zwei mit Buchstaben und Farben ausgeschilderte Wanderrouten. Route A ist eine Wanderung mit durchschnittlichem Schwierigkeitsgrad durch den Regenwald bis zu den Caburní-Fällen. Route B ist länger, aber einfacher und weniger anstrengend und schließt einen Umweg zur Thermalhöhle Batata ein.

Routeninfos

Ausgangspunkt: *Topes de Collantes.* ℹ *Topes de Collantes Touristeninformation, (42) 401 17, 402 28.*
Länge: *Route A: 3,5 km; Route B: 4,5 km.*
Rasten: *Hacienda Codina, (42) 401 17.*

Legende

- Hauptstraße
- Pfad
- Route A
- Route B
- [P] Parken
- ✚ Krankenhaus

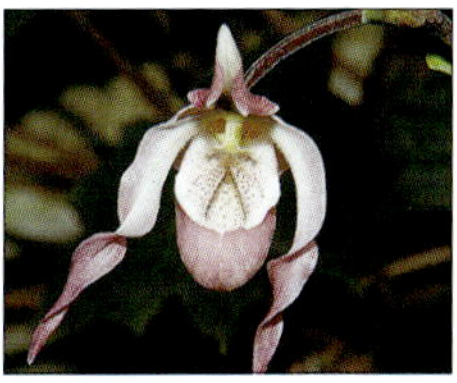

La Batata ⑤
Durch diese Höhle fließt ein unterirdischer Fluss mit natürlichen Seen und einer Temperatur von maximal 20 °C.

Hacienda Codina ④
Die Hacienda Codina hat Orchideen- und Bambusgärten, einen Teich mit Schlammbädern und eine schöne Aussicht. Die Route führt rund einen Kilometer an Heilpflanzen entlang.

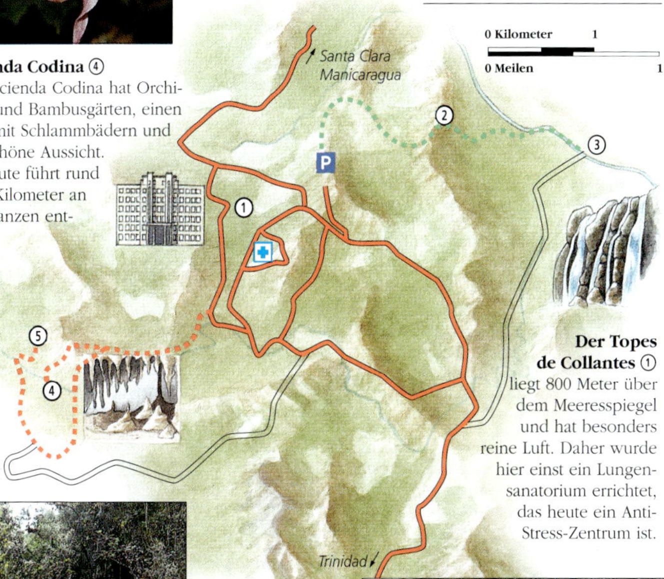
0 Kilometer 1
0 Meilen 1
Santa Clara
Manicaragua
P
①
②
③
④
⑤
Trinidad

Der Topes de Collantes ①
liegt 800 Meter über dem Meeresspiegel und hat besonders reine Luft. Daher wurde hier einst ein Lungensanatorium errichtet, das heute ein Anti-Stress-Zentrum ist.

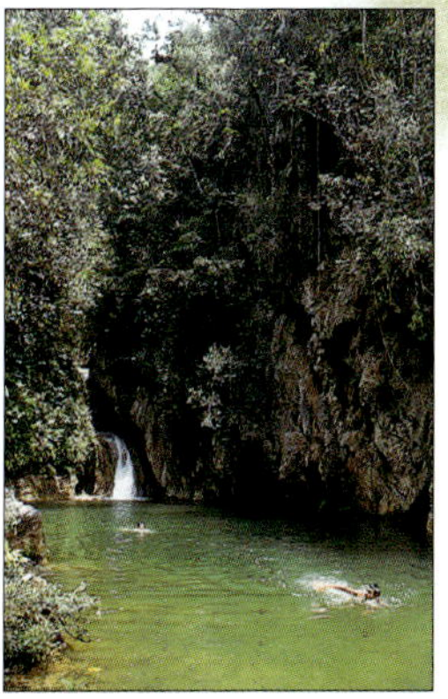

Salto del Caburní ③
Nach einer zweistündigen Wanderung kommt man zu einem Kliff mit einem steilen Wasserfall, der über die Felsen in einen See hinabbraust. In diesem kann man auch schön baden.

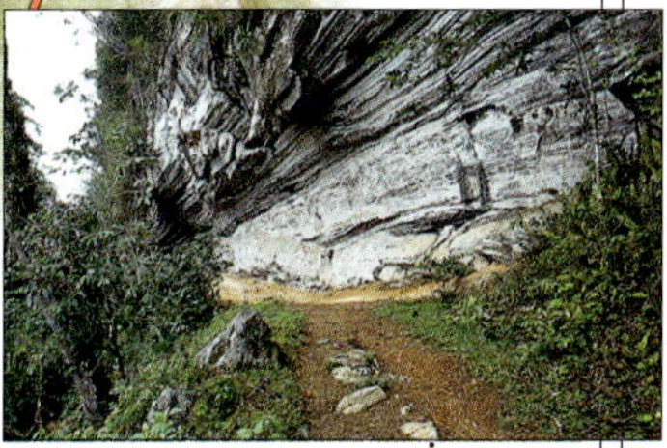

Wald ②
Der Pfad zum Salto del Caburní führt durch unberührten Regenwald mit interessanten Felsformationen.

Abgelegener Strand La Boca im Schatten von Flamboyants

Península Ancón ❸

Straßenkarte C3.

RUND ZEHN KILOMETER südlich von Trinidad liegt eines der Küstengebiete Kubas, die sich als Erste dem Tourismus öffneten: die Halbinsel Ancón, auf die seit 1980 Urlauber kommen. Der feine weiße Sand und das türkisfarbene, wenngleich nicht so klare Wasser wie an der Nordküste machen aus diesem Kap ein Klein-Varadero mit Hotels, Bars, Restaurants und Wassersportklubs. Im Gegensatz zu Varadero wird Ancón auch sehr gerne von Einheimischen besucht. Die meisten Kubaner sieht man am sechs Kilometer von Trinidad entfernten Strand **La Boca** an der Landenge der Halbinsel, besonders an warmen Sonntagen und im Sommer.

An der **Playa Ancón** mit fünf Kilometer weißem Sandstrand im Südteil der Halbinsel gibt es komfortable Hotels und eine Tauchschule. Am Strand beim Hotel Ancón können Sie Schnorcheltouren zu Korallenriffen buchen.

Zum Tauchen sollten Sie zum acht Kilometer vor der Küste gelegenen **Cayo Blanco** fahren. An der Westküste dieser kleinen Koralleninsel mit weißen Sandstränden liegt das größte Korallenriff Kubas. An den Felsenküsten bei **María Aguilar** wiederum gibt es Stellen, an denen man schon beim Schnorcheln eine Vielzahl an tropischen Fischen entdecken kann.

Wie in Varadero *(siehe S. 158f)* können Fahrräder ausgeliehen werden, auf denen Sie die Halbinsel Ancón erkunden können.

Auf der gegenüberliegenden Seite der Halbinsel, quer über die Bucht, liegt sechs Kilometer von Trinidad entfernt der alte Hafen von **Casilda**, an dem Hernán Cortés 1519 die Truppen anheuerte, die dann zur Eroberung Mexikos aufbrachen.

Casilda war einst dank des Zuckerhandels ein wichtiger und belebter Hafen. Seine Bedeutung nahm mit der Zeit immer mehr ab. Heute ist er vor allem Durchgangsstation auf dem Weg zu den nahe gelegenen Stränden.

Valle de los Ingenios ❹

Straßenkarte C3. 🚗 🚌
Ausflüge *von Trinidad aus* 🛈 *am Bahnhof, (419) 3348; Rumbos, Calle Simón Bolívar 422, (419) 2264.*

WENN SIE VON Trinidad aus nordöstlich die Straße nach Sancti Spíritus entlangfahren, erwarten Sie fruchtbare Ebenen mit den grünen Hügeln der Sierra del Escambray im Hintergrund. Nur 12 Kilometer trennen Trinidad vom Valle de los Ingenios, das seinen Namen den Zuckermühlen *(ingenios, siehe S. 42f)* verdankt, die hier Anfang des 19. Jahrhunderts entstanden.

Glocke des Iznaga-Glockenturms

Valle de los Ingenios vom Mirador de la Loma aus gesehen: grüne Zuckerrohrflächen am Fuße der Sierra

Der Turm der ehemaligen Iznaga-Plantage hat eine schöne Aussicht

des Landbesitzers steht noch und ist heute Bar und Restaurant. Außerdem sieht man immer noch die *barracones* (Sklavenhütten) und einen monumentalen siebenstöckigen Turm von 45 Meter Höhe. Die Stockwerke sind alle unterschiedlich: die ersten drei sind quadratisch, die oberen vier achteckig. Der Turm wurde 1830 von Alejo Iznaga erbaut, um seine Dominanz gegenüber seinem Rivalen, dem eigenen Bruder Pedro, ebenfalls Großgrundbesitzer und Zuckerfabrikant, zu manifestieren. Gleichzeitig diente der Turm der Überwachung der Sklaven. An seine

Spitze gelangt man über Holztreppen. Von dort aus bietet sich ein schöner Blick über die Umgebung. Am Fuße des Turms befindet sich die Glocke, die einst die Arbeitszeiten auf der Plantage einläutete.

Es gibt noch weitere sehenswerte Gebäude wie das in Guachinango, das Ende des 18. Jahrhunderts an einer exponierten Stelle über dem Río Ay erbaut wurde.

Das Dorf **San Pedro** ist ein Beispiel für die urbanen Ansiedlungen, die mit den Zuckerplantagen und der damit verbundenen Arbeit einhergingen.

Heute bilden Zuckerrohrfelder einen grünen Teppich, der nur von den großen Königspalmen unterbrochen wird.

Das Tal hat eine lange Geschichte. Die Ruinen zeugen noch von der Zeit, als die Zuckerindustrie auf ihrem Höhepunkt war. Über diese Gebäude lernen Besucher die soziale Struktur kennen, die auf den Plantagen herrschte. Das ganze Gebiet mit einer Fläche von 270 Quadratkilometern umfasst über 70 alte *ingenios* und ist heute Weltkulturerbe der UNESCO.

Es bietet sich an, eine Fahrt mit dem Dampfzug zu unternehmen, der in Trinidad startet und durch das gesamte Tal führt. Zu den Stellen, die nur per Auto zugänglich sind, zählt der **Mirador de La Loma del Puerto** (6 km östlich von Trinidad auf der Straße nach Sancti Spíritus). Dieser Aussichtspunkt 192 m über dem Meeresspiegel bietet einen berauschenden Blick über das Tal. Es gibt dort auch ein Café, wo man im Freien sitzen und einen *guarapo* (Zuckerrohrsaft) zu sich nehmen kann.

Am beeindruckendsten ist jedoch das Anwesen **Manaca Iznaga**, wo in den 1840er Jahren 350 Sklaven lebten. Das Haus

ZUCKERPRODUKTION IN KUBA

Zuckerrohr *(Saccharum officinarum)*, das 1512 von spanischen Siedlern auf die Insel gebracht wurde, war jahrhundertelang Basis der kubanischen Wirtschaft. Die Zuckerextraktion vollzieht sich in mehreren Phasen: Das Zuckerrohr wird gewaschen und die Stielc anschließend in speziellen Mühlen gepresst. So wird der Saft *(guarapo)* aus der faserigen Masse *(bagassa)*, die als Treibstoff und Viehfutter verwendet wird, extrahiert. Der Saft wird chemisch behandelt, gefiltert und dann zum Verdampfen gebracht. Das Ergebnis ist ein Konzentrat aus dunklem Sirup, der dann erhitzt wird. So entsteht Saccharose. Die Sirupmasse kommt dann in eine Zentrifuge. Aus dem Zuckerrohr werden auch Nebenprodukte gewonnen, so die Melasse, die noch 50 % Zucker enthält und Basisinhaltsstoff bei der Rumproduktion ist *(siehe S. 75)*.

Reifes Zuckerrohr wird 2–5 Meter hoch bei einem Durchmesser von 2–6 cm. Ist es einmal geschnitten, treibt die Pflanze erneut und reift innerhalb eines Jahres heran. Neu gepflanztes Zuckerrohr aus 30–40 cm langen Schnitten wird in 11–18 Monaten reif.

Zafra (Ernte) ist von Dezember bis Juni. Vor Beginn der Ernte werden die Zuckerrohrfelder angezündet, um die Außenblätter zu entfernen, die ein Ernten unmöglich machen. Im Flachland wird maschinell geerntet, in den Bergen noch mit der Machete.

Der Transport muss schnell ablaufen, damit die Saccharose in der Hitze nicht schlecht wird. Daher wurde Ende des 19. Jahrhunderts eigens eine Eisenbahnlinie gebaut, die von den Feldern zu den Plantagen führte. Einige Züge sind noch in Betrieb.

Sancti Spíritus ❺

Christusstatue neben der Kathedrale

DIEGO VELÁZQUEZ GRÜNDETE 1514 die Stadt Sancti Spíritus am Flussbett des Tuinucú. Acht Jahre später wurde sie an die jetzige Stelle beim Fluss Yayabo verlegt, wo sie von fruchtbarer Landschaft umgeben ist. Im Jahr 1586 verbrannten bei einem von britischen Piraten gelegten Feuer alle Gründungsdokumente. Als politisches, wirtschaftliches und militärisches Zentrum der Gegend wurde Sancti Spíritus im 17. und 18. Jahrhundert mit eleganten Villen verschönert. Trotz seines Status als Nationaldenkmal sieht man nur wenige Besucher in dem schönen kolonialen Stadtzentrum.

🚉 Yayabo-Brücke

Das mittelalterliche Aussehen und die großen Terrakottabögen machen diese Brücke von 1825 zu einem einzigartigen Bauwerk. Deshalb steht sie auch unter Denkmalschutz. Einer alten Legende zufolge sollen die Arbeiter den Zement mit Ziegenmilch vermischt haben, um die Brücke stabiler zu machen.

Die Yayabo-Brücke ist ein wichtiger Teil des Straßennetzes von Sancti Spíritus, da sie den einzigen Zugang von Trinidad in die Stadt bietet.

Überblick: Sancti Spíritus

Die Innenstadt kann zu Fuß in ein paar Stunden entdeckt werden. Es macht einfach Spaß, die vor kurzem restaurierten Straßen entlangzulaufen (viele davon sind nur für Fußgänger) und sich die typischen bunten Kolonialhäuser mit ihren schmiedeeisernen Balkonen anzusehen. Der schönste Weg ins Zentrum ist von Süden aus über die hübsche alte Brücke über den Fluss Yayabo. Die ruhigen Gassen, die von der Brücke in die Stadtmitte führen, sind die ältesten Straßen von Sancti Spíritus. Sie haben unregelmäßiges Kopfsteinpflaster und werden von einstöckigen Häusern mit Schindeldächern gesäumt. In der Calle Máximo Gómez, die zum Hauptplatz Parque Serafín Sánchez führt, stehen Denkmäler, Museen und Anwesen aus dem 18. und 19. Jahrhundert, so auch das 1876 erbaute und 1980

restaurierte hellblaue **Teatro Principal**; zudem sieht man eine Villa aus dem 19. Jahrhundert, heute die Bar **Pensamiento**, die **Casa de la Trova**, die **Mesón de la Plaza**, eine Bar mit Restaurant und die Placita, ein Platz mit der Statue von Dr. Rudesindo Antonio García Rijo, einem illustren Bürger der Stadt.

Die Yayabo-Brücke führt in das koloniale Zentrum der Stadt

🏛 Museo de Arte Colonial

Calle Plácido 74. ☎ *(41) 254 55.* ⏰ *Di–Sa, So vorm.* 🔴 *1. Jan, 1. Mai, 26. Juli.* 📷

Dieses hübsche Gebäude mit einem schönen Hof aus dem 18. Jahrhundert gehörte einst der Familie Iznaga *(siehe S. 189).* Heute ist es ein Museum für Kristall, Porzellan, Mobiliar und Gemälde.

Frisch restaurierte Kolonialhäuser mit ihren unterschiedlichen Farben in einer Gasse nahe des Yayabo

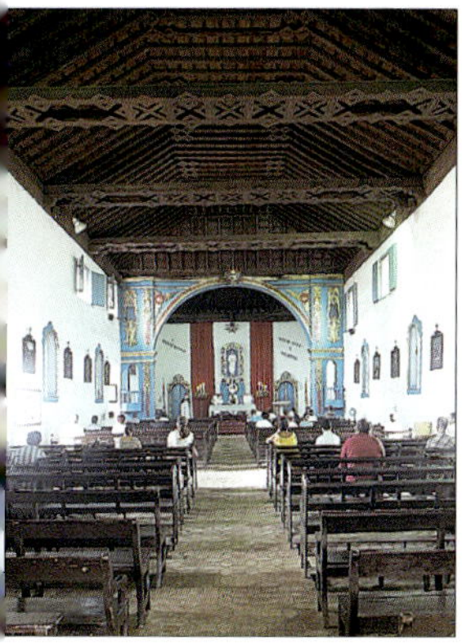

Innenraum der Parroquial Mayor während einer Messe

⛪ Parroquial Mayor del Espíritu Santo

Calle Agramonte Oeste 58.
☎ (41) 248 55. 🕐 Di–Sa, So vorm.
✝ Di–So.

Mit einer Spende des Bürgermeisters Don Ignacio de Valdivia wurde 1680 die steinerne Kirche Parroquial Mayor del Espíritu Santo über der ursprünglich aus Holz erbauten Kirche aus dem 16. Jahrhundert errichet, die von Piraten zerstört worden war. Sie ist eine der ältesten Kirchen Kubas. Das einfache, solide Gebäude erinnert an die Kirchen Andalusiens und hat heute noch seine originale, schön gearbeitete Holzdecke. Der dreistöckige Glockenturm kam im 18. Jahrhundert hinzu und die Kapelle Cristo de la Humildad y la Paciencia mit ihrer beeindruckenden Halbkuppel im 19. Jahrhundert.

Parque Serafín Sánchez

Im Herzen der Stadt liegt ein ruhiger Platz mit Bäumen und einer *glorieta* (Laube) inmitten klassizistischer Gebäude. Der Parque, ein Nationaldenkmal, ist Serafín Sánchez gewidmet, einem Lokalhelden der Befreiungskriege, dessen Haus in der nahen Calle de Céspedes besichtigt werden kann. Abends ist der Platz beliebter Treffpunkt.

Die bemerkenswertesten Gebäude sind das **Centro de Patrimonio** mit breiten Buntglasfenstern und Sevilla-Mosaiken, die große **Biblioteca** und das **Hotel Perla de Cuba**, Anfang des 20. Jahrhunderts eines der exklusivsten Hotels Kubas. Das **Hotel Plaza**, in dessen Bar sich gern die Einheimischen tummeln, ist Teil eines Kolonialgebäudes.

> **INFOBOX**
>
> Sancti Spíritus. **Straßenkarte** C3. 👥 *100 000.* 🚌 *Carretera Central, km 2.* 🚉 *Avenida Jesús Menéndez.* ℹ *Rumbos, Calle Independencia 32, (41) 283 88.*
> **Presa Zaza** ℹ *(41) 285 12.*

UMGEBUNG: Naturliebhaber und Hobbyfischer finden acht Kilometer östlich von Sancti Spíritus in Richtung Ciego de Ávila den fischreichen Stausee **Presa Zaza**. Vom Hotel Zaza aus kann man zu Seerundfahrten aufbrechen, während sich die Ufer hervorragend zum Beobachten von Vögeln eignen. Presa Zaza ist Kubas größter künstlicher See, an dem im September ein großer internationaler Angelwettbewerb stattfindet.

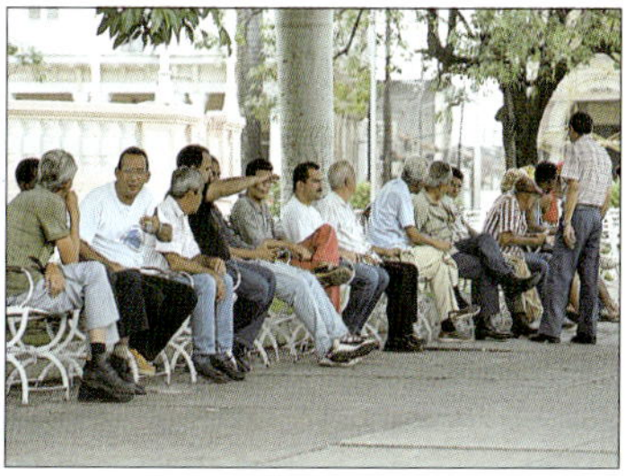

Der Parque Serafín Sánchez ist abends beliebter Treffpunkt bei Jung und Alt

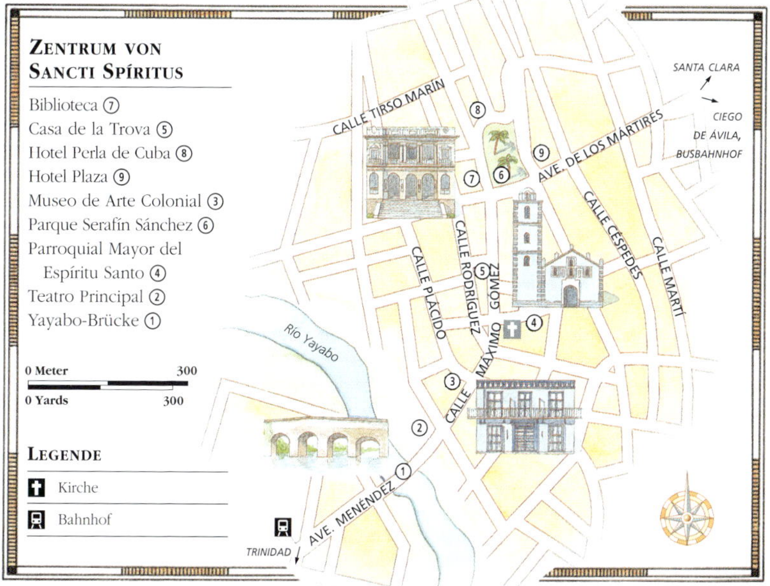
ZENTRUM VON SANCTI SPÍRITUS
Biblioteca 7
Casa de la Trova 5
Hotel Perla de Cuba 8
Hotel Plaza 9
Museo de Arte Colonial 3
Parque Serafín Sánchez 6
Parroquial Mayor del Espíritu Santo 4
Teatro Principal 2
Yayabo-Brücke 1
0 Meter 300
0 Yards 300
LEGENDE
Kirche
Bahnhof
SANTA CLARA
CIEGO DE ÁVILA, BUSBAHNHOF
CALLE TIRSO MARÍN
AVE. DE LOS MÁRTIRES
CALLE CÉSPEDES
CALLE MARTÍ
CALLE PLÁCIDO
CALLE RODRÍGUEZ
CALLE MÁXIMO GÓMEZ
Río Yayabo
AVE. MENÉNDEZ
TRINIDAD

Der Parque Martí in Ciego de Ávila mit einem Denkmal von José Martí

Ciego de Ávila ❻

Straßenkarte D3. 🚶 *88 000.*
✈ 🚌 🚗 ℹ *Rumbos, Carretera Central (33) 287 35.*

B EI DER GRÜNDUNG von Ciego de Avila 1538 durch den Konquistador Jácome de Ávila bestand der Ort nur aus einem Bauernhof in einem Wald, einem *ciego*. Eine richtige Stadt wurde erst 1840 daraus. Heute ist sie eher ländlich geprägt, mit zweistöckigen Häusern, klassizistischen Säulen und Einspännern in den Straßen.

Die wenigen Besucher, die hier vorbeikommen, sind auf dem Weg zu den *cayos* im Archipel Jardines del Rey.

Bei einem Zwischenstopp sollten Sie sich unbedingt das **Teatro Principal** (1927) und das **Museo Histórico Provincial** ansehen. Das Museum stellt in vier Räumen Dokumente und Fotografien zur Geschichte der Provinz, insbesondere der Geschichte von La Trocha, aus. Diese Verteidigungslinie wurde im 19. Jahrhundert errichtet, um die kubanischen Nationalisten *(mambises)* aufzuhalten. Die Spanier teilten damit die Insel von Morón nördlich von Ciego de Ávila bis Júcaro an der Karibikküste. Einige Türme der La Trocha, die in 1 km Abstand voneinander lagen, stehen noch vor der Stadt und können besichtigt werden. Der kosmopolitische Charakter der

Eine der Redouten von La Trocha

Stadt hat auch zur Folge, dass hier sowohl ländliche Feste spanischen Ursprung *(parrandas)*, ähnlich denen in Remedios *(siehe S. 173),* stattfinden als auch Merengue- und Congo-Tanzaufführungen, insbesondere in dem Stadtteil, in dem Jamaikaner und Haitianer leben.

Ciego de Ávila hat auch eine Fahrradschule für Kinder der ganzen Insel. Am Dreikönigsfest ist der Ort Ausgangspunkt für die einen Monat dauernde Vuelta Internacional por la Paz, ein Radrennen ähnlich der Tour de France.

DER HAHN VON MORÓN

»Pass auf, dass du nicht endest wie der Hahn von Morón, der Federn und Kamm verlor.« Diese spanische Redewendung geht zurück auf das 16. Jahrhundert, als der Gouverneur des andalusischen Dorfes Morón de la Frontera, der die einheimischen Bauern herumkommandierte und wegen seiner Überheblichkeit und Dreistigkeit *gallo* (»Hahn«) genannt wurde, von wütenden Bürgern beraubt und aus der Stadt verjagt wurde. Das Ereignis wurde über die Stadtgrenzen hinaus bekannt und in Gedenken daran wurde die Statue eines gerupften Hahns an der Hauptstraße aufgestellt. Als eine Gruppe Andalusier im 18. Jahrhundert nach Kuba auswanderte, gründete sie eine Stadt mit dem Namen Morón und stellte auch hier eine solche Statue am Ortseingang auf. Sie wurde 1959 abgenommen und 1981 durch eine neue Bronzestatue ersetzt. Täglich um 6 Uhr morgens und abends ertönt hier das Krähen eines Hahns vom Tonband.

Bronzestatue (1981) des legendären Hahns von Morón

Morón ❼

Ciego de Ávila. **Straßenkarte** D3.
🚶 *45 000.* 🚌 ℹ *Cubanacán, Calle Colón 49, (335) 3168.* 🎉 *Hahn von Morón: Ende Juni.*

M ORÓN liegt an der Straße, die nördlich von Ciego de Ávila wegführt. (Die beiden Orte stehen in langer Rivalität zueinander.) Die Straße wurde 1896 von *mambises* okkupiert, nachdem es ihnen gelungen war, die spanische Verteidigungslinie zu durchbrechen.

Morón wurde 1750 gegründet und hat ein kleines, gut erhaltenes koloniales Zentrum. Im **Museo Municipal** stehen über 600 archäologische Funde, die 1947 ganz in der Nähe

Straße in Morón mit pastellfarbenen Häusern und Arkaden

Isla Turiguanó, das ungewöhnliche »Holländische Dorf« bei Morón

entdeckt wurden. Dazu zählt auch eine berühmte kleine Statue, das Idolillo de Barro.

🏛 **Museo Municipal**
Calle Martí 374 e/ Antuña y Cervantes. 📞 *(33) 281 280.* ⏰ *Di–So.*
● *1. Jan, 1. Mai, 26. Juli, 25. Dez.*
📷 📹 📸

UMGEBUNG: Nördlich von Morón liegen zwei Süßwasserlagunen: die **Laguna Redonda**, die ihren Namen ihrer runden Form verdankt und für ihre Vielzahl an Forellen bekannt ist, und die »Milchlagune« **Laguna de Leche**, die aufgrund der Kalksteinablagerungen im Wasser weißlich schimmert. Sie ist mit einer Fläche von 67 Quadratkilometern das größte Brackgewässer Kubas und Heimat zahlreicher Karpfen, Hechte, Reiher und Flamingos.

Gleich nördlich der Laguna de Leche liegt die Halbinsel **Isla Turiguanó**, auf der inmitten von Weideland ein Dorf mit holländischen Häusern steht. Auch die Tiere sind holländisch, sie wurden von Celia Sánchez *(siehe S. 51)* importiert.

Florencia, rund 20 km westlich von Morón, ist Ausgangspunkt für Wanderer in die kleine **Sierra de Jatibonico**. Die Bergkette kann auch per Pferd erkundet werden, entlang der Route, auf der Camilo Cienfuegos 1958 vordrang *(siehe S. 48)*.

Auf dem Canal Viejo de Bahamas wird nach großen tropischen Fischen gefischt. Außerdem gibt es hier zwei Jagdreviere: das Coto de Caza de Morón und das Coto de Caza Aguachales de Fala.

Jardines del Rey ❽

Ciego de Ávila, Camagüey.
Straßenkarte D3.

IM ATLANTIK, nördlich der Provinz Ciego de Ávila, liegen die Archipele Camagüey und Sabana, die zusammen als »Jardines del Rey« bekannt sind und rund 400 kleine Inseln umfassen, die fast alle unbewohnt sind. Sie wurden 1522 vom Konquistador Diego Velázquez entdeckt, der so fasziniert von ihnen war, dass er sie nach dem König *(rey)* Carlos V. benannte. Sie dienten später als Piratenversteck und nach der offiziellen Abschaffung der Sklaverei als heimliche Anlegestelle für Sklaventrans-

Leuchtturm auf dem Cayo Paredón Grande

porte. Über den 17 km langen, 1988 erbauten Damm vom Festland auf den Archipel gelangen Besucher bequem zu den schönen Stränden, Korallenriffen und Feriendörfern, die sich momentan auf **Cayo Coco** und **Cayo Guillermo** *(siehe S. 194f)* konzentrieren. Kubaner allerdings haben nur begrenzt Zutritt auf den Archipel.

Der **Cayo Paredón Grande** ist mit einer Länge von 6 km die drittgrößte Insel der Jardines. Obgleich es dort keine Hotels gibt, lohnt sich ein Besuch der Strände, an Korallenriffen lässt sich gut tauchen. Man hat auch einen schönen Blick auf den schwarz-gelben Leuchtturm Diego Velázquez, den chinesische Einwanderer 1859 erbauten.

Cayo Romano ist natürlicher Teil des Archipels, gehört aber offiziell zur Provinz Camagüey. An der Küste leben Seekühe.

Unberührter weißer Sandstrand von Cayo Paredón Grande, Jardines del Rey

Cayo Coco ⑨

Mᴵᵀ ɪɴsɢᴇsᴀᴍᴛ 22 Kɪʟᴏᴍᴇᴛᴇʀɴ weißen Sandstränden und einer Fläche von 370 Quadratkilometern (teils Marschland) mit unzähligen Mangroven und Kokospalmen ist Cayo Coco ein bedeutendes Naturreservat für Seevögel. In den Lagunengegenden in Küstennähe kann man zahlreiche Flamingos beobachten.

Auf dem Boot unterwegs zum Korallenriff

Der Name der Insel leitet sich von einer seltenen Vogelart ab, die hier lebt: dem weißen Ibis, der von den Kubanern nur »coco« genannt wird. Auf dieser ruhigen Insel entstanden Touristeneinrichtungen immer unter ökologischen Maßgaben. Die schönen, feinsandigen Strände fallen flach in warmes, türkisfarbenes Wasser ab. So ist Cayo Coco besonders für Familien mit Kindern geeignet, aber auch beliebt bei Tauchern und Wassersportlern, denen moderne Anlagen geboten werden.

Die Palme *Coccothrinax litoralis* kommt auf Cayo Coco häufig vor

Die Duna de la Loma del Puerto ist ein natürlicher Aussichtspunkt, der über einen Pfad durch tropische Vegetation erreichbar ist.

CAYO GUIL-LERMO

Archipelago de Saba

CAYO

Cayo Guillermo

Auf dieser über einen Damm mit Cayo Coco verbundenen Insel (13 Quadratkilometer) wachsen Mangroven, Palmen, Mahagonibäume, Wacholdersträucher und Mastixbäume. Die Playa Pilar hat bis zu 16 Meter hohe Dünen.

Playa Prohibida, umgeben von Sanddünen bis zu 14 Meter Höhe, ist ein besonders ruhiger, abgeschiedener Strand.

Lᴇɢᴇɴᴅᴇ

▬▬	Hauptstraße
▬▬	Nebenstraße
🏖	Empfehlenswerter Strand
✈	Flughafen für Inlandsflüge

Bahía de Perros

Pedraplen

Dieser Damm, ein bautechnisches Meisterwerk, verbindet die Inseln mit dem Festland. Bei Umweltschützern stieß er auf Missfallen, da er Ebbe und Flut beeinflussen und das Ökosystem der Bucht gefährden könne.

La Loma

San Rafael

★ Playa Flamencos

Dieser knapp drei Kilometer lange Strand gilt wegen seines klaren Wassers und feinen Sands als einer der besten der Insel. Das flache Wasser ist sogar 200 Meter vom Ufer entfernt nur knietief.

Güira, ein Anfang des 20. Jahrhunderts gegründetes Dorf, hat noch seine traditionellen Häuser und ist Ausgangspunkt für Reitausflüge.

Camagüey

OCO

Villa de los Trabajadores

•Bautista

Cayo Paredón Grande *(siehe S. 193)*

CAYO ROMANO

INFOBOX

Ciego de Ávila.
Straßenkarte D3. ☒ *Carretera Cayo Guillermo, (33) 301 165.*
🏨 *Cubanacán, Sol Club Cayo Coco, (33) 301 226; Havanatur, Hotel Tryp Cayo Coco, (33) 301 300.* ⚓ *Marina Marlín, Cayo Coco; Marina Puertosol, Cayo Guillermo, (33) 301 637.*

Centro de Investigaciones de Ecosistemas Costeras

Dieses Forschungszentrum untersucht die Auswirkungen des Tourismus auf die Ökosysteme dieser Region. Es kann besichtigt werden und stellt die hier vorkommenden Vogelarten vor. Hier im Bild der so genannte Rosa Löffler.

0 Kilometer 5,5
0 Meilen 5,5

★ Parador La Silla

Hier können in der Regenzeit von April bis November zahreiche Flamingos beobachtet werden, die hierher zum Nisten kommen. Ein spektakuläres Erlebnis, das Sie nicht verpassen sollten.

•Manatí

NICHT VERSÄUMEN

★ Playa Flamencos

★ Parador La Silla

Camagüey ⑩

DIESE STADT LIEGT INMITTEN weitläufigen Weidelands. Die kulturell aktive Stadt wird wegen ihrer Traditionen, ihres Patriotismus und ihrer klassizistischen Architektur auch »die Legendäre« genannt. Im Stadtkern stehen einige Kolonialhäuser, Überbleibsel der Stadtplanung im 19. Jahrhundert. Bei ihrer Gründung in der Bucht von Nuevitas an der Nordküste hieß sie noch Nuestra Señora de Santa María del Puerto Príncipe. Sie wurde ins Landesinnere verlegt, um Piratenangriffen und den Aufständen der Indianer zu entkommen, die der spanischen Übermacht im 16. Jahrhundert erbittert Widerstand leisteten. Die charakteristischen verwinkelten Straßen von Camagüey sollten ebenfalls vor Plünderungen schützen.

Beispiel für klassizistische Architektur in Camagüey

Parque Ignacio Agramonte mit Reiterstatue und Kathedrale

Parque Ignacio Agramonte

Die ehemalige Plaza de Armas wird von einer Reiterstatue des kubanischen Unabhängigkeitshelden Agramonte beherrscht. Sie stammt vom italienischen Künstler Salvatore Boemi und wurde 1912 von der Ehefrau Agramontes, Amalia Simoni, eingeweiht. An den vier Ecken des Platzes stehen Königspalmen, die in Gedenken an eine Gruppe von Nationalisten gepflanzt wurden, die hier am 24. Februar 1851 exekutiert wurden. Wie so oft in den Befreiungskriegen stellten Palmen symbolische Denkmäler für die Rebellen dar, da die Spanier die Errichtung echter Denkmäler niemals gestattet hätten.

Interessante Gebäude an diesem Platz sind der **Palacio Collado** (1942), die **Bar El Cambio** (1909), das Restaurant **La Volanta**, die **Casa de la Trova Patricio Ballagas**, die **Biblioteca Julio Antonio Mella** und die Kathedrale.

🛉 Catedral de Nuestra Señora de la Candelaria

Calle Independencia 64, Parque Agramonte. 🄲 *(322) 949 65.*
🄾 *täglich.* 🛉 *täglich.*

Camagüeys Kathedrale ist der Schutzpatronin der Stadt gewidmet. Sie wurde von Manuel Saldaña entworfen und Anfang des 18. Jahrhunderts erbaut. 1777 kam ein Glockenturm hinzu, der jedoch einen Monat später einstürzte. Seither durchlebte die Kathedrale mehrere Wiederaufbauphasen. Ihr heutiges Aussehen geht auf das Jahr 1864 zurück.

Ihre monumentale Fassade wird von einem Giebeldreieck überspannt. Den sechsstöckigen Turm krönt eine riesige Christusstatue.

0 Meter   200
0 Yards   200

Zentrum von Camagüey

Bar El Cambio [2]
Biblioteca Julio Antonio Mella [6]
Casa de la Trova [5]
Casa Natal de Ignacio Agramonte [8]
Casa Natal Nicolás Guillén [7]
Catedral de Nuestra Señora de la Candelaria [4]
Cinco Esquinas [12]
Iglesia de la Merced [9]
Iglesia del Carmen [11]
La Volanta [3]
Palacio Collado [1]
Plaza San Juan de Dios [13]
Teatro Principal [10]

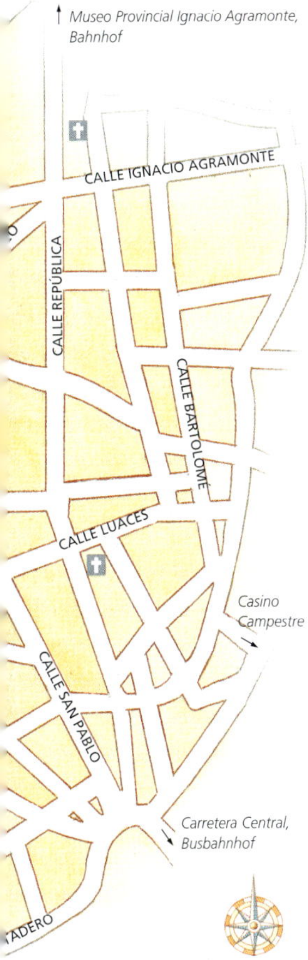

Museo Provincial Ignacio Agramonte, Bahnhof
CALLE IGNACIO AGRAMONTE
CALLE REPÚBLICA
CALLE BARTOLOMÉ
CALLE LUACES
Casino Campestre
CALLE SAN PABLO
Carretera Central, Busbahnhof

Legende

✝ Kirche

ℹ Information

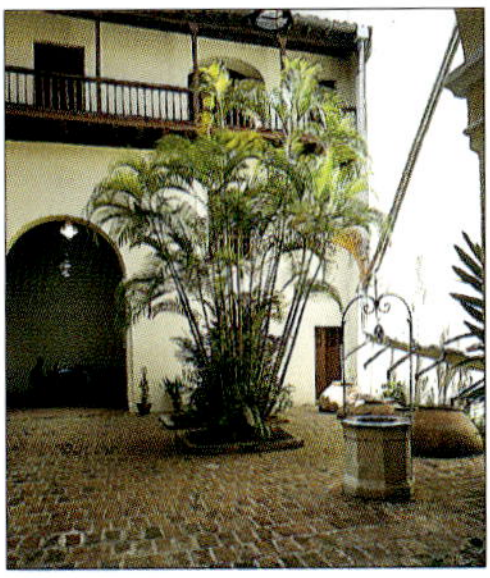

Hof der Casa Agramonte, in dem auch Konzerte stattfinden

🏛 Casa Natal de Ignacio Agramonte

Calle Ignacio Agramonte 459, e/ Independencia y Cisneros. ☎ *(322) 971 16.* ○ *Di–So.* ● *1. Jan, 1. Mai, 26. Juli, 25. Dez.* 💲 ♿ 📷

Bei der Plaza de los Trabajadores, wo ein großer Kapokbaum die Mitte der Altstadt markiert, steht das Geburtshaus von Ignacio Agramonte. Der berühmte Lokalheld fiel 1873 im Alter von 32 Jahren auf dem Schlachtfeld. Das zweistöckige Haus stammt aus dem Jahr 1750 und hat einen schönen Innenhof mit *tinajones*.

Das Museum zeigt Dokumente aus dem Befreiungskrieg, persönliche Gegenstände Agramontes, so auch seine 36-kalibrige Pistole von 1851, und Familienmobiliar wie das Piano seiner Frau Amalia Simoni. Sie galt als eine der reichsten, liebenswertesten und tugendhaftesten Frauen der Stadt.

Ein paar Schritte weiter, in der Calle Hermanos Aguero 58, steht die **Casa Natal Nicolás Guillén** *(siehe S. 26)*, das Geburtshaus dieses gefeierten kubanischen Lyrikers.

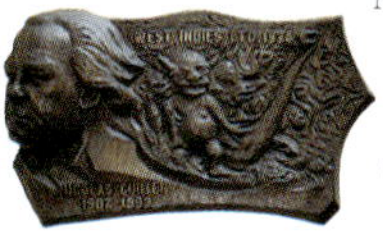

Schild am Geburtshaus von Nicolás Guillén

Infobox

Camagüey. **Straßenkarte** D3. 👥 *300 000.* ✈ *Ignacio Agramonte, (322) 615 25.* 🚆 *Ave Avellaneda y Finlay, (322) 926 33.* 🚌 *Carretera Central km 3, (322) 723 02.* ℹ *Islazul, Calle Ignacio Agramonte 448, (322) 92 550.* 🎉 *Jornadas de la Cultura Camagüeyana (erste Februarhälfte); Karneval (26. Juli).*

⛪ Iglesia de la Merced

Plaza de los Trabajadores 4.
☎ *(322) 927 83.*
○ *täglich.* ✝ *täglich.*

Die ursprüngliche Iglesia de la Merced wurde 1601 erbaut, von 1748 bis 1756 wurde sie neu errichtet und hat heute eine barocke Fassade mit einem Glockenturm in der Mitte. In der Kirche sind jugendstilartige Wandmalereien zu sehen. Auch Chor und Katakomben sind interessant. Am berühmtesten ist allerdings das Heilige Grab mit dem Christusbild des mexikanischen Bildhauers Juan Benítez Alfonso. Es setzt sich aus 23 000 von Manuel Agüero gesammelten Silbermünzen zusammen, der nach dem Tod seiner Frau 1726 Mönch wurde und sich der Restaurierung der Kirche verschrieb.

🎭 Teatro Principal

Calle Pedro Valencia 64.
☎ *(322) 930 48.*

Das Theater öffnete 1850 zum ersten Mal seine Pforten und wurde 1926 nach einem Brand wieder aufgebaut. Es ist Wiege des berühmten Balletts von Camagüey, einem der führenden Tanzensembles Lateinamerikas *(siehe S. 282)*.

Tinajónes

Diese Wahrzeichen der Stadt sind überall zu sehen – in Parks, Gärten und besonders in den Höfen der Kolonialhäuser. *Tinajónes* sind Tonkrüge, die bis zu zwei Meter groß sein können. Der Ton kommt aus der Sierra de Cubitas. Die Krüge wurden Anfang des 18. Jahrhunderts von katalonischen Einwanderern eingeführt und dienen dem Auffangen und Frischhalten von Regenwasser.

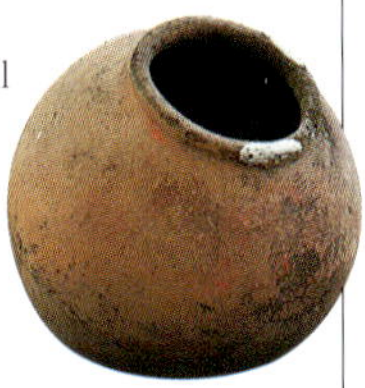

Tinajón auf dem Hauptplatz

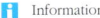

Überblick: Camagüey

DIE WEITLÄUFIGE ALTSTADT aus dem 16. Jahrhundert gleicht mit ihren verwinkelten Durchgängen, Sackgassen, Gabelungen und Plätzen einem Labyrinth und ist eine Herausforderung für den Orientierungssinn. Das Zentrum besteht fast ausschließlich aus zweistöckigen Häusern mit Arkaden und großen Fenstern mit Holzgittern. Jedes Gebäude hat einen Innenhof. Es gibt zahlreiche alte Kirchen, von denen die meisten gut erhalten sind und deren Glockentürme über die roten Ziegeldächer der Kolonialhäuser lugen. Wie in Trinidad ist die gut erhaltene Architektur Folge einer geografischen Isolation.

Cinco Esquinas (Fünf Ecken), eine der verwirrendsten Kreuzungen der Stadt

Weitere Sehenswürdigkeiten

Viele interessante Sehenswürdigkeiten sind nur wenige Meter vom Parque Ignacio Agramonte entfernt.

Die Calle Martí verläuft westlich des Platzes zur Plazuela de la Bedoya, einem hübschen, jedoch restaurationsbedürftigen Kolonialplatz. Hier steht ein altes Ursulinenkloster sowie die **Iglesia del Carmen**. Obwohl sie erst 1825 fertig gestellt wurde, hat sie einen ausgeprägten barocken Charakter.

Die Calle Cristo führt zur Plazuela del Cristo, die von der Iglesia del Santo Cristo del Buen Viaje und dem Cementerio General (1814), dem ältesten Friedhof Kubas, beherrscht wird. Wieder zurück Richtung Parque Agramonte kommt man an die Kreuzung **Cinco Esquinas** am Anfang der Calle Raúl Lamar, einem guten Beispiel für die komplizierte Straßenführung der Stadt.

Eine weitere Route führt entlang der Calle República, die die gesamte Stadt von Norden bis Süden durchzieht. Am nördlichen Ende hinter der Eisenbahnlinie steht das **Museo Provincial Ignacio Agramonte** (*siehe S. 199*). Weiter südlich führt die Route beim Hotel Colón

Autorin Gertrudis Gómez de Avellaneda

ostwärts über die Calle Avellaneda. An der Nr. 22 steht das Geburtshaus der bedeutenden kubanischen Schriftstellerin und Sklavereigegnerin Gertrudis Gómez de Avellaneda.

Weiter südlich steht die **Iglesia de Nuestra Señora de la Soledad** (1776). Hier fanden Taufe und Hochzeit von Ignacio Agramonte statt. Die Fassade mit Pilastern und Stuckformen ist typisch für die frühe kubanische Barockarchitektur. Eigentliche Attraktionen hier sind jedoch die schmuckvoll bemalten Bögen und Säulen sowie die *alfarje*-Holzdecke (*siehe S. 222*).

Ganz am südlichen Ende der Straße gelangt man zur Calle Martí, auf der man wieder zurück zum Parque Agramonte kommt.

Plaza San Juan de Dios

Dieser Platz wird in der Umgangssprache Plaza del Padre Olallo genannt. Dieser Priester wird demnächst heilig gesprochen, da er sein Leben der Pflege der Kranken des Städtischen Krankenhauses widmete.

Heute ist die komplett renovierte Plaza San Juan de Dios ein beschaulicher, malerischer Platz mit schöner Kolonialarchitektur. Hier stehen pastellfarbene Gebäude aus dem 18. Jahrhundert, von denen zwei heute Restaurants sind. Eine Seite der Plaza wird von einem großen Gebäudekomplex eingenommen, mit einer Kirche und einem alten Krankenhaus, in

Plazuela de la Bedoya mit der Iglesia del Carmen im Hintergrund

dem heute die Dirección Provincial de Patrimonio und die Oficina del Historiador de la Ciudad, eine Körperschaft für das kulturelle Erbe der Provinz, untergebracht sind. Der Bau des Gebäudes begann 1728.

Die kleine **Iglesia de San Juan de Dios** gehört zu den interessantesten Kirchen von Camagüey. Böden, Decke, Holzchor und vor allem der Hochaltar mit der Heiligen Dreifaltigkeit und einer anthropomorphen Darstellung des Heiligen Geistes sind noch erhalten. Die Fassade ist einfach und streng symmetrisch.

Das einstige **Krankenhaus** war im 20. Jahrhundert ein Militärkrankenhaus, dann eine Ausbildungsstätte für Lehrer, Unterkunft für Flutopfer, ein Zentrum für Kinder aus schwierigen sozialen Verhältnissen und zuletzt das Instituto Tecnológico de la Salud (Technologisches Institut für Gesundheit). Der Grundriss mit zwei Innenhöfen im *Mudéjar*-Stil wurde barocken Klöstern nachempfunden. Die schlichten Außenwände stehen im Kontrast zu den eleganten Fenstergittern und Holzbalustraden in den Galerien.

Iglesia y Hospital de San Juan de Dios

Plaza San Juan de Dios. 🕐 *täglich.* ⬤ *1. Jan, 1. Mai, 26. Jul, 25. Dez.* 🖼️ 🎥 📷

Einer der Kreuzgänge im ehemaligen Krankenhaus San Juan de Dios

🏛️ Museo Provincial Ignacio Agramonte

Avenida de los Mártires 2, esq. Ignacio Sánchez. 📞 *(322) 82425.* ⬤ *wg. Renovierung.* 🖼️ 🎥 📷

Das einzige Militärgebäude der Stadt war das Hauptquartier der Kavallerie der spanischen Armee im 19. Jahrhundert. Seit 1948 ist darin ein großes Museum für Geschichte, Naturgeschichte und Kunst untergebracht. Die prestigeträchtige Kunstsammlung wird nur noch vom Museo de Bellas Artes in Havanna übertroffen und umfasst auch drei Gemälde des berühmten kubanischen Künstlers Fidelio Ponce. Das Museum verfügt daneben über eine außergewöhnliche Buchsammlung, darunter Manuskripte des kanarischen Schriftstellers Silvestre de Balboa, dem Autor von

Hochaltar der Heiligen Dreifaltigkeit

Espejo de Paciencia (1608), das als erstes literarisches Werk Kubas gilt *(siehe S. 26)*.

🌴 Parque Casino Campestre

Der Parque Casino, durch den der Hatibonico fließt, ist der größte Stadtpark Kubas. Er wurde früher für Landwirtschaftsmessen genutzt. Öffentlicher Park ist er seit dem 19. Jahrhundert. Abgesehen von den Statuen einheimischer Persönlichkeiten steht dort auch ein Denkmal der spanischen Piloten Barberán und Collar, denen am 10. Juni 1933 ein historischer Transatlantikflug von Sevilla nach Camagüey in 19 Stunden und 11 Minuten gelang.

UMGEBUNG: Die Ebenen nördlich von Camagüey sind Weideland. Die ehemalige Ranch **King Rancho** hat ein Restaurant *(siehe S. 272)* mit Gästezimmern und bietet Reitausflüge und Rodeos an. Sie liegt 16 Kilometer nördlich von Santa Lucia.

Plaza San Juan de Dios mit ihrer gut erhaltenen Kolonialarchitektur

Diese Landstraße nördlich von Camagüey führt in die Sierra de Cubitas

Sierra de Cubitas ⓫

Camagüey. **Karte** D3.

Dıese Bergkette liegt 40 km nördlich von Camagüey und bildet mit über 300 Pflanzenarten das größte einheimische Reservat für Flora und Fauna. Bis jetzt ist diese Gegend allerdings überhaupt nicht auf Tourismus eingestellt.

Hauptanziehungspunkte sind Höhlen wie Hoyo de Bonet, die größte Karstvertiefung Kubas, sowie die Grotten Pichardo und María Teresa, in denen Höhlenmalereien entdeckt wurden. Zertifizierte Speläologen können auch die Cueva de Rolando besichtigen, eine 132 m lange Höhle mit einem unterirdischen Fluss, dessen Grund bis heute unerforscht ist.

Im benachbarten Valle del Río Máximo befindet sich der **Paso de los Paredones**, eine lange, tiefe Schlucht, in der sich durch Erosion Becken gebildet haben, von denen manche bis zu 100 m tief und 1 km lang sind. Die üppige Vegetation lässt nur wenige Stunden am Tag Sonnenlicht durch und ist Heimat für viele endemische Vögel (*tocororo* und *cartacuba; siehe S. 18f*), Zugvögel, Nagetiere und ungefährliche Reptilien.

Playa Santa Lucía ⓬

Camagüey. **Karte** D3.
🛈 Rumbos, Tararaco, Playa Santa Lucía, (32) 361 06.

Der bekannteste Strandabschnitt der Provinz lockt mit 21 km feinem weißen Sand und türkisfarbenem Wasser. Die großen, nur 3 km vom Ufer entfernten Korallenriffe sind ein Paradies für Taucher (*siehe S. 285*). Sie schützen die Küsten vor den Strömungen des Canal Viejo de Bahamas und sorgen so für unbeschwerte Badefreuden und Wassersportaktivitäten. Entlang des Riffs gibt es über 30 Tauchreviere, zu denen man über die internationalen Tauchschulen gelangt. Virgen de Altagracia und Punto de Tiburones mit Wracks von Piratenschiffen und spanischen Galeonen sind eher romantische Tauchplätze. Abenteuerlustige können mit etwas Glück eine besondere Haiart, den *Carcharinus leucas*, beobachten, der gefüttert und gezähmt wird und daher aus der Nähe betrachtet werden kann.

In der Bucht von Nuevitas, 6 km westlich von Santa Lucía und nahe dem kleinen Dorf La Boca liegt die **Playa Los Cocos**. Dieser hübsche, unberührte Strand hat feinen weißen Sand und klares Wasser und ist ein Muss für alle Besucher von Santa Lucía.

Cayo Sabinal ist per Auto oder Katamaran erreichbar

Cayo Sabinal ⓭

Camagüey. **Karte** D3.
🚗 🛈 Rumbos, Bahía de Nuevitas, (32) 447 54.

Dıese Insel steht zusammen mit Cayo Romano und Cayo Guajaba unter Naturschutz. Hier leben Hirsche, Rehe sowie die größte

Steg an der Playa Santa Lucía, von dem die Boote zu den Korallenriffen ablegen

◁ **Playa Los Cocos in der Nähe der Playa Santa Lucía**

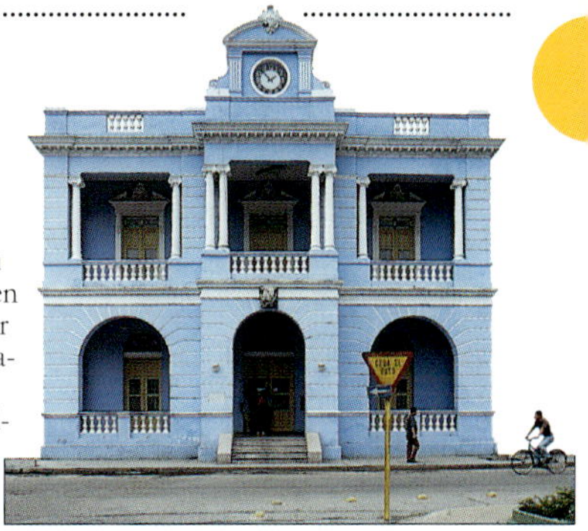
Rathaus von Las Tunas

Flamingokolonie Kubas. Außerdem ist sie Nistplatz für Meeresschildkröten. Cayo Sabinal ist entweder über einen Damm oder mit dem Katamaran von der Playa Santa Lucía aus erreichbar. Die Insel war zuerst Heimat von Ureinwohnern, dann von Piraten und spanischen Kohlemännern. Heute kommt man vor allem wegen der Strände Playa Bonita, Playa Los Pinos und Playa Brava auf den Cayo. Der Leuchtturm Colón stammt von 1894. Südlich von Cayo Sabinal liegt die Bucht von Nuevitas, wo Camagüey ursprünglich lag. Die drei kleinen Inseln in der Bucht, **Los Ballenatos**, werden häufig bei Bootsausflügen angesteuert.

Las Tunas ⓮

Las Tunas. **Karte** E3.
100 000.
Hotel Las Tunas, Ave. 2 de diciembre, (31) 450 14. *Jornada Nacional Cucalambeana (Ende Juni).*

Bis 1975 war Las Tunas nur eine von vielen Städten der ehemaligen Provincia de Oriente. Mit der Verwaltungsreform wurde sie zur Hauptstadt einer autonomen Provinz. Gegründet wurde der Ort an der Stelle, wo vormals zwei Dörfer von Ureinwohnern standen, die Anfang des 16. Jahrhunderts vom Konquistador Alonso de Ojeda zerstört worden waren. Erst drei Jahrhunderte später begann die Stadt sich zu entwickeln und wurde langsam zu einer Grenzstadt zwischen Zentral- und Ostkuba und zu einem obligatorischen Durchgangspunkt für Reisende nach Santiago. Die Altstadt hat zwar einige Kolonialbauten, aber keine nennenswerten Monumente. Dafür befinden sich hier viele Kunstateliers.

Das **Museo Histórico Provincial** im Rathaus stellt archäologische Funde und Dokumente über die Geschichte der Provinz aus. Das **Memorial a los Mártires de Barbados** gedenkt einem terroristischen Akt gegen Kuba im Jahr 1976: In einem kubanischen Flugzeug auf dem Weg nach Havanna explodierte eine Bombe und tötete 73 Passagiere und die gesamte Crew.

Jedes Jahr erwacht Las Tunas anlässlich der **Jornada Nacional Cucalambeana** zum Leben. Sie ist dem einheimischen Bauern und Poeten Juan Cristóbal Nápoles Fajardo gewidmet, auch als El Cucalambé bekannt. An dem Volksfest mit Musik nehmen einheimische Künstler und ausländische Dozenten teil.

Umgebung: Bei Las Tunas erinnert vieles an die Befreiungskriege, darunter das **Fuerte de la Loma**, heute Nationaldenkmal, das von den Spaniern gebaut wurde, um die Mambí aufzuhalten, und **Puerto Padre**, Schauplatz bedeutender Schlachten im Zehnjährigen Krieg (1868–78).

Der beste Strand: die **Playa Covarrubias** bei Puerto Padre an der Atlantikküste.

Jardines de la Reina ⓯

Ciego de Ávila, Camagüey. **Karte** D4.
Júcaro, Embarcadero Avalón, (33) 981 04.

Dieser Archipel im karibischen Meer wurde von Christoph Kolumbus entdeckt und zu Ehren der Königin *(reina)* Isabel de Castile *Jardines de la Reina* genannt. Die Inseln sind mit dem Boot vom beschaulichen Fischerdorf Júcaro aus erreichbar, doch bald wird es auch einen Damm geben. Geplant ist eine 20 km lange Straße zwischen Providencia und Júcaro, von wo aus man auf den Cayo Caoba gelangen wird.

Die vielen unberührten *cayos*, die einsamen Strände, die reiche Fauna mit Krokodilen, Leguanen, Schildkröten und tropischen Vögeln sowie ein 200 km langes Korallenriff machen diesen Archipel zu einem Paradies für Naturliebhaber.

Auf dem Cayo Caballones, nur rund 100 m von der Küste entfernt, gibt es ein schwimmendes Hotel für Fischer, Taucher und Fotografen. Tagesausflüge starten auf dem eine Stunde von der Küste entfernten Cayo Blanco. Der ganze Archipel kann in rund fünf Stunden abgefahren werden.

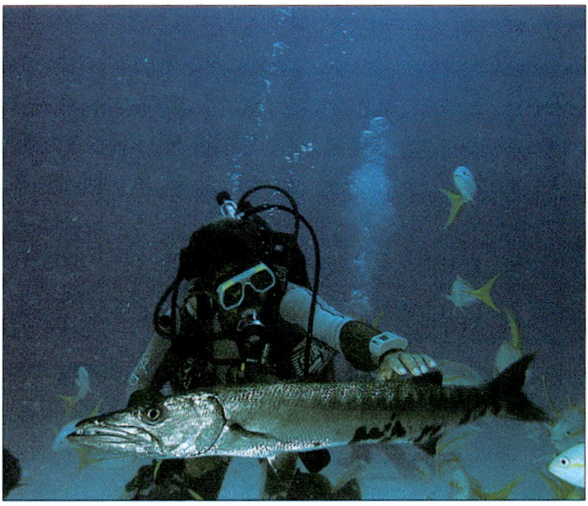
Ein Taucher greift nach einem Barracuda

OSTKUBA

GRANMA · HOLGUÍN · SANTIAGO DE CUBA · GUANTÁNAMO

Kubaner nennen den Ostteil der Insel auch »*Oriente«, was ihm einen Hauch von Exotik verleiht. Die Landschaft, nahe bei Haiti und anderen karibischen Inseln, ist abwechslungsreich: majestätische Berge, herrliche Strände und karges Wüstengebiet. Die Städte hier sind meist sehr geschichtsträchtig, besonders Santiago de Cuba, wo auch einer der berühmtesten Karnevals Lateinamerikas stattfindet.*

Vom 17. bis zum 19. Jahrhundert wurden Tausende Sklaven aus Schwarzafrika nach Kuba verschifft. Diese Männer und Frauen waren die Vorfahren der multiethnischen Gesellschaft, die heute das Gesicht Ostkubas prägt – ein Schmelztiegel aus Menschen afrikanischer, spanischer, französischer und chinesischer Abstammung. Und auch ihre Religionen mischten sich: Europäische (katholische) und afrikanische Riten sind heute teils untrennbar miteinander verwoben.

Die Gegend steckt voller Gegensätze. Einerseits gilt El Oriente als Oase der Ruhe und Entspannung, andererseits als Wiege großer Musiker, die in ihren Liedern Temperament und Leidenschaft vereinen. Letztendlich sind die Ostkubaner für ihre rebellische Mentalität berühmt. Ein bekanntes Beispiel ist der indianische Häuptling Hatuey, der im 16. Jahrhundert wegen seines Widerstandes gegen die Spanier auf dem Scheiterhaufen verbrannt wurde. Im 19. Jahrhundert haben Ostkubaner die Unabhängigkeitskriege angeführt. Die Bürger von Bayamo zogen es sogar vor, ihre Stadt niederzubrennen, anstatt sie dem Feind zu überlassen. Und im 20. Jahrhundert starteten die *rebeldes* (von denen viele, einschließlich Fidel Castro, aus Ostkuba stammten) den Kampf gegen das Regime Batistas.

Und dennoch wissen die Menschen Ostkubas das Leben zu genießen: Sie lieben Musik und Tanz, und der Karneval, den sie alljährlich in Santiago de Cuba auf die Beine stellen, steht dem großen Bruder in Rio de Janeiro in nichts nach.

An der Costa Sur östlich von Guantánamo, der einzigen ariden Zone Kubas, gedeihen Kakteen

◁ Stufen der Calle Padre Pico im Herzen von Santiago de Cuba

Überblick: Ostkuba

D ER KLASSISCHE AUSGANGSPUNKT für eine Tour durch Ostkuba ist die geschichtsträchtige Stadt Santiago de Cuba mit ihren Gebäuden aus der Kolonialzeit und vielen Erinnerungen an die Revolution. Im Westen erhebt sich die majestätische Sierra Maestra, die im Guerrillakrieg der 1950er Jahre eine entscheidende Rolle spielte. Am besten erreicht man sie aus dem Norden, von der Region um Bayamo. Im Osten bietet der Parque Baconao Freizeitaktivitäten für Familien, in Guantánamo (bekannt wegen der US-Marinebasis) und in Baracoa, Kubas ältester Stadt, kommen Abenteuerlustige auf ihre Kosten. Die Provinz Holguín weiter nördlich hat herrliche Strände und Kubas interessanteste archäologische Stätte zu bieten.

Die kleinen Inseln der Bahía de Naranjo sind heute ein Feriendorf

SIEHE AUCH

- *Übernachten* S. 259ff
- *Restaurants* S. 273

GIBARA **2**

BAHÍA DE BARIAY **3**

HOLGUÍN **1**

MANZANILLO **10**

BAYAMO **9**

YARA

AMEDIA LUNA

BARTOLOMÉ MASÓ

11

GRAN PARQUE NACIONAL **12**
SIERRA MAESTRA

BASÍLICA DEL COBRE **13**

CABO CRUZ

MAREA DEL
PORTILLO

0 Kilometer   20

0 Meilen   20

LEGENDE

▬▬ Schnellstraße

— Hauptstraße

— Nebenstraße

— Panoramastraße

▬▬ Fluss

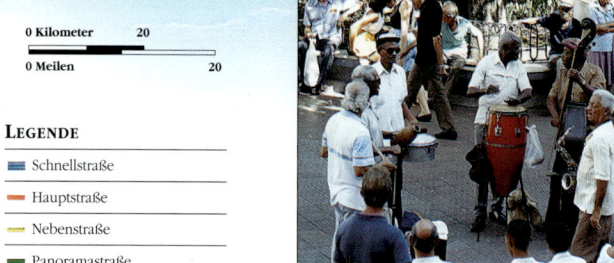

Straßenmusikanten unterhalten die Passanten im Parque Céspedes, Santiago de Cuba

SEHENSWÜRDIGKEITEN AUF EINEN BLICK

4 *GUARDALAVACA*

5 *CHORRO DE MAITA*

6 *BANES*

CAYO SAETÍA **8**

7 *MAYARÍ*

MOA

SAGUA DE TÁNAMO

Azulejos-**Dekoration in der
Colonia Española in Manzanillo**

RÍO TOA **22**
EL YUNQUE **21**   *BARACOA*
                    20
                              23
                              *BOCA DE
                               YUMURÍ*

LA FAROLA **19**

17 *GUANTÁNAMO*

14 *SANTIAGO DE CUBA*
15
CASTILLO   **16** *PARQUE*
DEL MORRO   *BACONAO*

18 *COSTA SUR*

IN OSTKUBA UNTERWEGS

Auch wenn die meisten Sehenswürdigkeiten
außerhalb Santiagos per Bus oder Taxi erreichbar sind, empfiehlt es sich doch, ein
Auto zu mieten. Einige der Fahrtstrecken
zählen zu den malerischsten in Kuba, besonders die Fahrt nach Baracoa über »La
Farola« *(siehe S. 235)*. Auch per Flugzeug
lassen sich die großen Städte im Osten erreichen. Darüber hinaus starten in Santiago
oder in den Ferienresorts in der Region
Holguín (besonders in Guardalavaca) organisierte Touren. Diese können über Reise-
agenturen gebucht werden.

**Detailgetreu renoviertes klassizistisches Gebäude im
Zentrum von Baracoa**

Holguín ➊

Ein Erdnussverkäufer im Parque García

DAS AUFGRUND SEINER vielen begrünten Plätze auch »Parkstadt« genannte Holguín ist eine moderne Stadt, die im Schachbrettmuster zwischen den beiden Hügeln Cerro de Mayabe und Loma de la Cruz angelegt wurde. Die Einwohner Holguíns haben sich aktiv an den Unabhängigkeitskriegen beteiligt und die Stadt 1872 unter der Führung von General Calixto García von den Spaniern befreit. Sein Geburtshaus ist nun ein Museum und der Platz in der Stadtmitte wurde nach ihm benannt und mit seiner Statue geschmückt.

Überblick: Holguín

Die Calle Maceo und die Calle Manduley – zwei parallele Straßen mit Geschäften, Hotels, Bars und Klubs – kreuzen drei Plätze: **Parque San José**, **Parque Calixto García** und **Parque Peralta**. Auf dem quirligen Parque García befinden sich die wichtigsten Sehenswürdigkeiten der Stadt, darunter die **Casa Natal de Calixto García**.

🏛 La Periquera (Museo Provincial de Historia)

Calle Frexes 198, e/ Manduley y Maceo. [(24) 463 395.] Mo–Sa. ● *1. Jan, 1. Mai, 26. Juli, 10. Okt, 25. Dez.* 🎫🎥📷

Dieses große klassizistische Gebäude mit seinem Innenhof liegt am Parque Calixto García. Es wurde 1860 als Ballsaal und Kasino für die obere Mittelschicht gebaut. Beim Ausbruch des Zehnjährigen Krieges 1868 *(siehe S. 44)* wurde das Gebäude von kubanischen Patrioten besetzt und als Barracke genutzt, in der einige spanische Soldaten festgehalten wurden. So erklärt sich der Spitzname des Gebäudes: *La Periquera* heißt übersetzt »Papageienkäfig«, eine Anspielung auf die bunten Uniformen der spanischen Armee.

Heute ist hier das Museo Provincial de Historia untergebracht, das in fünf Räumen die Geschichte Holguíns erläutert. Zudem werden archäologische Funde der Siedlungen der Taíno-Indianer gezeigt, die hier vom 8. bis ins 15. Jahrhundert lebten. Das berühmteste Stück in der Sammlung ist die Hacha de Holguín, eine Steinaxt in der Form eines menschlichen Körpers. Sie wurde in den Hügeln um Holguín gefunden und zum Symbol der Stadt.

Hacha de Holguín

🏛 Museo de Historia Natural Carlos de la Torre y Huerta

Calle Maceo 129, e/ Martí y Luz Caballero. [(24) 423 935.] Sa–Do. ● *1. Jan, 1. Mai, 26. Juli, 10. Okt, 25. Dez.* 🎫🎥📷

Eines der interessantesten naturgeschichtlichen Museen Kubas zeigt in elf Räumen 7000 Exemplare kubanischer Fauna und Flora. In der herausragenden Sammlung von Vögeln und Muscheln finden sich *Polymita*-Schnecken von den Stränden Baracoas *(siehe S. 241)* und ein 60 Mio. Jahre altes Fischfossil aus der Sierra Maestra.

Catedral de San Isidro an dem weitläufigen Parque Peralta

🔒 Catedral de San Isidro

Calle Manduley, e/ Luz Caballero y Aricoches, Parque Peralta. [(24) 422 107.] tägl. 🔔 tägl.

Die Kirche wurde 1720 an der Stelle erbaut, an der die erste Messe anlässlich der Stadtgründung gefeiert wurde: dem Parque Peralta, der wegen seines früheren Blumenmarktes auch Parque de Flores genannt wird. Zur Kathedrale wurde die Kirche erst 1979 geweiht.

Im Inneren der Kirche steht eine Kopie der berühmten Virgen de Caridad, deren Vorlage in der Basilica del Cobre bei Santiago de Cuba *(siehe S. 217)* aufbewahrt wird. Am 4. April gibt es Feiern zu Ehren der Virgen, bei denen die Gläubigen Palmblätter vor ihrem Altar niederlegen.

Loma de la Cruz

Vom Gipfel der Loma de la Cruz (Kreuzhügel) sieht man weit über die Stadt. Die Ingenieure, die Holguín gründeten, entwarfen von hier ihre Stadtpläne, aber erst viel später (1927–50) wurden die 458 Stufen zur Spitze des Hügels angelegt. Jedes Jahr am 3. Mai steigen die Bewohner von Holguín diese Stufen empor,

Parque Calixto García mit La Periquera; im Hintergrund die Loma de la Cruz

Panoramablick über Holguín vom Gipfel der Loma de la Cruz

um das spanische Fest Romerías de Mayo zu begehen. Der höchste Punkt des Loma, drei Kilometer nordwestlich des Parque Calixto García, ist durch einen Aussichtsturm und ein Kreuz markiert, das 1790 von dem Mönch Antonio Alegría aufgestellt wurde.

Plaza de la Revolución
Östlich des Stadtzentrums, hinter dem Hotel Pernik, liegt dieser große Platz mit einem Denkmal für die Helden der kubanischen Unabhängigkeit, dem Mausoleum von Calixto García und einem kleinen Monument seiner Mutter. Hier finden politische Kundgebungen und Volksfeste statt.

UMGEBUNG: Etwas weiter entfernt, auf dem Cerro de Mayabe zehn Kilometer südöstlich des Stadtzentrums, liegt der Aussichtspunkt **Mirador de Mayabe**. Vom Mirador überblickt man das ganze Tal mit seinen Obstplantagen, in der Ferne liegt Holguín. Hier gibt es auch ein *aldea campesina*, ein ländlich geprägtes Feriendorf mit einfachen Unterkünften, einem Restaurant und einem Freilichtmuseum. In diesem wird das Leben kubanischer Farmer veranschaulicht. Zu sehen sind auch mehrere Beispiele einer *bohío real*, einem typischen Landhaus mit blättergedecktem Dach und gestampftem Lehmboden, einem Hühnerstall und einem Hof, in dem Wasserkrüge stehen.

Etwa eineinhalb Kilometer weiter nördlich auf der Straße nach Gibara steht das Haus Nr. 301, die kleine **Fábrica de Órganos**, Kubas einzige Fabrik für mechanische Orgeln. Sie kann besichtigt werden.

INFOBOX

Holguín. **Straßenkarte** E4.
👥 *200 000.* ✈ *13 km südl.*
🚆 *Calle V Pita, (24) 422 331.*
🚌 *Carretera Central y Independencia, (24) 422 111.*
ℹ *Rumbos, Calle Manduley 126, (24) 424 041.*
🎉 *Romerías de Mayo (3. Mai).*

Mechanische Orgel aus der Fabrik in Holguín

ZENTRUM VON HOLGUÍN
Casa de la Trova ③
Casa Natal de Calixto García ⑦
Catedral de San Isidro ⑥
La Periquera ②
Museo de Historia Natural Carlos de la Torre y Huerta ④
Parque Calixto García ①
Parque Peralta ⑤
Parque San José ⑧
0 Meter 250
0 Yards 250
LEGENDE
Kirche
Information
Loma de la Cruz
Calle Agramonte
Calle Arias
Calle Máximo Gómez
Guardalavaca
Plaza de la Revolución
Calle Narciso López
Calle Aguilera
Calle Maceo
Calle Manduley
Calle Miró
Calle Morales
Calle Frexes
Busbahnhof
Calle Martí
Calle Luz Caballero
Calle Pepe Torres
Calle Aricoches
Calle Cables
Bahnhof, Flughafen

Blick auf die hübsche Küstenstadt Gibara mit ihrem Zentrum im Kolonialstil

Gibara ❷

Holguín. **Straßenkarte** E3.
🏯 100 000. 🚍 von Holguín.

SÜDLICH DER BUCHT, die Kolumbus einst Río de Mares (Fluss der Meere) nannte, liegt die malerische Stadt Gibara. Im 19. Jahrhundert war sie der Haupthafen an der Nordküste der Provinz Oriente. Hier findet man auch die besten Beispiele kolonialer Architektur in dieser Gegend. Gibara wird aufgrund ihrer weißen Häuser auch »Villa Blanca« (weiße Stadt) genannt.

An der schattigen Uferstraße Malecón mit Blick auf den kleinen Fischerhafen steht eine Statue von Kolumbus, der zum Horizont blickt, und die Ruine einer Garnison. Von hier führen schmale Straßen auf den Hauptplatz mit der **Iglesia de San Fulgencio** (1854) und einem alten Theater.

Fassade der Iglesia de San Fulgencio in Gibara

Im naturgeschichtlichen **Museo de Ciencias Naturales** ist eine der besten Schmetterlingssammlungen Kubas zu sehen. Das **Museo de Artes Decorativas** (Museum für dekorative Kunst) ist in einer Villa aus dem 19. Jahrhundert untergebracht. Man findet hier gute Beispiele für *mediopuntos (siehe S. 23)* und *mamparas (siehe S. 184)* sowie Stilmöbel und Jugendstilobjekte.

🏛 **Museo de Ciencias Naturales**
Calle Maceo 12, e/ Martí y Luz Caballero. 📞 *(24) 423 935.* ◯ *Di–Sa, So vormittags.* ⬤ *1. Jan, 1. Mai, 26. Juli, 10. Okt, 25. Dez.* 🔖 📷

🏛 **Museo de Artes Decorativas**
Calle Independencia. ◯ *Di–Sa, So vormittags.* 🔖

Bahía de Bariay ❸

Holguín. **Straßenkarte** E3.

ÖSTLICH VON GIBARA liegt die Bucht mit einer kleinen Landzunge, dem Cayo de Bariay. Die meisten Historiker sind sich einig, dass Kolumbus 1492 zuerst hier anlegte. Mit vielen Blüten und Früchten muss ihm der Cayo paradiesisch erschienen sein. Am 500. Jahrestag seiner Ankunft 1992 wurde hier zum Gedenken an die Taíno-Indianer die Statue *Encuentro* (»Treffen«) errichtet. Mit dem Auto erreicht man den Cayo nur schwer, aber von Guadalavaca *(siehe S. 211)* gibt es Bootstouren. Östlich des Cayo de Bariay liegt der schöne Strand **Playa Don Lino**.

KOLUMBUS IN KUBA

Nachdem Kolumbus am 28. Oktober 1492 zum ersten Mal kubanischen Boden betreten hatte, schrieb er in sein Logbuch: »Einen schöneren Ort habe ich nie gesehen. An den Flussufern sah ich mir unbekannte Bäume mit den unterschiedlichsten Blüten und Früchten, und in ihren Ästen zwitscherten Vögel. Es gab auch viele Palmen. Als ich das Schiff verließ, ging ich auf zwei Fischerhütten zu. Doch als mich die Eingeborenen

Christoph Kolumbus, der Entdecker der Neuen Welt

zu Gesicht bekamen, erschraken und flüchteten sie. Zurück im Boot fuhr ich ein Stück flussaufwärts. Der Anblick dieser Blumengärten und grünen Wälder, das Zwitschern der Vögel erfüllten mich mit derart großer Freude, dass ich mich nicht losreißen konnte und immer weiter fuhr. Dies ist wahrlich das schönste Land, das menschliche Augen je erblickten.«

Guardalavaca ❹

Holguín. **Straßenkarte** F3.

Nach Varadero *(siehe S. 158f)* ist der Strand von Guardalavaca, der Mitte der 1980er Jahre in ein Ferienresort umgestaltet wurde, das beliebteste Urlaubsziel Kubas. Obwohl das Gebiet nur 58 Kilometer südwestlich von Holguín liegt, hat man das Gefühl, auf einem weitab gelegenen Landstrich zu sein.

Der 4 Kilometer lange, halbmondförmige Strand ist von üppiger Vegetation umgeben und wird an beiden Enden durch Felsen begrenzt. Der Sand ist fein, das Wasser kristallklar und nicht weit vom Ufer liegt ein Korallenriff. Hinter dem Strand liegt eine moderne Ferienanlage.

Der Name »Guardalavaca« (Pass auf die Kuh auf) stammt von dem apnischen Wort für den Kuhreiher *(siehe S. 18) ab*, einem hier sehr häufig anzutreffenden Vogel.

Westlich des Strandes liegt die **Bahía de Naranjo**, ein Naturschutzgebiet, das 32 Kilometer Küstenlinie und 1000 Hektar Wald mit dicht bewachsenen Karsthügeln umfasst. In der Bucht liegen drei Inseln. Auf einer davon, dem Cayo Naranjo, werden Seelöwen- und Delfinshows gezeigt. Zudem werden hier Bootsausflüge, Tauch- und Angeltouren organisiert.

Skelette in der Necropolis von Chorro de Maita

Chorro de Maita ❺

Cerro de Yaguajay, Banes (Holguín). **Straßenkarte** F4.
◻ Di–Sa. ⬤ 1. Jan, 1. Mai, 26. Juli, 10. Okt, 25. Dez. 📷 🎫 📷

An der Küste, nur fünf Kilometer südlich von Guardalavaca, liegt Chorro de Maita, die größte Totenstadt eingeborener Indianer in Kuba und den Antillen. In dieser bemerkenswerten archäologischen Grabungsstätte wurden 56 Skelette, mehrere Tongegenstände, Knochenamulette, Grabbeigaben und verzierte Muscheln gefunden.

All diese Gegenstände können von einem Plankenweg durch die *aldea taína*, ein

nachgebautes präkolumbisches Dorf, besichtigt werden. Dieses ist unterhaltsam und lehrreich zugleich, man kann z. B. die Nahrung der Ureinwohner kosten. Vor den Hütten stehen lebensgroße Statuen der Indianer.

Banes ❻

Holguín. **Straßenkarte** F4.

Dieses Städtchen 32 Kilometer südwestlich von Holguín liegt inmitten einer großen Ausgrabungsstätte. (Aus der Provinz Holguín stammt ein Drittel aller archäologischen Funde in Kuba.) In Banes lohnt sich ein Besuch im **Museo Indocubano Bani**, Kubas wichtigstem archäologischen Museum außerhalb Havannas. Hier werden mehr als 1000 Funde gezeigt, darunter Äxte, Terrakottavasen, Feuersteinmesser und eine 4 Zentimeter große Frauenfigur aus Gold, die Ídolo de Oro. Sie wurde in der Nähe von Banes gefunden und stammt aus dem 13. Jahrhundert.

Ídolo de Oro, Museo Indocubano Bani

🏛 **Museo Indocubano Bani**
Calle General Barrero 305, e/ Martí y Céspedes. 📞 (24) 2487. ◻ Di–Sa, So vormittags. ⬤ 1. Jan, 1. Mai, 26. Juli, 10. Okt, 25. Dez. 📷 🎫 📷

Kristallklares Wasser am Strand von Guardalavaca, dem Varadero Ostkubas

Die Buchten von Cayo Saetía sind wegen ihrer Sandstrände berühmt

Mayarí ❼

Holguín. **Straßenkarte** F4.
🏛 *30 000.*

DIE STADT MAYARÍ, 100 Kilometer südöstlich von Holguín, wurde 1757 gegründet und ist so neben Gibara *(siehe S. 210)* die älteste Stadt der Provinz. Das Stadtzentrum lässt sich schnell erkunden.

In der Nähe befinden sich die **Farallones de Seboruco**, Höhlen, in denen Gegenstände des Volks der Taíno gefunden wurden. Hier liegt in einem Waldgebiet, das sich auf einem Berg in eine Höhe von 1000 Metern erstreckt, das bekannte Ökoresort **Meseta de Pinares de Mayarí**.

Südwestlich von Mayarí liegt Fidel Castros Geburtsort Birán. Sein Elternhaus existiert immer noch.

Cayo Saetía ❽

Holguín. **Straßenkarte** F4.

AN DER MÜNDUNG der Bucht von Nipe liegt die kleine Insel von nur 42 km² mit ihren faszinierenden Buchten. Über eine Zugbrücke ist sie mit dem Festland verbunden. Einst war sie ein privates Jagdrevier, durch die Wälder und Weiden streifen neben einheimischen Tierarten noch immer Antilopen und Zebras. Auf den geführten Safaris (zu Pferde oder im Jeep) können die Besucher diese Tiere beobachten und fotografieren. Die wenigen touristischen Angebote auf der Insel stehen nur Hotelgästen zur Verfügung. Auf Umweltschutz wird besonderer Wert gelegt.

Die Statue von Carlos Manuel de Céspedes in Bayamo

Bayamo ❾

Granma. **Straßenkarte** E4.
🏛 *130 000.* ✈ 🚌 *Saco y Linea, (23) 424 955.* 🚌 *Carretera Central y Jesús Rabi (23) 424 036.* 🛈 *Islazul, Calle Mármol 120, (23) 425 105.*

NACH BARACOA ist Bayamo, 1513 von Diego Velázquez gegründet, die zweitälteste Stadt in Kuba. Bis 1975 gehörte sie zur Provinz Oriente, doch nach einer Gebietsreform wurde sie Hauptstadt der neu geschaffenen Provinz Granma. In dieser Gegend wird Vieh- und Weidewirtschaft betrieben, doch Bayamo gilt auch als Wiege des Nationalismus und Ausgangspunkt politischer Revolten.

1869 brannten die Einwohner ihre Stadt nieder, um sie nicht in spanische Hände fallen zu lassen. Deshalb ist der Stadtkern relativ modern. Das Leben konzentriert sich um die **Plaza de la Revolución** (Parque Céspedes), die von der Statue des Plantagenbesitzers und Helden der Unabhängigkeitskriege, Carlos Manuel de Céspedes (1955), dominiert wird. Fast alle wichtigen Gebäude der Stadt sind hier zu finden: die Casa de la Cultura, das Hotel Royaltón, der Poder Popular (Volksversammlung) und das historische Café Pedrito.

Neben dem Hauptplatz steht die **Plaza del Himno**. Sie wurde nach der kubanischen Nationalhymne *Bayamesa* benannt, die zum ersten Mal am 20. Oktober 1868 hier gespielt wurde. Zum Andenken daran wurde hier eine Bronzestatue aufgestellt, auf deren Tafel der Text und die Noten von Perucho Figueredo eingraviert sind. Seine Büste steht neben der Flagge der Nationalisten.

Plaza de la Revolución in Bayamo, auch Parque Céspedes genannt

BAYAMO »DIE REBELLISCHE«

Bayamo hat eine lange Tradition von Aufständen. Schon im 16. Jahrhundert stellten sich eingeborene Indianer unter ihrem Häuptling Hatuey den Spaniern entgegen *(siehe S. 215)*. Wenig später tötete ein afrikanischer Sklave den Piraten Gilberto Giron und präsentierte seinen Kopf auf dem Stadtplatz. Diese Begebenheit inspirierte Silvestre de Balboa zu dem Epos *Espejo de Paciencia*, dem ersten bedeutenden Werk der kubanischen Literatur *(siehe S. 26)*. Die dramatischste Ära Bayamos war jedoch die Zeit der Unabhängigkeitskriege, bei denen eine Gruppe örtlicher Nationalisten – Juan Clemente Zenea, Carlos Manuel de Céspedes *(siehe S. 43)*, Pedro Figueredo, José Fornaris und José Joaquín Palma – am 10. Oktober 1868 einen Aufstand gegen die Spanier initiierten. Am 20. Oktober nahmen sie die Stadt ein und erklärten sie zur Hauptstadt der Republik. Als die Stadt am 12. Januar 1869 vor der Rückeroberung durch die kolonialen Truppen stand, beschlossen die Bewohner, sie niederzubrennen. Deshalb wurde *La Bayamesa* später zur Nationalhymne erklärt.

Dieses Denkmal ist der Nationalhymne *La Bayamesa* gewidmet

Kirche Parroquial Mayor de San Salvador

🔒 Parroquial Mayor de San Salvador

Calle Saco 18. 📞 (42) 2514.
🕐 *tägl.*

Als die Nationalisten in Bayamo ihre Stadt niederbrannten, um sie nicht den Spaniern überlassen zu müssen, brachten sie die Heiligenbilder in der Kathedrale Parroquial Mayor in Sicherheit. So war es zumindest geplant. Unglücklicherweise entkamen aber nur das Taufbecken (in dem Carlos Manuel de Céspedes getauft wurde) und die Capilla de los Dolores, eine Kapelle aus dem Jahr 1740 mit einem Bild der Jungfrau Maria und einem Altarbild aus vergoldetem Holz, dem Flammenmeer. Das Altargemälde ist in einem besonders kunstvoll gestalteten Rahmen gefasst, auf dem tropische Motive und Darstellungen regionaler Früchte und Tiere zu sehen sind – ein ungewöhnliches aber für Kuba typisches Element in der Kunst des 18. Jahrhunderts.

1916 ließ Bischof Guerra die alte Erlöserkirche wiederaufbauen. Das ursprüngliche Gebäude war 1613 fertig gestellt worden und wurde im Lauf der Zeit in eine große dreischiffige Kirche mit zwei Chorräumen, neun Altären und einer schmiedeeisernen Kanzel umgebaut.

Die neue Kirche wurde am 9. Oktober 1919 eingeweiht. Sie ist geschmückt mit einem Bild von Jesus dem Erlöser, das aus der alten Kirche gerettet worden war, einem neuen Marmoraltar, einem patriotischen Gemälde des Dominikaners Luis Desangles, Stuck und Fresken von Esteban Ferrer.

An dem kleineren **Parque Maceo Osorio** (früher: Parque de San Francisco) nördlich der Plaza de la Revolución liegt die Casa de la Trova Olimpio La O, eines der wenigen Gebäude des 18. Jahrhunderts, vor dem gerne musiziert wird *(siehe S. 282)*.

🏛 Casa Natal de Carlos Manuel de Céspedes

Calle Maceo 57, e/ Marmol y Palma. 📞 (42) 423 864. 🕐 Di–Sa, So vormittags. ⬤ 1. Jan, 1. Mai, 26. Juli, 10. Okt, 25. Dez. 🖼 ▣ ◉

Das Haus, in dem der bedeutendste Mann des ersten Kriegs gegen Spanien im 19. Jahrhundert im April 1819 geboren wurde, ist ein hübsches zweistöckiges Gebäude an der Plaza de la Revolución. Architektonisch ist es der bedeutendste Bau der Stadt.

Die Zimmer im Erdgeschoss, die sich auf den Hof hinaus öffnen, beherbergen die wichtigsten Stücke der Céspedes-Sammlung, darunter offizielle Dokumente und persönliche Gegenstände, u. a. sein Schwert aus Bronze und Stahl.

Im oberen Stockwerk sind möblierte Räume zu sehen. In einem steht ein Bronzebett mit feinen Perlmuttmedaillons. Über eine Galerie gelangt man in die alte Küche, in der noch der ursprüngliche Keramikofen steht.

Fassade des Geburtshauses von Carlos Manuel de Céspedes

Manzanillo ⑩

Granma. **Straßenkarte** E4.
✈ *»Sierra Maestra«, 8 km südlich der Stadt.* 🚆 🚌 *Bayamo, Camagüey, Havana, Pilón, Yara.*

DIE KÜSTENSTADT Manzanillo fügt sich harmonisch in die Bucht von Guacanayabo ein. Sie wurde 1784 als Puerto Real gegründet und hatte ihre Blüte dank Zucker- und Sklavenhandel im 19. Jahrhundert.

Die Erinnerungen an die Taten der Rebellentruppen Fidel Castros in der nahe gelegenen Sierra Maestra sind hier noch lebendig, und ganz besonders die an seine Assistentin Celia Sánchez, die hier eine Nachhut aufstellte. Ein monumentales Denkmal in der Stadt erinnert an sie.

Im Parque Céspedes wurde am 25. Juni 1924 ein Musikpavillon für Musikgruppen aus der Stadt eröffnet. Die so genannte Glorieta Morisca verdankt ihren Namen den arabisch anmutenden Ornamenten von José Martín del Castillo, einem Architekten aus Granada. Zu den anderen Sehenswürdigkeiten der Stadt, die alle um den Parque Céspedes gruppiert sind, gehört die klassizistische Iglesia de la Purísima Concepción aus den 1920er Jahren, das stilvolle Café 1906, das Rathaus aus dem 19. Jahrhundert, in dem heute die Asamblea Municipal del Poder Popular unterge-

In der Glorieta Morisca de Manzanillo werden Konzerte gegeben

Von Manzanillo über Cabo Cruz nach Santiago ⑪

DIESE FASZINIERENDE Tour nach Santiago führt an den Hügeln der Sierra Maestra vorbei. An der Südküste scheint die Straße manchmal fast durch das Meer zu verlaufen. In der Umgebung, die unberührt, zum Teil sogar wild erscheint, verbergen sich einige Orte von historischer Bedeutung. Die Strecke kann an einem Tag bewältigt werden, eine Übernachtung in Marea del Portillo macht sie jedoch entspannter.

La Demajagua ①
Auf Céspedes' Anwesen gibt es noch immer Geräte zur Zuckerherstellung wie diese *calderas* für die Molasse.

Playa Las Coloradas ③
Hier legten im Dezember 1956 die 82 Rebellen an Bord der *Granma* an *(siehe S. 48)*.

Media Luna ②
Hier steht das Geburtshaus der Revolutionärin Celia Sánchez (*siehe S. 51*). Heute ist es ein Museum.

Parque Nacional Desembarco del *Granma* ⑤
Dieser Park zeigt eine üppige Flora, darunter einige außergewöhnliche Orchideen. Interessant sind auch die natürlichen Höhlen. An mehreren Stellen wird die Wegstrecke der Revolutionäre nach ihrer Ankunft mit der *Granma* nachgezeichnet.

El Guafe ④
In einem kleinen Museum an dieser Grabungsstätte sieht man präkolumbische Funde.

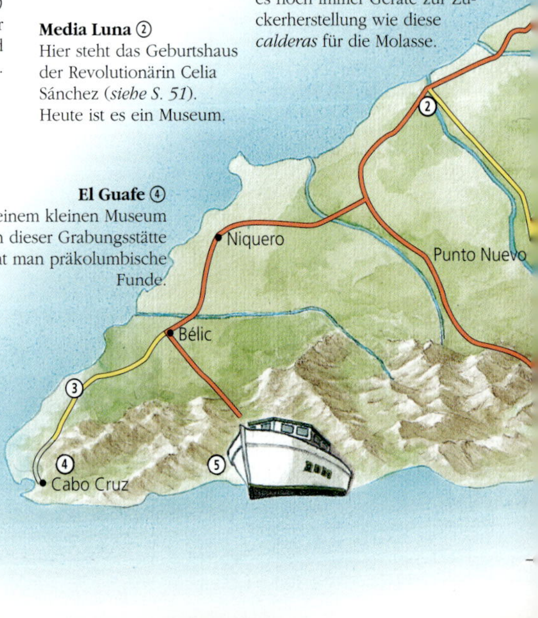

Niquero
Punto Nuevo
Bélic
Cabo Cruz

bracht ist, und die Colonia Española, ein Klubgebäude spanischer Immigranten von 1935. Es verfügt über einen andalusischen Innenhof und ein Wandgemälde aus bemalten Fliesen, das die Ankunft Kolumbus auf Kuba darstellt.

UMGEBUNG: Zehn Kilometer südlich von Manzanillo liegen die Überreste von La Demajagua, dem Anwesen von Carlos Manuel de Céspedes (*siehe S. 42 und 213*). Am 10. Oktober 1868 ließ er all seine Sklaven frei, damit sie mit ihm gegen die Spanier kämpften.

In **Yara**, 24 Kilometer östlich, rief Céspedes die kubanische Unabhängigkeit aus. Hier wurde auch der indianische Held Hatuey auf dem Scheiterhaufen verbrannt. Auf der Plaza Grito de Yara gibt es ein kleines Museum.

DAS OPFER VON HATUEY

Im Laufe der Jahrhunderte erlangte die Aufopferung Hatueys große patriotische Bedeutung und wurde zum Thema zahlreicher Legenden, darunter *La Luz de Yara* (»Das Licht von Yara«) von Luis Victoriano Betancourt aus dem Jahr 1875. Sie erzählt davon, wie von dem Scheiterhaufen, auf dem Hatuey verbrannt wurde, ein mysteriöses Licht emporstieg, über die Insel wanderte und über den Schlaf der Sklaven wachte, die auf ihre Befreiung warteten. Dieses Licht war die Seele Hatueys. Drei Jahrhunderte später kehrte es zur Todesstädte des Märtyrers zurück, woraufhin alle Palmen in Kuba zitterten, der Himmel aufleuchtete, die Erde bebte und das Licht zu einem Feuer wurde, das die Herzen der Kubaner entflammte: »Es war das Licht von Yara, das Rache nehmen wollte. Es war das Grab Hatueys, das zur Wiege der Unabhängigkeit wurde. Es war der 10. Oktober« – der Beginn des Unabhängigkeitskrieges.

Häuptling Hatuey wurde auf dem Scheiterhaufen verbrannt

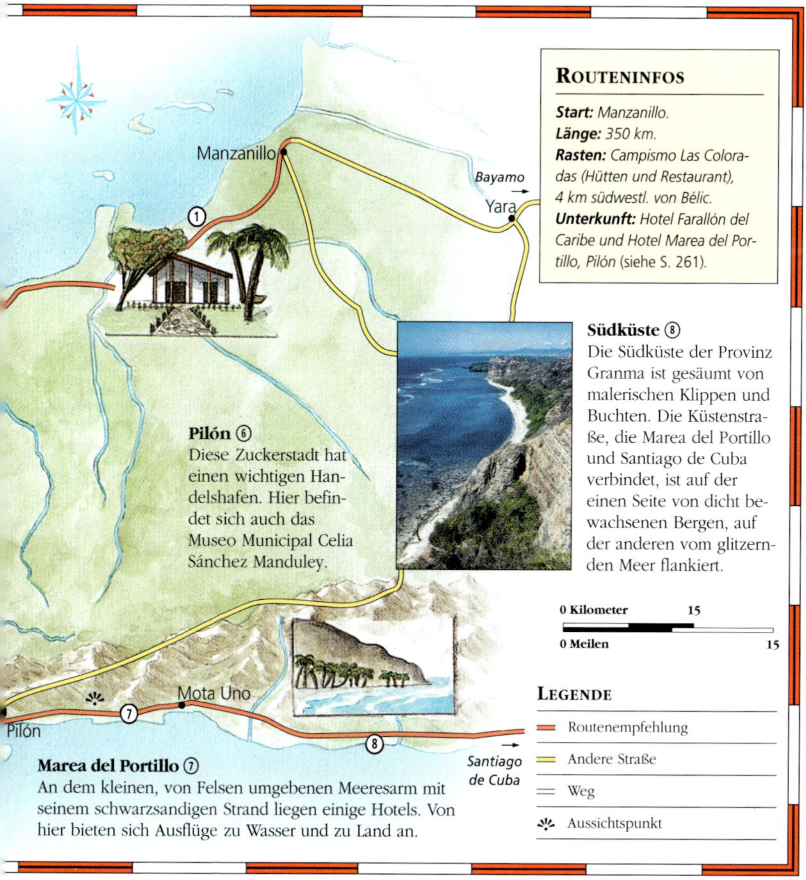

ROUTENINFOS

Start: Manzanillo.
Länge: 350 km.
Rasten: Campismo Las Coloradas (Hütten und Restaurant), 4 km südwestl. von Bélic.
Unterkunft: Hotel Farallón del Caribe und Hotel Marea del Portillo, Pilón (siehe S. 261).

Manzanillo

Bayamo
Yara

Südküste ⑧
Die Südküste der Provinz Granma ist gesäumt von malerischen Klippen und Buchten. Die Küstenstraße, die Marea del Portillo und Santiago de Cuba verbindet, ist auf der einen Seite von dicht bewachsenen Bergen, auf der anderen vom glitzernden Meer flankiert.

Pilón ⑥
Diese Zuckerstadt hat einen wichtigen Handelshafen. Hier befindet sich auch das Museo Municipal Celia Sánchez Manduley.

Mota Uno

Pilón ⑦

Santiago de Cuba

Marea del Portillo ⑦
An dem kleinen, von Felsen umgebenen Meeresarm mit seinem schwarzsandigen Strand liegen einige Hotels. Von hier bieten sich Ausflüge zu Wasser und zu Land an.

0 Kilometer	15
0 Meilen	15

LEGENDE

━━━ Routenempfehlung
━━━ Andere Straße
═══ Weg
☆ Aussichtspunkt

Gran Parque Nacional Sierra Maestra ⑫

Granma, Santiago de Cuba.
Straßenkarte F4.
🅷 *Cubanacán, Santiago de Cuba,
(226) 642 202, 641 752, 641 891;
Für Touren: Villa Turística Santo
Domingo, Bartolomé Masó (23) 375;
Cubanacán, Calle Maceo 63, Bayamo,
(23) 427 202.*

Blick vom Pico Turquino, dem höchsten Berg Kubas

DIESER NATIONALPARK erstreckt sich auf einer Fläche von 38 000 Hektar über die Provinzen Granma und Santiago de Cuba. Hier befinden sich die höchsten Gipfel der Insel, darunter der mit 1974 Metern höchste Berg Pico Turquino. Viele Orte dieser Gegend wurden durch den Guerillakrieg von Fidel Castro und den *barbudos* berühmt.

Ausgangspunkt für eine Erkundung der Sierra Maestra ist in der Regel **Villa Santo Domingo**, etwa 35 Kilometer südlich der Straße von Bayamo nach Manzanillo. (In Santo Domingo gibt es einfache Unterkünfte.)

Von Santo Domingo führt ein nicht zu unterschätzender 5 Kilometer langer Weg zum Aussichtspunkt **Alto del Naranjo** (950 m). Er lässt sich zu Fuß oder mit einem Auto mit Allradantrieb bewältigen. Mit einer Sondererlaubnis, die

Der Rotschwanzbussard ist in der Sierra Maestra noch häufig zu sehen

man bei den Parkaufsehern in Villa Santo Domingo erhält, kann man zu Castros Hauptquartier **Comandancia de la Plata** weitergehen. Dort wurde ein Museum eingerichtet und man sieht ein kleines Feldlazarett und die Stelle, von der aus Che Guevara seine Radioansprachen hielt.

Die Comandancia de la Plata kann nur zu Fuß erreicht werden, sie liegt eine Stunde Fußweg weiter durch einen hübschen, aber oft nebligen Wald. Die Gegend, die 1980 zum Nationalpark erklärt wurde, hat jedoch nicht nur historische Bedeutung: In dem dichten, feuchten Waldgebiet gibt es viele Orchideenarten und eine bunte Tierwelt. Die Berge der Sierra Maestra eignen sich hervorragend zum Wandern und Bergsteigen. Die Landschaft ist spektakulär, die Anlagen sind jedoch oft spartanisch.

Eine begrenzte Anzahl geführter Wanderungen kann in Villa Santo Domingo organisiert werden. Übernachtungsmöglichkeiten in den Bergen gibt es entweder auf Campingplätzen oder in einfachen Hütten. Große Gebiete der Sierra sind jedoch militärisches Sperrgebiet und dürfen nicht betreten werden.

Momentan wird eine dreitägige geführte Tour durch den Park angeboten. Sie beginnt am Alto del Naranjo und endet in Las Cuevas, einer kleinen Stadt am Karibischen Meer.

Man muss kein erfahrener Bersteiger sein, um die Tour bewältigen zu können, denn die Wege sind mit Leitern, Führungsseilen und in den Stein gehauenen Stufen gut befestigt. Jedoch sollte man über ein gesundes Maß an Fitness und Trittsicherheit verfügen, besonders beim letzten Abstieg von Pico Turquino, der etwas anstrengend ist.

Wichtig ist eine gute Ausrüstung: Bergschuhe, dicke Socken, Sonnenhut, Sweatshirt, winddichte Jacke und evtl. Zelt und Isomatte sollten keinesfalls fehlen. In der Sierra herrscht eine hohe Luftfeuchtigkeit, es ist oft neblig und häufig treten Schauer auf.

Die Küste am Südrand der Sierra Maestra, die **Riviera del Caribe**, ist einzigartig. Die Küstenstraße führt eng am Ufer des Karibischen Meeres entlang und bietet herrliche Aussichten auf die Felsen und Höhlen an der Küste.

Blick über die malerische Küste südlich der Sierra Maestra

Basílica del Cobre ⑬

Santiago de Cuba.
Straßenkarte F4.
🚌 Carretera Central 21, (22) 361 31.
⬤ tägl. 🕂 🎵 Prozession (8. Sep).

Die Basilica del Cobre ist von tropischer Vegetation umgeben

DAS DORF EL COBRE, etwa 20 Kilometer westlich von Santiago de Cuba, war einst wegen seiner Kupferminen *(cobre)* berühmt. Bis 1807 arbeiteten hier viele Sklaven. Heute ist der Ort bekannt, weil hier Kubas berühmteste Kirche, die Basílica de Nuestra Señora de la Caridad del Cobre, steht. Die Hauptattraktion des Gotteshauses ist die Virgen del Cobre, eine kostbar mit Gold, Diamanten, Smaragden und Rubinen geschmückte schwarze Madonnenstatue mit goldenem Heiligenschein. Sie trägt ein Kreuz aus Diamanten und Amethysten und wird in einer klimatisierten Glasvitrine hinter dem Hochaltar aufbewahrt

Jedes Jahr am 8. September, dem Namenstag des Heiligen, wird sie bei einer Prozession aus der Vitrine genommen. Die Virgen del Cobre wurde 1916 zur Schutzpatronin Kubas ernannt und von Papst Johannes Paul II. während seiner Kubareise 1998 *(siehe S. 64)* gekrönt und gesegnet.

Die imposante dreischiffige Kirche wurde 1926 auf dem Hügel Cerro de la Cantera errichtet, der über 254 Stufen mit dem Dorf verbunden ist. Der elegante Glockenturm in

Das nüchterne Innere der Basilika, die der Virgen del Cobre geweiht ist

der Mitte ist ebenso wie die beiden Seitentürme von einer Kuppel mit rotem Ziegeldach gekrönt, die sich deutlich von der hellen Fassade abheben.

Die Basilika ist ein beliebtes Pilgerziel. In der Kapelle Los Milagros werden Tausende Votivgaben der Pilger gezeigt, darunter bemerkenswerte Stücke wie die Nobelpreismedaille Hemingways, Bärte von Guerrillakämpfern, die den Krieg in der Sierra überlebten, persönliche Gegenstände von Castros Mutter und Erde aus Angola, wo kubanische Soldaten kämpften.

DIE VIRGEN DEL COBRE

Die Statue der Virgen del Cobre

Einer alten Legende zufolge sollen 1606 drei Sklaven, die in den Kupferminen von El Cobre arbeiteten, in der Bucht von Nipe vor der Ostküste Kubas von der Statue einer schwarzen Madonna mit einem Jesuskind in ihren Armen gerettet worden sein. Mit ihrem Boot waren sie in einen Sturm geraten und wären ertrunken, hätte sie nicht die Madonna, deren Bild in den Wellen auftauchte, gerettet. Tatsächlich wurde die Statue wohl mit einem Schiff aus der kastillianischen Stadt Illescas auf Bitten des Gouverneurs Sánchez de Moya nach Kuba gebracht, der in El Cobre eine spanische Madonna aufstellen wollte. 1611 wurde der Madonna ein Sanktuarium errichtet und sie wurde bei den Einwohnern, die ihr wundersame Kräfte nachsagten, schnell Objekt der Anbetung. Die Verehrung dieser Madonna war immer sehr stark, selbst bei weniger gläubigen Katholiken. Die Figur wird in der afrokubanischen Religion mit Ochún *(siehe S. 20),* der Göttin der Flüsse, Sanftmut, Weiblichkeit und Liebe assoziiert, die stets als schöne schwarze Frau in gelber Kleidung dargestellt wird. Seit die *santería*-Religion in Kuba weit verbreitet ist, sieht man das geheiligte Bild der Virgin del Cobre in Hausaltären oft neben dem eher profanen Bild der afrikanischen Göttin, in Gebeten und Diskussionen gelten sie als eine Gottheit, auch wenn dies bei genauerem Hinsehen einen Widerspruch darstellt.

Von den *barbudos* dargebrachte Votivgaben

Santiago de Cuba ⑭

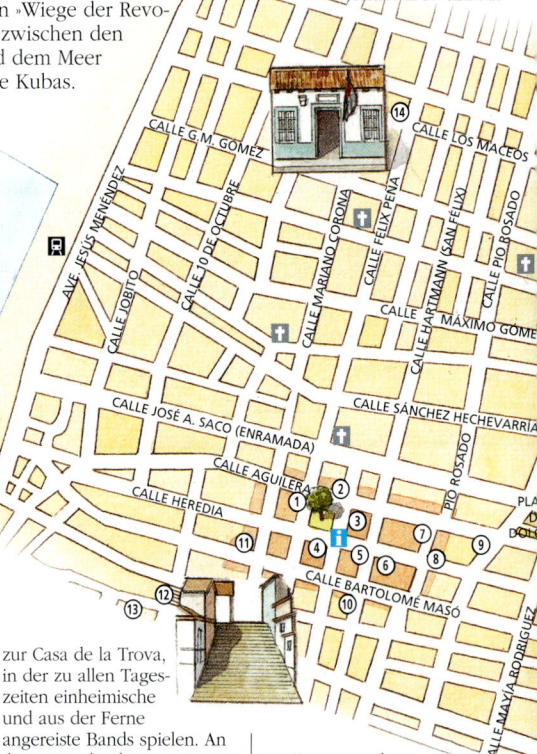

SANTIAGO DE CUBA ist vielleicht die afrikanischste, die musikalischste und die leidenschaftlichste Stadt Kubas. 1930 verglich der spanische Poet Federico García Lorca sie mit »einer Harfe aus lebenden Ästen, einem Kaiman, einer Tabakpflanze«. Abgesehen von den Autos und einigen modernen Gebäuden hat sich Santiago seither kaum verändert. Hier verlangsamen die Hitze – und die Hügel – den Lebensrhythmus. Und dennoch ist es eine lebhafte und aufregende Stadt, in der leidenschaftlich gefeiert und getanzt wird, besonders im Karneval. Stolz sind ihre Bewohner auf ihren Beinamen »Wiege der Revolution«. Nach Havanna ist die zwischen den Bergen der Sierra Maestra und dem Meer gelegene Stadt die zweitgrößte Kubas.

Schild des Rummuseums

Restaurierte klassizistische Fassade in der Altstadt

Parque Céspedes

Das Stadtzentrum von Santiago breitet sich in einem Gewirr von Gassen und Sträßchen um den Parque Céspedes aus. Ein Besuch der Altstadt beginnt fast unweigerlich dort. Von hier geht man die **Calle Heredia** entlang, die berühmteste, beliebteste und eleganteste Straße der Stadt. An jedem Haus kann man Zeichen der großen Leidenschaften der Stadt erkennen: Musik, Tanz, Karneval und Poesie. Häufig, und besonders während des Festival del Caribe im Sommer, verwandelt sich diese Straße in eine Open-Air-Bühne für Amateurkünstler. Traditionelle *Son*-Musik hört man dagegen im Hof der Casa de la UNEAC *(siehe S. 282f)* im Haus Nr. 266. Das einstige »Cafetín de Virgilio« in Nr. 208 wurde 1968

zur Casa de la Trova, in der zu allen Tageszeiten einheimische und aus der Ferne angereiste Bands spielen. An ihren Wänden hängen Fotos großer kubanischer Musiker von gestern und heute, darunter El Guayabero und Compay Segundo.

Westlich des Parque Céspedes

Der malerische Stadtteil westlich des Parque Céspedes heißt Tivoli. Vom **Balcón de Velázquez**, einem Aussichtspunkt an der Ecke Calle Maria-

no Corona und Bartolomé Masó, sieht man bis zur Bucht.

Hier wurde im 16. Jahrhundert ein kleines Verteidigungsfort errichtet. Heute sind davon allerdings nur noch Mauerreste zu sehen. Innerhalb des Aussichtsbereichs selbst stehen einige hübsche Bronzetondos (runde Reliefbilder) mit Porträts von Diego Velázquez, Hernán Cortés, Bartolomé de Las Casas und dem Indianer Guamá.

Die Calle Heredia ist die belebteste Straße in Santiago de Cuba

Legende

- Detailkarte, *S. 220f*
- Busbahnhof
- Bahnhof
- Information
- Kirche

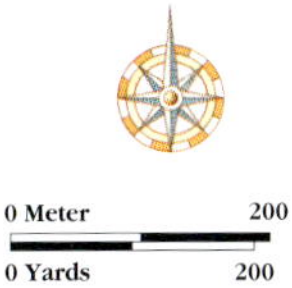

Infobox

Santiago de Cuba. **Straßenkarte** F4. 👥 *400 000.* ✈ *7 km südlich der Stadt*
🚆 *Ave. Jesús Menéndez, esq. Hechevarría.* 🚌 *Ave. de los Libertadores, esq. Yarayó, (226) 628 484.* ℹ *Havanatur, Hotel Casa Granda, Calle Heredia y Lacret, (226) 686 152.* 🎭 *Festival del Caribe (erste Julihälfte), Karneval (zweite Julihälfte).*

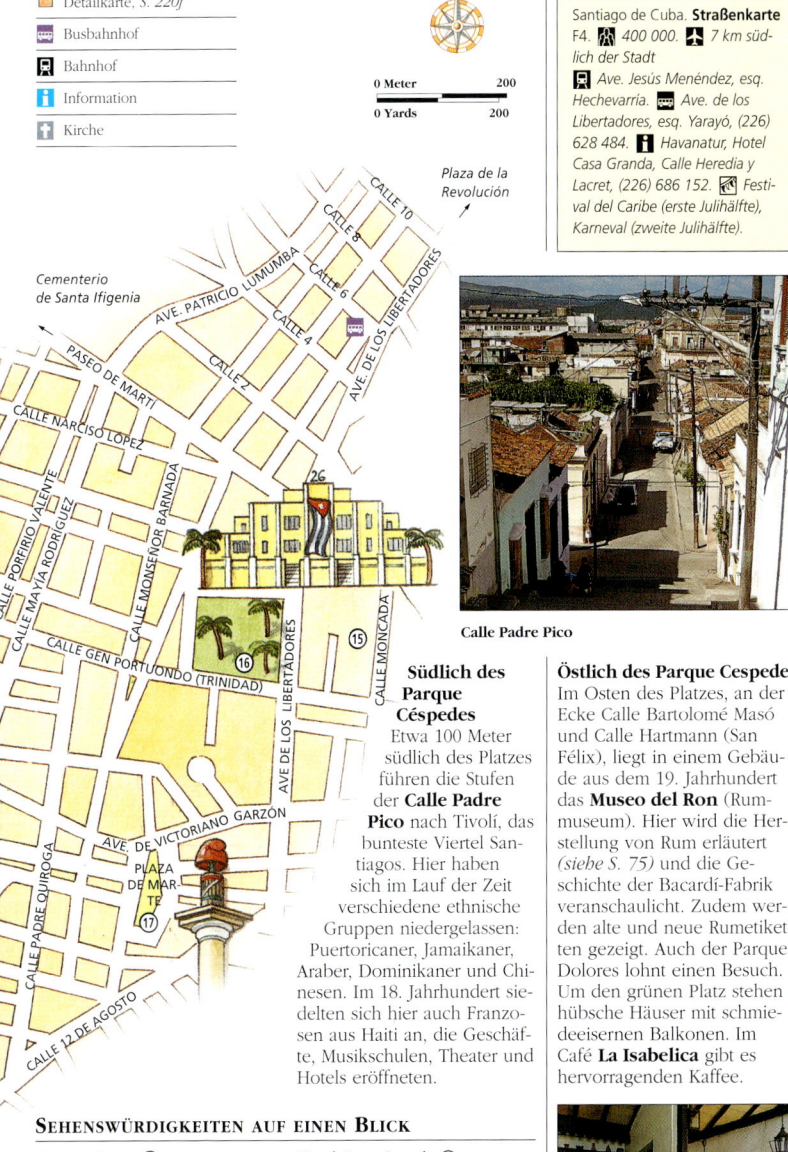

Calle Padre Pico

Südlich des Parque Céspedes

Etwa 100 Meter südlich des Platzes führen die Stufen der **Calle Padre Pico** nach Tivolí, das bunteste Viertel Santiagos. Hier haben sich im Lauf der Zeit verschiedene ethnische Gruppen niedergelassen: Puertoricaner, Jamaikaner, Araber, Dominikaner und Chinesen. Im 18. Jahrhundert siedelten sich hier auch Franzosen aus Haiti an, die Geschäfte, Musikschulen, Theater und Hotels eröffneten.

Östlich des Parque Cespedes

Im Osten des Platzes, an der Ecke Calle Bartolomé Masó und Calle Hartmann (San Félix), liegt in einem Gebäude aus dem 19. Jahrhundert das **Museo del Ron** (Rummuseum). Hier wird die Herstellung von Rum erläutert *(siehe S. 75)* und die Geschichte der Bacardí-Fabrik veranschaulicht. Zudem werden alte und neue Rumetiketten gezeigt. Auch der Parque Dolores lohnt einen Besuch. Um den grünen Platz stehen hübsche Häuser mit schmiedeeisernen Balkonen. Im Café **La Isabelica** gibt es hervorragenden Kaffee.

Gäste im La Isabelica, einem historischem Café mit Charakter

Sehenswürdigkeiten auf einen Blick

- Ayuntamiento ②
- Balcón de Velázquez ⑪
- Café La Isabelica ⑨
- Casa de Diego Velázquez ①
- Casa de la Trova ⑤
- Casa Natal de Antonio Maceo ⑭
- Casa Natal de José María Heredia ⑥
- Catedral de la Asunción ④
- Cuartel Moncada ⑮
- Hotel Casa Granda ③
- Museo de la Lucha Clandestina ⑬
- Museo del Carnaval ⑧
- Museo del Ron ⑩
- Museo Provincial Bacardí Moreau ⑦
- Parque Histórico Abel Santamaría ⑯
- Plaza de Marte ⑰
- Calle Padre Pico ⑫

Im Detail: Parque Céspedes

DIE EINSTIGE PLAZA DE ARMAS in Santiago ist das Herz der Stadt, sowohl geografisch als auch kulturell. An diesem Platz, der zu Ehren des Vaters der kubanischen Republik *(siehe S. 44)* in Parque Céspedes umbenannt wurde, kommen die Menschen zum Plaudern, Bummeln und Feiern zusammen. Zu jeder Tages- und Nachtzeit sitzen Menschen auf den Bänken – Alte, Junge, Frauen, Kinder und Touristen. Hier bleibt keiner lange alleine. Früher oder später wird man in ein Gespräch oder einen anderen Zeitvertreib verwickelt, denn hier finden ständig Veranstaltungen statt, meist musikalischer Art – egal ob live, aufgezeichnet oder improvisiert. Der Platz, der 1943 restauriert wurde, besteht aus vier Bereichen mit Brunnen und Bäumen, die von Wegen durchzogen sind.

Casa de la Trova
Hier spielen jeden Tag Bands.

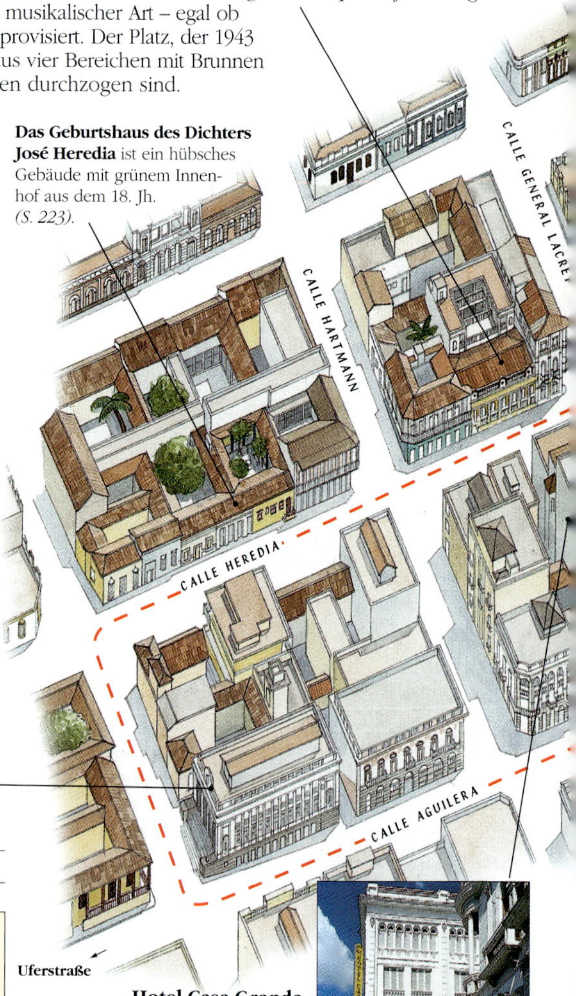

Das Geburtshaus des Dichters José Heredia ist ein hübsches Gebäude mit grünem Innenhof aus dem 18. Jh. *(S. 223)*.

★ **Museo Provincial Emilio Bacardí Moreau**
Kubas ältestes Museum befindet sich in einem klassizistischen Bau und bietet ein buntes Sammelsurium an Exponaten: von einer ägyptischen Mumie über Andenken an die Unabhängigkeitskriege bis zu moderner Kunst (S. 224).

CALLE GENERAL LACRET

CALLE HARTMANN

CALLE HEREDIA

CALLE AGUILERA

LEGENDE

– – – Routenempfehlung

NICHT VERSÄUMEN ·

★ **Casa de Diego Velázquez**

★ **Museo Provincial E. Bacardí Moreau**

★ **Catedral de la Asunción**

Uferstraße

Hotel Casa Granda
Eines der historischen Hotels Kubas (siehe S. 261) wurde 1920 eröffnet. In Unser Mann in Havanna *beschrieb Graham Greene (siehe S. 87) das Casa Grande als Agententreffpunkt. Von der Terrasse blickt man über den Platz.*

★ Catedral de la Asunción

Die Fassade der Kathedrale ist zwar klassizistisch, das Gotteshaus ist jedoch 400 Jahre alt. Diego Velázquez soll unter dem Gebäude begraben sein, Beweise hierfür gibt es aber nicht (S. 223).

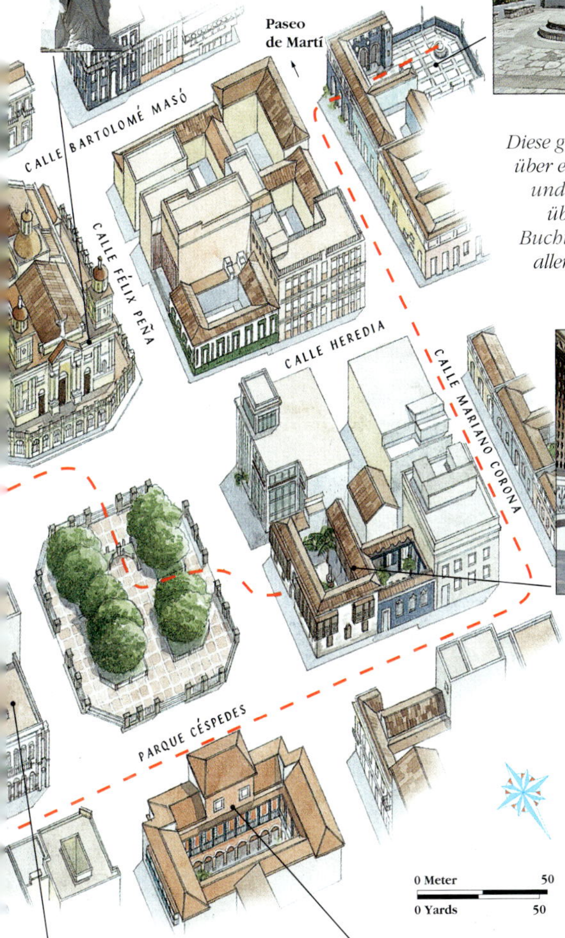

Paseo de Martí

CALLE BARTOLOMÉ MASÓ

CALLE FÉLIX PEÑA

CALLE HEREDIA

CALLE MARIANO CORONA

PARQUE CÉSPEDES

Balcón de Velázquez

Diese große Aussichtsterrasse wurde über einem spanischen Fort erbaut und bietet einen herrlichen Blick über Tivolí, den Hafen und die Bucht von Santiago. Der Eintritt ist allerdings nicht kostenlos (S. 218).

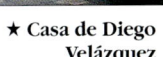

★ Casa de Diego Velázquez

Die Residenz des spanischen Konquistadoren Diego Velázquez aus den Jahren 1516–30 soll das älteste Gebäude in Kuba sein. 1965 wurde es restauriert. Seither beherbergt es das Museo de Ambiente Histórico Cubano (S. 222).

0 Meter	50
0 Yards	50

Die Casa de la Cultura Miguel Matamoros ist ein eklektisches Gebäude (1919), dessen Salón de los Espejos für kulturelle Veranstaltungen genutzt wird.

Ayuntamiento

Der Ayuntamiento (Rathaus) wurde 1950 nach Plänen aus dem 18. Jahrhundert erbaut. Auf dem Balkon dieses Gebäudes hielt Fidel Castro am 1. Januar 1959 seine erste Rede an das kubanische Volk.

Überblick: Parque Céspedes

**Keramikteller,
Casa de Velázquez**

D ER PARQUE CÉSPEDES ist einer der beliebtesten Plätze Kubas. Hier befinden sich Stätten von kultureller und architektonischer Bedeutung. Planen Sie einen halben Tag ein, um die drei wichtigsten Sehenswürdigkeiten an dem Platz zu besichtigen: das Haus von Diego Velázquez, die beeindruckende Kathedrale und die Residenz des Dichters José María Heredia.

Innenhof in der Casa de Diego Velázquez

Stilmöbel aus der Kolonialzeit im Haus von Diego Velázquez

🏛 Casa de Diego Velázquez (Museo de Ambiente Histórico Cubano)

Calle Félix Peña 61, e/ Heredia y Aguilera. ☎ *(226) 652 652.*
⭕ *Mo–Sa, So vormittags.* ⬤ *1. Jan, 1. Mai, 26. Juli, 25. Dez.* 🖊 📷 📷

Dieses Gebäude, das von 1516 bis 1530 als Residenz des Gouverneurs Diego Velázquez errichtet wurde, ist nach Einschätzung des Architekten Francisco Prat Puig, der es 1965 restaurierte, das älteste Privathaus Kubas. (Diese Behauptung ist jedoch umstritten, ebenso wie die Restaurierung.) Unabhängig davon ist die Villa noch immer faszinierend.

Im 17. Jahrhundert wurden hier Finanztransaktionen abgewickelt. (Im Erdgeschoss steht noch immer ein Ofen, in dem Gold geschmolzen wurde.) Im 19. Jahrhundert wurde es mit dem Gebäude nebenan verbunden. Die Galerie im ersten Stock ist durch eine Holzverblendung im maurischen Stil verkleidet und schützte die Bewohner so vor unerwünschten Blicken. Ebenfalls im ersten Stock sieht man noch einige der ursprüngli-

chen *alfarje*-Decken. Heute ist in diesem Haus das Museo de Ambiente Histórico Cubano untergebracht, in dem die Entwicklung der kubanischen Innenarchitektur anschaulich dargestellt wird. Möbel verschiedenster Epochen werden hier gezeigt, z. B. Einrichtungsgegenstände im Kolonialstil. Unter den eher schnörkellosen kreolischen Möbeln aus dem 16. und 17. Jahrhundert befinden sich ein beeindruckender Priesterstuhl und eine schmiedeeiserne Truhe – zwei Paradestücke maurischer Einrichtung.

Im Untergeschoss werden Möbel im »Luis Las Casas«-Stil gezeigt, ein für Kuba typischer Stil, der englische Elemente mit französischen Rokoko-Motiven verbindet. Diese Stücke sind fein gearbeitet und üppig geschmückt, oft mit klauenförmigen Beinen. Ein Speisesaal mit Buntglasfenstern und französischen Möbeln zeigt Beispiele für den Stil des 19. Jahrhunderts.

Das einzige Stück im Museum, das an die spanischen *Konquistadoren* erinnert, ist ein Wandbehang mit dem Familienwappen der Velázquez.

MUDÉJAR-HAUS AUS DEM 16. JAHRHUNDERT

Der Bereich des Velázquez-Hauses, der dem 16. Jahrhundert gewidmet ist, zeigt Beispiele des *mudéjar*-Stils, die kubanische Version des maurischen Stils. Viele Stücke sind nicht im Originalzustand erhalten, dennoch steht das Haus wegen seiner Bedeutung unter Denkmalschutz.

Der Innenhof *im* mudéjar-*Stil ist lang und schmal und hat einen zentralen Brunnen.*

Holzgitter *schützen die Galerie und die Balkone vor Sonne und den Blicken Fremder.*

Fresken, *so genannte* cenefas, *schmücken die Wände. Es sind jedoch keine Originale.*

Zederndecken (alfarjes) *mit geometrischen Mustern waren im 16. Jahrhundert beliebt.*

Kunstvoll geschnitzter Chor der Catedral de Nuestra Señora de la Asunción

🔒 Catedral de Nuestra Señora de la Asunción

Calle Heredia, e/ Lacret y Félix Peña.
📞 (226) 628 502. 🕐 tägl.
📷 tägl.
Die Kathedrale von Santiago ist wie eine Basilika angelegt – mit einem Haupt- und vier Seitenschiffen, einer Apsis und einem Vestibül. Die Originalstruktur stammt von 1555, doch im frühen 17. Jahrhundert wurde die Kirche von mehreren Piratenüberfällen derart in Mitleidenschaft gezogen, so dass sie von 1666 bis 1670 neu aufgebaut werden musste. Im 18. und 19. Jahrhundert wurde diese neue Kirche durch Erdbeben beschädigt.

Inneres der Kathedralenkuppel

Heute zeigt die Kathedrale, die zum Nationaldenkmal erklärt wurde, einen bunten Stilmix. Verantwortlich hierfür sind u. a. die Umbaumaßnahmen von 1922, bei denen der Architekt Segrera Glockentürme bauen, das Innere bemalen und die Fassade umgestalten ließ. Über dem Haupteingang wurde ein Marmorengel platziert und im Inneren stellte man Statuen von Christoph Kolumbus und Bartolomé de las Casas auf.

Im der Kathedrale angeschlossenen **Museo Eclesiástico** werden Fresken des Dominikaners Luis Desangles, liturgische Gegenstände, Statuen und eine bedeutende Sammlung an Partituren von Kirchenmusik gezeigt.

🏛 Casa Natal de José María Heredia

Calle Heredia 260, e/ Hartmann (San Félix) y Pío Rosado (Carnicería).
🕐 Di–Sa; So vormittags.
⬤ 1. Jan, 1. Mai, 26. Juli, 10. Okt, 25. Dez. 📷 📷 📷
In diesem schlichten, aber eleganten Haus aus dem 18. Jahrhundert wurde der nationalistische Dichter José María Heredia (1803 bis 1839) geboren. Heredia, der besonders wegen seiner Oden an die Natur *(siehe S. 26)* bekannt wurde, ist nicht zu verwechseln mit seinem Cousin, einem französischen Dichter der Parnassien-Gruppe, der auch in Kuba geboren wurde, aber meist in Europa lebte.

Das gut erhaltene Haus enthält Stilmöbel, Holzdecken und Fliesenböden. Vom Eingangsbereich mit der Kassettendecke und der Ahnengalerie an der Wand führt ein großer Bogen zum Innenhof, der von einem Säulengang umgeben ist und mit Holzsäulen, einem Steinbrunnen und üppiger Vegetation geschmückt ist. In Heredias Schlafzimmer stehen ein Mahagonibett und elegante antike Lampen.

Oft werden in den Säulengängen des Museums Dichterlesungen und andere kulturelle Veranstaltungen abgehalten. Im Rahmen des Festival del Caribe (Fiesta del Fuego) werden hier jährlich Literaturseminare und -workshops veranstaltet. Dieses kulturelle Sommerfest zieht jedes Jahr ganz Santiago in seinen Bann *(siehe S. 35)*.

Eingangsbereich von Heredias Haus mit Blick auf den Säulengang

Um die Calle Heredia

KAUM EINE STRASSE IN Kuba ist so voller Leben wie die Calle Heredia. Tag und Nacht hört man Gitarren, Maracas, Trommeln und Gesang – nicht nur in der Casa de la Trova oder der Casa de la UNEAC, sondern auch im Museo del Carnaval, in dessen Innenhof Konzerte stattfinden. Das nahe gelegene Museo Bacardí ist der kubanischen Geschichte gewidmet.

Techos de Santiago de Cuba von Felipe González, Museo Bacardí

🏛 Museo Provincial Emilio Bacardí Moreau

Calle Pío Rosado (Carnicería), esq. Aguilera. 📞 (226) 628 402.
🕐 Di–Sa, So u. Mo nachmittags.
⬤ 1. Jan, 1 Mai, 26. Juli, 10. Okt, 25. Dez.

Das älteste Museum in Kuba wurde 1828 gegründet und zeigt viele Exponate von der spanischen Eroberung bis zu den Unabhängigkeitskriegen. Zusammengetragen wurden sie im späten 18. und frühen 19. Jahrhundert von Emilio Bacardí, dem Gründer der berühmten Rumfabrik. Er war überzeugter Patriot

Die Statue der Libertas im Foyer

und wurde nach der Ausrufung der kubanischen Republik zum Bürgermeister Santiagos ernannt. Er wollte die Entwicklung des kubanischen Nationalismus aus kultureller Sicht darstellen und beauftragte den Architekten Segrera mit dem Entwurf eines Museumsgebäudes für seine Sammlung. Segrera schuf einen eklektischen Bau mit breitem Treppenaufgang und einem Atrium, das von den Statuen der Minerva und Libertas dominiert wird. Im Erdgeschoss befindet sich eine große

Sammlung der Waffen nationalistischer Helden wie Antonio Maceo, Máximo Gómez und José Martí. Auch eine Gemäldeausstellung mit Werken aus dem 19. Jahrhundert (Felipe López González, Juan Emilio Hernández Giro, José Joaquín Tejada Revilla und Buenaventura Martínez) ist zu sehen. Aus dem 20. Jahrhundert werden Werke von Wifredo Lam und René Portocarrero *(siehe S. 24)* gezeigt. Im Untergeschoss befindet sich die archäologische Sammlung mit der einzigen ägyptischen Mumie Kubas.

🏛 Museo del Carnaval

Calle Heredia 303, esq. Pío Rosado (Carnicería). 📞 (226) 628 402.
🕐 Di–So. ⬤ 1. Jan, 1. Mai, 26. Juli, 10. Okt., 25. Dez.

Dieses hübsche Gebäude aus dem 18. Jahrhundert wurde Mitte des 20. Jahrhunderts in eine Grundschule umgebaut. Später wurde es zu einem Bürogebäude und schließlich bezog die Karnevalskommis-

Bemalte *tumbadoras* (siehe S. 29) im Museo del Carnaval

sion die Räume. Das Museo del Carnaval wurde 1983 eröffnet. In drei Räumen zeigt es Fotografien mit Erläuterungen, Chroniken, Banner, Musikinstrumente, Kostüme und Masken und vermittelt so einen guten Einblick in den Carnival de Santiago. Der Karneval in Santiago unterscheidet sich mit seinen vielen afrikanischen und frankohaitianischen Elementen deutlich von seinem spanischen Vorläufer.

Im Innenhof werden Folklorefeste veranstaltet und Proben der Karnevalsgruppen abgehalten.

🏛 Museo de la Lucha Clandestina

Calle Rabí 1, e/ San Carlo y Santa Rita. 📞 (226) 624 689.
🕐 Di–So. ⬤ 1. Jan, 1. Mai, 26. Juli, 10. Okt, 25. Dez.

Das »Museum des heimlichen Kampfes« liegt an einem hübschen Platz im Stadtteil Tivolí, südwestlich des Parque Céspedes. Hier befand sich von 1951 bis 1956 das Hauptquartier von Batistas Polizei. Am 30. November 1956 wurde es von Revolutionären unter ihrem Anführer Frank País *(siehe S. 50)* niedergebrannt.

In vier Räumen des restaurierten Gebäudes wird der Aktivitäten des Movimiento 26 de Julio gedacht, der von Frank País bis zum 30. Juli 1957 angeführt wurde. An diesem Tag wurde der Rebell von Batistas Polizei verhaftet und ermordet.

Teil eines kunstvollen Karnevalwagens im Museo del Carnaval

Der Karneval in Santiago de Cuba

DER KARNEVAL in Santiago geht auf religiöse Ursprünge zurück: Seit dem ausgehenden 17. Jahrhundert wurden in Santiago zwischen dem 24. Juni und dem 26. Juli Prozessionen und Feiern zu Ehren des Stadtheiligen, Santiago Apostolo, abgehalten. Am Ende der Parade durften Mitglieder der *cabildos* – Sklavenverbindungen, die ihre afrikanischen Sprachen, Traditionen und Religionen pflegten – auf den Straßen

Die *trompeta china* ist allgegenwärtig

zur musikalischen Begleitung von Trommeln, Rasseln und anderen Instrumenten singen. Dies waren die Vorläufer der *comparsas*, die heute die Seele des Karnevals darstellen: maskierte und kostümierte Gruppen, die zum Rhythmus der *conga* tanzen und Fahnen, Banner und *farolas* (bunte Papierlaternen) tragen. In der zweiten Julihälfte feiert die ganze Stadt den Karneval, jeder Stadtteil ist mit mindestens einer *comparsa* bei den Paraden vertreten.

In den **focos culturales** *treffen sich jeden Abend außer Montag die jungen Leute des Stadtteils und proben die Tänze und Musikstücke, die sie beim Karneval im Juni zeigen möchten.*

Die *tumbadoras* werden in der *conga* eingesetzt

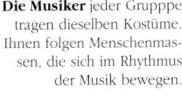

Paraden ziehen durch die Straßen von Santiago. Einige der comparsas, *z. B. die Carabalí Izuama (siehe S. 282), gibt es seit dem 19. Jh.*

Die Musiker jeder Grup pe tragen dieselben Kostüme. Ihnen folgen Menschenmassen, die sich im Rhythmus der Musik bewegen.

DIE CONGA

Der typische Karnevalstanz ist die *conga*, die ein eigenes Musikgenre darstellt. Die Menschen tanzen in einer Parade, die von Bands angeführt wird, durch die Straßen. Diese spielen z. B. auf Trommeln und der *trompeta china*, die Ende des 19. Jahrhunderts in Kuba eingeführt wurde.

Die *bombo*, eine Trommel mit tiefem Klang

Die Darsteller der Show Tropicana de Santiago *nehmen in ihren üppigen Bühnenkostümen an der Parade teil und zeigen Kostproben aus ihrem Programm.*

Figuren aus Papp-maché sind ein wichtiger Teil der Karnevalswagen. Die riesigen bunten Masken stellen oft Tiere oder Karikaturen menschlicher Gesichter dar.

Außerhalb des historischen Zentrums

ÜBER DIE CALLE SACO (oder »Enramada«), Santiagos wichtigste Verbindungsstraße, ist das alte Stadtzentrum mit dem Hafen verbunden. Sie durchquert ein altes Arbeiterviertel mit Holzhäusern aus dem frühen 20. Jahrhundert und endet am Paseo Marítimo. Diese breite Avenida, die während der Kolonialzeit als Uferpromenade für die High Society der Stadt angelegt wurde, lässt noch ihre einstige Schönheit erahnen. Die Pflasterstraße führt bis an den Hafen, in dem Kreuzfahrtschiffe und Yachten vor Anker liegen. Folgt man der Enramada in östlicher Richtung, trifft man auf historische Sehenswürdigkeiten wie die Moncada-Kaserne.

▥ Casa Natal de Antonio Maceo

Calle Los Maceos 207, e/ Corona y Rastro. ☎ (226) 623 750. ◻ Mo–Sa. ● 1. Jan, 1. Mai, 26. Juli, 10. Okt, 25. Dez. ▨ ▨ ◘

Das Haus, in dem General Maceo am 14. Juni 1845 geboren wurde, ist ein bescheidener Ort. Man sieht hier einige persönliche Gegenstände und Fotos Maceos, die z. B. seinen Bruder José oder seine Mutter Mariana Grajales zeigen. Maceo starb am 7. Dezember 1896 in der Nähe von Havanna *(siehe S. 44)*.

▥ Cementerio de Santa Ifigenia

Avenida Crombet. ☎ (226) 632 723. ◻ tägl. ▨ ◘

Dieser monumentale Friedhof (1868) ist nach der Necrópolis Colón in Havanna *(siehe S. 104f)* der zweitgrößte Friedhof des Landes. Er wurde in der Form eines lateinischen Kreuzes angelegt und in Höfe unterteilt, die nach sozialem Status belegt wurden. Ein Rundgang auf dem

Martí-Mausoleum auf dem Friedhof Santa Ifigenia

Friedhof führt den Besucher durch zwei Jahrhunderte kubanischer Geschichte entlang den Gräbern bedeutender Personen des 19. Jahrhunderts wie José Martí, Carlos Manuel de Céspedes, Emilio Bacardí und der Mutter von Antonio Maceo. Im 20. Jahrhundert wurden viele Revolutionäre des Movimiento 26 de Julio, z. B. Frank País, der 1957 ermordet wurde *(siehe S. 50)* hier begraben. Die Grabmäler

selbst sind faszinierend. Die ältesten am Eingang sind klassizistisch, gefolgt von den eklektischen und später von den modernistischen Gräbern. Martís achteckiges Mausoleum ist ein Beispiel für die rationalistischen Grabmäler, die ab Mitte des 20. Jahrhunderts angelegt wurden.

▥ Museo Histórico 26 de Julio – Cuartel Moncada

Calle General Portuondo (Trinidad), e/ Moncada y Ave de los Libertadores. ☎ (226) 623 750. ◻ tägl. ● 1. Jan, 1. Mai, 26. Juli, 10. Okt, 25. Dez. ▨ ▨ ◘

Am 26. Juli 1953, zum Höhepunkt des Karnevals, führte Fidel Castro etwa 100 Rebellen beim Angriff auf die Moncada-Kaserne an *(siehe S. 48)*. Hätten sie die Moncada, die zweitgrößte Garnison Kubas, eingenommen, wäre ihnen ein riesiges Waffenarsenal in die Hände gefallen, mit dem sie einen Massenaufstand hätten organisieren können. Abel Santamaría sollte das Krankenhaus Saturnino Lora, einen strategisch wichtigen Punkt, angreifen, Raúl Castro war für den Gerichtshof zuständig. Der Versuch schlug zwar fehl, er verhalf den Revolutionären jedoch zu öffentlicher Aufmerksamkeit. Bei dem Angriff starben acht von ihnen, 55 wurden gefangen genommen, gefoltert und hingerichtet.

Seit 1959 ist in der Kaserne, die noch immer Einschusslöcher zeigt, die Schule Ciudad Escolar 26 de Julio untergebracht. Ein Teil des Gebäudes beherbergt das Museo Histórico 26 de Julio, das die

Eindrucksvolle Fassade der einstigen Moncada-Kaserne

Denkmal General Maceos auf der Plaza de la Revolución

Geschichte Kubas seit Kolumbus zeigt, wobei der Guerrillakrieg der 1950er Jahre am meisten Augenmerk gewidmet wird. In einem Modell wird der Angriff auf Moncada nachgestellt. Zudem werden persönliche Gegenstände Fidel Castros, seines Bruders Raúl und Che Guevaras aus ihrer Guerrillazeit gezeigt.

🏛 Museo Abel Santamaría Cuadraro – Parque Histórico Abel Santamaría

Calle General Portuondo (Trinidad), esq. Ave de los Libertadores.
📞 (226) 624 119. ⬤ Mo–Sa.
⬤ 1. Jan, 1. Mai, 26. Juli, 10. Okt, 25. Dez. 🅿 ✆ 📷

Die Moncada-Kaserne, das Krankenhaus Saturnino Lora und der Gerichtshof bilden den Parque Histórico Abel Santamaría. Bei dem Überfall von 1953 war das einstige Krankenhaus Ziel einer Rebellengruppe unter der Führung Abel Santamarías, der aber von der Polizei verhaftet und umgebracht wurde.

Heute beherbergt das Krankenhaus ein Museum, das die Gerichtsverfahren gegen Fidel Castro und andere Rebellen dokumentiert, das wenige Tage nach dem Angriff hier abgehalten wurde.

Neben Fotos, die die angespannte soziale und wirtschaftliche Lage Kubas in den 1950er Jahren dokumentieren, ist das Manuskript von Fidel Castros wegweisender Selbstverteidigungsrede zu sehen (siehe S. 145).

Plaza de Marte

Östlich der Plaza Dolores liegt der drittgrößte Platz Santiagos aus dem 19. Jahrhundert. Er ist von großer historischer Bedeutung, da hier während der Kolonialzeit und unter General Machado Todesstrafen vollstreckt wurden. In der Mitte des Platzes steht eine Säule zur Feier der kubanischen Unabhängigkeit.

🏛 Bosque de los Héroes

Säule auf der Plaza de Marte

Östlich des Stadtzentrums, hinter dem unverwechselbaren Hotel Santiago, liegt ein kleiner Hügel, auf dem 1973 ein Denkmal zu Ehren Che Guevaras und seiner Kameraden, die mit ihm in Bolivien starben, errichtet wurde. Ihre Namen wurden hier verewigt.

Plaza de la Revolución

Im Nordosten von Santiago, hinter der Moncada-Kaserne, liegt die Plaza de la Revolución, ein großer Platz an der Kreuzung dreier Hauptstraßen, der etwas seelenlos wirkt. Er wird von einem Denkmal des Bildhauers Alberto Lezcay aus den 1990er Jahren überragt, das General Maceo (siehe S. 44) auf einem Pferd, umgeben von 23 stilisierten Macheten, darstellt. Die Plaza de la Revolución markiert den Beginn einer modernen Wohngegend, deren Architektur deutliche sowjetische Spuren zeigt.

Vista Alegre

Der Stadtteil Vista Alegre besteht aus eleganten, eklektischen Gebäuden aus den 1920er und 1930er Jahren. Auch zwei wichtige Institutionen haben hier ihren Sitz: das **Centro Africano Fernando Ortíz**, in dem afrikanische Masken, Statuen und Instrumente gezeigt werden, und die **Casa del Caribe** mit ihrem historischen Archiv, einer Bibliothek und einem Konferenz- und Veranstaltungszentrum (siehe S. 283). Während des Festival del Caribe werden hier Riten afrikanisch geprägter Religionen gezeigt.

Ehrenmal Bosque de los Héroes zu Ehren Che Guevaras

Castillo del Morro ⑮

Die Kanone ist Teil einer alten Batterie zur Verteidigung der Bucht

AN DER EINFAHRT ZUR BUCHT von Santiago, zehn Kilometer südwestlich des Zentrums, steht eine imposante Festung, die 1997 zum UNESCO-Weltkulturerbe erklärt wurde. Im Castillo del Morro vereinen sich mittelalterliche und moderne Elemente, wobei die klassischen Prinzipien geometrischer Formen und symmetrischer Linien eingehalten werden. Die Festung wurde 1637 von Giovanni Battista Antonelli im Auftrag des Gouverneurs Pedro de la Roca entworfen, der die Stadt vor Piratenüberfällen schützen wollte. Der Bau der Zitadelle, die 400 Soldaten Platz bot, dauerte von 1638 bis 1700. 1775 wurde das Castillo in ein Gefängnis umgebaut. Während der Unabhängigkeitskriege 1898, als die Stadt von den USA angegriffen wurde, führte man es wieder seiner ursprünglichen Bestimmung zu.

In den Kasematten
illustrieren Lithografien die Geschichte der Festungen Santiagos.

Artilleriebereich

★ Blick über die Bucht
Von den Brüstungen und Aussichtsplattformen im oberen Bereich der Festung konnten die Wachtposten die ganze Bucht überblicken. Heute genießen Touristen den herrlichen Blick über das Meer.

Unterirdische Gänge
verbinden die Teile der Festung. Dieser führt zum Artilleriebereich.

Die Steintreppe auf der dem Meer zugewandten Seite der Festung ist Teil eines unüberdachten Treppensystems zu den oberen Bereichen der Burg.

NICHT VERSÄUMEN

★ Blick über die Bucht

★ Hauptplatz

Plataforma de la Punta
(morrillo)

Dreieckige Lünette
Diese Struktur diente zum Schutz des Burgtors. Ursprünglich stand sie abseits der Burg und wurde erst später in den Hauptkomplex integriert.

INFOBOX

Santiago de Cuba.
Carretera del Morro, km 7,5.
Straßenkarte F4.
◻ tägl. ⬤ 1. Jan, 1. Mai, 26. Juli, 10. Okt, 25. Dez.
▨ ◻ ◻ ◻ von der Marina Punta Gorda zum Cayo Granma.

Zugbrücke
Diese Brücke führt über einen trockenen Burggraben, der auf der Innenseite der Festung entlang verläuft. Sie ist gut erhalten, sogar die Originalwinde, mit der die Brücke hochgezogen und niedergelassen wurde, ist noch vorhanden.

Burggraben

★ Hauptplatz
Dieser Platz ist das Herz der Festung. Hier wurde der Tagesablauf organisiert. Von ihm aus gelangt man direkt zur Kapelle, den Barracken, der Garnison und den unterirdischen Gängen.

DIE BUCHT VON SANTIAGO

Etwa acht Kilometer südwestlich des Stadtzentrums von Santiago, am Ende der Carretera Turística (die trotz ihres Namens in schlechtem Zustand und dicht befahren ist), liegt die Marina Punta Gorda. Von hier legen Fähren zu der kleinen Insel Cayo Granma in der Mitte der Bucht ab, auf der ein malerisches Fischerdorf mit bunten Stelzenhäusern liegt. Diese Insel ist ein beschauliches Idyll abseits der Touristenmassen. Hier gibt es nur ein einziges Restaurant *(siehe S. 273)* und viel Grün. Wer sich von seiner Besichtigungstour in Santiago erholen möchte, ist hier richtig.

Blick auf den Cayo Granma von der Carretera Turística

Drei voneinander getrennte Strukturen auf fünf Ebenen bilden das Skelett der Festung. Diese ungewöhnliche Konstruktion war wegen des unebenen Geländes notwendig.

Parque Baconao ⑯

ZWISCHEN DEM KARIBISCHEN Meer und den östlichen Ausläufern der Sierra Maestra liegt in den Provinzen Santiago und Guantánamo der Parque Baconao, der von der UNESCO zum Biosphärenreservat erklärt wurde. Im größten und einzigartigsten Freizeitpark Kubas sind auf 80 000 Hektar Land Berge, Strände, alte Kaffeeplantagen und ungewöhnliche Freizeitangebote vereint. Er wurde in den 80er Jahren des 20. Jhs. dank der Unterstützung freiwilliger Helfer erschlossen und angelegt und wird regelmäßig mit neuen Attraktionen ausgestattet. Besucher können hier einer großen Palette an kulturellen und sportlichen Aktivitäten nachgehen, Übernachtungsgästen stehen genügend Hotelzimmer zur Verfügung.

Gran Piedra
Von der Spitze dieses gigantischen Monolithen (1234 m) sieht man an klaren Tagen bis nach Jamaika und Haiti (siehe S. 232).

Die Cafetal La Isabelica ist die älteste Kaffeeplantage der Provinz. Heute ist hier ein Museum untergebracht *(siehe S. 232)*.

Jardín Botánico (Botanischer Garten)

Siberia

La Isabelica

Perseverancia

Tres Arroyos

Prado de las Esculturas
Dieser Skulpturenpark mit 20 Arbeiten kubanischer und ausländischer Künstler wurde in den 1980er Jahren angelegt. Er erstreckt sich über eine Länge von 1 km und kann auch vom Auto aus besichtigt werden.

Abel Santamaría

Las Guásimas

El Palenque

Siboney

El Oasis

Damalayabo

Juraguá

Museos y Exposiciones de la Punta *(siehe S. 233)*

Granjita Siboney *(siehe S. 232)*

In der Oase, einem von Künstlern verwalteten Zentrum, können Besucher reiten und Rodeoshows anschauen.

Die Playa Siboney ist der Lieblingsstrand der Einheimischen. Er ist über einen Pendelbus mit der zwölf Kilometer entfernten Stadt Santiago verbunden.

LEGENDE

▬	Hauptstraße
═	Weg
—	Fluss
🏊	Empfehlenswerter Strand
⚜	Aussichtspunkt
⋒	Ruine alter *cafetales*

Valle de la Prehistoria
Im Kinderpark beeindrucken riesige Dinosaurier, außerdem gibt es ein naturwissenschaftliches Museum.

Laguna Baconao
*Hier kann man Boo-
te für eine Fahrt in
der Lagune oder auf
dem Fluss Baconao
ausleihen. In der
Nähe des Restaurants
Casa de Rolando am
Seeufer gibt es eine
Krokodilfarm.*

INFOBOX

Santiago de Cuba.
Straßenkarte F4.
Touren im Park 🅷 *Rumbos,
Hotel Las Américas, Avenida
Las Américas y General
Cebreco, Santiago de Cuba,
(226) 642 011.*

SIERRA MAESTRA

SIERRA LARGA

0 Kilometer   3

0 Meilen   3

Indio

Baconao

🕳 Kentucky

🕳 San Jimy

🕳 Gran Sofía

SIERRA DE LA GRAN PIEDRA

María del Pilar

**Exposición
Mesoamericana
*(siehe S. 233)***

BACONAO

Sigua

Sigua

**Jardín de Cactus
(Kaktusgarten)**

Der Meeresboden zwischen der
Playa del Indio und der Playa
Larga ist übersät mit Schiffs-
wracks.

Acuario Baconao
*Durch einen gläsernen Tunnel
in diesem Aquarium kann
man Haie, Seelöwen und
andere Meeresbewohner aus
nächster Nähe beobachten.
Dreimal täglich finden hier
auch Delfinshows statt.*

Playa Daiquirí
*An diesem kleinen, ruhigen
Strand hinter dem Daiquirí-Hotel
landeten die amerikanischen
Truppen während der Besatzung
von 1898* (siehe S. 44).

Überblick: Der Parque Baconao

Der Maya Cuba (1960) ist ein Museumsstück

M AN KANN DEN PARK mit dem Auto oder einem Taxi an einem Tag erkunden, es stehen aber auch Übernachtungsmöglichkeiten zur Verfügung. Fährt man von Santiago auf der Avenida Raúl Pujol Richtung Osten, trifft man zunächst auf den Parque Zoológico und den Arbol de la Paz (Friedensbaum), unter dem die Spanier 1898 die Kapitulationsurkunde unterzeichneten. Der Parque Baconao liegt nicht weit außerhalb der Stadt. Die meisten Attraktionen sind familiengerecht und mit dem Auto leicht zu erreichen, auf den Gipfel des Gran Piedra und zu den östlichsten Stränden gelangt man nur zu Fuß.

Blühende Strelitzia im Gran Piedra Jardín Botánico

Vom Gipfel des Gran Piedra bieten sich atemberaubende Blicke

🚉 Granjita Siboney

Carretera Siboney km 13,5.
📞 (226) 639 168. 🚪 tägl.
⬤ 1. Jan, 1. Mai, 26. Juli, 10. Okt., 25. Dez. 📷 📷 📷

An der Straße 16 km östlich von Santiago liegt die Farm, die Abel Santamaría 1953 als Operationsbasis für den Angriff auf die Moncada-Kaserne nutzte. Von hier machten sich die Rebellen am 26. Juli den Weg nach Santiago, um die Kaserne zu stürmen. Doch ihr Anschlag wurde vereitelt und Granjita Siboney selbst wurde später von Batistas Männern gestürmt. Die (nachgemachten) Einschusslöcher an der Tür zeugen von den Gefechten.

Granjita Siboney ist heute ein Museum, in dem Uniformen und Waffen der Rebellen gezeigt werden. Nebenan befindet sich die Galerie Generación del Centenario, in der Gemälde zu Ehren der gefallenen Rebellen sowie Fotos, Dokumente und das Auto, das Castro beim Angriff fuhr, gezeigt werden.

🌿 Gran Piedra

Jardín Botánico 🚪 tägl.
📷 📷

Fährt man von Granjita Siboney weiter Richtung Westen, gelangt man zu einer Abzweigung, die zum Gran Piedra führt: Diese 12 km lange Serpentinenstraße bietet ein spektakuläres Panorama und Blicke über die tiefgrünen Regen- und Bergwälder. Hinter dem Jardín Botánico mit seinen wunderschönen Orchideenarten und den bunten Strelitzias (besser bekannt als »Paradiesvogelblumen«) führen 459 Stufen zum Gipfel des Gran Piedra (1234 m über dem Meeresspiegel). Dieser gigantische Monolith liegt über dem Krater eines erloschenen Vulkans.

Am besten unternimmt man diese Wanderung am Morgen, da am Nachmittag oft Nebel aufziehen und den Blick behindern. An klaren Tagen ist die Sicht jedoch einzigartig: Sie reicht von den Bergen bis zur Küste und oft sieht man von hier sogar Haiti.

🏛 Cafetal La Isabelica

Carretera de la Gran Piedra km 14.
🚪 tägl. ⬤ 1. Jan, 1. Mai, 26. Juli, 10. Okt, 25. Dez. 📷 📷 📷

Um den Gran Piedra gibt es viele alte Kaffeeplantagen, die alle zum UNESCO-Welterbe erklärt wurden. Von den meisten Plantagen sind allerdings nur Ruinen übrig, nur die Cafetal La Isabelica, die vom Fuß des Gran Piedra leicht über einen Pfad erreichbar ist, blieb erhalten.

Die Granjita Siboney zeigt die Einschusslöcher von 1953

Diese Plantage gehörte einst Victor Constantin, einem französischen Grundbesitzer, der mit vielen anderen im späten 18. Jahrhundert nach einem Sklavenaufstand in Haiti hierher geflohen war. Mit sich brachte er zahlreiche Sklaven und seine Geliebte Isabel María, nach der er die Plantage benannte.

Das größte Gebäude der Plantage La Isabelica ist das Herrschaftshaus. Im Erdgeschoss befand sich ein Werkzeuglager, außerdem wohnten hier einige Arbeiter. Im ersten Stock befinden sich ein Schlafzimmer, ein Wohnzimmer, ein Esszimmer und ein Arbeitszimmer, die alle im Stil des 18. Jahrhunderts möbliert und dekoriert sind.

Vor dem Haus liegt eine Terrasse, auf der die Kaffee-

Reproduktionen präkolumbischer Objekte, Exposición Mesoamericana

bohnen getrocknet wurden. Die Terrasse ist eigentlich das Dach eines großen Lagerhauses. Nebenan befindet sich der Küchentrakt, alles umgeben von Kaffeepflanzen. Besucher des *Cafetal*-Museums erfahren, wie Kaffeepflanzen gezüchtet und verarbeitet werden.

Die Behörden der Provinz haben inzwischen Plänen zugestimmt, auf der Cafetal La Isabelica ein ethnografisches Museum einzurichten.

Im Herrenhaus auf der Cafetal La Isabelica

archäologischen Funden gezeigt. Besonders interessant ist der Salon de Historia del Transporte Terrestre por Carretera, in dem eine Sammlung von mehr als 2000 Modellautos und einige Oldtimer zu sehen sind – darunter ein Maya Cuba, ein winziger einzylindriger Wagen. Das älteste Auto ist ein Ford Model T von 1912. Auch Wagen, die einst Fidel Castro und Benny Moré gehörten, werden hier für die Besucher ausgestellt.

🏛 Conjunto de Museos y Exposiciones de la Punta
Carretera de Baconao.
🕐 tägl. 📷 🅿
In dieser Anlage, einer Mischung aus Museum und Messezentrum, werden Exponate von Briefmarken und Puppen über Keramik bis hin zu

🏛 Exposición Mesoamericana
Carretera de Baconao.
🕐 tägl. 📷 🅿
In den Höhlen entlang der Straße werden Reproduktionen mittelamerikanischer Kunstwerke aus präkolumbischer Zeit präsentiert.

DIE URSPRÜNGE DES KAFFEEANBAUS IN KUBA

Die ersten Kaffeepflanzen wurden Ende des 18. Jahrhunderts nach Kuba eingeführt. Zu dieser Zeit hatte sich Kaffee beim europäischen Adel und Großbürgertum bereits als Modegetränk etabliert. Die französischen Kaffeebauern, die 1791 aus Haiti nach Kuba geflohen waren, waren sich dessen bewusst. So brachten sie die »neue« Pflanze auf die Insel. Die Hügel um Santiago und die Täler zwischen Baracoa und Guantánamo eigneten sich hervorragend für den Kaffeeanbau, da es hier genügend Wasser und Schatten gab. Der Kaffee war sofort derart beliebt, dass auch an der Küste Plantagen angelegt wurden. 1803 gab es 100 000 Kaffeestauden, 1807 hatte

sich diese Zahl auf vier Millionen erhöht. Die französischen Kaffeebauern wurden reich und ließen palastartige Herrenhäuser errichten. Da der Kaffeeanbau sehr arbeitsintensiv war und nicht genügend haitianische Arbeitskräfte zur Verfügung standen, erfuhr der Sklavenhandel Anfang des 19. Jahrhunderts einen enormen Aufschwung. Die Zahl der Sklavenarbeiter stieg von 7654 zu Beginn des Jahrhunderts auf 42 000 im Jahr 1820. Diese »Einwanderungswelle« trug zwar zum Wohlstand der Insel bei, war jedoch der Anfang vom Ende der Grundbesitzer. Denn schon bald begannen die Sklaven, sich zu organisieren und gegen ihre menschenunwürdige Lage zu rebellieren (siehe S. 42).

Kaffepflanzen wachsen im Schatten von Bäumen

Guantánamo ⑰

Guantánamo. **Straßenkarte** F4.
🏛 200 000. ✈ ▭ 🚉

GÄBE ES NICHT die US-Marinebasis und das berühmte Lied *Guantanamera* (Mädchen aus Guantánamo), wäre diese Stadt wahrscheinlich nur Kubanern und Musikexperten ein Begriff. Die Stadt ist ihnen wegen des *Changuís* bekannt, einer Variation der *Son*-Musik, die in den Kaffeeplantagen der Berge entstand und durch den Musiker Helio Revé berühmt wurde.

Guantanamera wurde von Joseíto Fernández in den 1940er Jahren eher aus Spaß geschrieben. Er widmete das Lied einem stolzen Mädchen aus der Stadt, das seine Komplimente ignorierte. Später wurden einige »literarische« Zeilen aus *Versos Sencillos* von José Martí auf die Musik umgeschrieben.

Die Stadt Guantánamo wurde 1796 als »Auffanglager« für die aus Haiti fliehenden Franzosen gegründet. Im 19. Jahrhundert entwickelte sie sich rasant weiter und wurde zur Hauptstadt einer Provinz der Gegensätze zwischen Kakteenwüsten und grünen Bergen. Guantánamo hat jedoch nur wenige Sehenswürdigkeiten zu bieten. Die Innenstadt besteht hauptsächlich aus dem Parque Martí, der von der Kirche **Parroquial de Santa Catalina de Riccis** (1868) dominiert wird. Gegenüber der Kirche steht eine Statue von General Pedro A. Pérez von 1928.

In dem ehemaligen Gefängnis, einem interessanten Ge-

Joseíto Fernández, Komponist des Klassikers *Guantanamera*

Kirche Parroquial de Santa Catalina de Riccis auf dem Parque Martí

bäude im Kolonialstil, befindet sich heute das kleine **Museo Provincial**, in dem die Geschichte der Provinz illustriert wird.

🏛 Museo Provincial de Guantánamo

Plaza Martí, esq. Prado. ☎ (21) 325 872. ⬜ tägl. ⬛ 1. Jan, 1. Mai, 26. Juli, 10. Okt, 25. Dez. 🈺📷

Steinerner Gorilla im Museo Zoológico de Piedra

UMGEBUNG: Etwa 20 km östlich von Guantánamo auf der Straße zu dem Kaffeeanbaugebiet Lomas de Yateras liegt ein ungewöhnliches Freiluftmuseum, das **Museo Zoológico de Piedra**. Gegründet wurde es von Angel Iñigo, einem Bauern und Bildhauer. Seit 1978 hat er etwa 40 steinerne Tierfiguren geschaffen, darunter Löwen, mehrere Boa Constrictor, Tapire, Büffel, Nashörner und Gorillas, die man im Park ansehen kann.

An der Mündung der Bucht von Guantánamo etwa 20 km südlich der Stadt liegen, nahe an der US-Marinebasis, zwei kubanische Häfen, **Caimanera** und **Boquerón**. Ersterer befindet sich in einem militärischen Sperrgebiet und ist nur mit einer

Sondererlaubnis zugänglich. Auch für eine Übernachtung in dem Hotel in Caimanera *(siehe S. 260)* benötigt man eine Genehmigung.

Die US-Marinebasis darf ebenfalls nicht betreten werden. Man kann jedoch von einem ungewöhnlichen Aussichtspunkt *(mirador)* einen Blick darauf erhaschen: Dieser wurde extra über einem bestehenden militärischen Kommandoposten errichtet und dient nun den kubanischen Behörden als »Spionagebasis«.

Wer den **Mirador Los Malones**, der auf einem Hügel an der Straße nach Baracoa 24 km östlich von Guantánamo liegt, besichtigen möchte, muss diesen Besuch in der Gaviota Reiseagentur in Santiago oder dem gleichnamigen Hotel in Guantánamo anmelden.

Hat man das Haupttor zur kubanischen Militärzone passiert, führt eine Straße etwa 10 km durch Kakteenwälder zum Mirador. Die Tour führt zunächst in ein unterirdisches Museum, in dem man die Hintergründe über die Entstehung der US-Marinebasis erfährt und ein Modell der Anlage sieht.

Über Treppen oder einen Lift gelangt man dann zum Aussichtspunkt auf dem Hügel. Hier gibt es auch ein kleines Restaurant. Mit Hilfe eines Teleskops sieht man auf die Basis. Innerhalb bestimmter Einschränkungen kann man fotografieren und filmen.

Museo Zoológico de Piedra

Boquerón de Yateras. ⬜ Mo–Sa. ⬛ 1. Jan, 1. Mai, 26. Juli, 10. Okt, 25. Dez. 🈺📷

Costa Sur 🔟

Guantánamo. **Straßenkarte** F4.

Östlich von Guantánamo liegt der kargste Landstrich Kubas. Das Klima ist hier aufgrund der heißen Winde wüstenähnlich. In dieser für Kuba einzigartigen Gegend wachsen hauptsächlich Kakteen und Sukkulenten. Die Küstenstraße schlängelt sich zwischen den Bergen und dem blauen Meer entlang und bietet spektakuläre Blicke. An der Felsenküste gibt es einige Buchten mit Kieselstränden, an denen man viele Muscheln und *Polymita-picta*-Schnecken (*siehe S. 241*) findet.

La Farola 🔟

Guantánamo. **Straßenkarte** F4.

In Cajobabo – einer kleinen Stadt an der Südküste, an der José Martí und Máximo Gómez 1895 anlegten, um den Krieg gegen Spanien zu führen – beginnt La Farola, eine spektakuläre 49 km lange Straße, die sich über die Berge nach Baracoa windet. Je weiter man sich von der Küste entfernt, desto üppiger wird die Vegetation.

Bis 1959 konnte man Cajobabo nur per Schiff erreichen. Um die Stadt mit dem Rest der Insel zu verbinden, errichteten Ingenieure in den 60er Jahren des 20. Jhs. aus Steinen der Sierra del Purial

AMERIKANISCHE MARINEBASIS

1903 zwangen die USA – neben den Kubanern die Siegermacht im Krieg gegen Spanien – die kubanische Republik, das Platt-Amendment *(siehe S. 45)* zu unterzeichnen, das der US-Marine das Recht gewährte, in der Bucht von Guantánamo eine Marinebasis zu errichten. Für das Gebiet zahlt die amerikanische Regierung jährlich 2000 US-$ an den kubanischen Staat, der die Zahlungen seit 1959 allerdings nicht mehr angenommen hat. Die Situation hat sich während des Kalten Krieges dramatisch verschärft, die Existenz der Basis führte immer wieder zu Konflikten. Seit Ende der 50er Jahre des 20. Jhs. hat Kuba die USA mehrfach aufgefordert, das Gebiet zurückzugeben, bisher erfolglos. Da das Platt-Amendment eine Rückgabe nur im gegenseitigen Einverständnis vorsieht, ist nicht damit zu rechnen, dass es in absehbarer Zukunft dazu kommen wird. Das Gebiet ist von einem 27 km langen Zaun umgeben. Heute dient die Marinebasis außerdem als Gefangenenlager für die in Afghanistan festgenommenen Taliban- und Al-Qaida-Kämpfer.

Mirador Los Malones: Über ein Teleskop sieht man die Marinebasis

eine Art »Luftstraße«. Die Straße bekam den Namen *farola* (»Strahl«), da einige Abschnitte wie ein Lichtstrahl in der Luft erscheinen. Die Straße gilt als eine der größten technischen Errungenschaften des modernen Kuba.

Von der Straße und den regelmäßig eingerichteten Aussichtspunkten bieten sich unglaubliche Blicke auf die Gipfel der Sierra Maestra, über Regen- und Pinienwälder, Bananenplantagen, Flüsse, Wasserfälle und majestätische Palmen. An einigen Stellen scheint die üppige Vegetation die Straße geradezu zu verschlingen. Am Straßenrand verkaufen Einheimische Kaffee und Obst.

Blick von einem der Aussichtspunkte an der Straße La Farola

Baracoa  ⑳

DIE ÄLTESTE STADT Kubas liegt an der östlichsten Landzunge der Insel. In der Sprache Arauaca, die von den Ureinwohnern des Gebiets gesprochen wurde, heißt *baracoa* »Gegenwart des Meeres«. Die Kirche Nuestra Señora de la Asunción de Baracoa wurde am 15. August 1511 in einer Bucht gegründet, die 20 Jahre zuvor von Kolumbus entdeckt worden war. Baracoa wurde sofort zur politischen und religiösen Hauptstadt Kubas. Diesen Status verlor sie jedoch schon 1515, als der Stadtgründer Diego Velázquez seinen Wohnsitz nach Santiago verlegte und so die wirtschaftliche und soziale Isolierung Baracoas einleitete.

Die Kakaopflanze ist auf Kuba heimisch

Das Cruz de la Parra soll Kolumbus nach Kuba gebracht haben

Das Straßenbild Baracoas ist von üppiger Vegetation geprägt

Überblick: Baracoa

»Baracoa heißt Natur«, so der Slogan der Stadt, und das zu Recht: Die Stadt, die von Wald auf der einen und Wasser auf der anderen Seite begrenzt wird, lebt seit 400 Jahren vom Fischfang, dem Anbau von Kakao, Kokosnüssen und Bananen sowie von der Holzwirtschaft. Auch wenn die Isolierung Probleme mit sich brachte, hat sie doch bewirkt, dass die Einwohner ihre Tradition und das Ökosystem bewahren konnten.

Der historische Stadtkern ist nicht im Kolonialstil erbaut, sondern weist einen bunten Stilmix auf, z.T. mit klassizistischen und französischen Elementen. Überall wuchert üppige Vegetation, teilweise hat sie sich schon in die Holzhäuser vorgearbeitet.

Den besten Blick hat man vom **Castillo de Seboruco**, heute das Hotel El Castillo *(siehe S. 259)*. Von hier überblickt man Dächer und Bucht von Baracoa, die im Westen vom Felsen El Yunque *(siehe S. 240)* überragt wird.

Parque Central

Auf dem Platz, der von der Kathedrale überragt wird, steht die Büste des Indianerhäuptlings Hatuey *(siehe S. 215)*. Daneben liegen die **Casa de la Trova**, der **Fondo de Bienes Culturales**, auf dem Arbeiten örtlicher Maler, Bildhauer und Handwerker gezeigt werden, sowie die **Casa de la Cultura**, ein eklektisches Gebäude mit kolonialen Elementen, in dem Veranstaltungen abgehalten werden. In der **Casa del Chocolate** (Nr. 123 Calle Maceo) gibt es leckere heiße Schokolade aus dem berühmten Baracoa-Kakao.

🔒 Catedral de Nuestra Señora de la Asunción

Calle Maceo 152.

📞 *(21) 433 52.* ⬜ *unterschiedlich.*
🔒 *Di–So.*

Diese bescheidene Kirche wurde 1512 gebaut und 1833 vollständig restauriert. Sie beherbergt das berühmte Cruz de la Parra, ein Holzkreuz, das das älteste Symbol des Christentums in der Neuen Welt sein soll.

Eine Legende besagt, dass Kolumbus das Kreuz bei seiner ersten Amerikareise nach Kuba brachte und am 1. Dezember 1492 an jener Stelle niederlegte, an der später die Stadt Baracoa gegründet wurde. Angeblich verschwand es unter ungeklärten Umständen und tauchte später unter einem Weinstock *(parra)* im Garten eines Siedlers wieder auf – daher der Name. Die Ecken des Kreuzes sind mittlerweile mit Metallbeschlägen geschützt, da Gläubige früher Splitter aus dem Holz des Kreuzes zogen und sie als Reliquien verehrten.

Die Kathedrale ist nicht immer geöffnet. Wer das Kreuz dennoch sehen möchte, kann sich vom Küster die Tür öffnen lassen.

Ein für Baracoa typisches einstöckiges Holzhaus

◁ **Blick von Castillo de Seboruco auf die Bucht von Baracoa**

🏛 Fuerte Matachín (Museo Municipal)

Calle Martí y Malecón. ☎ *(21) 421 22.* 🕒 *tägl.* 🎫 ♿ 📷

Dieses kleine Museum, das einen interessanten Einblick in die Geschichte der Region bietet, ist in einer Festung aus der Kolonialzeit untergebracht. Diese war als Verteidigung gegen Piraten errichtet worden, die damals besonders aktiv waren.

Die Ausstellung beginnt mit Funden aus der präkolumbischen Zeit, an die sich Dokumente, Karten, Gemälde und Drucke aus der Zeit der spanischen Herrschaft anschließen. Sie illustrieren unter anderem die Geschichte der Piraten, Sklaven und Plantagen. Im naturgeschichtlichen Bereich sieht man Exemplare der *Polymita*-Schnecke *(siehe S. 241)* und *Almiquís (siehe S. 240*).
Das Museum ist zugleich ein historisches und geografisches Forschungszentrum, das die regionale Kultur fördert. An den Burgwällen steht noch immer eine gen Meer gerichtete Batterie von Kanonen.

Kolumbusstatue im Garten des Museo Municipal

El Malecón

Diese Uferstraße verbindet die beiden Forts aus dem 19. Jahrhundert: Fuerte Matachín im Osten und **Fuerte de la Punta** im Westen. Letzteres ist heute ein Restaurant. Der Malecón lädt ein zum Bummeln und Spazieren. Samstag vormittags findet hier ein bunter Lebensmittelmarkt statt, abends wird die Straße für die *noche baracoesa* geschmückt, ein buntes Volksfest, bei dem viel gegessen, getrunken und getanzt wird.

Hotel La Rusa

Auf halber Strecke des Malecón liegt das historische Hotel La Rusa, das einst der russischen Prinzessin Magdalena Rowenskaja gehörte, die nach der Oktoberrevolution 1917 mit ihrem Mann aus Russland floh.
Sie ließ sich in Baracoa nieder, wo sie schließlich ein Restaurant eröffnete und Gesangsunterricht gab. Später schloss sie sich dem Movimiento 26 de Julio an und unterhielt Castro, Che Guevara und andere Revolutionäre.

Das Hotelfoyer zeigt Fotos und persönliche Gegenstände dieser exzentrischen Person, die später mit dem Werk *Le Sacre du Printemps* von Alejo Carpentier *(siehe S. 27)* unsterblich gemacht wurde.

Schäbige Fassade des Hotels La Rusa

INFOBOX

Guantánamo.
Straßenkarte F4. 👥 *50,000.*
✈ *4 km westlich der Stadt, (21) 422 16.* 🚌 *Ave. Los Mártires, esq. Martí, (21) 422 39.*
ℹ *Rumbos, Ave. Los Mártires, (21) 433 35.* 🛍 *Sa.*

0 Meter 400
0 Yards 400
ZENTRUM VON BARACOA
Casa de la Cultura ③
Casa de la Trova ④
Castillo de Seboruco ①
Catedral de Nuestra Señora de la Asunción ②
Fuerte Matachín (Museo Municipal) ⑦
Fuerte de la Punta ⑤
Hotel La Rusa ⑥
MALECÓN
CALLE JOSÉ MARTÍ
CALLE ANTONIO MACEO
CALLE MÁXIMO GÓMEZ
CALLE FLOR CROMBET
CALLE FRANK PAÍS
CALLE CIRO FRÍAS
CALLE 1 DE ABRIL
CALLE CÉSPEDES
CALLE ROBERTO REYES
CALLE LIMBANO SÁNCHEZ
CALLE RODNEY COUTÍN
MALECÓN
MOA, FLUGHAFEN
GUANTÁNAMO
LEGENDE
Information
Busbahnhof
Kirche

Der Berg El Yunque überragt die Bucht von Baracoa

El Yunque ㉑

Guantánamo. **Straßenkarte** F4.
🛈 *Fremdenverkehrsamt, Hotel El Castillo, Baracoa, (21) 421 03.*

E L Yunque, ein 575 Meter hoher Kalksteinfelsen, der mit üppiger Vegetation bewachsen ist, galt den eingeborenen Taíno-Indianern als heilig. Später diente er den Seeleuten vor der Küste von Baracoa als Orientierungspunkt. Wegen seiner charakteristischen Form nannten ihn die Spanier »El Yunque« (Amboss). Diese Form führte auch zu dem Missverständnis, Kolumbus hätte diesen Felsen gemeint, als er einst einen »eckigen Berg, der

wie eine Insel aussieht« beschrieb. Tatsächlich bezog er sich auf einen ähnlichen Felsen auf Bariay bei Gibara (siehe S. 210).

An den Hängen des Berges, der von der UNESCO zum Biosphärenreservat erklärt wurde, gedeihen äußerst seltene Pflanzen, darunter zwei Fleisch fressende Pflanzen und *Podocarpus*, eine der ältesten Pflanzenarten der Welt, sowie die endemische Palmenart *Coccothrinax yunquensis*.

Zudem leben am El Yunque einige bedrohte Vogelarten, z. B. der *Carpintero real (Campeophilus principalis)*

und der *Caguarero*-Falke *(Chondrohierax wilsonii)*, sowie die kleinste Amphibie der Welt, *Sminthillus limbatus*, die weniger als 1 cm lang ist, und weitere urtümliche Spezies wie der *Almiquí (Solenodon cubanus)*, ein rattenähnliches Säugetier.

Río Toa ㉒

Straßenkarte F4.

D AS Tal, durch das sich der Río Toa, der größte Fluss Kubas, schlängelt, wurde vor kurzem zum Naturschutzgebiet **Parque Natural Río Toa** erklärt. Hier werden Bungalows und Campingplätze nach umweltfreundlichen Kriterien entstehen, noch fehlt aber die entsprechende Infrastruktur.

Die Einheimischen benutzen noch immer ein altertümliches Gefährt, um sich flussaufwärts zu bewegen – die *cayuca*, ein Kanu indianischen Ursprungs. Vom Fluss aus können auch Besucher den Gipfel des majestätischen

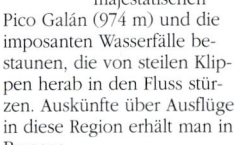

Mit dem Ruderboot flussaufwärts

Pico Galán (974 m) und die imposanten Wasserfälle bestaunen, die von steilen Klippen herab in den Fluss stürzen. Auskünfte über Ausflüge in diese Region erhält man in Baracoa.

UMGEBUNG: Nordwestlich von Baracoa, 21 Kilometer hinter

Playa Maguaná, einer der paradiesischen Strände bei Baracoa

Der Río Miel fließt durch die unberührten Tropenwälder zwischen Baracoa und Boca de Yumurí

der Mündung des Río Toa,
liegt die **Playa Maguaná**, der
schönste Strand der Gegend.
Sein indianischer Name leitet
sich von der archäologischen
Ausgrabungsstätte in der Nähe
ab. Nur 500 Meter vor der
Küste liegt ein Korallenriff.
Das Meer ist hier jedoch oft
sehr unruhig.

Versteckt zwischen Kokos-
nusspalmen liegt ein modernes Feriendorf, in dem Villen
gemietet werden können.
Trotz allem ist die Natur hier
noch unberührt.

Boca de Yumurí ㉓

Straßenkarte F4.

BOCA DE YUMURÍ, ein Dorf
30 Kilometer östlich von
Baracoa, wurde nach dem
Fluss Yumurí benannt, der
hier ins Meer mündet. Das
Dorf besteht aus *bohíos* – traditionellen palmengedeckten
Hütten. Seine Bewohner leben
vom Fischfang und von den
Bootstouren auf dem Fluss,
die sie Touristen
anbieten. Zudem
verkaufen sie Schneckenhäu-
ser der *Polymita*.

Auf der anderen Seite des
Flusses liegt ein zauberhafter
Strand. Lohnenswert ist auch
eine Bootsfahrt flussaufwärts,
wo der Fluss durch einen 180
Meter hohen Canyon führt.

Auch die Tierwelt am Río
Yumurí hat einiges zu bieten,
denn hier leben zahlreiche
tropische Vogelarten, darunter
zunzúns, tocororos und *cartacuba* (siehe S. 18f).

UMGEBUNG: Östlich von Boca
de Yumurí befindet sich das
abgelegene Dörfchen **Maisí**,
das man auch von Cajobabo
erreicht. Dahinter trifft man
auf Kubas östlichsten Punkt,
die Punta Maisí. An klaren
Tagen kann man von dieser
Landzunge bis Haiti sehen.
Dieses Gebiet wurde zum
Naturschutzpark Parque Natural Terrazas de Maisí erklärt,
neue Gebäude und Straßen
sind in Planung.

POLYMITAS

Eine endemische Weich-
tierart in der Gegend um
Baracoa ist die *Polymita*,
eine Schnecke mit buntem
Haus. Je nach Farbe unterscheidet man zwischen sechs

**Gemusterte Poly-
mita-Schnecken**

Spezies: *P. picta, P. muscarum, P. sulphurosa,
P. versicolor, P. venusta* und *P. brocheri*. Sie alle leben auf
Bäumen und Pflanzen und ernähren sich von Pilzen und
Flechten. So tragen sie zum gesunden Wachstum der Pflanzen, besonders der Kaffeestauden, bei. *Polymita*-Schnecken
sind aufgrund ihrer auffallenden Streifenfärbung, die sich von
der grünen Vegetation abhebt, leicht zu erkennen. Einer
Legende nach sollen sie ihre Farbe von einem jungen Indianer bekommen haben, der keine Perlen oder Juwelen für
seine Geliebte hatte. Er bemalte ein Schneckenhaus mit dem
Gelb der Sonne, dem Grün der Wälder, dem Rot der Blumen
und dem Weiß der Gischt. Als er das Blau des Himmels verwenden wollte, war es aber schon später Abend,. So musste
er sich mit dem Schwarz der Nacht begnügen. Heute ist diese Schnecke vom Aussterben bedroht. Es ist zwar nicht illegal, *Polymita* zu sammeln, aus Gründen des Artenschutzes
sollten sie jedoch in der freien Natur belassen werden.

**Blick auf Haiti von Kubas öst-
lichstem Punkt, der Punta Maisí**

Zu Gast
auf Kuba

ÜBERNACHTEN

SEIT KUBA 1980 seine Grenzen für Touristen öffnete, hat der Staat – meist in Joint Ventures mit ausländischen Investoren – viel Geld in den Aufbau einer funktionierenden touristischen Infrastruktur investiert, um mit dem Wachstum der Tourismusindustrie Schritt halten zu können. Einige der historischen Hotels wurden restauriert und auf internationalen Standard gebracht. Heute stehen Touristen Unterkünfte verschiedenster Kategorien zur

Carro de la Revolución, **Keramik von Sosabravo** *(siehe S. 25)* **im Habana Libre Hotel**

Verfügung – von modernen Luxushotels mit Swimmingpools und Sportanlagen über Stadthotels im Kolonialstil bis hin zu All-inclusive-Ferienanlagen auf kleinen, ansonsten unbewohnten Inseln. Die billigsten Hotels sind nach wie vor eher spartanisch und meist unter dem gewohnten westlichen Standard. Seit 1996 dürfen Kubaner auch private Zimmer oder Wohnungen an Touristen vermieten, ein Angebot, das in zunehmendem Maße genutzt wird.

Hostal Conde de Villanueva *(siehe S. 248)*

HOTELKETTEN

DIE MEISTEN TOURISTEN besuchen Kuba im Rahmen einer Pauschalreise und inzwischen bieten etliche Hotels derartige Arrangements. All diese Hotels sind in Staatsbesitz, einige werden allerdings privat verwaltet.

Hohen Standard bieten die Hotels der kubanischen **Gran-Caribe**-Kette. Dazu zählen u.a. das Hotel Nacional in Havanna *(siehe S. 98)*, ein architektonisches Juwel von 1930, das Hotel Plaza und das Hotel Inglaterra *(siehe S. 81f)* im Parque Central in Havanna sowie das Casa Granda in Santiago. Gran Caribe führt auch weitere Hotels, z.B. das Habana Riviera in Havanna, das Hotel Jagua in Cienfuegos sowie verschiedene Strandresorts, darunter das Hotel Internacional in Varadero und das Hotel Pelícano auf Cayo Largo.

Auch die Häuser der Hotelketten **Cubanacán** und **Sol Meliá**, die in ganz Kuba zu finden sind, bieten eine gute Qualität. Cubanacán unterhält nicht nur eigene Hotels, sondern verwaltet auch Häuser, die zu internationalen Ketten

Blick vom Glaslift auf die Lobby des Hotel Meliá Cohiba in Varadero

gehören. Dazu zählen einige gute 3-Sterne-Hotels wie das Versalles in Santiago und das Faro Luna in Cienfuegos. Von Sol Meliá wird unter anderem das elegante Hotel Meliá Cohiba in Havanna und das moderne Hotel Santiago in Santiago de Cuba geführt.

Die Kette **Gaviota** hat sich auf Ökotourismus spezialisiert *(siehe S. 246)*. Ihre Häuser bieten gemütliche Unterkünfte an den beliebtesten Küstenorten, auf den *Cayos* und im Bergland. Auch die einzige Ferienanlage auf Cayo Saetía gehört zur Gaviota-Gruppe.

Hotels der **Horizontes**-Kette bieten weniger Luxus, aber immer noch internationale Standards. Die **Islazul**-Hotels sind sehr günstig und einfach.

Ein außergewöhnliches Hotelerlebnis bieten die Häuser der kubanischen **Habaguanex**-Gruppe. Die unter der Schirmherrschaft der Oficina del Historiador de la Ciudad gegründete Gesellschaft restauriert alte Gebäude in Havanna und eröffnet darin Geschäfte, Cafés und Hotels. Dazu zählen u.a. das Hostal Conde de Villanueva, eine Villa aus dem 17. Jahrhundert, das neue Hotel San Miguel, das Hotel Ambos Mundos, das zu Hemingways Lieblingshotels zählte, und das Santa Isabel, das in einem herrlichen Kolonialgebäude an der Plaza de Armas *(siehe S. 67)* untergebracht ist.

◁ **Historische Restaurantbar Floridita in Havanna**

KATEGORIEN

DIE EINSTUFUNG kubanischer Hotels folgt dem internationalen Sternesystem (1 bis 5 Sterne). Allerdings gibt es innerhalb der Kategorien oft erhebliche Unterschiede. Einige Mittelklassehotels boten vielleicht in den 1950er Jahren gute Qualität, sind mittlerweile jedoch hoffnungslos veraltet und unter Umständen etwas schäbig. Hotels mit nur einem Stern meidet man besser, wer günstig reisen möchte, sollte in privat vermieteten Zimmern übernachten.

Terrasse des Hotels Casa Granda im Herzen von Santiago de Cuba

Meliá Cohiba in Havanna, ein Luxushotel mit fünf Sternen.

PREISE

HOTELPREISE in der Hauptstadt und den bekannteren Ferienanlagen an der Küste wie z.B. Cayo Largo, Varadero, Cayo Coco und Playa Guardalavaca sind natürlich höher als im Rest des Landes und entsprechen mehr oder weniger internationalen Standards. In der Hauptsaison von Weihnachten bis zum 1. April und von Anfang Juli bis Ende August sind die Preise in allen Hotels höher.

RESERVIEREN

AM EINFACHSTEN reserviert man seine Unterkunft im Voraus über ein Reisebüro im Heimatland. Dort erhalten Sie in der Regel Pauschalreisen und Sonderangebote, die in Kuba selbst nicht erhältlich sind.

In der Hochsaison, und ganz besonders bei besonderen Veranstaltungen wie dem Karneval in Santiago oder einem der vielen regionalen oder kulturellen Feste, kann es schwierig werden, ein Hotelzimmer zu bekommen. Reservieren Sie also möglichst frühzeitig.

Für Besucher von Messen, z.B. der Tourismusmesse Convención del Turismo im Mai oder der Buchmesse im Februar, halten Havannas Hotels spezielle Angebote bereit.

TRINKGELD

GENERELL IST es üblich, Hotelangestellten am Ende des Aufenthalts Trinkgeld (propina) zu geben. Die Höhe orientiert sich an der Hotelart, der Länge Ihres Aufenthalts und der Qualität des Service, es liegt jedoch ganz bei Ihnen, wie viel Sie geben.

Bedenken Sie jedoch, dass Trinkgeld in Dollar oft einem ganzen Monatsgehalt in kubanischen Pesos entspricht (siehe S. 298).

Oft wird ein Teil der Trinkgelder für wohltätige Zwecke, z.B. für die Krebsforschung, gespendet.

FERIENANLAGEN

FERIENANLAGEN sind besonders für Besucher geeignet, die am Strand oder inmitten unberührter Landschaft entspannen möchten. Die Zimmer sind in der Regel komfortabel und die Anlagen bieten alles, was man für einen Wohlfühl-Urlaub benötigt.

Bei All-inclusive-Angeboten sind neben der Unterkunft in einem Bungalow oder Zimmer (meist mit Bad, Telefon, Klimaanlage und Fernseher) auch die Mahlzeiten (Frühstück, Mittagessen und abends ein Büffet) sowie Getränke enthalten. Außerdem besteht die Möglichkeit, verschiedene Sportarten zu treiben wie Segeln, Schnorcheln, Tauchen, Schwimmen oder Surfen. Optional gibt es Snack- und Pool-Bars, Spielplätze und Babysitter-Service, Poolanlagen mit Kinderbecken, Autoverleih und verschiedenste Geschäfte. In einigen Teilen Kubas gibt es nur All-inclusive-Angebote.

Pool und Tennisplätze des Hotel Sol Club Palmeras in Varadero

Das Hotel Moka im Naturschutzgebiet Sierra del Rosario ist bei »Öko-Touristen« beliebt

CAMPING

NEBEN EINIGEN einfachen Campingplätzen (campismos), auf denen die Kubaner meist unter sich bleiben, gibt es in Naturschutzgebieten und an der Küste einige andere Plätze, die von **Cubamar Viajes** geführt werden. Auch wenn Sie als Campingplätze eingestuft sind, findet die Unterbringung in Bungalows, so genannten cabañas statt. Meist haben die Anlagen auch Restaurants und Pools.

Die Qualität der cabañas ist unterschiedlich, meist sind sie jedoch einfach und sauber. Eigentlich ähneln diese Anlagen eher normalen Ferienanlagen. Oft gibt es tagsüber und abends Veranstaltungen.

Campen in freier Natur und das Übernachten am Strand ist in Kuba nicht gestattet.

BESONDERE INTERESSEN

VIELE Reiseveranstalter bieten Reisen für Urlauber mit speziellen Interessen. Bei vielen All-inclusive-Anlagen gibt es Tauchunterricht für Anfänger, aber zertifizierte Taucher haben weitaus mehr Optionen. Wer nicht im Rahmen eines Kurses unter Wasser gehen möchte, muss einen Tauchschein vorlegen und eine Reiseversicherung abschließen, die Tauchrisiken abdeckt. Viele Veranstalter verlangen auch einen Nachweis für mindestens zehn durchgeführte Tauchgänge. Einige Tauchgebiete, wie María La Gorda (siehe S. 142) und Isla de la Juventud (siehe S. 146) sollten unerfahrene Taucher meiden.

Wer viel tauchen möchte, sollte sich ein Hotel oder eine Marina in der Nähe einer Tauchbasis suchen. Empfehlenswert sind hier die Anlagen der Kette **Marinas Puertosol**. Bei All-inclusive-Angeboten ist das Tauchen häufig im Preis inbegriffen.

Nirgends lässt sich das Salsa-Tanzen besser lernen als in Kuba. Der Freiburger Veranstalter **avenTOURa** bietet Pauschalreisen mit Tanzkurs und Rahmenprogramm an.

Wer umweltbewusst reisen möchte, kann in so genannten Öko-Resorts inmitten unberührter Natur entspannen. Diese befinden sich in der Gegend um Pinar del Río, in der Sierra del Rosario, bei Marea del Portillo (in der Sierra Maestra) und bei Baracoa. Hier werden oft auch Exkursionen, z. B. Vogelbeobachtungen, angeboten.

Auch Gesundheitsferien kann man in Kuba machen. Sie verbinden Entspannung mit medizinischer oder kosmetischer Behandlung. Das Personal in diesen modernen Zentren ist gut ausgebildet. Medizinische Leistungen werden von **Servimed** übernommen, die Unterbringung organisiert **Cubanacán Turismo y Salud**. Die Hotelketten Gaviota und Horizontes führen auch einige Wellness-Hotels, z. B. das Kurhotel in Topes de Collantes (siehe S. 259) und das Hotel Elguea in Corralillo (siehe S. 254).

Blockhütte im Wald bei Las Terrazas

BEHINDERTE REISENDE

NUR DIE NEUEREN Hotels in Kuba sind behindertengerecht ausgestattet. Der Großteil der kubanischen Hotels kann allerdings keine entsprechende Ausstattung bieten. Dennoch ist Kuba für Menschen mit Behinderung nicht unbereisbar. Das Hotelpersonal wird alles tun, um Ihnen den Aufenthalt so angenehm wie möglich zu gestalten.

Bungalows im Feriendorf María La Gorda, einem bei Tauchern sehr beliebten Resort

PRIVATE UNTERKÜNFTE

WER AM KUBANISCHEN Alltag teilhaben und Einheimische kennen lernen möchte, kann auch in privaten Unterkünften *(casas particulares)* übernachten. Selbst wenn man ins Familienleben der Gastgeber eingebunden wird, wird die Privatsphäre des Gastes doch respektiert. Es hilft, einige Wörter Spanisch zu sprechen.

Angeboten werden nicht nur Zimmer, sondern auch kleine Apartments. Zum Teil ist die Unterbringung sogar recht elegant, z. B. in historischen Gebäuden alter Städte wie Trinidad.

Wohnzimmer einer Privatunterkunft in Gibara (Provinz Holguín)

Die kubanische Gastfreundschaft macht diese Art der Unterbringung zu einem ganz besonderen Erlebnis. Schließlich lernt man so Land und Leute richtig kennen. Außerdem erhält man von seinen Gastgebern oft Insider-Tipps zu Ausflugsmöglichkeiten, Restaurants und Abendunterhaltung.

Wer sich für die Unterkunft in Privathäusern interessiert, fragt am besten andere Reisende nach ihren Erfahrungen und Tipps. Generell sollten Sie nicht mit Fremden mitgehen, die Ihnen eine Unterkunft bei Freunden anbieten. Oft sind dies etwas

Zeichen für vom Staat lizensierte *casas particulares*

»windige Gesellen«, die für die Vermittlung eines Gastes Geld vom Hausbesitzer bekommen. Dieser Betrag wird dann wiederum auf den Zimmerpreis aufgeschlagen.

Wenn Sie mit Ihrer Unterkunft zufrieden sind, fragen Sie Ihren Gastgeber doch nach Adressen in Ihren nächsten Zielorten. So können Sie sicher gehen, einen ähnlichen Standard vorzufinden. Vom Staat autorisierte Häuser erkennen Sie an dem oben abgebildeten Schild oder Aufkleber an der Tür.

Bei Ihrer Ankunft wird Ihr Gastgeber Sie bitten, Ihren Reisepass oder einen anderen Ausweis vorzulegen, da er gesetzlich verpflichtet ist, Ihre persönlichen Daten an die Einwanderungsbehörde weiterzugeben.

Natürlich werden Sie in Bezug auf Ausstattung, Sauberkeit und Charme dieser Häuser gravierende Unterschiede feststellen, da es für sie noch keine Kategorisierung gibt. Diese Art von Unterkünften ist erst vor kurzem entstanden, deshalb sind noch keine offiziellen Listen von privaten Unterkünften verfügbar. In der Website *http://www.vidacubana.com/ accommodation/d_accommodation.html* finden Sie jedoch aufschlussreiche deutschsprachige Informationcnen zu privaten Unterkünften in Havanna und ganz Kuba.

Hotelauswahl

Dᴵᴱ ʜᴵᴱʀ ᴬᵁꜰᴳᴱꜰÜʜʀᵀᴱⁿ Hᴏᴛᴇʟꜱ und Resorts aus verschiedenen Preiskategorien wurden aufgrund ihrer Angebote, Ausstattung und Lage ausgewählt. Die Preise gelten für Direktbuchungen beim Hotel, über Reiseveranstalter erhält man jedoch, z. T. auch am Ort, Ermäßigungen. Die Farbmarkierungen zeigen die Region an, die Kartenangaben beziehen sich auf die Straßenkarte für Havanna.

	Anzahl der Zimmer	All-Inclusive-Angebot	Kreditkarten	Swimmingpool	Restaurant
HAVANNA					
Lᴀ Hᴀʙᴀɴᴀ Vɪᴇᴊᴀ: *Hostal del Tejadillo* $$$ Calle Tejadillo 12, esq. San Ignacio. **Karte** 4 E2. ☎ (7) 8 637 283. ꜰᴀx (7) 8 638 830. @ comercial@habaguanextejadillo.co.cu Dieses kleine, reizende Hotel im Kolonialstil hat erst vor kurzem eröffnet. Geräumige Zimmer mit Stilmöbeln, hübsche Lobby. 📺 ▤	32		▦		▦
Lᴀ Hᴀʙᴀɴᴀ Vɪᴇᴊᴀ: *Hostal Valencia* $$$ Calle Oficios 53, esq. Obrapía. **Karte** 4 E2. ☎ (7) 8 671 037. ꜰᴀx (7) 8 605 628. @ reserva@habaguanexhvalencia.co.cu Gemütliches und einladendes Hotel im spanischen Stil, herrlicher Innenhof. Die Zimmer sind groß und komfortabel. 📺 ▤	12		▦		▦
Lᴀ Hᴀʙᴀɴᴀ Vɪᴇᴊᴀ: *Ambos Mundos* $$$$ Calle Obispo 153, esq. Mercaderes. **Karte** 4 E2. ☎ (7) 8 609 530. ꜰᴀx (7) 8 609 532. @ diada@amundo.cu Dieses Haus im Stil der 1930er Jahre ist dem Andenken an Hemingway gewidmet. Zimmer 511, das Lieblingszimmer des Autors, ist nun ein Museum. Herrlicher Blick vom Dachgarten und den Zimmern. 📺 ▤ Ⓨ	52		▦		▦
Lᴀ Hᴀʙᴀɴᴀ Vɪᴇᴊᴀ: *El Comendador* $$$$ Calle Obrapía, esq. Oficios. **Karte** 4 E2. ☎ (7) 8 671 037. ꜰᴀx (7) 8 605 628. @ reserva@habaguanexhvalencia.co.cu Die Villa eines reichen Kommandanten aus dem 19. Jahrhundert wurde zu einem eleganten Hotel umgebaut. In einem Museumsraum werden archäologische Funde aus dem Keller ausgestellt. 📺 ▤	14		▦		▦
Lᴀ Hᴀʙᴀɴᴀ Vɪᴇᴊᴀ: *Florida* $$$$ Calle Obispo 252, esq. Cuba. **Karte** 4 E2. ☎ (7) 8 624 127. ꜰᴀx (7) 8 624 117. @ reserva@habaguanaexhflorida.co.cu Schmiedeeiserne Treppengeländer, Buntglasfenster und der überdachte Innenhof verleihen dem renovierten Haus aus dem 19. Jh. Atmosphäre. Geschmackvolle Zimmer. 📺 ▤ 🅿	25		▦		▦
Lᴀ Hᴀʙᴀɴᴀ Vɪᴇᴊᴀ: *Hostal Conde de Villanueva* $$$$ Calle Mercaderes 202, esq. Lamparilla. **Karte** 4 E2. ☎ (7) 8 629 293. ꜰᴀx (7) 8 629 682. @ hconde@villanueva.ohch.cu Das reizende Hotel mit viel Atmosphäre war im 18. Jahrhundert Wohnsitz des Conde de Villanueva *(siehe S. 74).* Restaurant, Zigarrengeschäft und Zigarrenlounge. 📺 ▤ Ⓨ	9		▦		▦
Lᴀ Hᴀʙᴀɴᴀ Vɪᴇᴊᴀ: *San Miguel* $$$$ Calle Cuba, esq. Peña Pobre. **Karte** 4 E1. ☎ (7) 8 627 656. ꜰᴀx (7) 8 634 088. @ reserva@sanmiguel.ohch.cu Historisches Gebäude mit gut ausgestatteten Zimmern. Die Bar im Erdgeschoss serviert Cocktails. Vom Gran Salón de Palacio bietet sich ein herrlicher Blick auf das Castillo del Morro. 📺 ▤ 🅿 Ⓨ	10		▦		▦
Lᴀ Hᴀʙᴀɴᴀ Vɪᴇᴊᴀ: *Santa Isabel* $$$$$ Calle Baratillo 9, e/ Obispo y Narciso López (Plaza de Armas). **Karte** 4 F2. ☎ (7) 8 608 201. ꜰᴀx (7) 8 608 560. Luxushotel im eleganten Kolonialstil direkt an der Plaza de Armas *(siehe S. 67).* Einrichtung aus dem 19. Jahrhundert, zehn Suiten mit moderner Ausstattung und exzellenter Service zeichnen das Haus aus. 📺 ▤ 🅿	27		▦		▦
Cᴇɴᴛʀᴏ Hᴀʙᴀɴᴀ ᴜɴᴅ Pʀᴀᴅᴏ: *Deauville* $$$ Calle Galiano y Malecón. **Karte** 3 C1. ☎ (7) 8 338 812. ꜰᴀx (7) 8 338 148. Dieses mehrgeschossige Hotel nahe am Meer und nur wenige Blocks von der Altstadt entfernt hat eine schöne Bar, Disko und Autoverleih. 📺 ▤ 🅿	144	▦	●	▦	
Cᴇɴᴛʀᴏ Hᴀʙᴀɴᴀ ᴜɴᴅ Pʀᴀᴅᴏ: *Inglaterra* $$$$ Paseo de Martí (Prado) 416, e/ San Rafael y San Miguel. **Karte** 4 D2. ☎ (7) 8 608 594-7. ꜰᴀx (7) 8 608 254. @ comercial@gcingla.gca.tur.cu Das renovierte Hotel steht unter Denkmalschutz *(siehe S. 81).* Die Lobby im spanischen Stil ist elegant, die Zimmer sind luxuriös. Einige haben einen Balkon auf den Parque Central, der Lärmpegel ist entsprechend. 📺 ▤ 🅿	83		▦		▦

Zu den Telefonnummern lesen Sie bitte den Hinweis auf S. 296

Durchschnittspreise von Hoch- und Nebensaison pro Nacht im Doppelzimmer, inkl. Steuern und Service (wenn nicht anders angegeben):
$ unter 25 US-$
$$ 25–40 US-$
$$$ 40–80 US-$
$$$$ 80–140 US-$
$$$$$ über 140 US-$

ALL-INCLUSIVE-ANGEBOT
Der Preis in All-inclusive-Anlagen beinhaltet Unterkunft, Mahlzeiten, Getränke, Freizeitaktivitäten und andere Leistungen. Diese Hotels bieten ausschließlich All-inclusive-Pakete an, Übernachtungen allein können nicht gebucht werden.
KREDITKARTEN
Generell werden VISA oder MasterCard akzeptiert.
SWIMMINGPOOL
Soweit nicht anders angegeben, ist der Pool im Freien.
RESTAURANT
Die Restaurants teurerer Hotels sind meist sehr gut. Besonders empfehlenswerte Hotelrestaurants auf den Seiten 268ff.

CENTRO HABANA UND PRADO: *Plaza* $$$$
Calle Ignacio Agramonte 267. **Karte** 4 D2. ((7) 608 583-89. FAX (7) 8 608 592.
@ reserva@plaza.gca.tur.cu
Ein Traditionshotel seit 1909 *(siehe S. 81)*. Elegante Art-nouveau-Halle, Dachterrasse mit herrlichem Blick, Pianobar und Autoverleih. TV P Y
Anzahl der Zimmer: 188 · Kreditkarten · Restaurant

CENTRO HABANA UND PRADO: *Sevilla* $$$$
Paseo de Martí (Prado) y Trocadero. **Karte** 4 D2. ((7) 8 608 560. FAX (7) 8 608 582.
@ reserva@sevilla.gca.tur.cu
Historisches Gebäude im neomaurischen Stil *(siehe S. 86)* mit exzellentem Service, Sauna, Fitnessklub und Restaurantbar auf der Terrasse. TV ≣ P Y
Anzahl der Zimmer: 188 · Kreditkarten · Swimmingpool · Restaurant

CENTRO HABANA UND PRADO: *Parque Central* $$$$$
Calle Neptuno, e/ Paseo de Martí (Prado) y Zulueta (Parque Central). **Karte** 4 D2.
((7) 8606 627-9. FAX (7) 8 606 630. @ reservations@gtpc.cha.cyt.cu
Vergleichsweise modernes Hotel, das sich dennoch gut in die Umgebung einfügt. Internationaler Luxusstandard, Businesscenter. TV ≣ P &
Anzahl der Zimmer: 278 · Kreditkarten · Swimmingpool · Restaurant

VEDADO: *Capri* $$$
Calle 21, e/ N y O. **Karte** 2 F1. ((7) 8 333 747, 8 320 511. FAX (7) 8 333 750.
Die Atmosphäre der 1950er Jahre hat hier überdauert. Das einstige Lieblingshotel reicher Amerikaner hat einen Pool auf dem Dach. TV ≣ P
Anzahl der Zimmer: 215 · Kreditkarten · Swimmingpool · Restaurant

VEDADO: *Colina* $$$
Calle L, e/ 27 y Jovellar. **Karte** 2 F2. ((7) 8 334 071, 8 323 535. FAX (7) 8 334 104.
Nahe der Universität gelegen. Entspannte, informelle Atmosphäre, gutes Essen im Restaurant und der Snackbar. TV ≣ P
Anzahl der Zimmer: 80 · Kreditkarten · Restaurant

VEDADO: *Saint John's* @ jrecepci@stjohns.hor.tur.cu $$$
Calle O n. 216, e/ 23 y 25. **Karte** 2 F2. ((7) 8 333 740, 8 329 531. FAX (7) 8 333 561.
Neu renoviertes Hotel in zentraler, aber ruhiger, Lage. In der obersten Etage befindet sich die berühmte Pianobar Pico Blanco *(siehe S. 281)*. ≣ TV P
Anzahl der Zimmer: 94 · Kreditkarten · Swimmingpool · Restaurant

VEDADO: *Vedado* @ recep@vedado.hor.tur.cu $$$
Calle O n. 244, e/ 23 y 25. **Karte** 1 C1. ((7) 8 334 072, 8 326 501. FAX (7) 8 334 186.
Gemütliches, zentrales Hotel in einem modernen mehrgeschossigen Gebäude. Wenig Stil, aber große und angenehme Zimmer. ≣ TV
Anzahl der Zimmer: 203 · Kreditkarten · Swimmingpool · Restaurant

VEDADO: *Habana Riviera* $$$$
Avenida Paseo y Malecón. **Karte** 1 B2. ((7) 8 334 051. FAX (7) 8 333 739.
@ reserva@gcrivie.gca.tur.cu
Einige Zimmer dieses Hotels aus den 1950ern bieten einen herrlichen Blick auf das Meer. Elegante Lobby, die es mit so manchem Museum aufnehmen könnte. Großer Pool, Fitnessstudio und Mietwagenservice. ≣ TV P Y &
Anzahl der Zimmer: 352 · Kreditkarten · Swimmingpool · Restaurant

VEDADO: *Presidente* @ reservas@hpdte.gca.tur.cu $$$$
Avenida de los Presidentes y Calzada. **Karte** 1 C1. ((7) 8 551 801. FAX (7) 8 333 753.
Mehrgeschossiges Gebäude an einer eleganten *avenida* nahe dem Malecon. Das im frühen 20. Jahrhundert erbaute Hotel wurde vollständig restauriert, die ursprüngliche Ausstattung blieb jedoch erhalten. ≣ TV
Anzahl der Zimmer: 160 · Kreditkarten · Restaurant

VEDADO: *Victoria* $$$$
Calle 19 esq. **Karte** 2 E1. ((7) 8 333 510, 8 326 531. FAX (7) 8 333 109.
@ reserva@gcvicto.gca.cma.net
Elegantes, abgeschirmtes Hotel mit guter Ausstattung und erstklassigem Service. Eine Oase der Ruhe inmitten der Stadt. ≣ TV P
Anzahl der Zimmer: 31 · Kreditkarten · Swimmingpool · Restaurant

VEDADO: *Habana Libre* $$$$$
Calle L, e/ 23 y 25. **Karte** 2 F2. ((7) 8 334 011. FAX (7) 8 333 141.
@ hotel@rllibre.tryp.cma.net
Eines der Wahrzeichen Havannas *(siehe S. 98)*, mit Werken berühmter kubanischer Künstler: Amelia Peláez, Sosabravo und Portocarrero. Das Cabaret Turquino *(siehe S. 281)* hat seine Bühne im Haus. ≣ TV P Y
Anzahl der Zimmer: 574 · Kreditkarten · Swimmingpool · Restaurant

Durchschnittspreise von Hoch- und Nebensaison pro Nacht im Doppelzimmer, inkl. Steuern und Service (wenn nicht anders angegeben):
$ unter 25 US-$
$$ 25–40 US-$
$$$ 40–80 US-$
$$$$ 80–140 US-$
$$$$$ über 140 US-$

All-inclusive-Angebot
Der Preis in All-inclusive-Anlagen beinhaltet Unterkunft, Mahlzeiten, Getränke, Freizeitaktivitäten und andere Leistungen. Diese Hotels bieten ausschließlich All-inclusive-Pakete an, Übernachtungen allein können nicht gebucht werden.

Kreditkarten
Generell werden VISA oder MasterCard akzeptiert.

Swimmingpool
Soweit nicht anders angegeben, ist der Pool im Freien.

Restaurant
Die Restaurants teurerer Hotels sind meist sehr gut. Besonders empfehlenswerte Hotelrestaurants auf den Seiten 268ff.

Hotel	Anzahl der Zimmer	All-inclusive-Angebot	Kreditkarten	Swimmingpool	Restaurant
Vedado: *Meliá Cohiba* $$$$$ Avenida Paseo, e/ 1ra. y 3ra. **Karte** 1 B2. ☎ *(7) 8 333 636.* [FAX] *(7) 8 334 555.* @ dep_res_mla@cohiba1.solmelia.net Mit seinen hohen Türmen, dem filigranen Marmor, den großen Fenstern und der gehobenen Ausstattung ist dieses Haus ein Schaustück für moderne Hotelarchitektur. Exzellenter Service, Fitnessklub, Business Center, Geschäfte und eine Kunstgalerie runden das Angebot ab. ▤ [TV] [P] ♿ 🍸	462		■	●	■
Vedado: *Nacional* $$$$$ Calle O, esq. 21. **Karte** 2 F1. ☎ *(7) 8 333 564-7.* [FAX] *(7) 8 335 054.* @ reserva@gcnacio.gca.tur.cu Havannas prestigeträchtigstes Hotel *(siehe S. 98)* mit hübscher Gartenanlage, eleganter Lobby, luxuriösen Zimmern, z.T. sogar mit Stilmöbeln ausgestattet, und 15 Suiten. Restaurant, Konferenzzentrum, Sauna, Wellness- und Fitnessangebote haben hohen internationalen Standard. ▤ [TV] [P] 🍸	464		■	●	■
Ausserhalb der Stadt (Cojímar): *Panamericano Resort* $$$ Calle A y Avenida Central. ☎ *(7) 8 951 010.* [FAX] *(7) 8 953 913.* @ market@hpr.hor.tur.cu Dieses Hotel liegt nahe am Sportzentrum Villa Panamericana. Es gibt zwei Wohngebäude und gute Anlagen. Beliebt bei Sportlern, egal ob aktiv oder passiv. ▤ [TV] [P]	81		■	●	■
Ausserhalb der Stadt (Kohly-Playa): *El Bosque* $$$ Calle 28A, e/ Avenida 49A y 49B. ☎ *(7) 204 9232.* [FAX] *(7) 204 9637.* @ reserva@bosque.gav.tur.cu In Havannas »grünem Viertel« liegt dieses Hotel, das Teil eines Feriendorfs mit Restaurants, Bars und einem Swimmingpool ist. Die Zimmer sind gemütlich, hell und sehr ruhig. ▤ [TV] [P]	61		■		■
Ausserhalb der Stadt (Kohly-Playa): *Kohly* $$$ Avenida 49A y 36A. ☎ *(7) 204 0240-2.* [FAX] *(7) 204 1733.* @ carp2@kohly.gav.cma.net Modernes Hotel in ruhiger, grüner Lage. Zum Angebot gehören Tennisplätze, eine Sauna, ein Fitnessklub und ein Konferenzraum. Die großen Zimmer sind mit Bambusmöbeln ausgestattet. ▤ [TV] [P] ♿	136		■		■
Ausserhalb der Stadt (Marina Hemingway): *Acuario* $$$$ Residencial »Marina Hemingway«, Calle 248 y Avenida 5. ☎ *(7) 204 7628.* [FAX] *(7) 204 4379.* @ reserva@hhvil.mh.cyt.cu Alle Zimmer haben Balkon mit Blick auf das Meer oder den Hafen. Gäste der Marina Hemingway können das Angebot des Wassersportzentrums nutzen, u.a. Tiefseefischen, Tauchen und Wasserskifahren. ▤ [TV] [P]	314		■	●	■
Ausserhalb der Stadt (Marina Hemingway): *El Viejo y el Mar* $$$$ Residencial »Marina Hemingway«, Calle 248 y Avenida 5. ☎ *(7) 204 6336.* [FAX] *(7) 204 6823.* @ reservas@vmar.mh.cyt.cu Neben dem Zentralgebäude besteht die Hotelanlage inmitten der Marina aus zweistöckigen *cabañas*. Ideal für Tiefseefischer, Taucher und andere Wassersportler. ▤ [TV] [P]	186		■	●	■
Ausserhalb der Stadt (Marina Hemingway): *Villa Paraíso* $$$$ Residencial »Marina Hemingway«, Calle 248 y Avenida 5. ☎ *(7) 204 1150-6.* [FAX] *(7) 204 4379.* @ reserva@hhvil.mh.cyt.cu Der Swimmingpool ist von 22 kleinen Villen umgeben, entlang den Kanälen mit ihren Yachten liegen weitere 71 Bungalows. Zum Fischen, Schnorcheln oder Tauchen können Boote gemietet werden. ▤ [TV] [P] ♿	120		■	●	■
Ausserhalb der Stadt (Miramar): *Neptuno-Tritón* $$$ Avenida 3 y 70. ☎ *(7) 204 1606, 204 0245.* [FAX] *(7) 8 220 042.* @ cobras@nep-tri.gca.tur.cu Der moderne Hotelkomplex besteht aus zwei luxuriösen Strandhotels mit geräumigen Zimmern. Außerdem gibt es Sport- und Poolanlagen. Sportgeräte und Autos können ausgeliehen werden. ▤ [TV] [P]	263		■	●	■

Zu den Telefonnummern lesen Sie bitte den Hinweis auf S. 296

Ausserhalb der Stadt (Miramar): *Bello Caribe* $)$)$)$ 120
Calle 158, esq. 31. ▐ *(7) 8 336 487.* FAX *(7) 8 336 839.*
@ gerente@bcaribe.cha.cyt.cu
Ein modernes, gemütliches Hotel mit freundlicher Atmosphäre. Der Kinderklub macht es zum idealen Familienhotel. 目 TV P

Ausserhalb der Stadt (Miramar): *Chateau Miramar* $)$)$)$ 50
Avenida 1, e/ 60 y 70. ▐ *(7) 204 1952-7.* FAX *(7) 204 0224.*
@ reservas@chateau.cha.cyt.cu
Dieses elegante Hotel für Geschäftsleute mit Tauchschule und Swimmingpool liegt in der Nähe der Konferenz- und Messezentren Palacio de las Convenciones und Pabexpo. 目 TV P

Ausserhalb der Stadt (Miramar): *Comodoro* $)$)$)$ 168
Avenida 3 y 84. ▐ *(7) 204 5551.* FAX *(7) 204 2028.*
@ reservas@comodor.cha.cyt.cu
Dieser weitläufige Komplex am Meer besteht aus einem Hauptgebäude und 301 Bungalows. Außerdem gehören Tennisplätze, ein kleiner Privatstrand und eine Disko zur Anlage. Mietwagen erhältlich.
目 TV P ♿

Ausserhalb der Stadt (Miramar): *Copacabana* $)$)$)$ 319
Avenida 1, e/ 44 y 46. ▐ *(7) 2040 0340.* FAX *(7) 204 2846.*
@ comercio@copa.gca.cma.net
Das Hotel liegt am Meer und ist von Grünanlagen umgeben. Ein Wellenbrecher trennt einen Salzwasserpool vom Meer ab. Organisierte Tauchtouren, Wasserscooterverleih, Disko und Mietwagenservice. 目 TV P

Ausserhalb der Stadt (Miramar): *Novotel Miramar* $)$)$)$ 427
Avenida 5 y 74. ▐ *(7) 204 3584.* FAX *(7) 204 3583.*
@ miramar@miramar.gav.tur.cu
Dieses Hotel, das koloniales und modernes Design verbindet liegt inmitten eines großen tropischen Gartens. Tennis- und Golfanlagen. 目 TV P

Ausserhalb der Stadt (Miramar): *Meliá Habana* $)$)$)$)$ 409
Avenida 3, e/ 76 y 80. ▐ *(7) 204 8500.* FAX *(7) 204 8505.*
@ depres@solmelia.habana.cma.net
Neues elfstöckiges Hotel an der Küste. Fast alle Zimmer haben Balkon oder Terrasse mit Blick aufs Meer. 目 TV P ♿

Ausserhalb der Stadt (Playas del Este): *Club Atlántico* $)$)$ 92
Avenida de las Terrazas 21, Santa María del Mar. ▐ *(7) 8 971 085.*
FAX *(7) 8 961 532.* @ reserva@atlant.gca.cma.net
Zum All-inclusive-Paket dieses Strandhotels gehören verschiedene Angebote, z. B. Wassersportmöglichkeiten, Sauna und Disko. Auch ein Konferenzzentrum steht den Gästen zur Verfügung. 目 TV P

Ausserhalb der Stadt (Playas del Este): *El Mégano* $)$)$)$ 83
Vía Blanca km 22,5, Santa María del Mar.
▐ *(7) 8 971 610.* FAX *(7) 8 971 624.* @ vmegano@megano.hor.tur.cu
Das moderne, komfortable Hotel hat hübsche Zimmer mit Meerblick – ideal für den Badeurlaub. Das Hotel verfügt zudem über eigene Tennisplätze. 目 TV P ♿

Ausserhalb der Stadt (Playas del Este): *Sea Club Arenal* $)$)$)$ 169
Laguna de Boca Ciega, Santa María del Mar.
▐ *(7) 8 971 272.* FAX *(7) 8 971 287.*
Dieses Hotel in der Nähe des Strandes Santa María ist von einer Lagune umgeben. Bei den All-inclusive-Paketen gibt es spezielle Angebote für Familien mit Kindern. Die Zimmer sind komfortabel und hell, es gibt eine Disko und einen Autoverleih. 目 TV P ♿

Ausserhalb der Stadt (Playas del Este): *Villa Los Pinos* $)$)$)$ 70
Avenida de Las Terrazas 21, e/ 4 y 5, Santa María del Mar. ▐ *(7) 8 971 361-7.*
FAX *(7) 8 971 524.* @ reserva@complejo.gca.tur.cu
Ein Teil dieser 70 reizenden, komfortablen Villen hat einen eigenen Pool. Das Hotel ist von Grünanlagen umgeben. 目 TV P

Ausserhalb der Stadt (Playas del Este): *Villa Tarará* $)$)$)$ 348
Vía Blanca km 12, Santa María del Mar. ▐ *(7) 8 971 510.* FAX *(7) 8 971 333.*
@ gerente@tarará.cha.cyt.cu
Das von Servimed unterhaltene Gesundheitszentrum *(siehe S. 295)* besteht aus 98 großen Villen im Stil der 1950er Jahre. Außerdem stehen Wellness-Behandlungen und Wassersportangebote zur Verfügung. 目 TV P

Zeichenerklärung siehe hintere Umschlagklappe

Durchschnittspreise von Hoch- und Nebensaison pro Nacht im Doppelzimmer, inkl. Steuern und Service (wenn nicht anders angegeben):

$ unter 25 US-$
$$ 25–40 US-$
$$$ 40–80 US-$
$$$$ 80–140 US-$
$$$$$ über 140 US-$

ALL-INCLUSIVE-ANGEBOT
Der Preis in All-inclusive-Anlagen beinhaltet Unterkunft, Mahlzeiten, Getränke, Freizeitaktivitäten und andere Leistungen. Diese Hotels bieten ausschließlich All-inclusive-Pakete an, Übernachtungen allein können nicht gebucht werden.

KREDITKARTEN
Generell werden VISA oder MasterCard akzeptiert.

SWIMMINGPOOL
Soweit nicht anders angegeben, ist der Pool im Freien.

RESTAURANT
Die Restaurants teurerer Hotels sind meist sehr gut. Besonders empfehlenswerte Hotelrestaurants auf den Seiten 268ff.

	Preis	ANZAHL DER ZIMMER	ALL-INCLUSIVE-ANGEBOT	KREDITKARTEN	SWIMMINGPOOL	RESTAURANT
AUSSERHALB DER STADT (PLAYAS DEL ESTE): *Villa Trópico*	$$$	154	●	▪	●	▪
AUSSERHALB DER STADT (SIBONEY-PLAYA): *Spa La Pradera*	$$$$	230		▪	●	▪
CAYO LARGO DEL SUR: *Isla del Sur*	$$$$	58	●	▪	●	▪
CAYO LARGO DEL SUR: *Villa Capricho*	$$$$	69	●	▪	●	▪
CAYO LARGO DEL SUR: *Villa Coral*	$$$$	60	●	▪	●	▪
CAYO LARGO DEL SUR: *Villa Iguana*	$$$$	114	●	▪	●	
CAYO LARGO DEL SUR: *Villa Lindamar*	$$$$	63	●	▪	●	
CAYO LARGO DEL SUR: *Pelícano*	$$$$	307	●	▪	●	▪

AUSSERHALB DER STADT (PLAYAS DEL ESTE): *Villa Trópico*
Vía Blanca km 60, Jibacoa. ☎ (7) 8 335 657. FAX (7) 8 668 040.
Dieser Komplex besteht aus verschiedenen am Meer gelegenen Gebäuden. Die italienischen Hotelmanager haben natürlich mediterrane Kochkunst mit nach Kuba gebracht. Im All-inclusive-Preis sind viele Sportangebote enthalten. 📖 📺 🅿

AUSSERHALB DER STADT (SIBONEY-PLAYA): *Spa La Pradera*
Calle 230 y 15. ☎ (7) 337 467-84. FAX (7) 337 198-9.
@ comercia@pradera.cha.cyt.cu
Ein Gesundheitstempel inmitten üppiger Vegetation. Angeboten werden neben Schönheitsanwendungen auch Rehatherapien sowie medizinische und zahnmedizinische Behandlungen. Die Zimmer sind groß, hell und freundlich eingerichtet. 📖 📺 🅿 ♿

WESTKUBA

CAYO LARGO DEL SUR: *Isla del Sur*
Cayo Largo del Sur, Archipiélago de los Canarreos.
☎ (5) 481 11. FAX (5) 481 60-482 01. @ isla@isla.gca.tur.cu
Dieses Hotel zwischen Playa Lindamar und Playa Blanca bietet nur All-inclusive-Pakete. Zum Sportangebot gehören z. B. Squash, Volleyball, Tauchen und Reiten. Das Hotel gehört zur bekannten *Isla del Sur*-Kette. 📖 📺 🅿

CAYO LARGO DEL SUR: *Villa Capricho*
Cayo Largo del Sur, Archipiélago de los Canarreos.
☎ (5) 481 11. FAX (5) 481 60, 482 01.
@ isla@isla.gca.tur.cu
Die 69 Bungalows dieser Anlage haben Strohdächer und eine eher rustikale Ausstattung. Hier bieten sich ideale Voraussetzungen für einen entspannenden Urlaub inmitten von grüner Vegetation. Die Anlage ist Mitglied der *Isla del Sur*-Kette. 📖 📺 🅿

CAYO LARGO DEL SUR: *Villa Coral*
Cayo Largo del Sur, Archipiélago de los Canarreos.
☎ (5) 481 11. FAX (5) 481 60, 482 01. @ isla@isla.gca.tur.cu
Der Komplex ist auch unter dem Namen *El Pueblito* bekannt und besteht aus zehn zweistöckigen Gebäuden im Kolonialstil. Große, helle Zimmer mit Blick auf den Swimmingpool. 📖 📺 🅿

CAYO LARGO DEL SUR: *Villa Iguana*
Cayo Largo del Sur, Archipiélago de los Canarreos.
☎ (5) 481 11. FAX (5) 481 60, 482 01. @ isla@isla.gca.tur.cu
Die schönen, modernen Zimmer sind in zehn zweistöckigen Gebäuden mit Blick auf den Swimmingpool untergebracht. Über eine kleine Treppe gelangt man zum wunderschönen Strand *(siehe S. 148)*. Sportangebote sind im Preis enthalten. 📖 📺 🅿

CAYO LARGO DEL SUR: *Villa Lindamar*
Cayo Largo del Sur, Archipiélago de los Canarreos.
☎ (5) 481 11. FAX (5) 481 60, 482 01. @ isla@isla.gca.tur.cu
Die 63 strohgedeckten Bungalows in dieser ansprechenden Anlage sind von üppigen Grünanlagen umgeben und liegen nur wenige Meter vom Strand entfernt. 📖 📺 🅿

CAYO LARGO DEL SUR: *Pelícano*
Cayo Largo del Sur. Archipiélago de los Canarreos.
☎ (5) 483 33. FAX (5) 481 66. @ isla@isla.gca.tur.cu
Sechs *cabañas* im mediterranen Stil an der Playa Lindamar *(siehe s. 148)*. Im Preis inbegriffen sind die Inanspruchnahme des Wassersportzentrums, des Salzwasserpools und des Babysitter-Dienstes. 📖 📺 🅿

Zu den Telefonnummern lesen Sie bitte den Hinweis auf S. 296

CAYO LEVISA: *Cayo Levisa* $$$ 20
Costa Norte, La Palma.. ((7) 660 075.
Die 20 Bungalows auf dieser kleinen Insel vor der Nordküste der Provinz
Pinar del Río sind für Taucher und Wassersportfans geradezu ideal.
Moderne, komfortable und ruhige Zimmer. ▤ TV P

ISLA DE LA JUVENTUD: *El Colony* $$$$ 77
Carretera de Siguanea km 41,5. ((61) 981 81. FAX (61) 9824
Die Anlage aus den 1950er Jahren besteht aus einem Hauptgebäude und
einigen kleinen Villen direkt am Meer. Sie ist ruhig und verfügt über die
beste Tauchbasis Kubas. Das Abendessen ist im Preis enthalten. ▤ TV P

PINAR DEL RÍO: *La Moka* $$$$ 26
Autopista Habana-Pinar del Río km 51, Candelaria.
((82) 786 00. FAX (82) 781 05.
Geradlinige Architektur mit einigen wenigen kolonialistischen Elementen.
Die Zimmer dieses Hotels sind groß, hell und die Lage inmitten der üppi-
gen Vegetation der Gemeinde Las Terrazas ist herrlich. Tennisplätze,
Mountainbikeverleih und Tourenorganisation. ▤ TV P &

VIÑALES: *Aguas Claras* $$ 100
Carretera de Viñales km 7,5. ((8) 784 27, 784 26.
Die Bungalows in einem Park sind rustikal, aber gemütlich. Hier finden
Fiestas campesinas statt, bunte Volksfeste mit lokaler Küche und Tänzen.
Familiäre Atmosphäre, guter Service und günstige Preise. ▤ TV

VIÑALES: *La Ermita* $$$ 62
Carretera de La Ermita km 2. ((8) 936 100. FAX (8) 936 069.
Der herrliche Blick auf das Valle de Viñales macht dieses Hotel zu einem
Juwel für Naturfreunde. Von hier starten organisierte Reitausflüge,
Trekkingtouren und Höhlenerkundungen. ▤ TV P

VIÑALES: *Los Jazmines* $$$ 68
Carretera de Viñales km 25. ((8) 936 205. FAX (8) 936 215.
Die Zimmer der Anlage sind mit Bambusmöbeln ausgestattet, der Swimmingpool bietet einen schönen Blick über das Valle de Viñales. Angeboten werden u. a. Reitausflüge, Bogenschießen und Volleyball. ▤ TV P

ZENTRALKUBA – WESTEN

CIENFUEGOS: *Rancho Luna* $$$ 126
Carretera de Rancho Luna, Playa Rancho Luna.
((43) 481 20.
An der Küste des Karibischen Meers und doch nur 15 Autominuten vom
Flughafen entfernt liegt diese Anlage. Im großen Swimmingpool kann
man Tauchkurse machen. Mietwagenservice. ▤ TV P

CIENFUEGOS: *La Unión* $$$$ 49
Calle 31, esq. 54. ((432) 451 020. ((432) 451 685.
@ comercial@union.cfg.cyt.cu
Ein Komplex von Gebäuden aus dem 19. Jahrhundert, im typischen
Kolonialstil gehalten: großer Innenhof, Buntglasfenster, schmiedeeiserne
Fenstergitter. Bar, Konferenzzentrum, Massageraum, Sauna, Fitnessstudio
und Whirlpool. Zuvorkommender Service. ▤ TV P &

CIENFUEGOS: *Mercure Jagua* $$$$ 144
Calle 37 n. 1, Punta Gorda. ((432) 451 003. FAX (432) 451 245.
Das renovierte Haus aus den 1950er Jahren liegt in der malerischen Bucht
von Cienfuegos. Komfortable Zimmer, Tennisplatz, Autoverleih.
▤ TV P &

GUAMÁ: *Guamá* $$ 44
Laguna del Tesoro, Gran Parque Natural Montemar (Matanzas). ((59) 2979.
Diese ungewöhnliche Unterkunft liegt im Sumpfgebiet der Halbinsel Zapata
(siehe S. 162). Rustikale Hütten in präkolumbischer Bauweise verteilen sich
über kleine Inseln. Gemütliche Zimmer, gute Ausstattung. ▤ TV P

PLAYA GIRÓN: *Playa Girón* $$$$ 197
Playa Girón, Gran Parque Natural Montemar, Península da Zapata (Matanzas).
((59) 4118, 4110. FAX (59) 4117.
@ reservas@pgiron.cyt.cu
Nahe des Zapata-Sumpfes und der Schweinebucht liegt dieses Hotel
direkt am Meer. Das Centro Internacional de Buceo in der Anlage organisiert Tauchexpeditionen. ▤ TV P

Zeichenerklärung siehe hintere Umschlagklappe

Durchschnittspreise von Hoch- und Nebensaison pro Nacht im Doppelzimmer, inkl. Steuern und Service (wenn nicht anders angegeben):

$ unter 25 US-$
$$ 25–40 US-$
$$$ 40–80 US-$
$$$$ 80–140 US-$
$$$$$ über 140 US-$

ALL-INCLUSIVE-ANGEBOT
Der Preis in All-inclusive-Anlagen beinhaltet Unterkunft, Mahlzeiten, Getränke, Freizeitaktivitäten und andere Leistungen. Diese Hotels bieten ausschließlich All-inclusive-Pakete an, Übernachtungen allein können nicht gebucht werden.

KREDITKARTEN
Generell werden VISA oder MasterCard akzeptiert.

SWIMMINGPOOL
Soweit nicht anders angegeben, ist der Pool im Freien.

RESTAURANT
Die Restaurants teurerer Hotels sind meist sehr gut. Besonders empfehlenswerte Hotelrestaurants auf den Seiten 268ff.

	ANZAHL DER ZIMMER	ALL-INCLUSIVE-ANGEBOT	KREDITKARTEN	SWIMMINGPOOL	RESTAURANT
SANTA CLARA (CORRALILLO): *Elguea* $$$ Corralillo, Via Clara. ☎ (42) 686 292, 208 072. FAX (5) 668 442. Das moderne Wellnesshotel liegt in einer Gegend mit thermischer Aktivität und bietet ein Thermalbad, ein Fitnessstudio, einen Whirlpool und eine Sauna. Daneben gibt es verschiedene medizinische Anwendungen, das Restaurant bietet auch Diätküche. Komfortable Zimmer. 🍽 TV P ♿	42		▣	●	▣
SANTA CLARA: *La Granjita* $$$ Carretera de Maleza km 2,5. ☎ (42) 218 190-1. FAX (42) 218 192. @ aloja@granjita.vcl.cyt.cu Dieses Hotel in einem Orangenhain ist einem indianischen Taíno-Dorf nachempfunden. Organisierte Reitausflüge. 🍽 TV P	75		▣	●	▣
SANTA CLARA: *Los Caneyes* $$$ Avenida de los Eucaliptos y Circunvalación de Santa Clara. ☎ & FAX (42) 218 140. In diesem Komplex erinnern Rundhütten mit konischen Dächern an die präkolumbischen Taíno-Dörfer. Für die Schönheit gibt es Schlammbäder und verschiedene Anwendungen. Mietwagenservice. 🍽 TV P ♿	95		▣	●	▣
VARADERO: *Acuazul* $$$ Avenida 1, e/ 13 y 14. ☎ (5) 667 132. FAX (5) 667 229. @ cuentas@acua.hor.tur.cu Neben hübschen Hotelzimmern und Apartments bietet diese moderne und zentral gelegene Anlage Ferienwohnungen mit zwei bis sieben Zimmern, z. T. am Strand. Umfangreiches Abendprogramm. 🍽 TV P	78		▣	●	▣
VARADERO: *Palma Real* $$$ Avenida 2, esq. 64. ☎ (5) 614 555. FAX (5) 614 550. @ jrecepcion@palmareal.hotetur.com Die große Anlage setzt sich aus den Hotels *Siboney* und *Atabey* zusammen. Sie umfasst ein Einkaufszentrum, eine Sauna, einen Tennisplatz und viele Bars und Restaurants. Die Lage an einem besonders schönen Küstenabschnitt macht die einfachen Zimmer wieder wett. 🍽 TV P ♿	233		▣	●	▣
VARADERO: *Dos Mares* $$$ Calle 53, esq. Avenida 1. ☎ (5) 612 702. FAX (5) 667 499. @ carpeta@dmares.hor.tur.cu Kleines, einladendes Hotel in einem reizvollen Gebäude im italienischen Stil, nur 150 m vom Strand entfernt. Ausstattung im Kolonialstil, mit dunklem Holz und Bambusmöbeln. 🍽 TV P	34		▣		▣
VARADERO: *Villa Caleta* $$$ Calle 20, esq. 1. ☎ (5) 613 291. FAX (5) 667 018. Dieses kleine Feriendorf mit seiner familiären Atmosphäre und den hellen Zimmern ist besonders bei italienischen Besuchern beliebt. Das All-inclusive-Paket ist hier optional. 🍽 TV P	46		▣	●	▣
VARADERO: *Arenas Doradas* $$$$ Playa de Varadero km17. ☎ (5) 668 150. FAX (5) 668 159. @ reserva@arenas.gca.cma.net Elf zweistöckige Gebäude mit Pool, Kinderbecken und Whirlpool. Im Preis sind verschiedene Sportangebote sowie Tanz- und Spanischkurse inbegriffen. 🍽 TV P	316	●	▣	●	▣
VARADERO: *Beaches Varadero* $$$$ Carretera de las Morlas km 14.5. ☎ (5) 668 470. FAX (5) 668 335. @ reserva@beaches.var.cyt.cu Die Unterbringung in dieser schönen Anlage erfolgt in komfortablen Suiten. Viele Sport- und Freizeitaktivitäten sind im Preis inbegriffen. Keine Gäste unter 16 Jahren. 🍽 TV P	350	●	▣	●	▣
VARADERO: *Brisas del Caribe* $$$$ Autopista Sur km 4. ☎ (5) 668 030. FAX (5) 668 005. @ ventas@bricar.var.cyt.cu Dieses informelle Hotel bietet ein »Super-All-inclusive«-Paket, das sich an Paare und Familien mit Kindern über fünf Jahren richtet. Tennisplätze, Fitnessstudio, Pools und Whirlpools, Disko und Autoverleih. 🍽 TV P	371	●	▣	●	▣

Zu den Telefonnummern lesen Sie bitte den Hinweis auf S. 296

VARADERO: *Cabañas del Sol* $$$$ 154
Avenida Las Américas. ☎ (5) 667 038. FAX (5) 667 246.
Die hübschen Bungalows gehören zum Hotel Internacional (*siehe unten*)
und liegen in einer der schönsten Gegenden von Varadero. 📋 TV

VARADERO: *Club Med Varadero* $$$$ 450
Autopista Sur km 11. ☎ (5) 668 288. FAX (5) 668 340. W www.clubmed.com
Der einzige Club Med in Kuba. Es gibt nur All-inclusive-Unterbringung,
die Organisation ist gewohnt effizient. Die großen, komfortablen Zimmer
haben entweder Blick auf das Meer oder den Pool. Der Service ist hervorragend. 📋 TV P &

VARADERO: *Club Playa de Oro* $$$$ 385
Carretera de las Morlas km 12,5. ☎ (5) 668 566. FAX (5) 668 555.
@ reservas@poro.gca.tur.cu
Das Hotel mit sehr moderner Architektur und Ausstattung liegt direkt am
Meer. Im All-inclusive-Preis sind die Inanspruchnahme des Fitnessstudios
und des Kinderklubs inbegriffen. 📋 TV P &

VARADERO: *Club Tropical* $$$$ 173
Avenida 1, e/ 21 y 22. ☎ (5) 613 915. FAX (5) 614 676.
Der Klub liegt im Zentrum von Varadero an einem traumhaften Strand.
Die großzügigen Zimmer befinden sich in ein- bis vierstöckigen Gebäu-
den, viele haben Meerblick. Auch Schnupper-Tauchkurse im Pool sind im
Preis enthalten. 📋 TV P

VARADERO: *Cuatro Palmas* $$$$ 309
Avenida 1, e/ 60 y 61. ☎ (5) 667 040. FAX (5) 667 583.
@ reserva@gcpalho.gca.tur.cu
Die spanische Architektur der Anlage ist durchsetzt von neomaurischen
Elementen. Dreistöckige Gebäude mit Blick auf den Pool oder zwei-
stöckige Villen näher am Strand. 📋 TV P &

VARADERO: *Gran Hotel* $$$$ 411
Carretera de Las Morlas km 11.5.
☎ (5) 668 202. FAX (5) 668 230, 668 202. @ espcomercial@granhot.var.cyt.cu
Eine der neuesten Hotelanlagen in Varadero. Sie ist besonders für
Familien mit Kindern geeignet. 📋 TV P &

VARADERO: *Hotel y Villas Kawama* $$$$ 235
Calle O y Avenida 1, Reparto Kawama. ☎ (5) 614 416. FAX (5) 667 334.
@ reserva@kawama.gca.tur.cu
Eine ruhige Anlage inmitten üppig grüner Vegetation. Neben dem
Hauptgebäude gibt es noch ein hübsches Wohngebäude. Im All-
inclusive-Paket ist eine Vielzahl verschiedener Wassersportangebote
enthalten. 📋 TV P

VARADERO: *Internacional* $$$$ 163
Avenida Las Américas. ☎ (5) 667 038-9. FAX (5) 667 246.
@ reserva@gcinter.gca.tur.cu
Diese Anlage aus den 1950er Jahren wurde vor kurzem renoviert und
verbindet Tradition mit Komfort. Zu den Gästen zählten schon viele
illustre Persönlichkeiten. Neben den für ein großes Hotel typischen
Angeboten bietet das Internacional auch verschiedene Bars und ein
berühmtes Kabarett. 📋 TV P ♥

VARADERO: *Las Morlas* $$$$ 143
Avenida Las Américas, esq. A. ☎ (5) 667 230. FAX (5) 667 007.
@ reserva@morlas.gca.cma.net
In dieser Anlage im mediterranen Stil gibt es eine Vielzahl von Angeboten für Wasser- und Strandsportarten. Alle Zimmer haben Blick auf den
mit Türmchen und Brücken hübsch angelegten Poolbereich. 📋 TV P &

VARADERO: *Sol Club Coral* $$$$ 324
Avenida Las Américas, e/ H y K. ☎ (5) 667 240. FAX (5) 667 194.
@ jefres@coral.solmelia.cma.net
Zum vielfältigen Angebot dieses Hotels nahe dem Einkaufszentrum Plaza
Américas zählen ein Bierkeller und ein italienisches Restaurant. 📋 TV P

VARADERO: *Sol Club Las Sirenas* $$$$ 309
Calle K, Reparto La Torre. ☎ (5) 668 070. FAX (5) 668 075.
@ jefres@sirenas.solmelia.cma.net
Ein All-inclusive-Hotel, das neben einfachen, aber zweckmäßigen Zimmern auch Luxussuiten mit eigenen Whirlpools bietet. 📋 TV P

Zeichenerklärung siehe hintere Umschlagklappe

	Durchschnittspreise
$	unter 25 US-$
$$	25–40 US-$
$$$	40–80 US-$
$$$$	80–140 US-$
$$$$$	über 140 US-$

Durchschnittspreise von Hoch- und Nebensaison pro Nacht im Doppelzimmer, inkl. Steuern und Service (wenn nicht anders angegeben):

ALL-INCLUSIVE-ANGEBOT
Der Preis in All-inclusive-Anlagen beinhaltet Unterkunft, Mahlzeiten, Getränke, Freizeitaktivitäten und andere Leistungen. Diese Hotels bieten ausschließlich All-inclusive-Pakete an, Übernachtungen allein können nicht gebucht werden.

KREDITKARTEN
Generell werden VISA oder MasterCard akzeptiert.

SWIMMINGPOOL
Soweit nicht anders angegeben, ist der Pool im Freien.

RESTAURANT
Die Restaurants teurerer Hotels sind meist sehr gut. Besonders empfehlenswerte Hotelrestaurants auf den Seiten 268ff.

Hotel	$	ANZAHL DER ZIMMER	ALL-INCLUSIVE-ANGEBOT	KREDITKARTEN	SWIMMINGPOOL	RESTAURANT
VARADERO: *Sol Club Palmeras*	$$$$	607		■	●	■
VARADERO: *SuperClubs Puntarenas*	$$$$	510	●	■	●	■
VARADERO: *SuperClub Varadero*	$$$$	265	●	■	●	■
VARADERO: *Tortuga*	$$$$	273		■	●	■
VARADERO: *Turquesa*	$$$$	268	●	■	●	■
VARADERO: *Tuxpan*	$$$$	233	●	■	●	■
VARADERO: *Villa Cuba Resort*	$$$$	365	●	■	●	■
VARADERO: *Villas Punta Blanca*	$$$	269	●	■	●	■
VARADERO: *Arenas Blancas Resort*	$$$$$	358	●	■	●	■

VARADERO: *Sol Club Palmeras*
Carretera de Las Morlas km 8.
(5) 667 009. FAX (5) 667 008. @ depres@tetalme.solmelia.cma.net
Das hufeisenförmige Hauptgebäude umgibt den Swimmingpool mit seiner Poolbar. Die Unterbringung erfolgt in hübschen Bungalows. Exzellentes Sport- und Freizeitangebot. 🍽 TV P &

VARADERO: *SuperClubs Puntarenas*
Avenida Kawama Final. (5) 667 125. FAX (5) 667 628.
@ reservas@riparad.gca.cma.net
Zwei große, moderne Gebäude am Meer mit einer eindrucksvollen Lobby. Die Anlage ist äußerst luxuriös und bietet ein Fitnesscenter, eine Sauna, Geschäfte und Kunstgalerien. Das Hotel liegt etwas außerhalb der Stadt, es können aber Autos und Motorroller gemietet werden. 🍽 TV P

VARADERO: *SuperClub Varadero*
Avenida Las Américas km 3. (5) 667 030-1. FAX (5) 667 005.
@ reservas@clubvar.var.cyt.cu
Dieses Hotel liegt am Strand und bietet eine »Super-All-inclusive«-Pauschale. Es ist bekannt für sein umfangreiches Freizeitangebot und den exzellenten Service. 🍽 TV P

VARADERO: *Tortuga*
Calle 7, Carretera Kawama. (5) 614 747. FAX (5) 667 485.
Das Hotel liegt ca. 50 m vom Strand entfernt. Nachts ist die Gegend durch die vielen Nachtklubs äußerst belebt. Die Unterbringung erfolgt in Villen mit großen, geschmackvoll dekorierten Zimmern. Fitnessstudio, Tennisplatz und Bogenschießgelände. 🍽 TV P

VARADERO: *Turquesa*
Carretera de Las Morlas km 12.5, Reparto Los Taínos.
(5) 668 471. FAX (5) 668 495. @ ventafrio@turquesa.gca.tur.cu
Die Anlage mit hübschen Bungalows bietet verschiedene Sportmöglichkeiten. Mittagessen wird auch am Strand serviert. 🍽 TV P &

VARADERO: *Tuxpan*
Avenida Las Américas km 4. (5) 667 560.
FAX (5) 667 561. @ reservas@tuxpan.var.cyt.cu
Erstklassiger Service und hervorragend ausgestattete Anlagen zeichnen dieses Hotel aus. Es liegt am Strand und ist ideal für Wassersportler. Alle Sportangebote sind im Preis inbegriffen. 🍽 TV P

VARADERO: *Villa Cuba Resort*
Avenida Las Américas km 3, Reparto La Torre.
(5) 668 280. FAX (5) 668 282. @ reservas@vcuba.gca.tur.cu
Dieses hübsche Hotel steht auf einer kleinen Anhöhe am Strand. Gäste haben die Möglichkeit, Tauchkurse für Anfänger zu besuchen sowie Fahrräder und Mopeds zu leihen. 🍽 TV P &

VARADERO: *Villas Punta Blanca*
Reparto Kawama. (5) 667 587. FAX (5) 667 588.
@ hotel@pblanca.gca.cma.net
Diese Hotelanlage besteht aus verschiedenen Gebäuden, deren Dekor und Möblierung häufig erneuert werden. Die Anlage bietet unter anderem einen Tennisplatz, eine Disko, zwei Pools und ein Kinderbecken. 🍽 TV P

VARADERO: *Arenas Blancas Resort*
Calle 64, e/ Avenida 1 y Autopista. (5) 614 450, 614 492. FAX (5) 611 832.
@ gere@arblcas.gca.tur.cu
Nur wenige Meter vom Meer entfernt liegt dieses neue Hotel. Die Zimmer sind komfortabel und gut ausgestattet, im All-inclusive-Paket sind so genannte »Wassersafaris« enthalten. 🍽 TV P &

Zu den Telefonnummern lesen Sie bitte den Hinweis auf S. 296

VARADERO: *Barlovento* $$$$$ 276
Avenida 1, e/ 9 y 12. 🕻 *(5) 667 140.* **FAX** *(5) 667 218.*
@ reserva@ibero.gca.tur.cu Die Gebäude dieses Hotelkomplexes in zentraler
Lage sind um den großen Pool angeordnet. Jedes der Deluxe-Zimmer verfügt über einen Balkon. Im Preis sind viele Freizeitaktivitäten und Sportangebote inbegriffen. 📺 **TV** **P** ♿

VARADERO: *Bella Costa Resort* $$$$$ 382
Avenida Las Américas km 3,5. 🕻 *(5) 667 210.* **FAX** *(5) 667 174.*
@ reservas@bcosta.var.cyt.cu
Das siebenstöckige Hotel liegt nur einen Katzensprung entfernt vom Golfplatz und von der Villa Xanadú, die einst dem amerikanischen Millionär
Dupont *(siehe S. 159)* gehörte. Die ausgesprochen hübsche Poolanlage
und die Nähe zum Strand machen es besonders attraktiv. 📺 **TV** **P**

VARADERO: *Meliá Las Américas* $$$$$ 340
Carretera de las Morlas. 🕻 *(5) 667 600.* **FAX** *(5) 667 625.*
@ dep_res_mla@america.solmelia.cma.net
Ein vierstöckiges Hotel am Meer mit sechs Pools und einem angrenzenden Golfplatz. Gutes Sport- und Freizeitangebot. 📺 **TV** **P**

VARADERO: *Meliá Varadero* $$$$$ 490
Autopista Sur km 7, Playa de las Américas. 🕻 *(5) 667 013.*
FAX *(5) 667 012.* @ dep_res_mla@melia.solmelia.cma.net
Luxushotel mit zweckmäßigen und doch eleganten Zimmern und Suiten.
Sie verfügen über Terrasse oder Balkon mit Blick aufs Meer, die Lobby ist
beeindruckend. 📺 **TV** **P** ♿

VARADERO: *Paradisus Varadero* $$$$$ 421
Punta Francés. 🕻 *(5) 668 700.* **FAX** *(5) 668 705.* @ jefres@pvaradero.solmelia.cma.net
Im grünsten und ruhigsten Teil der Halbinsel liegt diese hübsche Hotel-
anlage, die besonders für Wassersportler geeignet ist. 📺 **TV** **P**

ZENTRALKUBA – OSTEN

CAMAGÜEY: *Camagüey* $$$ 142
Carretera Central km 4.5, Reparto Jayamá.
🕻 *(32) 287 267.* **FAX** *(32) 287 181.* @ comercial@hcamaguey.hor.tur.cu
Ein komfortables Hotel am Stadtrand, bestehend aus einem Hauptgebäu-
de, sechs Bungalows und einem Konferenzzentrum. Die Zimmer sind
gemütlich und zweckmäßig. Autoverleih und Disko. 📺 **TV** **P**

CAMAGÜEY: *Gran Hotel* $$$ 72
Calle Maceo 67. 🕻 *(32) 292 094* **FAX** *(32) 293 933.*
Das fünfstöckige Hotel im Herzen der Stadt ist recht alt, die Zimmer sind
jedoch renoviert. Hier stimmt das Preis-Leistungs-Verhältnis. Neben Kaba-
rettvorführungen gibt es im Obergeschoss noch ein elegantes Restaurant
mit einem herrlichen Blick auf Camagüey. 📺 **TV** **P**

CAYO COCO: *Cayo Coco* $$$$ 965
Cayo Coco, Ciego de Ávila. 🕻 *(33) 301 300.* **FAX** *(33) 301 389.*
@ comer@club.tryp.cma.net
Hotelresort mit zwei- und dreistöckigen Gebäuden im Neokolonialstil,
alle Zimmer mit Balkon oder Terrasse. Das All-inclusive-Paket beinhaltet
ein umfangreiches Sport- und Freizeitprogramm. 📺 **TV** **P** ♿

CAYO COCO: *Meliá Cayo Coco* $$$$ 250
Cayo Coco, Ciego de Ávila. 🕻 *(33) 301 180.* **FAX** *(33) 301 195.*
@ depres@smcoco2.solmelia.cma.net
An der Küste, nur ca. 1 km vom Korallenriff entfernt, liegt dieses hervorragend ausgestattete Hotel mit umfangreichem Sportangebot. 📺 **TV** **P**

CAYO COCO: *Sol Club Cayo Coco* $$$$ 270
Cayo Coco, Ciego de Ávila. 🕻 *(33) 301 280.* **FAX** *(33) 301 285.*
@ sol.club.cayo.coco@solmelia.es
In diesem neuen und gut ausgestatteten Feriendorf können die Gäste
nach Herzenslust Sport treiben: Von Fußball über Boccia, Golf und Volleyball ist alles geboten. Der Service ist ausgezeichnet. 📺 **TV** **P** ♿

CAYO GUILLERMO: *Daiquirí* $$$$ 312
Cayo Guillermo, Ciego de Ávila. 🕻 *(33) 301 650.* **FAX** *(33) 301 643.*
@ reserva@ibisdaiq.gca.tur.cu
Die große Hotelanlage bietet ein hervorragendes All-inclusive-Paket.
Herrliche Lage am Meer, schöne Einrichtung, Sportcenter. 📺 **TV** **P**

Zeichenerklärung siehe hintere Umschlagklappe

Durchschnittspreise von Hoch- und Nebensaison pro Nacht im Doppelzimmer, inkl. Steuern und Service (wenn nicht anders angegeben):

- $ unter 25 US-$
- $$ 25–40 US-$
- $$$ 40–80 US-$
- $$$$ 80–140 US-$
- $$$$$ über 140 US-$

ALL-INCLUSIVE-ANGEBOT
Der Preis in all-inclusive-Anlagen beinhaltet Unterkunft, Mahlzeiten, Getränke, Freizeitaktivitäten und andere Leistungen. Diese Hotels bieten ausschließlich All-inclusive-Pakete an, Übernachtungen allein können nicht gebucht werden.

KREDITKARTEN
Generell werden VISA oder MasterCard akzeptiert.

SWIMMINGPOOL
Soweit nicht anders angegeben, ist der Pool im Freien.

RESTAURANT
Die Restaurants teurerer Hotels sind meist sehr gut. Besonders empfehlenswerte Hotelrestaurants auf den Seiten 268ff.

	Anzahl der Zimmer	All-inclusive-Angebot	Kreditkarten	Swimmingpool	Restaurant
CAYO GUILLERMO: *Villa Cojímar* — $$$$	212	■	●		■
CAYO GUILLERMO: *Meliá Cayo Guillermo* — $$$$$	264	●	■	●	■
CAYO GUILLERMO: *Sol Club Cayo Guillermo* — $$$$$	270	●	■	●	■
LAS TUNAS: *Villa Covarrubias* — $$$$	122	●	■	●	■
MORÓN: *Morón* — $$$	144		■	●	■
PLAYA ANCÓN: *Costasur* — $$$	131		■	●	■
PLAYA ANCÓN (TRINIDAD): *Brisas Trinidad del Mar* — $$$	241		■	●	■
PLAYA ANCÓN (TRINIDAD): *Hotel Ancón* — $$$	279		■	●	■
PLAYA SANTA LUCÍA (CAMAGÜEY): *Club Amigo Mayanabo* — $$$	225	●	■	●	■
PLAYA SANTA LUCÍA (CAMAGÜEY): *Club Santa Lucía* — $$$	249	●	■	●	■

CAYO GUILLERMO: *Villa Cojímar* — $$$$
Cayo Guillermo, Ciego de Ávila. ☏ *(33) 301 712.* FAX *(33) 301 727.*
@ aloja@cojimar.gca.cma.net
Die Bungalows dieser Anlage sind mit ihren roten Ziegeldächern ganz im mediterranen Stil gehalten. Die Zimmer sind äußerst komfortabel, der Service ist ausgezeichnet. Besonders für Taucher ist das Wassersportzentrum ideal. Alle Mahlzeiten sind im Preis enthalten. ▤ TV P

CAYO GUILLERMO: *Meliá Cayo Guillermo* — $$$$$
Cayo Guillermo, Ciego de Ávila. ☏ *(33) 301 760.* FAX *(33) 301 685.*
Das luxuriöseste Hotel auf *Cayo Guillermo* mit sehr großen, hübschen Zimmern, eleganten Anlagen und einem ausgezeichneten Angebot an Sport- und Freizeitmöglichkeiten. ▤ TV P

CAYO GUILLERMO: *Sol Club Cayo Guillermo* — $$$$$
Cayo Guillermo, Ciego de Ávila. ☏ *(33) 301 760.* FAX *(33) 301 748.*
@ reserva@cguille.solmelia.cma.net
Ein modernes und gut ausgestattetes Feriendorf mit einem großen Sport- und Freizeitangebot. Große, lichtdurchflutete Zimmer. ▤ TV P

LAS TUNAS: *Villa Covarrubias* — $$$$
Playa Covarrubias, Ciego de Ávila. ☏ *(31) 555 30.* FAX *(31) 553 52.*
Etwas abgelegen von den großen Tourismusgebieten liegt diese Hotelanlage mit komfortablen Zimmern und exzellentem Service. Mahlzeiten sind im Preis inbegriffen, außerdem gibt es ein umfangreiches Sport- und Freizeitprogramm. ▤ TV P ♿

MORÓN: *Morón* — $$$
Avenida Tarafa. ☏ *(335) 3901.* FAX *(335) 301 347.*
@ hhmm@hmoron.cav.cyt.cu
In einem schönen Jagd- und Angelgebiet nahe der Küste liegt dieses von Lagunen umsäumte Hotel. Ideal für Sport- und Outdoorfreaks. ▤ TV P

PLAYA ANCÓN: *Costasur* — $$$
Playa María Aguilar. ☏ *(419) 6172.* FAX *(419) 6173.* @ informatico@costasurhor.co.cu
Neben dem Hauptgebäude verfügt diese All-inclusive-Anlage über einige Ferienhäuschen mit Blick auf den Pool oder den Garten. Gäste können hier Tennis spielen, tauchen oder Mopeds leihen. ▤ TV P

PLAYA ANCÓN (TRINIDAD): *Brisas Trinidad del Mar* — $$$
Peninsula Ancón. ☏ *(419) 6500, 6507.* FAX *(419) 6565.*
In herrlicher Lage auf der Halbinsel Ancón bietet dieses neue Hotel einen atemberaubenden Blick über das Meer und die Bergkulisse – ein Muss für Wassersportler. Das All-inclusive-Paket ist optional. ▤ TV

PLAYA ANCÓN (TRINIDAD): *Hotel Ancón* — $$$
Carretera de María Aguilar, Playa Ancón.
☏ *(419) 6120, 6129.* FAX *(419) 6121, 6151.* @ reserva@ancon.gca.cma.net
Dieses Hotel liegt an einem hübschen Strand 12 km außerhalb der Stadt. Angeboten werden verschiedenste Sportarten, das All-inclusive-Paket ist optional. ▤ TV P

PLAYA SANTA LUCÍA (CAMAGÜEY): *Club Amigo Mayanabo* — $$$
Playa Santa Lucía, Nuevitas. ☏ *(32) 336 369* FAX *(32) 365 295.*
Diese Anlage liegt idyllisch zwischen Palmen und nahe dem Strand. Die Zimmer sind recht komfortabel, viele haben Meerblick. Ideal für Wassersportler und Taucher. ▤ TV

PLAYA SANTA LUCÍA (CAMAGÜEY): *Club Santa Lucía* — $$$
Playa Santa Lucía, Nuevitas. ☏ *(32) 365 146.* FAX *(32) 365 153.*
@ aloja@dubst.stl.cyt.cu
Im Preis dieses in Strandnähe gelegenen Hotels sind alle Angebote inbegriffen. Zur Wahl stehen Zimmer und Bungalows. ▤ TV P ♿

Zu den Telefonnummern lesen Sie bitte den Hinweis auf S. 296

Hotel					
PLAYA SANTA LUCÍA (CAMAGÜEY): *Cuatro Vientos* $$$$ Playa Santa Lucía, Nuevitas. ☎ *(32) 336 317.* FAX *(32) 365 142.* @ aloja@cvientos.stl.cyt.cu Dieses Feriendorf am Strand erinnert an eine andalusische Stadt. Im All-inclusive-Paket sind Kurse in kubanischem Tanz inbegriffen. ▤ [TV] [P]	412	●	■	●	■
PLAYA SANTA LUCÍA (CAMAGÜEY): *Vita Club Caracol* $$$$ Playa Santa Lucía. ☎ *(32) 336 303.* FAX *(32) 365 307, 365 167.* @ aloja@caracol.stl.cyt.cu Die ein- und zweistöckigen Gebäude sind in Muschelform angeordnet. Tauchen und Kurse für spanische und kubanische Tänze sind im All-inclusive-Preis inbegriffen. ▤ [TV] [P]	150		■	●	■
SANCTI SPÍRITUS: *Rancho Hatuey* $$$ Carretera Central km 384. ☎ *(41) 283 15.* FAX *(41) 288 30.* @ aloja@rhatuey.co.cu Auf einem Hügel inmitten üppiger tropischer Vegetation liegt diese Bungalowanlage. Sie bietet rustikale Ausstattung in modernen Räumen und ist idealer Ausgangspunkt für Reitausflüge. ▤ [TV]	74		■	●	■
TOPES DE COLLANTES: *Los Helechos* $$$ Topes de Collantes, Sierra del Escambray. ☎ *(42) 540 330.* Etwa 800 m über NN und im Herzen der Sierra del Escambray befindet sich diese Anlage, deren Angebote – Thermalpool, Sauna, Massagen und Dampfbäder – einen entspannenden Urlaub garantieren. ▤ [TV] [P]	82		■	●	■
TOPES DE COLLANTES: *Kurhotel Escambray* $$$$ Topes de Collantes, Sierra del Escambray. ☎ *(42) 540 288.* FAX *(42) 540 288.* @ topescon@ip.etecsa.cu Ein eindrucksvolles achtstöckiges Gebäude auf einem Hügel mit einfachen, hellen Zimmern. Hier gibt es ein großes Angebot an physiotherapeutischen Behandlungen sowie Sport- und Freizeitmöglichkeiten und einen Konferenzraum. ▤ [TV] [P] ♿	210		■	●	■
TRINIDAD: *Las Cuevas* $$$ Finca Santa Ana. ☎ *(419) 6133.* FAX *(419) 6161.* @ reservas@cuevas.co.cu Dieses Motel liegt 1 km vor der Stadt und hat ein- und zweistöckige Gebäude. Die großzügigen Zimmer sind rustikal eingerichtet und bieten einen herrlichen Blick über Trinidad und das Meer. Über ein paar Stufen erreicht man die *Maravillosa*-Grotte. ▤ [TV] [P]	112		■	●	■
OSTKUBA					
BACONAO (SANTIAGO DE CUBA): *Motel Gran Piedra* $$ Carretera La Gran Piedra km 14. ☎ *(22) 863 95, 861 47.* Ein Anlage mit kleinen Gebäuden und Bungalows im Parque Nacional Gran Piedra, 1200 m über NN. Ideal für Wandertouren. ▤ [TV] [P]	22		■	●	■
BACONAO (SANTIAGO DE CUBA): *Carisol-Los Corales* $$$ Carretera de Baconao, Playa Cazonal. ☎ *(22) 356 117.* @ reserva@carisol.scu.cyt.cu Gebäude in original kolonialer Architektur mit Blick auf das karibische Meer. Es gibt einen Kinderklub, eine Tauchbasis und Reitanlagen. Die Zimmer sind gemütlich, der Service ist gut organisiert. ▤ [TV] [P]	304	●	■	●	■
BACONAO (SANTIAGO DE CUBA): *Costa Morena* $$$ Carretera de Baconao km 38.5, Siguá. ☎ *(22) 356 128.* FAX *(22) 356 155.* Nur wenige Autominuten von Santiago und dem Parque Baconao liegt dieses Hotel mit großen, komfortablen Zimmern, die alle Meerblick haben. Es gibt zwei Swimmingpools, einer davon mit Meerwasser. Idealer Ausgangspunkt für Ausflüge in die Region. ▤ [TV] [P]	115		■	●	■
BARACOA: *El Castillo* $$$ Calle Calixto García. ☎ *(21) 445 164-6.* FAX *(21) 452 23.* Dieses Hotel ist in einer ehemaligen spanischen Festung auf einem Hügel untergebracht. Vom Aussichtspunkt hat man einen atemberaubenden Blick über Stadt und Bucht. Die Zimmer sind im Kolonialstil eingerichtet. ▤ [TV] [P]	34		■	●	■
BARACOA: *Porto Santo* $$$ Carretera del Aeropuerto, Reparto Jaitesico. ☎ *(21) 451 03.* @ reserva@gaviota.gav.tur.cu Dieses Hotel mit Privatstrand und Tennisplatz liegt direkt am Stadtrand. Es verbindet moderne und traditionelle kubanische Elemente. ▤ [TV] [P]	60		■	●	■

Zeichenerklärung siehe hintere Umschlagklappe

<table>
<tr><td>

Durchschnittspreise von Hoch- und Nebensaison pro Nacht im Doppelzimmer, inkl. Steuern und Service (wenn nicht anders angegeben):
Ⓢ unter 25 US-$
ⓈⓈ 25–40 US-$
ⓈⓈⓈ 40–80 US-$
ⓈⓈⓈⓈ 80–140 US-$
ⓈⓈⓈⓈⓈ über 140 US-$

</td><td>

ALL-INCLUSIVE-ANGEBOT
Der Preis in All-inclusive-Anlagen beinhaltet Unterkunft, Mahlzeiten, Getränke, Freizeitaktivitäten und andere Leistungen. Diese Hotels bieten ausschließlich All-inclusive-Pakete an, Übernachtungen allein können nicht gebucht werden.
KREDITKARTEN
Generell werden VISA oder MasterCard akzeptiert.
SWIMMINGPOOL
Soweit nicht anders angegeben, ist der Pool im Freien.
RESTAURANT
Die Restaurants teurerer Hotels sind meist sehr gut. Besonders empfehlenswerte Hotelrestaurants auf den Seiten 268ff.

</td></tr>
</table>

	ANZAHL DER ZIMMER	ALL-INCLUSIVE-ANGEBOT	KREDITKARTEN	SWIMMINGPOOL	RESTAURANT
CAIMANERA: *Caimanera I* ⓈⓈⓈ Loma Norte, Caimanera. 📞 (21) 919 414. Ein neues, eher nüchternes Gebäude auf einem Hügel. Einfache Zimmer mit Blick auf den amerikanischen Marinestützpunkt Guantánamo. Spezialität des Restaurants ist *caldo de jaiba*, eine Suppe aus Krebsfleisch. 📧 📺 🅿	19		■	●	■
CAYO SAETÍA: *Hacienda Cayo Saetía* ⓈⓈⓈⓈ Cayo Saetía, Holguín. 📞 (24) 969 00. FAX (24) 309 26. Die zehn rustikalen, aber komfortablen Hütten sind inmitten eines Naturschutzgebiets gelegen. 65 Prozent des Gebiets bestehen aus Wald, der Rest wird von Zebras, Antilopen und Gazellen bevölkert. 📧 📺 🅿	12		■	●	■
HOLGUÍN: *Pernik* ⓈⓈⓈ Avenida J. Dimitrov. 📞 (24) 481 011, 481 667. FAX (24) 481 767. @ reserva@pernik.holguin.inf.cu Das beste Hotel in Holguín, obwohl es an der ebenen Seite liegt: komfortabel, gute Ausstattung und große, helle Räume. 📧 📺 🅿	200		■	●	■
PILÓN: *Farallón del Caribe* ⓈⓈⓈⓈ Carretera Granma km 12,5. 📞 (23) 597 081. FAX (23) 597 080. Am Südrand der Sierra Maestra gelegen. Neben Sportanlagen und einem umfangreichen Freizeitprogramm bietet dieses Hotel einen herrlichen Blick auf die Berge und die Marea del Portillo. 📧 📺 🅿 ♿	140		■	●	■
PLAYA ESMERALDA (HOLGUÍN): *Sol Club Río de Luna* ⓈⓈⓈⓈ Carretera Guardalavaca, Playa Esmeralda. 📞 (24) 300 30. FAX (24) 300 35. @ jefres@luna.solmelia.cma.net Dieses Hotel im spanischen Stil liegt inmitten eines 4 ha großen tropischen Gartens. Alle Zimmer haben Balkon mit Meerblick. 📧 📺 🅿 ♿	222	●	■	●	■
PLAYA ESMERALDA (HOLGUÍN): *Sol Río de Mares* ⓈⓈⓈⓈ Carretera Guardalavaca, Playa Esmeralda. 📞 (24) 300 60. FAX (24) 300 65. @ jefres@mares.solmelia.cma.net Erst kürzlich wurde dieses Hotel errichtet. Die Zimmer sind zweckmäßig, alle haben Balkon. Das All-inclusive-Paket beinhaltet viele Freizeitaktivitäten wie Reiten und Wassersport. Italienisches Restaurant. 📧 📺 🅿 ♿	242	●	■	●	■
PLAYA GUARDALAVACA (HOLGUÍN): *Club Amigo Guardalavaca* ⓈⓈⓈ Playa Guardalavaca, Banes. 📞 (24) 301 21. FAX (24) 302 21. Die Anlage besteht aus mehreren Gebäuden mit großzügigen Zimmern, einer Disko sowie Billardtischen und Tischtennisplatten. Im Klub werden zudem Reitausflüge organisiert, das All-inclusive-Paket ist optional. 📧 📺 🅿 ♿	234	■		●	■
PLAYA GUARDALAVACA (HOLGUÍN): *Delta Las Brisas* ⓈⓈⓈ Playa Guardalavaca, Banes. 📞 (24) 302 18. FAX (24) 304 18. @ reserva@deltabsa.gvc.cyt.cu Diese Hotelanlage liegt nahe dem Strand, an dem Kolumbus als Erstes anlegte (siehe S. 210). Die große und gut organisierte Anlage besteht aus einem Hotel und einem Feriendorf und bietet ein umfangreiches Freizeitprogramm sowie besondere Kinderbereiche. Das All-inclusive-Paket ist optional. 📧 📺 🅿 ♿	437	■		●	■
PLAYA GUARDALAVACA (HOLGUÍN): *Atlántico & Bungalows* ⓈⓈⓈ Playa Guardalavaca, Banes. 📞 (24) 301 80. FAX (24) 302 00. @ reserva@hatlan.gvc.cyt.cu Von den Zimmern im Zentralbereich bietet sich ein herrlicher Blick auf das Meer oder den Garten. Außerdem gibt es einige Bungalows mit Balkon oder Terrasse. Im All-inclusive-Preis sind die Nutzung des Fitnessstudios, Massagen und Aerobicstunden inbegriffen. 📧 📺 🅿	233	●	■	●	■

Zu den Telefonnummern lesen Sie bitte den Hinweis auf S. 296

PLAYA GUARDALAVACA (HOLGUÍN): *Meliá Río de Oro* $$$$ 300
Carretera Guardalavaca. ((24) 300 90.
FAX (24) 300 95. @ depres@oro.solmelia.cma.net
Im Herzen das Naturparks Bahía Naranjo liegt dieses Luxushotel mit normalen und extragroßen Suiten. Neben Tennisplätzen und einem Fußballplatz gibt es viele weitere Sportangebote. Fahrräder, Mopeds und Autos können vor Ort geliehen werden. 📇 📺 🅿 ♿

PLAYA PESQUERO (HOLGUÍN): *Costa Verde Beach Resort* $$$ 309
Playa Pesquero Nuevo, Rafael Freire. ((24) 305 10-4. FAX (24) 305 15.
@ jefrec@lteholguin.esehl.colombus.cu
Dieses neue Hotel liegt direkt hinter einem schönen Strand. Im All-inclusive-Paket ist ein großes Freizeitangebot enthalten. 📇 📺 🅿 ♿

SANTIAGO DE CUBA: *Las Américas* $$$ 70
Avenida Las Américas y General Cebreco. ((226) 642 011.
FAX (226) 687 075. @ jcarpeta@hamerica.scu.cyt.cu
An einem der größten Boulevards der Stadt liegt dieses Hotel, das dennoch von Parks und Gärten umgeben ist. Die Zimmer sind komfortabel, wenn auch nicht groß, der Service ist recht gut. 📇 📺 🅿

SANTIAGO DE CUBA: *San Juan* $$$ 110
Carretera Siboney km 1.5. ((226) 687 200. FAX (226) 686 137.
@ jcarpeta@sanjuan.scu.cyt.cu
Dieses Hotel liegt auf dem Hügel San Juan, in einer der grünsten Gegenden der Stadt. Zur Anlage gehören mehrere zweistöckige Gebäude mit komfortablen Zimmern. Es gibt einen extra Kinderpool, Massagebehandlungen und eine Disko. 📇 📺 🅿

SANTIAGO DE CUBA: *Versalles* $$$ 61
Alturas de Versalles km 1.
((226) 691 016. FAX (226) 686 039. @ comercia@versall.scu.cyt.cu
Die Hotelanlage mit ihren niedrigen Gebäuden, die für die Tropen so typisch sind, liegt in einem grünen Viertel im Osten der Stadt. Die Zimmer sind groß und komfortabel, der Service ist sehr gut. 📇 📺 🅿

SANTIAGO DE CUBA: *Villa Santiago* $$$ 47
Avenida Manduley 502, Reparto Vista Alegre.
((226) 641 368. FAX (226) 687 166.
Diese Unterkunft besteht aus 13 Apartments in einer ruhigen Gegend nahe am Stadtzentrum. 📇 📺 🅿

SANTIAGO DE CUBA: *Casa Granda* $$$$ 58
Calle Heredia 201, e/ San Pedro y San Félix.
((226) 686 600. FAX (226) 686 035. @ reserva@casagran.gca.tur.cu
Ein hübsches weißes Gebäude im klassizistischen Stil aus dem Jahr 1912 beherbergt dieses Hotel, das unter italienischer Leitung steht. Vom Dachgarten bietet sich ein herrlicher Blick auf Stadt und Bucht. Ein nettes Hotel mit Stilmöbeln, Blick auf den Parque Céspedes im Stadtzentrum und viel Atmosphäre. 📇 📺 🍴 ♿

SANTIAGO DE CUBA: *Meliá Santiago de Cuba* $$$$$ 302
Avenida de Las Américas, esq. M.
((226) 687 070. FAX (226) 687 170.
@ jefven@santiago.solmelia.cma.net
Dieses in den 1980er Jahren erbaute Gebäude ist eines der wenigen Beispiele für kubanische High-Tech-Architektur. Von der Bar Pico Real aus bietet sich eine herrliche Aussicht über die Dächer der Stadt. 📇 📺 🅿

SIERRA MAESTRA: *Los Galeones Resort* $$$$ 34
Carretera Chivirico km 75, Chivirico. ((22) 261 60. FAX (22) 532 22.
@ galeones@smar.scu.cyt.cu
Das Gebäude im spanischen Stil liegt idyllisch auf einem Hügel und bietet einen Blick über den Strand sowie große, komfortable Zimmer, Sauna und Pool. Im Preis sind die Mahlzeiten enthalten. Kinder unter 16 Jahren sind allerdings nicht willkommen. 📇 📺 🅿

SIERRA MAESTRA: *Hotel Sierra Mar* $$$$ 200
Carretera Chivirico km 60, Guamá. ((22) 263 19. FAX (22) 290 07.
@ sierramar@smar.scu.cyt.cu
Vor der herrlichen Kulisse der Berge der Sierra Maestra und gleichzeitig nur einen Steinwurf vom Karibischen Meer entfernt liegt dieses idyllische Hotel. Im All-inclusive-Angebot sind Tauchstunden und Reitausflüge inbegriffen. Spezielles Kinderprogramm. 📇 📺 🅿

RESTAURANTS

DIE MEISTEN kubanischen Gerichte basieren auf Fleisch, als Grundnahrungsmittel dienen Reis und Bohnen. Obwohl Kuba eine Insel ist, gibt es Fisch und Meeresfrüchte oft nur in teuren Restaurants. Verschiedene Einflüsse machen sich in der kubanischen Küche bemerkbar und es gibt regionale Variationen. Die Gerichte sind meist mild gewürzt. Neben internationalen Speisen werden auch Spezialitäten aus der kreolischen Küche (cocina criolla *siehe S. 264*) serviert. Neben normalen (staatlichen) Restaurants existieren die etwas nobleren Hotelrestaurants und informelle *paladares*, die günstige Hausmannskost auftischen. In Havanna gibt es neben den allgegenwärtigen Pizzerias auch chinesische und arabische Restaurants, vegetarische Restaurants sind völlig unbekannt.

Schild des historischen Restaurants La Zaragozana

RESTAURANTS UND CAFÉS

STAATLICHE RESTAURANTS hatten immer einen schlechten Ruf. In den letzten Jahren wurden jedoch erhöhte Anstrengungen unternommen, um ihre Qualität zu verbessern – besonders wegen der Konkurrenz der privaten *paladares*. Das Niveau hat sich inzwischen deutlich verbessert, besonders die Restaurants der **Palmares**-Kette sind sehr empfehlenswert.

Einige von Havannas besten Restaurants sind in restaurierten Kolonialbauten mit Stilmöbeln untergebracht. Oft wird Livemusik gespielt, was viel zur Atmosphäre beiträgt.

Die Restaurants in Luxushotels sind meist von hoher Qualität und bieten internationale Speisen und Weine. Als Alternative zu den eher formellen *À-la-carte*-Angeboten gibt es in vielen Hotels auch Buffets, genannt *mesa suecas*. Meist sind dies All-you-can-eat-Angebote, die kubanische und

Stilvolles Restaurant Tocororo in Havanna

internationale Gerichte zu einem Fixpreis bieten.

An einige von Havannas besten Bars sind auch Restaurants angeschlossen. Zu diesen zählen unter anderem die Bodeguita del Medio und das El Floridita in Havanna sowie die Terraza Cojímar. Sie servieren den ganzen Tag über Snacks und Cocktails, mittags und abends gibt es auch warme Mahlzeiten.

PALADARES

DIE BILLIGSTEN kubanischen Gerichte erhalten Sie in den so genannten *paladares*. Das sind kleine private Restaurants mit nur wenigen Tischen, die entweder komplette Menüs oder *À-la-carte*-Gerichte anbieten. Die Gerichte sind sehr einfach – oft sind nicht alle Zutaten erhältlich –, doch immer wieder überraschend gut. Seit die Regierung private, familiengeführte Restaurants zugelassen hat, haben viele *paladares* eröffnet. Oft schließen sie allerdings nach relativ kurzer Zeit wieder, weshalb nur sehr schwer Empfehlungen gegeben werden können. Fragen Sie andere Touristen oder Einheimische nach ihren Tipps!

Seien Sie jedoch auf der Hut, wenn Sie auf der Straße von Fremden angesprochen werden, die Sie zu einem *paladar* führen möchten. Sind Sie erst einmal dort, erhält der »Vermittler« eine Gebühr, die dann zu Ihrer Rechnung addiert wird. Und unter Umständen erwartet der Vermittler sogar, dass Sie auch ihn zum Essen einladen.

In *paladares* wird meist Bier getrunken, aber auch antialkoholische Getränke sind überall erhältlich. Der angegebenen Preis enthält Trinkgeld und Beilagen wie Bohnen, Salat oder frittierte Bananen.

Speisesaal des Restaurants La Campana de Toledo in Camagüey

Typischer *paladar* mit Livemusik und traditioneller Küche

PRIVATE VERPFLEGUNG

OFTMALS WERDEN in privaten Unterkünften *(siehe S. 247)* auch Frühstück und Hauptmahlzeiten serviert. In der Regel werden Sie gebeten, Ihrem Gastgeber rechtzeitig mitzuteilen, ob Sie im Haus essen oder ein Restaurant besuchen möchten. Die Hygienestandards in den autorisierten privaten Unterkünften sind meist recht hoch, die Qualität des gereichten Essens variiert naturgemäß. Wer Glück hat, isst in privaten Unterkünften besser als in so manchem Restaurant.

SNACKS UND FASTFOOD

SNACKS ALLER ART sind in Kuba überall zu haben. Praktisch alle *cafeterías* in oder vor Hotels verkaufen klassische kubanische Sandwiches mit Käse und Schinken oder Hotdogs mit Pommes frites, auch zum Mitnehmen.

Es gibt auch eine Fastfood-Kette im typisch amerikanischen Stil, **El Rápido**, wo Sie für ein paar Dollar Hühnchen mit Pommes frites *(papitas fritas)* und einem Getränk *(refresco)* bekommen. Außerdem gibt es dort *perritos calientes* (Hotdogs), *hamburguesas* (Hamburger), Pizza und Eis. Gegessen wird entwe-

der an Tischen oder am Tresen. Diese Kette ist noch recht neu, aber die Hygienestandards sind sehr hoch.

An den Hauptstraßen gibt es oft **Rumbos**-Kioske – eine Art Autobahnraststätten, die u. a. Getränke, Pizza, Eis und manchmal auch verschiedene Sandwiches anbieten. Einige dieser Kioske sind von Bäumen umgeben und eignen sich gut für eine kleine Pause im Schatten.

Das beste Eis gibt es bei der **Coppelia**-Kette, deren Filialen in vielen kubanischen Städten zu finden sind – die Filiale in Havanna ist eine echte Institution *(siehe S. 98)*. Sie sind sehr beliebt und Warteschlangen daher keine Seltenheit.

Schließlich werden auch auf der Straße Snacks angeboten. Die Verkäufer betreiben ihre Buden oft vor ihren eigenen Häusern. Angeboten werden z. B. Pizza, Sandwiches, Mais-

Coppelia

Schild der Eiscremekette
Coppelia

gebäck oder *Malanga* (tropisches Wurzelgemüse) sowie Süßigkeiten aus Kokos- und Erdnüssen. Mittags werden *cajitas* serviert – Reis, Bohnen, Salat und Schweine- oder Hühnchenfleisch.

All diese Gerichte gibt es auch auf Lebensmittelmärkten *(agros)*. Die hygienischen Verhältnisse können dort jedoch schlecht sein *(siehe S. 294)*.

BEZAHLEN

IN VIELEN RESTAURANTS und *paladares* muss bar in US-Dollar bezahlt werden. Nur die teureren Restaurants und Hotels akzeptieren Kreditkarten. Auf Märkten oder an der Straße bezahlt man mit Pesos, auch wenn Dollar angenommen werden. Auf Restaurantrechnungen ist das Trinkgeld schon inbegriffen. Wer seinen Dank zeigen möchte, gibt mehr.

ESSENSZEITEN

FRÜHSTÜCK *(desayuno)* wird ab 6 oder 7 Uhr serviert und besteht meist aus einem Buffet mit Obst, Brot, Schinken, Käse, Eiern, Joghurt, Milch, Kaffee und manchmal Marmelade. Mittagessen gibt es von 12 bis 13.30 Uhr, in vielen Restaurants und *paladares* wird inzwischen aber auch später serviert.

Abends isst man in der Regel zwischen 19 und 21 Uhr. Außer in einigen Restaurants in Havanna wird man nach 22 Uhr keine Mahlzeiten mehr erhalten.

Filiale der Fastfoodkette El Rápido in Sancti Spíritus

Was isst man auf Kuba?

Weißer Reis

Traditionelles kubanisches Essen, auch als *cocina criolla* (kreolische Küche) bekannt, ist eine Mischung aus spanischen, afrikanischen und präkolumbisch-indianischen Speisen. Einheimisches

Guayaba (Guavenpaste)

Gemüse wie Tomaten, Mais, Kartoffeln, Yucca und Paprika wird zusammen von den Galliziern eingeführten Speisen gegessen: Hülsenfrüchte, Kürbis, Kohl, Hühnchen und besonders Schweinefleisch, das zum beliebtesten Fleisch in Kuba wurde. Zudem gibt es afrikanisches Gemüse: *malanga*, ein Wurzelgemüse mit feinem Geschmack, *plátano vianda*, eine Art Kochbanane, und *quimbombó*, bei uns auch als Okra bekannt.

Potaje *ist eine dicke Suppe aus schwarzen oder roten Bohnen mit Knoblauch, Zwiebeln, Pfeffer, Oregano, Kümmel und manchmal etwas Schweinefleisch. Bisweilen wird weißer Reis dazugereicht.*

Chicharritas (frittierte Bananen)

Gebratenes Hühnchen

Avocado- streifen

Salat

Congrí (Reis und Bohnen)

Ajiaco: *Die Suppe aus Gemüse, Hülsenfrüchten und Fleisch ist eine Melange verschiedener kulinarischer Einflüsse.*

Hauptgericht: *Dieses Gericht aus* pollo frito (frittiertem Hühnchen) *wird mit Salat,* congrí *und* chicharritas *serviert.* Congrí *(auch als* moros y cristianos *bekannt) ist mit schwarzen Bohnen gekochter Reis, der mit Schweinefett, Speck, Zwiebeln, Knoblauch, Pfeffer, Oregano und Kümmel gewürzt wird.* Chicharritas *sind dünne, knusprig frittierte Bananenscheiben* (plátano vianda), *die zu Fisch oder Fleisch gereicht werden.*

Viandas (gekochtes Wurzelgemüse)

Arroz con pollo *ist gedünstetes Hühnchen, das mit Reis (*arroz*) gekocht und mit* bijol, *einem Safranersatz, gewürzt wird. Das Gericht ähnelt spanischer* paella.

Puerco asado *besteht aus im Ofen oder am Spieß gebratenem Schweinefleisch am Stück. Hier werden als Beilagen Reis und Bohnen serviert.*

Bistec de puerco *ist mageres Schweinefleisch, das in einer Marinade aus Zitronen- oder Orangensaft eingelegt und über offener Flamme gegrillt wird.*

Camarones *(kubanische Garnelen) werden unterschiedlich zubereitet – gegrillt, gedünstet oder gekocht und mit Mayonnaise dekoriert.*

Filete de pescado grillé *ist Fischfilet, z. B. von Barsch oder Brasse, das im Ofen gebraten wird – ein einfaches, aber leckeres Gericht.*

Tostones *oder* **chatinos** *sind Bananenscheiben, die in heißem Öl bei mittlerer Temperatur gekocht, zerdrückt und in heißem Fett frittiert werden.*

Enchilada de langosta *ist ein Hummergericht. Hierfür wird der Hummer in einer Sauce aus Tomaten, Paprika und anderen Gemüsesorten gekocht. Anstelle des Hummers können auch Garnelen verwendet werden.*

Ensalada mixta *(gemischter Salat) enthält Gemüse der Saison: im Winter grünen Salat, Tomaten, Weißkohl und Rote Bete, im Sommer grüne Bohnen, Karotten, Gurke und Avocado.*

Papaya
(fruta bomba)

Ensalada de frutas tropicales *(tropischer Obstsalat) wird von Kubanern als Vorspeise gegessen, in Restaurants wird er aber auch nach europäischer Tradition als Dessert serviert.*

Ananas
(piña)

Mango

Banane
(plátano fruta)

Orange **(naranja)**

Dulce de coco con queso *ist ein Dessert aus Käse und konservierter Kokosnuss. Anstelle der Kokosnuss wird oft eine Creme aus Guaven* (guayaba), *einer quittenähnlichen Frucht, verwendet.*

FRISCHES OBST

In Kuba gedeihen viele exotische Früchte, die oft zum Frühstück gereicht werden. Einige Obstsorten – z. B. Papayas, Sapote Mameys und Mango – werden auch für leckere *batidos* (Fruchtshakes) verwendet.

Flan de huevos *findet man oft auf kubanischen Speisekarten. Das spanische Dessert ähnelt Crème Caramel, ist aber süßer. Es besteht aus Eiern und Milch.*

Papaya

Ein Papaya-
batido

Banane

Ananas

Was trinkt man auf Kuba?

Auf Kuba steht eine grosse Auswahl an Getränken zur Verfügung. Nur beim Wein gibt es Einschränkungen, da er fast ausschließlich in Restaurants erhältlich ist. Leitungswasser ist zwar trinkbar, doch sollte man sich vorsichtshalber an Wasser aus Flaschen halten. Vorsicht geboten ist auch beim Verzehr von Säften oder Fruchtshakes, die auf der Straße angeboten werden. In Bars und Cafés, die nicht internationalen Standards entsprechen (besonders im Osten der Insel), sollte man auf Eiswürfel verzichten. Hier greifen Sie besser auf bereits abgefüllte Getränke, Fassbier oder Rum zurück.

Hier wird der erfrischende Zuckerrohrsaft *guarapo* hergestellt

BIER

Bier (*cerveza*) ist das mit Abstand beliebteste Getränk auf Kuba. Es wird sehr kalt und zu jeder Tageszeit sowie zu den Mahlzeiten getrunken. Es gibt exzellente kubanische Flaschen- und Dosenbiere, z.B. Cristal, Lagarto, Mayabe und Bucanero. Bucanero gibt es auch in der stärkeren und herberen *fuerte*-Version.

Dem Bier recht ähnlich ist *malta*, ein sehr süßes, kohlensäurehaltiges Getränk, das besonders bei kubanischen Kindern beliebt ist. Manchmal wird Bier auch mit Dosenmilch vermischt und als Stärkungstrunk gereicht.

Dosenbier: Cristal (leicht) und Bucanero (stark)

ALKOHOLFREIE GETRÄNKE

Alkoholfreie Getränke wie Limonade oder Cola heißen in Kuba *refrescos*. Kubanische oder importierte Getränke werden in Dosen, Flaschen und Kartons verkauft. Besonders gut sind die Säfte der Marke *Tropical Island*. Sie werden in allen nur denkbaren Geschmacksrichtungen angeboten, z.B. Mango, Guave, Ananas, Orange, Grapefruit. Das beliebteste Wasser ist Ciego Montero – entweder still (*sin gas*) oder mit Kohlensäure (*con gas*).

Guavensaft der Marke *Tropical Island*

HEISSE GETRÄNKE

In Hotelbars wird italienischer Espresso oder Filterkaffee serviert. In Privatunterkünften oder auf der Straße ist Kaffee meist recht stark und bereits gesüßt. Er wird in kleinen Tassen gereicht. Wer nur wenig Milch möchte, bestellt einen *cortado*; Milchkaffee erhält, wer *café con leche* möchte, wer keinen Zucker möchte, fragt nach *café sin azúcar*. Auch Kamillentee (*manzanilla*) wird häufig angeboten.

HOCHPROZENTIGES

Am beliebtesten ist auf Kuba natürlich der Rum. Es gibt verschiedene Arten von Rum (*siehe S. 75*): Die jüngsten – *silver dry* und *carta blanca* – werden für Cocktails verwendet, die älteren – *carta oro* (fünf Jahre) und *añejos* (mindestens sieben Jahre alt) – pur getrunken. Neben den weltbekannten Marken *Havana Club* und *Varadero* gibt es noch unzählige andere Rumsorten auf Kuba, darunter der *Dos Marinos* (auch bekannt als *Paticruzado*), ein bernsteinfarbener Rum mit einer runden Geschmacksnote, *Matusalém*, ein teurer, alter Rum aus Santiago mit mildem Geschmack sowie der sehr beliebte *Mulata*. Der »arme Verwandte« des Rums ist der *aguardiente*. Er ist stärker, sauer und wird hauptsächlich von Einheimischen getrunken. *Guayabita* ist eine Spezialität aus Pinar del Río zum Rum und Guaven (*siehe S. 137*). In Cocktails oder pur mit Eis werden die beliebten Liköre (Kokosnuss, Minze, Banane oder Ananas) serviert.

Der beliebte Rum Mulata

SAFTKONZENTRATE UND FRUCHTSHAKES

Limonade wird oft aus Saftkonzentraten (meist Limetten), Zucker, Wasser und Eis hergestellt. Nahrhafter sind *batidos*, Fruchtshakes aus frischem Obst. Aus Milch, Zucker und *guanábana*, einer seltenen Fruchtsorte, wird *champla* hergestellt. Köstlich und erfrischend ist auch Kokosmilch mit Eis. Ein typisch kubanisches Getränk ist der *guarapo*, der aus Zuckerrohr hergestellt wird. Die extrahierte Flüssigkeit ist belebend und erfrischend und weit weniger süß, als man annehmen würde. Guarapo wird meist mit ein paar Tropfen Limettensaft oder einem Spritzer Rum abgeschmeckt.

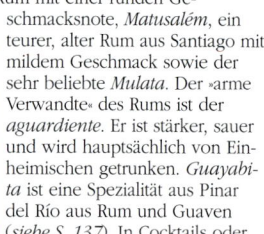

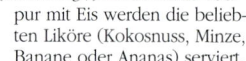

Kokosnussmilch »im Naturgefäß«

Kubanische Cocktails

SCHON IM 16. Jahrhundert gelangte kubanischer Rum zu internationalem Ansehen. Allerdings hatte der bei den Piraten so beliebte Rum nur wenig mit dem heutigen Getränk zu tun. Es war vielmehr ein bitteres und äußerst starkes Getränk, das manchmal mit Zucker und *hierba buena*, einer Art Minze, gesüßt wurde. Diese explosive Mischung, auch *draguecito* (kleiner Drache) genannt, ist wahrscheinlich der Vorläufer des heute so populären

Limetten finden in vielen Cocktails Verwendung

mojito. Im frühen 20. Jahrhundert mischten ein kubanischer Ingenieur namens Pagluchi und sein amerikanischer Kollege Cox Rum mit Zucker und Limetten. Den Drink benannten sie nach dem Ort, an dem sie sich gerade aufhielten *Daiquirí*. Während der amerikanischen Prohibition in den 1920er Jahren wurde Kuba zum erklärten Ziel vieler amerikanischer Cocktail-Liebhaber. Deshalb erfuhr die Kunst des Cocktailmixens in dieser Zeit eine Blüte.

Daiquirí frappé wird in einem gekühlten Glas serviert. Hierfür wird weißer Rum mit einem Teelöffel Zucker, fünf Tropfen Maraschino, Limettensaft und Eiswürfeln gemischt. Hemingway trank diesen Cocktail immer im El Floridita (siehe S. 268).

Mojito wird in einem hohen, breiten Glas serviert. Weißer Zucker wird hierfür mit Limettensaft und Minze verrührt. Dazu kommt ein Schuss weißer Rum, das Glas wird schließlich mit Mineralwasser und Eiswürfeln aufgefüllt. Die Bodeguita del Medio (siehe S. 268) *gilt als »Tempel des Mojito«.*

Cuba Libre besteht aus Rum und Cola, die mit Eis und Limettensaft verrührt werden. Angeblich wurde dieser Drink von amerikanischen Soldaten erfunden, die im Jahr 1898 am kubanischen Freiheitskampf teilnahmen. Der Name, Freies Kuba, war das Motto der Nationalisten.

Havana Especial wird aus Ananassaft, Silver Dry-Rum, einem Spritzer Maraschino und Eiswürfeln zubereitet und in einem hohen, schlanken Glas serviert. Dieser Cocktail ist wegen seines feinen Geschmacks sehr beliebt.

DER *CANTINEROS* KLUB

Dieser Verein professioneller Barkeeper *(cantineros)* wurde 1924 in Havanna gegründet und von einer Gruppe kubanischer Brennereien und Brauereien finanziert. In den frühen 1930er Jahren hatte er seinen Hauptsitz in Prado. Bis heute blieben die Ziele des Klubs erhalten: Interessenvertretung der Mitglieder, hohe Ausbildungsstandards für junge Barkeeper (sie müssen die Rezepte für mindestens 100 Cocktails kennen) und Englischunterricht. Der Klub richtet auch den Havana Club International Grand Prix aus.

Barkeeper der Bodeguita del Medio mit einem *mojito*

Canchánchara wird in der gleichnamigen Bar in Trinidad (siehe S. 178) aus Rum, Limetten, Honig und Wasser hergestellt und in einer Keramiktasse serviert.

Restaurantauswahl

DIE IN DIESEM FÜHRER empfohlenen Restaurants wurden an ihrer Qualität und der angenehmen Atmosphäre bemessen. In manchen Teilen Kubas gibt es jedoch keine besonders herausragenden Lokale. In solchen Fällen wurden Restaurants mit gutem Preis-Leistungs-Verhältnis ausgewählt. Alternativen sind Hotelrestaurants *(siehe S. 244ff)* und *paladares (siehe S. 263)*.

Los Amigos

	KREDITKARTEN	KREOLISCHE KÜCHE	INTERNATIONALE KÜCHE	TISCHE IM FREIEN	LIVEMUSIK
HAVANNA					
LA HABANA VIEJA: *Bodeguita del Medio* $$$ Calle Empedrado 207. **Karte** 4 E2. (7) 8 388 276. FAX (7) 8 338 857. Berühmtes Restaurant *(siehe S. 65)* mit mehreren Räumen und schöner Dachterrasse mit rustikalen Holztischen. Typisch kreolische Küche: *congrí, pollo frito, yuca* und *tostones*. M, A. *ganztags.*	■	●		●	■
LA HABANA VIEJA: *Don Giovanni* $$$ Calle Tacón 4. **Karte** 4 E1. (7) 8 671 036. Das bekannteste italienische Restaurant Kubas befindet sich in einem wunderschönen Kolonialhaus. Gutes Essen und umfangreiche Weinkarte. M, A.	■			●	■
LA HABANA VIEJA: *El Patio* $$$ Calle San Ignacio 54, Plaza de la Catedral. **Karte** 4 E2. (7) 8 671 035. Gute kubanische und internationale Küche in Kolonialatmosphäre bietet dieses alteingesessene Restaurant. Efeuberankter Innenhof und einige Tische mit Blick auf die Plaza de la Catedral. M, A. *ganztags.*	■	●	■	●	■
LA HABANA VIEJA: *La Mina* $$$ Calle Obispo 109, e/ Oficios y Mercaderes. **Karte** 4 E2. (7) 8 620 216. Tische sowohl vor dem Haus als auch im hübschen Kolonialhof. Die vorwiegend kreolische Küche ist einfach, aber abwechslungsreich und der Service gut. Livemusik. M, A. *24 Stunden.*	■	●			■
LA HABANA VIEJA: *La Torre de Marfil* $$$ Calle Mercaderes, e/ Obispo y Obrapía. **Karte** 4 E2. (7) 8 671 038. Elegant und traditionell, gutes chinesisches Essen inklusive *arroz frito*, einer gemischten Fleischplatte mit gebratenem Reis und Gemüse. Keine besondere Atmosphäre, aber gutes Preis-Leistungs-Verhältnis. M, A.	■				
LA HABANA VIEJA: *La Zaragozana* $$$ Calle Monserrate 352, e/ Obispo y Obrapía. **Karte** 4 D2. (7) 8 671 033. Die Spezialitäten dieses historischen spanischen Restaurants sind *paella* und *tapas*. Große Auswahl an Weinen. M, A.	■		■		■
LA HABANA VIEJA: *El Floridita* $$$$ Calle Obispo 557, esq. Monserrate. **Karte** 4 D2. (7) 8 671 300. FAX (7) 8 338 856. Das elegante Floridita zählt dank Hemingway *(siehe S. 72)* zu den bekanntesten Restaurants Kubas. Spezialität: Hummer und Meeresfrüchte. Umfangreiche Weinkarte und sehr gute Cocktails. M, A. *ganztags.*	■		■		
CENTRO HABANA UND PRADO: *A Prado y Neptuno* $$ Calle Prado, esq. Neptuno. **Karte** 4 D2. (7) 8 669 636. Elegante italienische Pizzeria. Gute Pizzas und Nudelgerichte. M, A.	■		■		
VEDADO: *El Cedrano* $$$ Hotel Meliá Cohiba. **Karte** 2 E1. (7) 8 333 636. Prachtvollstes Restaurant von Havanna (mit Büffetbar) mit einer großen Auswahl an traditionellen Gerichten sowie Snacks wie Käse und Obst oder Nachspeisen. F, M, A.	■				
VEDADO: *La Casona de 17* $$$ Calle 17 n. 60, e/ M y N. **Karte** 2 E1. (7) 8 334 529. Liebevoll restauriertes Gebäude aus dem frühen 20. Jahrhundert mit Buntglasfenstern, Mosaiken sowie Gemälden zeitgenössischer Künstler. Guter Service. Spezialität ist *arroz* (Paella) und Barbecues. M, A.	■	●	■	●	■
VEDADO: *1830* $$$ Malecón 1252, esq. 20. **Karte** 1 A3. (7) 8 553 091-2. Guter Service und elegantes Ambiente im alten Stil. Gute Küche. M, A.	■		■	●	■

Zu den Telefonnummern lesen Sie bitte den Hinweis auf S. 296

Preiskategorien für eine komplette Mahlzeit inkl. Getränke (ohne Wein) und Bedienung:
- $ unter 15 US-$
- $$ 15–20 US-$
- $$$ 20–25 US-$
- $$$$ 25–30 US-$
- $$$$$ über 30 US-$

KREDITKARTEN
VISA und MasterCard.

KREOLISCHE KÜCHE
Typisch kubanische Küche (siehe S. 264f).

INTERNATIONALE KÜCHE
Europäische Küche.

TISCHE IM FREIEN
Terrasse, Garten oder Innenhof mit Tischen.

LIVEMUSIK
Zum Abendessen wird Livemusik gespielt.

	KREDITKARTEN	KREOLISCHE KÜCHE	INTERNATIONALE KÜCHE	TISCHE IM FREIEN	LIVEMUSIK

VEDADO: *Monseigneur* — $$$
Calle 21, esq. O. **Karte** 2 E1. (7) 8 329 884.
Historisches Lokal mit französischem Flair, in dem der große Bola de Nieve (siehe S. 28) in den 1950ern und 1960ern auftrat. Guter Service, stilvolle Küche. Sehr gute Cocktails und angenehme Atmosphäre in der alten Bar. ▤ ○ M, A ☷

KREDITKARTEN ■, INTERNATIONALE KÜCHE ■, TISCHE IM FREIEN ●, LIVEMUSIK ■

VEDADO: *El Emperador* — $$$
Edificio Focsa, Calle 17, e/ M y N. **Karte** 2 E1. (7) 8 324 998.
Das berühmte, elegante Restaurant im Erdgeschoss des Focsa-Gebäudes bietet eine reichhaltige Auswahl an internationalen Gerichten (bei Kerzenschein) mit Schwerpunkt auf Rind, Lamm und Wild. ▤ ○ M, A. ☷

KREDITKARTEN ■, INTERNATIONALE KÜCHE ■, LIVEMUSIK ■

VEDADO: *La Torre* — $$$$
Edificio Focsa 36th floor, Calle 17 n. 55, e/ M y N. **Karte** 2 E1. (7) 8 553 088.
Internationale und französische Küche im obersten Stock des größten Gebäudes von Havanna mit atemberaubendem Blick über die Bucht und die Stadt. Umfangreiche Weinkarte. ▤ ○ M, A. ☷ ganztags.

KREDITKARTEN ■, INTERNATIONALE KÜCHE ■

AUSSERHALB DER STADT (EL CHICO): *La Rueda* — $$
Calle 194, e/ 185 y 187, Wajay. (7) 8 453 246.
Einfaches, ländliches Lokal mit authentischen kreolischen Gerichten (Spezialität: Gans). Einfache Einrichtung. Kubanische Livemusik. ▤ ○ M, A.

KREDITKARTEN ■, KREOLISCHE KÜCHE ●, LIVEMUSIK ■

AUSSERHALB DER STADT (COJÍMAR): *La Terraza de Cojímar* — $$$$
Calle Real 161. (7) 8 559 232.
Lieblingsrestaurant von Ernest Hemingway mit schönem Blick über die Bucht. Auf der Speisekarte stehen viele Meeresfrüchte, z.B. Hummer- und Krabbencocktail oder der in der Karibik heimische Zackenbarsch. Auch die Bar ist einen Besuch wert. ▤ ○ M, A. ☷ ganztags.

KREDITKARTEN ■, INTERNATIONALE KÜCHE ■

AUSSERHALB DER STADT (CUBANACÁN): *Rancho Palco* — $$$$
Calle 140, esq 19. (7) 203 5828.
Rustikales, aber elegantes Lokal in der Nähe des Palacio de las Convenciones mit hübschem Innenhof. Hervorragende Küche und Bedienung unter der Ägide eines der besten Chefköche Kubas, der sich auf gegrilltes Fleisch und interessante Häppchen spezialisiert hat. ▤ ○ M, A.

KREDITKARTEN ■, KREOLISCHE KÜCHE ●, INTERNATIONALE KÜCHE ■, TISCHE IM FREIEN ●, LIVEMUSIK ■

AUSSERHALB DER STADT (FLORES-PLAYA): *La Vicaria* — $
Avenida 5, esq 180. (7) 8 339 100.
Restaurantschule für Kellner und Köche mit vorwiegend einheimischen Gästen. Gute, überwiegend kreolische Küche und natürlich besonders aufmerksamer Service. ▤ ○ M, A.

KREOLISCHE KÜCHE ●, INTERNATIONALE KÜCHE ■, TISCHE IM FREIEN ●

AUSSERHALB DER STADT (FLORES-PLAYA): *La Ferminia* — $$$$
Avenida 5 n. 18207, e/ 182 y 184. (7) 8 336 786. **FAX** (7) 8 336 555.
Villa mit Innenhof, Garten und vielen Antiquitäten. Küche und Service entsprechen internationalem Standard. Umfangreiche Weinkarte. ▤ ○ M, A. ☷ ganztags.

KREDITKARTEN ■, KREOLISCHE KÜCHE ●, INTERNATIONALE KÜCHE ■, TISCHE IM FREIEN ●, LIVEMUSIK ■

AUSSERHALB DER STADT (KOHLY-PLAYA): *Almendares* — $$$
Calle 49C, esq. 28A. (7) 204 5162.
Lokal im Club Almendares. Große Auswahl an internationalen Menüs sowie eher traditionelle kubanische Gerichte. ▤ ○ M, A.

KREDITKARTEN ■, KREOLISCHE KÜCHE ●

AUSSERHALB DER STADT (MIRAMAR): *El Aljibe* — $$$
Avenida 7, e/ 24 y 26. (7) 2041 583.
Eines der besten und beliebtesten kubanischen Restaurants Havannas. Hier treffen sich vorwiegend Diplomaten und Geschäftsleute. Spezialität des Hauses ist gegrilltes *aljibe*-Hähnchen. Es gibt auch Tagesmenüs. ▤ ○ M, A.

KREDITKARTEN ■, KREOLISCHE KÜCHE ●

Zeichenerklärung siehe hintere Umschlagklappe

Preiskategorien für eine komplette Mahlzeit inkl. Getränke (ohne Wein) und Bedienung:
- $ unter 15 US-$
- $$ 15–20 US-$
- $$$ 20–25 US-$
- $$$$ 25–30 US-$
- $$$$$ über 30 US-$

KREDITKARTEN
VISA und MasterCard.
KREOLISCHE KÜCHE
Typisch kubanische Küche (siehe S. 264f).
INTERNATIONALE KÜCHE
Europäische Küche.
TISCHE IM FREIEN
Terrasse, Garten oder Innenhof mit Tischen.
LIVEMUSIK
Zum Abendessen wird Livemusik gespielt.

	Preis	KREDITKARTEN	KREOLISCHE KÜCHE	INTERNATIONALE KÜCHE	TISCHE IM FREIEN	LIVEMUSIK
AUSSERHALB DER STADT (MIRAMAR): *Don Cangrejo*	$$$	■		■	●	■
AUSSERHALB DER STADT (MIRAMAR): *La Cecilia*	$$$$$	■	●	■	●	■
AUSSERHALB DER STADT (MIRAMAR): *Tocororo*	$$$$$	■	●	●		■
AUSSERHALB DER STADT (MORRO): *Bodegón de los Vinos*	$$	■	●		●	
AUSSERHALB DER STADT (MORRO): *Los XII Apóstoles*	$$$	■	●		●	■
AUSSERHALB DER STADT (MORRO): *La Divina Pastora*	$$$$	■		■	●	
AUSSERHALB DER STADT (PARQUE LENIN): *Las Ruinas*	$$$		●	■	●	
ISLA DE LA JUVENTUD: *El Cochinito*	$$		●		●	■
PINAR DEL RÍO: *Rumayor*	$$		●		●	■
VIÑALES: *Casa de don Tomás*	$$		●		●	■

AUSSERHALB DER STADT (MIRAMAR): *Don Cangrejo* $$$
Avenida 1 n. 1606, e/ 16 y 18. (7) 2044 169.
Modernes und elegantes Restaurant mit Schwerpunkt auf Fisch und Meeresfrüchten. Im Freien ist der Service langsamer, aber die Rechnung günstiger. Gute Weinkarte. M, A.

AUSSERHALB DER STADT (MIRAMAR): *La Cecilia* $$$$$
Avenida 5, e/ 110 y 112. (7) 2041 562.
Zählt zu den besten Restaurants von Havanna, mit warmer Atmosphäre, schönem Garten und gutem Service. Zum Lokal gehört auch eine Showbühne. M, A.

AUSSERHALB DER STADT (MIRAMAR): *Tocororo* $$$$$
Calle 18, esq. 3, Miramar. (7) 2042 209.
Exklusives Fischlokal (eines der besten der Stadt) mit internationalem und kubanischem Essen. Jugendstillampen und Kunstwerke zieren das Dekor. Gute Weinkarte. M, A.

AUSSERHALB DER STADT (MORRO): *Bodegón de los Vinos* $$
Gran Parque Histórico Morro-Cabaña. **Karte** 4 F1. (7) 8 638 295.
Altes Gebäude beim Castillo del Morro. Einfache, traditionelle Gerichte und eine große Auswahl an Weinen. M, A.

AUSSERHALB DER STADT (MORRO): *Los XII Apóstoles* $$$
Gran Parque Histórico Morro-Cabaña. **Karte** 4 F1. (7) 8 638 295.
Besondere Atmosphäre am Fuße der Festung Morro in umgebauten Garnisonsunterkünften mit wunderbarem Panoramablick auf den Malecón. Sehr gute kreolische Küche. Auch die Tanzabende können sehr unterhaltsam sein. M, A.

AUSSERHALB DER STADT (MORRO): *La Divina Pastora* $$$$
Gran Parque Histórico Morro-Cabaña. **Karte** 4 F1. (7) 8 608 341.
Dieses Restaurant am Fuße der Festung Cabaña aus dem 18. Jahrhundert liegt am Wasser und bietet eine hervorragende Küche mit viel Fisch und Meeresfrüchten. M, A.

AUSSERHALB DER STADT (PARQUE LENIN): *Las Ruinas* $$$
Calle 100 y Carretera de la Prensa. (7) 8 578 286.
Gebäude in den Ruinen einer Zuckerplantage – eine Kombination aus Alt und Neu mit Buntglasfenstern von René Portocarrero. Innenhof mit üppiger Vegetation, große Menüauswahl und sehr gutes Essen. M, A.

WESTKUBA

ISLA DE LA JUVENTUD: *El Cochinito* $$
Calle 37, esq. 24, Nueva Gerona. (61) 228 09.
Klassisches, einfaches kubanisches Lokal. Die Menükarte umfasst landestypische Gerichte wie gebratenes Schwein (*puerco asado*) mit gebratenen Plantain-Bananen. M, A.

PINAR DEL RÍO: *Rumayor* $$
Carretera Viñales km 1. (82) 630 07.
An den Tischen im Freien inmitten üppiger Vegetation werden schmackhafte traditionelle Gerichte serviert. Spezialität des Hauses ist geräuchertes Hühnchen (*pollo ahumado*). Abends Bühnenshows. M, A.

VIÑALES: *Casa de don Tomás* $$
Calle Salvador Cisneros 140. (8) 936 300.
In der reizvollen und ältesten Residenz von Viñales aus dem späten 19. Jahrhundert besticht eine Art *paella*, die so genannte *delicias de don Tomás*, mit Reis, Hummer, Fisch, Schwein und Wurst. M, A.

Zu den Telefonnummern lesen Sie bitte den Hinweis auf S. 296

VIÑALES: *Cueva del Indio* $$
Carretera La Palma km 32. **[** *(8) 936 280.*
Nahe der Cueva del Indio *(siehe S. 139)*. Indokubanische Gerichte wie
tortas (Beignets) *de yuca* mit Huhn sowie kubanisches Essen. 🗐 🔾 *M, A.*

VIÑALES: *Mural de la Prehistoria* $$
Carretera El Moncada. **[** *(8) 936 260.*
Nahe der Mural de la Prehistoria *(siehe S. 138)*, mit autenthischen kreoli-
schen Gerichten wie gebratenem oder geräuchertem Schwein. 🗐 🔾 *M.*

ZENTRALKUBA – WESTEN

CIENFUEGOS: *La Isabela* $$
Carretera Rancho Luna km 1. **[** *(432) 7606.*
Landgaststätte, in dem Schwein mit typisch kubanischen Beilagen serviert
wird. Guter Service. 🗐 🔾 *M, A.*

CIENFUEGOS: *La Cueva del Camarón* $$$
Calle 37 y O, Punta Gorda. **[** *(432) 451 128*
Hier stehen vornehmlich Krabben auf der Speisekarte, die so frisch wie
möglich und in verschiedenen Variationen zubereitet werden. 🗐 🔾 *M, A.*

CIENFUEGOS: *Palacio del Valle* $$$
Calle 37, e/ O y 2. **[** *(432) 451 226.*
Traumhafte Lage im berühmtesten Gebäude der Stadt *(siehe S. 166)* mit
gutem Fisch und Meeresfrüchten, auch Hummer. Auf der Terrassenbar
haben Sie einen schönen Blick auf die Bucht. Oft spielt ein Pianist.
🗐 🔾 *M, A.* 🍸 *ganztags.*

GUAMÁ: *Ranchón El Cocodrilo* $$
Guamá, Península de Zapata. **[** *(59) 2802.*
Ungewöhnliches Restaurant im Parque Nacional di Montemar. Einziges
Lokal in Kuba, in dem Krokodilfleisch serviert wird. 🗐 🔾 *M, A.*

PLAYA GIRÓN: *Caleta Buena* $$$
Carretera Ciénaga de Zapata km 70. **[** *(59) 4183.*
Hier isst das Auge mit – bei Fisch- und Meeresfrüchten genießen Sie
einen schönen Blick auf das Karibische Meer. 🗐 🔾 *M, A.*

SANTA CLARA: *Los Caneyes* $$
Avenida de los Eucaliptos, esq. Circunvalación. **[** *(442) 218 140.*
Restaurant im Hotel gleichen Namens *(siehe S. 254)*. Hier haben gute
Köche Tradition. Abendessen à la carte und ein hervorragendes Mittags-
büffet. Spezialität des Hauses: Bananenpüree *(fufú)*. 🗐 🔾 *M, A.*

VARADERO: *Albacora* $$
Calle 59, Avenida Playa. **[** *(5) 613 650.*
Elegantes Lokal nahe am Meer. Krabben, Hummer und guter, frisch
gegrillter Fisch. 🗐 🔾 *M, A.*

VARADERO: *El Bodegón Criollo* $$
Avenida de la Playa, esq. Calle 40. **[** *(5) 667 784.*
Einfache kubanische Küche mit viel Fleisch und frischem gegrillten Fisch.
Liebenswürdiger Service. 🗐 🔾 *M, A.*

VARADERO: *La Barbacoa* $$
Calle 1, esq. 64. **[** *(5) 667 795.*
Zählt zu den hübschesten Restaurants Varaderos. Auf der Speisekarte ste-
hen traditionelle kubanische Gerichte. Das gegrillte Fleisch ist besonders
zu empfehlen. 🗐 🔾 *M, A.*

VARADERO: *La Casa de Al* $$
Calle 1, e/ 12 y 13. **[** *(5) 611 366.*
Diese Villa gehörte einst Al Capone. Heute wird hier *paella* serviert, aber
auch gute Fleisch- und Krabbengerichte. 🗐 🔾 *M, A.*

VARADERO: *Las Brasas* $$
Camino del Mar y 12. **[** *Kein Telefon.*
Hier isst man kreolisches Grillfleisch, vornehmlich vom Schwein.
🗐 🔾 *M, A.*

VARADERO: *Méson La Campana* $$
Avenida 1, e/ 58 y 59. **[** *(5) 667 224.*
Freundliches, rustikales Lokal im Parque Josone. Die kreolischen Gerich-
te sind einfach zubereitet und angerichtet. 🗐 🔾 *M, A.*

Zeichenerklärung siehe hintere Umschlagklappe

Preiskategorien für eine komplette Mahlzeit inkl. Getränke (ohne Wein):
- $ unter 15 US-$
- $$ 15–20 US-$
- $$$ 20–25 US-$
- $$$$ 25–30 US-$
- $$$$$ über 30 US-$

KREDITKARTEN
VISA und MasterCard.
KREOLISCHE KÜCHE
Typisch kubanische Küche *(siehe S. 264f)*.
INTERNATIONALE KÜCHE
Europäische Küche.
TISCHE IM FREIEN
Terrasse, Garten oder Innenhof mit Tischen.
LIVEMUSIK
Zum Abendessen wird Livemusik gespielt.

Restaurant	Preis	Kreditkarten	Kreolische Küche	Internationale Küche	Tische im Freien	Livemusik
VARADERO: *El Aljibe* — Calle 36, esq. Avenida 1. (5) 614 021. Feste Menüpreise und beste kreolische Küche, besonders Huhn in allen Variationen. M, A.	$$$	■	●		■	●
VARADERO: *Antigüedades* — Parque Josone, Avenida 1, esq. Calle 56. (5) 667 329. Kleines, elegantes Restaurant am Rande eines netten Parks im Herzen von Varadero. Das Menü beinhaltet Fischgerichte. M, A.	$$$	■	●		●	
VARADERO: *El Galeón* — Marina Gaviota, Varadero. Kein Telefon. Fisch und Meeresfrüchte kommen im modernen Wassersportzentrum frisch auf den Tisch. M, A.	$$$	■		■		
VARADERO: *La Fondue* — Avenida 1, e/62 y 63. (5) 667 747. Hier gibt es außergewöhnliche Menüs, u. a. französisch-schweizerische Küche mit Käsefondue und Rind. M, A.	$$$	■		■		
VARADERO: *Steak House Toro* — Hotel Horizontes Club Tropical, Avenida 1, esq. Calle 25. (5) 667 145. Restaurant einer Kette, spezialisiert auf kanadisches Rind- und Kalbfleisch. Vorzügliche Steaks. M, A.	$$$	■		■		
VARADERO: *Las Américas* — Mansion Xanadu, Autopista Sur km 8,5. (5) 667 750. Restaurant in einer ehemaligen Dupont-Villa *(siehe S. 159)*. Anspruchsvolle Menüs mit Krabben, Hummer und internationaler Küche. Man speist in den eleganten Räumen oder in der Arkade am Strand, wo die Preise günstiger sind. M, A. ganztags.	$$$$$	■		■	●	■

ZENTRALKUBA – OSTEN

Restaurant	Preis	Kreditkarten	Kreolische Küche	Internationale Küche	Tische im Freien	Livemusik
CAMAGÜEY: *La Campana de Toledo* — Plaza San Juan de Dios 16. (322) 958 88. Hübsches Kolonialhaus mit Tischen auch im Innenhof. Gute Fischgerichte und kreolische Spezialitäten mit Fleisch aus einheimischer Viehzucht. M, A.	$		●		●	■
CAMAGÜEY: *Rancho-King* — Carretera Santa Lucía. Landgaststätte in einem ehemaligen Bauernhof, wo auch Reitausflüge und Rodeos *(siehe S. 199)* angeboten werden. Kreolisches Essen mit Schwerpunkt auf Fleisch. M, A.	$$	■	●		●	
PLAYA SANTA LUCÍA (CAMAGÜEY): *Las Brisas* — Playa Santa Lucía. (32) 363 49. Für alle, die traditionelles Essen lieben und nicht weit weg vom Strand sein möchten. M, A.	$$	■	●		●	
PLAYA SANTA LUCÍA (CAMAGÜEY): *La Casa de la Langosta* — Playa La Boca. Restaurant mit Seeblick. Hier isst man Hummer und Schalentiere in allen Variationen. M, A.	$$$	■		■	●	■
TRINIDAD: *Don Antonio* — Calle Izquierdo 118, e/ Bolívar y Piro Guinart. (419) 6548 Gutes kreolisches Restaurant, in dem auch Fischgerichte wie *filete de pescado Don Antonio*, die Spezialität des Hauses, serviert werden. M.	$$		●		●	■

Zu den Telefonnummern lesen Sie bitte den Hinweis auf S. 296

TRINIDAD: *El Jigüe* $$
Calle Rubén Martínez Villena 69. (419) 6476.
Elegantes Lokal im Kolonialstil an einem ruhigen Platz nahe dem
Zentrum *(siehe S. 185)*. Spezialität: *pollo al Jigüe* – Huhn nach Art des
Hauses. M, A.

TRINIDAD: *Trinidad Colonial* $$$
Calle Maceo 402. (419) 6473.
Restaurant mit Innenhof in einem hübschen Gebäude aus dem 18. Jahr-
hundert, der Casa Bidegaray. Internationale Küche. M, A.

OSTKUBA

BACONAO: *Pedro El Cojo* $$$
Parque Baconao. (22) 326 210.
Beliebtes Restaurant im Parque Baconao mit traditionellen Gerichten,
z. B. Schweinespießen. M, A.

BARACOA: *El Castillo* $$$
Hotel El Castillo, Calixto García, Loma El Paraíso. (21) 451 64-6.
Einheimische Küche mit besonderen Gerichten, z.B. Fisch mit Kokosnuss.
Essen und Service sind gut und die Atmosphäre angenehm. M, A.

BARACOA: *La Punta* $$$
Castillo de la Punta, Malecón. (21) 452 24.
Historisches Lokal in einer der Festungen der Stadt mit schöner Aussicht
über die Bucht. Die traditionellen kreolischen Gerichte sind mit
Liebe zubereitet. M, A.

CAYO BARIAY (HOLGUÍN): *Las Carabelas de Colón* $$$
Cayo Bariay.
Kleines Restaurant mit Meerblick. Spezialität sind Fisch und Schalentiere.
M, A.

HOLGUÍN: *Taberna de Pancho* $$
Avenida Jorge Dimitrov. (24) 481 868, 481 158.
Zu der guten einheimischen Wurst und Salami schmeckt ein Bier aus der
nahe gelegenen Mayabe-Brauerei. M, A.

PLAYA GUARDALAVACA (HOLGUÍN): *El Cayuelo* $$$
Playa Guardalavaca.
Dieses kleine Strandlokal bietet kreolische Küche und *arroz a la marine-
ra* (Paella aus Meeresfrüchten). M, A.

SANTIAGO DE CUBA: *El Morro* $$
Carretera del Morro km 9. (226) 691 576.
Einladendes, schlichtes Lokal auf einer Klippe nahe der Burg El Morro.
Schmackhaftes Essen und zuvorkommender Service. M, A.

SANTIAGO DE CUBA: *Steak House Toro de Santiago de Cuba* $$
Avenida de las Américas, esq. General Cebreco. (226) 642 011, 687 163.
Spezialitäten des Hauses sind gegrilltes Fleisch sowie Rinder- und Kalbs-
steaks. Das Fleisch kommt aus Kanada. M, A.

SANTIAGO DE CUBA: *La Taberna de Dolores* $$$
Calle Aguilera y Reloj. (226) 623 913.
Historisches Gebäude an der Plaza de Dolores im Zentrum von Santiago.
Gute kubanische Küche: u. a. Huhn in Orangensauce und Knoblauch,
Schinken, Schweinebraten. M, A.

SANTIAGO DE CUBA: *Santiago 1900* $$$
Calle San Basilio, esq. Carnecería. (226) 623 507.
Dieses berühmte Restaurant in einem ehemaligen Wohnhaus der Bacardí-
Familie wird von der örtlichen Kochschule geführt. Kubanische und inter-
nationale Gerichte sowie Bar im Innenhof. M, A. ganztags.

SANTIAGO DE CUBA: *El Cayo* $$$
Cayo Granma. (226) 690 109.
Schön gelegen im Cayo Granma, in der Bucht von Santiago. Hervor-
ragender Fisch. M, A.

SANTIAGO DE CUBA: *Zun Zun* $$$
Ave. Manduley 159. (226) 641 528.
Elegantes Lokal. Traditionelle kubanische Gerichte mit neueren
Einflüssen und gehobene internationale Küche. M, A.

Zeichenerklärung siehe hintere Umschlagklappe

LÄDEN UND MÄRKTE

URLAUBER KAUFEN meist in den staatlichen »Dollar Shops«, die sich in fast allen Hotels befinden. Die zunehmende Liberalisierung von Privatunternehmen hat den kleinen Handwerks- und Lebensmittelmärkten *(mercados agropecuarios)* jedoch Auftrieb verschafft. Inzwischen hat sich die Angebotspalette hier erheblich vergrößert.

Zigarren werden noch immer handgerollt

Dennoch sind edle Läden in Kuba selten. In staatlichen Geschäften erhält man Waren zu festgesetzten (meist sehr hohen) Preisen, auf den Märkten sind sie günstiger und man kann handeln. Zigarren sollte man nur in Spezialgeschäften oder »Dollar Shops« kaufen. Finger weg von Waren, die auf dem Schwarzmarkt angeboten werden!

Auf dem Kunsthandwerkermarkt La Rampa in Havanna *(siehe S. 98)*

ÖFFNUNGSZEITEN

ÖFFNUNGSZEITEN sind in Kuba recht beliebig, als Richtlinie für Lebensmittelläden und *tiendas* (Dollar Shops) gilt jedoch 10–19 Uhr (Sommer) bzw. 9–18 Uhr (Winter). Kleinere Läden sind 9–18 Uhr geöffnet, sonntags ist um 13 Uhr Ladenschluss. Obst- und Gemüsemärkte sind dienstags bis freitags von 8 bis 18 Uhr und sonntags vormittags geöffnet. Fastfoodlokale – *El Rápido*, *Du Tú*, *Burgui* und *Rumbos (siehe S. 263)* – servieren rund um die Uhr.

BEZAHLEN

ALS URLAUBER WIRD man Pesos *(siehe S. 299)* nur selten benutzen. Die meisten Waren, die Touristen einkaufen, werden in Dollar Shops verkauft. Dort werden meist Kreditkarten akzeptiert. Auf Lebensmittelmärkten bezahlen Einheimische mit Pesos, aber mit Dollars ist man überall gern gesehen. Das Wechselgeld wird in Pesos ausbezahlt.

Wer Dollar in Pesos wechseln möchte, kann dies in den CADECA-Wechselstuben in Städten und bei größeren Lebensmittelmärkten tun.

EINKAUFSMÖGLICHKEITEN

IN DEN STÄDTEN und Urlaubsorten gibt es *tiendas* und Supermärkte, die von Kosmetikartikeln über Kleidung bis zu Konserven alles verkaufen, aber natürlich darf man hier keine europäischen Sortimente erwarten. In Ferienanlagen und größeren Städten

Logo einer beliebten *tiendas*-Kette

gibt es auch oft Kleidergeschäfte, allerdings der einfacheren Sorte. In den *tiendas* der Hotels erhalten Sie auch T-Shirts mit verschiedensten Motiven, einschließlich der unausweichlichen Porträts Che Guevaras, sowie *guayberas*, typisch kubanische Baumwollhemden.

In den Filialen von *El Rápido* und *Rumbos (siehe S. 263)* sowie in den Fotoservice-Geschäften erhält man auch Getränke, Rum, Süßigkeiten, Butter, Milch, kleine Haushaltsgegenstände und Kosmetikartikel.

Frisches Obst, Gemüse und Fleisch gibt es nur auf Lebensmittelmärkten.

SPEZIALGESCHÄFTE

ZIGARREN SOLLTEN Sie entweder in den *tiendas* der Hotels, am Flughafen oder in Spezialgeschäften kaufen. In den Filialen von **La Casa del Habano** werden Zigarren günstig im Fabrikverkauf angeboten. Hier kann man auch davon ausgehen, dass sie bei der richtigen Temperatur und Luftfeuchtigkeit gelagert werden. Kaufen

Filiale der Kette Tiendas Panamericanas

Sie Zigarren jedoch niemals von Fremden auf der Straße – meist sind diese nicht handgerollt, fehlerhaft oder falsch gelagert. Außerdem erhalten Sie hier nicht die offizielle Quittung, ohne die Sie keine Waren ausführen dürfen.

Bei den **ARTex**-Filialen erhält man eine gute Auswahl an CDs, Schallplatten und Kassetten, ebenso bei **Longina** in der Calle Obispo in Habana Vieja. Viele Aufnahmen kubanischer Musik können Sie außerhalb Kubas nicht erwerben.

Beim Kauf von Bildern, Skulpturen und Drucken in Kunstgalerien und den *tiendas* des Fondo de Bienes Culturales erhalten Sie eine offizielle Authentizitätsbescheinigung, die Sie zur Ausfuhr der Werke berechtigt.

La Casa del Habano

Real Fábrica de Tabacos Partagás, Havanna.
📞 *(7) 8 338 060.*
Ave 1, esq. 64, Varadero.
📞 *(5) 8 667 843.*
Shopping Center Marina Hemingway, Havanna.
📞 *(7) 204 6772.*

Tienda ARTex

Ave. L esq. 23, Havanna.
📞 *(7) 8 553 162.*
Calle 18, n. 509, Miramar, Havanna.
📞 *(7) 8 241 212.*

KUNSTHANDWERK

D AS KUBANISCHE Kunsthandwerk hat keine lange Tradition. Heute findet man dennoch überall Schnitzereien, Keramik, Stickereien, Figuren

Saftstand auf dem Mercado de Cuatro Caminos in Havanna

aus Pappmaché, Musikinstrumente und vieles mehr.

Hinter dem Castillo de la Real Fuerza in Havanna findet täglich ein Kunsthandwerkermarkt statt. Auf der Plaza de Armas gibt es SecondhandBücher *(siehe S. 69)*. Ein weiterer Markt befindet sich in der Straße La Rampa in Vedado.

Der Markt bei der Plaza Mayor in Trinidad ist eine Fundgrube für Leinenstickereien. Auch in den staatlichen Läden, den Ferias de Artesanía, und in den Galerias de Arte überall auf der Insel erhält man Kunsthandwerk.

Regale voller Zigarren in einem Casa del Habano

MÄRKTE

A UF DEN OBST- und Gemüsemärkten *(mercados agropecuarios)* herrscht buntes Treiben. Hier gibt es von Obst über Fleisch und Süßigkeiten bis hin zu traditionellen Gerichten und Blumen alles, was das Herz begehrt.

Der Barrio Chino in Havanna *(siehe S. 90)* ist sehr zentral gelegen. Größer und berühmter ist jedoch der Mercado de Cuatro Caminos südlich des Zentrums (Máximo Gómez 256). Er ist in einem Gebäude aus dem Jahr 1922 untergebracht, das sich über den gesamten Block erstreckt. Ursprünglich wurde hier chinesisches Essen verkauft.

Heute reicht der Markt auch in die angrenzenden Straßenzüge hinein und bietet alles von Fleisch bis zu Trockenobst. Außerdem gibt es hier einige billige Restaurants und Essensstände.

Mercado de Cuatro Caminos

Máximo Gómez (Monte) 256, e/ Arroyo (Manglar und Matadero), Havanna. 🕐 *Di–Sa, So vormittag.*

SOUVENIR VOR DEM CAPITOLIO

Ein Fotograf mit seiner alten PolaroidKamera

Vor dem Capitolio in Havanna *(siehe S. 82f)* kann man sich für nur einen Dollar mit einer original Polaroid-Kamera aus den 1930er Jahren von einem Fotografen ablichten lassen. Die hervorragenden Schwarzweißbilder wirken wie Originalfotos aus jener Zeit.

Bestickte Tischdecken auf einem Markt in Trinidad

Was kauft man auf Kuba?

Tanzende Stoff-puppen

KUBA HAT AUSSER hochwertigen Zigarren und erstklassigem Rum noch sehr viel mehr zu bieten: Gold- und Silberschmuck und Kunsthandwerk aus den Materialien Holz, Stroh, Pappmaché, Muscheln, Samen, Terrakotta und Glas. Auch kubanische Musikinstrumente sind beliebte Souvenirs. Parfums und Medikamente, die nirgendwo sonst auf der Insel erhältlich sind, finden Sie in internationalen Apotheken und Duty-Free-Shops. Letztere verkaufen auch Bücher, Videokassetten und CDs.

Rum
Diese klassische Rumsorte gibt es auf ganz Kuba. Man erhält die Flaschen auch in Kartons verpackt (besonders am Flughafen), um sie leichter transportieren zu können.

Bauza
Zigarren, die nicht den strengen Qualitätsvorgaben der Hersteller entsprechen, heißen Bauzas. Sie sind jedoch immer noch von äußerst hoher Qualität und werden über autorisierte Stellen zu deutlich reduzierten Preisen verkauft.

Zigarren der Marke Vegas Robaina

ZIGARREN
Die in eleganten Zedernholzetuis verpackten kubanischen Zigarren *(siehe S. 30f)* sind edle Souvenirs. Achten Sie darauf, dass die Schachtel das offizielle Siegel der Regierung trägt, auf dem die Worte »*hecho in Cuba totalmente a mano*« (in Kuba vollständig von Hand gefertigt) eingeprägt sind. Nur dann sind sie echt.

Einheimisches Kunsthandwerk
Die meisten Souvenirs wie Haushaltsgegenstände, sonajeros (hübsche Wandbehänge) und Ketten werden aus karibischen Materialien wie Bambus, Muscheln und Samen hergestellt.

Halskette aus Samen

Halskette aus Samen und Muscheln

Musikinstrumente
Viele traditionelle kubanische Instrumente (siehe S. 29) *wie claves, bongos, maracas, güiros und tumbadoras werden von Hand hergestellt und in Musikgeschäften oder auf Märkten verkauft. Manche Instrumente wie Gitarren, werden auch auf Bestellung angefertigt.*

Bongos

Hüte und Körbe
Bananenblätter und andere Pflanzenfasern bilden die Rohstoffe für die typischen Hüte und Körbe. Sie sind beliebte und preisgünstige Souvenirs.

SCHWARZE KORALLEN

Obwohl aus den berühmten schwarzen Korallen der kubanischen Riffe äußerst hübscher Schmuck hergestellt wird, sollten Sie bedenken, dass bei ihrem Abbau die Riffe stark beschädigt werden. Umweltschützer rufen deshalb dazu auf, auf diese Andenken zu verzichten. Echte schwarze Korallen sind zudem sehr teuer; billigere Varianten sind in der Regel unecht.

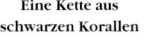

Eine Kette aus schwarzen Korallen

Ohrringe und Anhänger aus Silber und Korallen

Zigarrenetui aus Zedernholz

Holzfiguren im afrikanischen Stil

PAPPMACHÉ

Die Herstellung von Objekten aus Pappmaché ist relativ neu auf Kuba. Aus dem Material werden bunte Masken, Modelle, Deko-Gegenstände und Spielsachen hergestellt.

Maske in Sonnenform

HOLZ-OBJEKTE

Aus Zedern- und Rosenholz werden kleine Figuren nach afrikanischen Traditionen hergestellt. Geschnitzte Zigarrenetuis zeugen von hoher Handwerkskunst. Holzkunst findet man oft in den Galerías de Arte.

Puppe

Modelle von Oldtimern

PARFUMS UND HEILMITTEL

Die Firma Suchel Camacho stellt hervorragende Cremes, Bodylotions und Parfums her, z. B. das würzige Coral Negro, das blumige Mariposa oder das elegante Alicia Alonso. Auch der pharmazeutische Bereich hat einiges zu bieten: PPG, ein cholesterinsenkendes Medikament aus Zuckerrohr, das auch gegen Arteriosklerose hilft, Haifischknorpel, die dem Knochenaufbau zuträglich sein sollen, oder das Nahrungsergänzungsmittel Spirulina, das aus einer Alge gewonnen wird. Außerdem gibt es hervorragenden Honig, z. B. mit Gelee Royale und Propolis.

Naive Malerei
Die Galerías de Arte verkaufen Bilder im afrokaribischen Stil. Meist zeigen die Exponate Landschaften, koloniale Städte oder afrokubanische Gottheiten.

Eau de Toilette

Feuchtigkeitsfluid

UNTERHALTUNG

DAS KULTURELLE ANGEBOT ist in einem Land, in dem die Liebe zu Musik, Tanz und Theater den Bewohnern im Blut liegt, freilich äußerst vielfältig. Ballett, Theater, Konzerte, Festivals und Sportwettkämpfe aller Größenordnungen finden während des ganzen Jahres statt. Straßen werden mit Hilfe eines Kassettenrekorders zu Tanzflächen

Afrokubanische Tänzerin in Santiago

umfunktioniert, und Diskos – auch unter freiem Himmel – findet man fast überall. In Havanna und den größeren Städten gibt es verschiedenste Theater- und Konzertbühnen. Selbst in kleineren Städten existiert meist eine *Casa de la Cultura* oder eine *Casa de la Trova*, in denen ein abwechslungsreiches Programm von Musik und Tanz geboten wird.

INFORMATIONEN

AM FLUGHAFEN, in Hotels und bei Reiseveranstaltern erhalten Sie kostenlose Informationsbroschüren, in denen Sie Adressen von Klubs, Bars, Restaurants und Hotels sowie nützliche Telefonnummern finden. Zudem bietet der kleine Führer *Bienvenidos a Cuba* Informationen zu den wichtigsten Shows und kulturellen Veranstaltungen. Sie erhalten ihn am Flughafen José Martí in Havanna. Detaillierte Informationen zum Kino-, Theater- und Klubprogramm in der Hauptstadt gibt die kostenlose Wochenzeitschrift *Cartelera*, die in den Lobbys der größeren Hotels ausliegt.

Auch die örtlichen Radiosender verbreiten alle wichtigen Informationen. *Radio Taíno* sendet auch in Englisch. Zudem gibt es einen Fernsehsender für Touristen, der aber nur in den internationalen Vier- und Fünf-Sterne-Hotels empfangen werden kann.

EINTRITTSKARTEN

EINIGE FESTIVALS, z.B. das Ballettfestival in Havanna, ziehen große Zuschauermengen an. Wer nicht stundenlang anstehen möchte, um Eintrittskarten zu ergattern, kann diese auch in den Touristenagenturen der größeren Hotels erhalten. Auch die **Agencia Paradiso**, eine auf Kulturtourismus spezialisierte Agentur, verkauft Tickets.

Karten für die weltbekannten Tropicana-Shows in Havanna oder Santiago sind dagegen in jedem Hotel erhältlich.

THEATER

THEATERINSZENIERUNGEN haben auf Kuba eine ruhmreiche Tradition. Die größeren Theater bieten sowohl traditionelle als auch experimentelle Produktionen. Einige Truppen wie das Teatro Cabildo in Santiago und das El Público in Havanna haben eigene Bühnen.

Yara, eines der größten Kinos in Havanna

KINO

DIE KUBANER lieben Kino. Und fast jeder kann es sich leisten, denn die Preise sind äußerst niedrig. Allein in Havanna gibt es an die 200 Kinos, in denen kubanische und internationale Filme gezeigt werden.

Kuba hat eine sehr lebendige Filmindustrie. Sie gehört zu den aktivsten und progressivsten auf dem amerikanischen Kontinent. Das alljährlich im Dezember stattfindende Festival Internacional del Cine Latinoamericano wird vom ICAIC organisiert, das über die Aktivitäten der kubanischen Kinowelt wacht.

FOLKLORE

KUBANISCHE FOLKLOREMUSIK umfasst ein breites Stilspektrum, darunter Rumba, *Guaguancó*, *Danzón*, Salsa, Cha-Cha-Cha, *Son*, Bolero and *Punto Guajiro (siehe S. 28f).* Livemusik hören Sie praktisch überall: auf der Straße, in den Casas de la Música, Casas de la Cultura

Probe im Teatro Sauto in Matanzas (siehe S. 154)

Eine traditionelle *Son*-Band macht in Trinidad Straßenmusik

und Casas de la Trova. Auch in Bars und Restaurants wird Livemusik geboten, z. B. im La Mina in Havanna und in La Canchánchara in Trinidad.

Tänzerin der Tropicana-Show in ihrem exotischen Kostüm

CASAS DE LA TROVA

IN DEN TRADITIONELLEN und gemütlichen Casas de la Trova wird Livemusik gespielt, getanzt oder einfach nur ein Cocktail getrunken. Ursprünglich traten in den Casas de la Trova, die es seit 1959 gibt, ältere Musiker auf, die die Kunst der traditionellen *trova* pflegten und an die jüngere Generation weitergaben. Heute finden in einigen Casas de la Trova auch Vorträge, Konferenzen und Ausstellungen statt, so dass sie auch hier ihrer Rolle als Traditionsbewahrer gerecht werden.

In einigen Städten wie Santiago und Trinidad sind die Casas de la Trova mehr auf Touristen eingerichtet. Dort gibt es verschiedene kubanische Cocktails und Souvenirläden, die Kassetten, CDs, Bücher und andere Souvenirs verkaufen (gegen Dollar). Doch diese Casas sind auch bei Kubanern jeden Alters beliebt.

NACHTKLUBS, SHOWS UND DISKOS

IN DEN MEISTEN Ferienresorts Kubas gibt es mehrere Klubs, die bis spät geöffnet sind. Hier wird in Dollar bezahlt, weshalb Kubaner nur selten gesehen werden. Die Stars der Bühnenshows sind die Tänzerinnen in ihren exotischen und bunten, mit Pailletten und Federn bestückten Kostümen. Die berühmtesten Shows sind die der Klubs Tropicana in Havanna und Santiago.

In Hotelanlagen und Feriendörfern gibt es viele Diskos. In kleinen Provinzstädten finden sie oft unter freiem Himmel statt. Hier werden zwar Pesos akzeptiert, von Touristen wird jedoch oft Bezahlung in Dollar erwartet.

KINDER

IN AQUARIEN gibt es die bei Kindern besonders beliebten Delfinshows. Auch Spielplätze findet man überall, in Feriendörfern gibt es kindersichere Spielbereiche und Plantschbecken. Das ganze Jahr über finden Kindertheater und Marionettenvorführungen statt.

KULTOUREN

DIE AGENTUR **Agencia Paradiso** in Havanna bietet einwöchige Urlaubspakete, die neben Unterbringung in einem 4-Sterne-Hotel und Verpflegung in typisch kubanischen Restaurants auch Transport, Führungen und freien Eintritt in Museen, Begegnungen mit kubanischen Künstlern und Besuche in Schulen und Ausbildungszentren beinhalten.

Das Programm *Panorama de las Artes Plásticas en Cuba* konzentriert sich auf Museen und Kunstgalerien in Havanna, während die Pakete *Paraíso Cultural*, *Nuestra Gente* und *Cuba: un paraíso para descubrir* kulturelle Ausflüge auf den Rest der Insel umfassen. In den vielen Galerien werden junge Künstler besonders gefördert. Seidendrucke und Lithografien können hier äußerst günstig erstanden werden.

Casa de la Trova in Trinidad

Unterhaltung in Havanna

DIE LEBENSLUSTIGE HAUPTSTADT Kubas bietet Unterhaltung für jeden Geschmack: Theater, Kinos und Konzertbühnen werden das ganze Jahr bespielt. In Havanna gibt es die größten und besten Nachtklubs des Landes, und auch wenn die berühmtesten Salsa-Bands die größten Menschenmassen anziehen, finden Aufführungen in allen möglichen Musikrichtungen von Jazz bis Bolero statt. Getanzt wird bis zum Morgengrauen. Wer es etwas ruhiger mag, kann die Kulturzentren der einzelnen Stadtteile erkunden.

Tänzer des Ballet Nacional de Cuba

THEATER

FAST ALLE großen Theater Havannas befinden sich in Vedado. Hier findet auch alle zwei Jahre das Festival Internacional del Teatro statt.

Im **Teatro Nacional de Cuba**, einem Komplex mit mehreren Sälen *(siehe S. 102)*, treten oft berühmte internationale Theaterensembles auf. Das **Teatro Hubert de Blanck** hat sich auf zeitgenössisches Drama spezialisiert, während im **Julio A Mella** Stücke verschiedener Epochen aufgeführt werden. Das **Trianon** und das **El Sótano** haben sich dem experimentellen Theater verschrieben. Im **Café Teatro Brecht** wird nur am Wochenende gespielt, Karten sind begehrt.

Ein ganz besonderes Theater ist das **Guiñol**, in dem Marionettentheater für Kinder aufgeführt wird.

KLASSISCHE MUSIK UND OPER

IN HAVANNA GIBT ES zwei »Tempel« der klassischen Musik. Im **Teatro Amadeo Roldán**, das nach einem Brand vor kurzem wieder aufgebaut wurde, spielt das nationale Symphonieorchester. Im **Gran Teatro de La Habana** *(siehe S. 82)* werden wegen der guten Akustik Opern und Bühnenshows dargeboten.

Die stilvolle **Basílica de San Francisco de Asís** *(siehe S. 74)* bietet eine herrliche Atmosphäre für Chor- und Kammermusik, die fast ausschließlich von der Camerata Romeu vorgetragen werden.

BALLETT

DANK DER FÖRDERUNG und des Engagements des **Ballet Nacional de Cuba**, gegründet von der berühmten Tänzerin Alicia Alonso, ist klassischer Tanz in Kuba sehr beliebt. Diese Institution organisiert ein jährliches Ballettfestival und Kurse für Teilnehmer aus der ganzen Welt. Die Aufführungen des Ballet Nacional finden im Gran Teatro de La Habana statt.

ROCK UND JAZZ

DER AMERIKANISCHE Einfluss auf die kubanische Musikszene findet nicht nur in der Rockmusik, die z. B. im **Patio de María** in Havanna gespielt wird, Eingang. Besonders der Jazz hat es den Kubanern angetan. Die Mischung aus Jazz und kubanischen Rhythmen und Instrumenten ist weltweit populär. Das jährliche Jazzfestival ist ein Muss für Liebhaber dieser Musik. Zu den besten Jazzklubs gehört der **La Zorra y el Cuervo Jazz Club**.

FOLKLORE

EXZELLENTE Aufführungen kubanischer Musik gibt es in der **Casa de la Música** in Miramar. Dieser Klub wurde erst 1994 mit einem Konzert des Jazzpianisten Chucho Valdés eröffnet. In der **Casa de la Trova** wird hauptsächlich *Son* und Bolero gespielt.

Auch Vorführungen kubanischer Tänze werden in Havanna geboten. Das wichtigste Ensemble ist das **Conjunto Folklórico Nacional**, das jeden Samstag auftritt und auch Tanzstunden abhält. In den Gärten der **UNEAC**, der kubanischen Schriftsteller- und Künstlervereinigung, gibt es Wochenendkurse. Rumba und afrokubanische Tänze werden auch in der **Casa de la Cultura de La Habana Vieja** gezeigt.

NACHTKLUBS

EINIGE NACHTKLUBS in Havanna, z.B. das **Café Cantante** im Teatro Nacional und das **Habana** im Hotel Meliá Cohiba, in denen Musik und Comedy gezeigt wird, sind recht neu. Andere, darunter das **El Gato Tuerto** oder das **El Pico Blanco** führen die lange Tradition der *Feeling*-Musik fort – eine Mischung aus kubanischer und nordamerikanischer Musik. Fans des Bolero sollten sich das **Dos Gardenias La Maison** nicht entgehen lassen – ein eleganter Klub, in dem auch Modenschauen mit Livemusik stattfinden.

Zu den besten Diskos der Stadt zählen das **Macumba** im Zentrum und das **Disco Show** am Marina Hemingway. Büh-

Aufführung des Conjunto Folklórico Nacional

UNTERHALTUNG

Tänzerin im Tropicana in Havanna

nenshows gibt es natürlich im **Tropicana** *(siehe S. 109)*. Auch Hotels bringen eigene Shows zur Aufführungen, z. B. das **Cabaret Parisien** im Nacional, das **Cabaret Salón Rojo** im Capri, und das **Caba-**

ret Discoteca Turquino im Habana Libre. Hervorragende Choreografien, faszinierende Kostüme und legendäre Tänzer gibt es hier im Überfluss.

KULTURZENTREN

DIE AGENTUR Paradiso *(siehe S. 279)*, bietet verschiedene Kulturprogramme, eines davon widmet sich ausschließlich Museen und Kunst in Havanna. Teilnehmer des Programms *«Encuentro con la música»* (Begegnung mit der Musik) können eine Woche lang Havannas Musik genießen.

Wer sich für kubanische Kultur interessiert, sollte die **Casa de las Américas** *(siehe S. 100)* mit ihrer guten Bibliothek, dem Buchgeschäft und der hervorragenden Kunstgalerie nicht verpassen.

Die **Casa de la Cultura de Plaza** organisiert Musik- und Literaturfestivals. Hervorragende kulturelle Veranstaltungen gibt es auch in der **Fundación Alejo Carpentier**, die sich der Arbeit des kubanischen Schriftstellers widmet, und in der **Fundación Fernando Ortiz**, die auf afrokubanische Studien spezialisiert ist. Die **Asociación Cultural Yoruba** befasst sich mit Religionen afrikanischen Ursprungs und führt eine Bibliothek, Kunstausstellungen und Vorträge.

AUF EINEN BLICK

THEATER

Café Teatro Brecht
Calle Línea, esq I. **Karte 2 D1.** (7) 8 329 359.

El Sótano
Calle K, e/ 25 y 27. **Karte 2 E2.** (7) 8 320 630.

Guiñol
Calle M, e/ 17 y 19. **Karte 2 E1.** (7) 8 326 262.

Hubert de Blanck
Calle Calzada, e/ A y B. **Karte 1 B2.** (7) 8 301011.

Julio A Mella
Calle Linea 657, e/ A y B. **Karte 1 C2.** (7) 8 386 96.

Nacional de Cuba
Calle Paseo y 39. **Karte 2 E5.** (7) 8 796 011.

Trianon
Calle Línea y Paseo. **Karte 1 C2.** (7) 8 309 648.

KLASSISCHE MUSIK UND OPER

Basílica de San Francisco de Asís
Calle Oficios, e/ Amargura y Brasil. **Karte 4 F3.** (7) 8 629 683.

Gran Teatro de La Habana
Paseo de Martí (Prado) y San Rafael. **Karte 4 D2.** (7) 8 613 078.
@ bit@cth.cult.cu

Teatro Amadeo Roldán
Calle Calzada, e/ D y E. **Karte 1 C1.** (7) 8 321 168.

BALLETT

Ballet Nacional de Cuba
Calle Calzada 510, e/ D y E. **Karte 1 C1.** (7) 8 555 442.

ROCK UND JAZZ

La Zorra y el Cuervo Jazz Club
Calle 23 n. 155. **Karte 2 E2.** (7) 8 662 402.

Patio de María
Calle 37, e/ Paseo y 2. **Karte 2 D5.** (7) 8 810 722.

FOLKLORE

Casa de la Cultura de La Habana Vieja
Calle Aguiar 509, e/ Amargura y Brasil. **Karte 4 E3.** (7) 8 634 860.

Casa de la Música
Calle 20 n. 3308, Miramar. (7) 204 0447.

Casa de la Trova
Calle San Lázaro 661. **Karte 3 B2.** (7) 8 793 373.

Conjunto Folklórico Nacional
Calle 4 n. 103, e/ Calzada y 5. **Karte 1 B2.** (7) 8 334 560, 8 313 467.

UNEAC
Calle H, esq. 17. **Karte 2 D2.** (7) 8 553 113.

NACHTKLUBS

Cabaret Discoteca Turquino
Hotel Habana Libre, Etage 25, Calle 23 y N. **Karte 2 F2.** (7) 8 334 011.

Cabaret Parisien
Hotel Nacional, Calle 21 y O. **Karte 2 F1.** (7) 8 333 564.

Cabaret Salón Rojo
Hotel Capri, Calle 21, e/ N y O. **Karte 2 F1.** (7) 8 333 747.

Café Cantante
Teatro Nacional de Cuba, Paseo y 39. **Karte 2 E5.** (7) 8 796 011.

Café Habana
Hotel Meliá Cohíba, Calle Paseo, e/ 1 y 3. **Karte 1 B2.** (7) 8 333 636.

Disco Show
Ave 5 y 248, Santa Fe, Marina Hemingway. (7) 2041 150.

Dos Gardenias
Complejo Dos Gardenias, Calle 7 y 26, Playa. (7) 2049 662.

El Gato Tuerto
Calle O, e/ 17 y 19. **Karte 2 F1.** (7) 8 662 224.

El Pico Blanco
Hotel St John's, Calle O, e/ 23 y 25. **Karte 2 F2.** (7) 8 333 740.

La Maison
Calle 16 n. 701, Miramar. (7) 2041 543.

Macumba
Complejo La Giraldilla, La Coronela. (7) 271 2367.

Tropicana
Calle 72, e/ 41 y 45, Marianao. (7) 8 271 717.

KULTURZENTREN

Asociación Cultural Yoruba
Paseo de Martí 615. **Karte 4 D2.** (7) 8 635 953.

Casa de las Américas
Calle 3 y G. **Karte 1 C2.** (7) 8 552 705.

Casa de la Cultura de Plaza
Calle Calzada y 8. **Karte 1 B2.** (7) 8 309 402.

Fundación Alejo Carpentier
Calle Empedrado 215 e/ Cuba y San Ignacio. **Karte 4 E2.** (7) 8 613 667.

Fundación Fernando Ortiz
Calle L 160, esq. 27. **Karte 2 F2.** (7) 8324 334.

Unterhaltung in den Provinzen

Tänzer im Museo del Carnaval, Santiago

DIE KUBANISCHEN PROVINZEN stehen der Hauptstadt in Bezug auf ihren Unterhaltungswert in nichts nach. Auf dem Land wurden meist die alten Traditionen bewahrt, während die Küstenstädte eher moderne Unterhaltung bieten. Die lebhafte Stadt Santiago kann mit einem großen Angebot an Klubs, Bühnenshows, Musik-, Tanz- und Theateraufführungen aufwarten.

denen *focos culturales* (dienstags bis freitags) verpassen. Die **Cabildo Carabalí Izuama** probt z. B. Karnevalslieder afrikanischen Ursprungs. Der *foco cultural* **Tumba Francesa**, der Ende des 18. Jahrhunderts von haitianischen Sklaven gegründet wurde, zeigt Tänze aus jener Zeit, die von traditionellen Musikinstrumenten der Bantus begleitet werden.

Musik und Tanz in der Casa de la Tradición in Santiago de Cuba

THEATER

SANTIAGO verfügt über eine aktive Theaterszene. Es gibt einige innovative experimentelle Theaterensembles, die sich immer neue Ausdrucksformen erschließen. Ihre Inszenierungen werden im **El Mambí** oder im **Van Troi/Cabildo Teatral Santiago** gezeigt. Das Theater **José Martí** ist traditioneller. Beim Fiesta del Fuego im Juni *(siehe S. 35)* steht besonders das moderne Theater **José María Heredia** im Rampenlicht.

BALLETT

HERVORRAGENDE Aufführungen klassischen Balletts bietet das Ballet de Camagüey, das auf der Bühne des **Teatro Principal de Camagüey** auftritt.

FOLKLORE

MÚSICA POPULAR hört man sich am besten in den Casas de la Música an, die über die ganze Insel verstreut existieren. In der **Casa de la Música de Trinidad** kommen Konzerte örtlicher Gruppen zur

Aufführung. Außerdem findet hier ein herrlicher Maskenball des Conjunto Folklórico de Trinidad statt. Die Gruppe zeigt zudem Bantu- und Yoruba-Tänze, auch außerhalb Kubas.

Aus Santiago stammen auch das **Ballet Folklórico Cotumba**, dessen Proben man von Dienstag bis Sonntag ansehen kann, und das **Conjunto Folklórico de Oriente**. Im Hof des **Museo del Carnaval** *(siehe S. 225)* kann man Folkloregruppen bei Proben für den Karneval beobachten. Auf keinen Fall sollten Sie die Abendproben in den verschie-

CASAS DE LA TROVA

DIE BEDEUTENDSTEN Casas de la Trova befinden sich in **Santiago**, der Heimat des *Son*, und **Trinidad**, in der noch die klassische Tradition der *Trova* lebendig ist. Die *Trova* in **Bayamo** ist schneller und hat einen starken afrokaribischen Einschlag, während sie in **Holguín** und **Camagüey** melodiöser interpretiert wird.

In einigen Städten erfüllen die Casas de la Cultura den Zweck der Casas de la Trova: In **Baracoa** und **Sancti Spíritus** treten hier z. B. *Repentistas* (Improvisatoren) auf. In der Casa de la Cultura in **Pinar del Río** zeigen Künstler *Punto Guajiro*, eine traditionelle Musik, die zu großen Teilen improvisiert wird.

Weniger touristisch als die Casas de la Trova ist die **Casa de la Tradición** in Santiago, in der man junge kubanische Talente bewundern kann.

NACHTKLUBS

WER GROSSE Bühnenshows liebt, sollte neben dem **Tropicana Santiago**, das dieselbe glorreiche Tradition fortführt wie das Tropicana in

Show in La Cueva del Pirata, einem Nachtklub in Varadero

Havanna, auch das **La Cueva del Pirata** in Varadero besuchen. Die Shows werden hier in der beeindruckenden Atmosphäre einer natürlichen Höhle aufgeführt.

Zu den Spitzendiskos, die sich meist in den Resorts befinden, zählen **La Pachanga**, **La Rumba**, **El Kastillito Club** und **La Patana** in Varadero sowie **La Maison** und das **Espantasueños** in Santiago de Cuba.

In diesen modernen Großdiskos mit ihrer Neonbeleuchtung und dem einfachen Dekor wird hauptsächlich Salsa und Latin gespielt. Der Eintritt wird in Dollar bezahlt und ist recht hoch, weshalb man hier meist nur wenige junge Kubaner unter den Gästen antrifft.

KULTURZENTREN

DIE CASA de la Cultura ist eine Institution in jeder kubanischen Stadt. Sie bietet eine Plattform für verschiedenste Kunstformen: darstellende Kunst, Literatur und Musik. Im kulturellen Bereich haben Trinidad und Santiago das abwechslungsreichste Angebot.

Casa de la Cultura in Trinidad: Kunstgalerie am Tag, Tanzsaal in der Nacht

Wer sich für Anthropologie und Religionen interessiert sollte das **Centro Africano Fernando Ortiz** besuchen, das sich mit den afrikanischen Einflüssen in Kuba befasst. Die **Casa del Caribe** organisiert ein jährliches Festival karibischer Kultur. Die kubanische Schriftsteller- und Künstlervereinigung **UNEAC** organisiert in einigen Städten Ausstellungen, Konferenzen und Konzerte. In Santiago veranstaltet sie zudem Diskussionsrunden, Kunst- und Musikshows sowie Dichterlesungen.

AUF EINEN BLICK

THEATER

El Mambí
Calle Bartolomé Masó 303, Santiago de Cuba.

José Maria Heredia
Ave. las Américas, Santiago de Cuba.
☎ (226) 620 510.

José Martí
Calle Santa Tomas 313, Santiago de Cuba.
☎ (226) 620 507.

Van Troi/Cabildo Teatral Santiago
Calle Saco 415, Santiago de Cuba.

BALLETT

Teatro Principal de Camagüey
Calle Padre Valencia 64, Camagüey.
☎ (322) 292 472.

FOLKLORE

Ballet Folklórico Cotumba
Calle Saco 170, Santiago de Cuba.
☎ (226) 625 787.

Cabildo Carabalí Izuama
Calle Pio Rosado, e/ San Mateo y San Antonio.

Casa de la Música de Trinidad
Calle Zerquera 407.
☎ (419) 3414.

Conjunto Folklórico de Oriente
Calle Hartmann 407, Santiago de Cuba.

Museo del Carnaval
Calle Heredia 303, esq. Carniceria, Santiago de Cuba.
☎ (226) 626 955.

Tumba Francesa
Calle Los Maceos 501, Santiago de Cuba.

CASAS DE LA TROVA

Baracoa
Calle Maceo 149.

Casa de la Cultura
Calle Maceo, e/ País y Maraví.
☎ (4) 2349.

Bayamo
Calle Maceo y Martí.

Camagüey
Calle Cisneros y Martí.
☎ (322) 913 57.

Holguín
Parque Calixto García.

Pinar del Río
Casa de la Cultura
Calle Martí.

Sancti Spíritus
Calle Máximo Gómez.

Casa de la Cultura
Calle Cervantes 11.
☎ (41) 237 72.

Santiago
Calle Heredia 208.
☎ (62) 2689.

Casa de la Tradición
Calle Rabí, Tivolí.
☎ (65) 3892.

Trinidad
Plazuela de Segarte.
☎ (419) 4308.

NACHTKLUBS

Cueva del Pirata
Autopista Sur km 11, Varadero.
☎ (5) 667 751.

El Kastillito Club
Ave. Playa y Calle 49, Varadero.
☎ (5) 613 888.

Espantasueños
Hotel Meliá Santiago de Cuba, Ave. Las Américas, e/ 4 y Ave. Manduley.
☎ (226) 687 170, Durchwahl 374.

La Maison
Ave. Manduley 52, esq. 1, Vista Alegre,

Santiago de Cuba.
☎ (226) 643 265.

La Pachanga
Hotel Acuazul, Ave. 1 y 13, Varadero.
☎ (5) 667 132.

La Patana
Canal de Kawama, Varadero.
☎ (5) 667 791.

La Rumba
Ave. Las Américas, km 4, Varadero.
☎ (5) 668 210.

Tropicana Santiago
Autopista Nacional, km 1.5, Santiago de Cuba.
☎ (226) 643 268, 643 036, 643 610.

KULTURZENTREN

Casa del Caribe
Calle 13 n. 154, Santiago de Cuba.
☎ (226) 642 285.

Centro Africano Fernando Ortiz
Ave. Manduley 106, Vista Alegre, Santiago de Cuba.
☎ (226) 642 487.

UNEAC
Calle Heredia 266, Santiago de Cuba.
☎ (65) 3465

Sport

**Kubanische Volleyball-National-
mannschaft der Frauen**

NACH DER REVOLUTION schaffte die Regierung den Profisport ab und investierte viel Geld in den Breitensport. Diese Förderung hat dazu geführt, dass Kuba mittlerweile viele außergewöhnliche Sportler und Sportlerinnen hervorgebracht hat. Die mit Abstand beliebtesten Sportarten sind Baseball und Boxen, aber auch Volleyball, Basketball, Fußball und Leichtathletik haben viele Anhänger. Wichtige Sportereignisse finden meist in Havanna statt und werden im Fernsehen übertragen.

INFORMATIONEN UND EINTRITTSKARTEN

KARTEN FÜR Baseball-Spiele erhält man völlig problemlos, zudem kosten sie nur wenige *Pesos.* Sie können vor dem Spiel direkt an den Kassen der Stadien gekauft werden. In den größeren Stadien gibt es zudem eigene Bereiche für Besucher aus dem Ausland.

MEHRZWECKARENEN

IN HAVANNA DEL ESTE wurde für die Panamerikanischen Spiele 1991 ein neuer Sportkomplex gebaut, das **Estadio Panamericano**. Heute ist es das größte Stadion für Fußballspiele und Leichtathletikwettkämpfe. Kuba kann sich einiger erfolgreicher Athleten rühmen, darunter Javier Sotomayor, Ana Fidelia Quirot und Ivan Pedroso *(siehe S. 17).* Zudem gibt es in der Anlage Pools für Schwimmwettkämpfe, Wasserpolo und Wasserballett, Tennisplätze und ein Radsportzentrum.

In der **Sala Polivalente Ramón Fonst** in Centro Habana finden hauptsächlich Volleyball- und Basketballspiele statt, im **Coliseo de la Ciudad Deportiva** im Stadtteil Boyeros

werden nationale und internationale Volleyball-, Basketball-, Box- und Fechtmeisterschaften ausgetragen.

BASEBALL

BASEBALL IST DER Nationalsport der Kubaner. Seit über 100 Jahren wird dieser Sport leidenschaftlich ausgeübt und unterstützt. Heute gehören die kubanischen Teams zur Weltklasse. Das erste Baseballstadion in Havanna wurde 1881 errichtet, die erste Meisterschaft wurde 1905 ausgetragen. Die offizielle Saison dauert von November bis März, gespielt wird dienstags, mittwochs und donnerstags um 20 Uhr, samstags um 13.30 und 20 Uhr und sonntags um 13.30 Uhr.

Die Atmosphäre im Stadion ist friedlich, für viele Familien ist der Besuch eines Baseballspiels Tradition. Die Spiele werden im **Estadio Latinoamericano** ausgetragen, das 55 000 Zuschauer fasst.

BOXEN

KUBA HAT SCHON mehrere olympische Boxtitel errungen. Der Gründer der modernen Boxschule, Alcides Sagarra, ist bereits seit 1960

aktiv und hat als Trainer internationale Größen wie Teófilo Stevenson, den olympischen Champion im Schwergewicht, hervorgebracht. Auch dieser hat inzwischen seine eigene Boxschule eröffnet.

Beim jährlichen Girardo Córdova Cardín kämpfen Profiboxer gegen Amateure. Dies ist Teil des Auswahlverfahrens für die Equipo Cuba, eines der besten Boxteams der Welt.

Boxkämpfe werden im **Sala Kid Chocolate** gegenüber dem Capitolio in Centro Habana ausgetragen.

AUF EINEN BLICK

MEHRZWECKARENEN

Coliseo de la Ciudad Deportiva
Ave. de Rancho Boyeros y Vía Blanca, Havanna.
☏ (7) 8 577 047.

Estadio Panamericano
Carretera de Cojímar, km 1,5.
☏ (7) 8 954 140.

Sala Polivalente Ramón Fonst
Ave. Rancho Boyeros y Bruzón, Havanna.
Karte 2 E4.
☏ (7) 8 820 179.

BASEBALL

Estadio Latinoamericano
Calle Zequeira 312, El Cerro, Havanna.
☏ (7) 8 706 526.

BOXEN

Sala Kid Chocolate
Paseo de Martí (Prado) y Brasil, Havanna. **Karte** 4 D3.
☏ (7) 8 628 634.

Kubas Baseball-Nationalmannschaft bei einem Match

Aktivurlaub

Logo von Cubadeportes

DIE ABWECHSLUNGSREICHE kubanische Landschaft bietet Möglichkeiten für viele verschiedene Sportarten im Freien. Neben den immer besser werdenden Wassersportangeboten an der Küste, besonders im Norden, bieten sich auch in den Berglandschaften und Naturparks zahlreiche Sportartenn an. In den Ferienresorts gibt es Fitnessstudios, Pools und Tennisplätze, zudem werden Trekking- und Reitausflüge organisiert. Wer kubanischen Sport aus erster Hand erleben möchte, kann über die staatliche Organisation Cubadeportes Treffen mit kubanischen Sportlern arrangieren und sogar mit ihnen trainieren.

Beachvolleyball in einem Ferienresort auf Cayo Largo

TAUCHEN

MIT SEINER KÜSTE, die sich auf einer Länge von 5746 Kilometern erstreckt, und seinen mehr als 4000 Inseln ist Kuba eines der besten Tauchgebiete weltweit. Die kristallklaren Gewässer (bei angenehmen Temperaturen von 23–30 °C) mit einer vielfältigen Meeresvegetation bieten Tauchern während des ganzen Jahres paradiesische Bedingungen. Dank der Korallenriffe und vorgelagerten Inseln (cayos) gibt es keine starken Strömungen. Die Sichtweite beträgt nur selten weniger als 40 Meter.

Entlang der Riffe bieten sich viele Stellen für Anfänger und erfahrene Taucher. Neben Korallen sieht man hier u.a. Gorgonenfächer und Schwämme (siehe S. 143) und eine vielfältige Tierwelt, darunter Tarpons, Barrakudas, Schildkröten, Hummer und sogar Haie. In der Boca de Nuevitas an der Playa Santa Lucía leben einige Hochseehaie, Tauchen ist dort aber nur in Begleitung eines Tauchführers von der Tauchbasis **Shark's Friends** gestattet.

Auch für Wracktaucher gibt es allerhand zu entdecken. In den Buchten der Insel suchten einst Piratengaleonen Zuflucht. So sind heute an einigen Stellen, z.B. der Playa Santa Lucía, noch Anker und Kanonen aus dem 19. Jahrhundert zu sehen. Tunnels und Grotten machen diese Tauchgebiete noch spannender.

Die zunehmende Bedeutung des Tourismus hat zu einem Boom von Tauchzentren geführt. Heute hat praktisch jedes Ferienresort mindestens eine Tauchbasis. Diese verfügen über eine moderne Ausstattung, die international anerkannten Tauchlehrer bieten Kurse aller Leistungsstufen. Einige Tauchbasen haben auch Dekompressionskammern, z.B. die Basis des Hotel Colony auf der Isla de la Juventud (siehe S. 146). Komplette Ausrüstungen können am Ort geliehen werden. Es empfiehlt sich jedoch, wichtige Gegenstände wie Tiefenmesser und Messer selbst mitzubringen. Unterwasser-

fotografen sollten zudem genügend Ersatzfilme und Batterien dabeihaben, da diese auf der Insel nicht immer erhältlich sind.

Die größten Tauchzentren (centros de buceo) Kubas sind **El Colony** auf der Isla de la Juventud (besonders für erfahrene Taucher), das **Centro de Buceo María La Gorda**, **Carisub** in Havanna, das **Acua** in Varadero und das **Centro de Buceo Jardines del Rey** auf Cayo Guillermo. Herrliche Strandtauchgänge kann man an der Playa Santa Lucía und der Playa Girón unternehmen.

Auch die Jardines de la Reina eignen sich hervorragend zum Tauchen. Sie können allerdings nur per Schiff erreicht werden und verfügen über keine nennenswerte touristische Infrastruktur, nur ein sehr einfaches »schwimmendes Hotel«. Mit Yachten gelangt man zu den Tauchgebieten, in denen man u.a. Meeresschildkröten zu sehen bekommt.

Weiterführende Informationen erhalten Sie bei **Cubanacán Nautica**.

WELLENREITEN UND WINDSURFEN

AN DEN GRÖSSEREN Küstenresorts (Varadero, Guardalavaca, Cayo Largo, Cayo Coco und Marea del Portillo) finden Sie ideale Bedingungen zum Wellenreiten und Windsurfen. In den größeren Ferienorten kann Ausrüstung ausgeliehen werden.

Ein Taucher erforscht ein Wrack an der Küste vor der Playa Santa Lucía (siehe S. 202)

Segelausflug auf einem Katamaran im azurblauen Meer

SEGELN UND MOTORBOOTE

DANK SEINER LAGE am Eingang zum Golf von Mexiko eignet sich Kuba hervorragend als Anlegestelle für Yachten und Segelboote. Bei den Marinas, von denen die meisten zur Kette **Marinas Puertosol** gehören *(siehe S. 246)*, kann man Motorboote und Katamarane mieten oder Yachttrips buchen.

Am besten eignen sich die Gewässer rund um den Archipiélago de los Canarreos südlich der Hauptinsel zum Segeln. Da von Dezember bis April das Klima mild ist und nur leichte Winde wehen, ist dies die ideale Zeit für Segelausflüge. Kuba liegt jedoch inmitten ruhiger Gewässer und hat viele Buchten, so dass man im Notfall schnell sicheres Gewässer erreicht.

ANGELN

ANGELFREUNDE kommen in Kuba voll auf ihre Kosten. Die Nordwestküste eignet sich hervorragend zum Hochseefischen. Wahrscheinlich gehen dort Schwertfische, Thunfische oder Makrelen an den Haken, während andere Fischarten, wie Tarpons eher vor der Südküste vorkommen.

Angelausflüge werden oft in Ferienanlagen und Marinas angeboten. Spezielle Angelferien bietet der Reiseveranstalter **Havanatur Pesca y Caza**. Im Mai findet in der Marina Hemingway *(siehe S. 133)* das Ernest Hemingway International Marlin Fishing Tournament statt, ein Angelwettbewerb speziell für Marlinfischer. Die Regeln hierfür wurden von dem amerikanischen Schriftsteller aufgestellt, der ein leidenschaftlicher Hochseefischer war.

Die Süßwasserseen und Flüsse auf den Inseln sind hervorragende Gebiete zum Forellenfischen.

TENNIS UND GOLF

FAST ALLE Feriendörfer und Hotelanlagen haben Tennisplätze, die gegen Gebühr auch von Nichtgästen benutzt werden dürfen.

Auf der Insel gibt es zwei Golfplätze: die 9-Loch-Anlage des **Club de Golf Habana** sowie die 18-Loch-Anlage des **Club de Golf Las Américas** in Varadero.

Da der Golfsport auch in Kuba immer mehr Anhänger gewinnt, sind neue Golfplätze in Planung.

RADFAHREN

DIE ERKUNDUNG der Insel mit dem Fahrrad eignet sich hervorragend, um Land und Leute kennen zu lernen. Die Fahrräder und Mountainbikes, die in den größeren Hotels und Feriendörfern an Touristen verliehen werden, sind besser als die der Einheimischen. Fahrradfahren ist im Allgemeinen recht ungefährlich, besonders außerhalb der Städte. Aber achten Sie auf Schlaglöcher. Es gibt viele kleine Werkstätten, die notfalls Reparaturen ausführen können.

Sie sollten Ihr Fahrrad immer abschließen oder an überwachten Plätzen abstellen, da Diebstähle an der Tagesordnung sind. Tragen Sie immer einen Helm!

Wanderer in der Nähe von Topes de Collantes *(siehe S. 187)*

WANDERUNGEN, AUSFLÜGE UND VOGELBEOBACHTUNGEN

AUCH AUF dem Rücken eines Pferdes lässt sich Kuba entdecken. Das einzige Reitzentrum in Havanna ist im Parque Lenin *(siehe S. 116)*, aber in den Hotels der größeren Ferienresorts, in Öko-resorts und Campingplätzen können Sie Pferde ausleihen oder Reitausflüge für Anfänger und erfahrene Reiter buchen.

Wanderungen – entweder mit einem Führer oder auf einem der ausgeschilderten Wege – waren bis vor kurzem nur bei Viñales, Topes de Collantes und in der Sierra Maestra (von Alto de Naranjo nach Las Cuevas) möglich. In

Der Golfplatz von Varadero liegt direkt am Meer

den letzten Jahren wurde aber auch dieser Zweig der Tourismusindustrie weiter ausgebaut, so dass heute verschiedene Spezialprogramme im Angebot sind, z. B. Höhlenerforschungen, botanische Wanderungen oder Vogelbeobachtungen. Die Península de Zapata *(siehe S. 160ff)* ist für Vogelliebhaber besonders interessant, da sich im Öko-system des Marschlandes eine vielfältige Vogelpopulation angesiedelt hat.

Detaillierte Informationen erhalten Sie bei **Gaviota Tours** und **Archipiélago**; Archipiélago ist auch für die Instandhaltung des Wanderwegenetzes zuständig und organisiert Naturausflüge.

JAGEN

KUBANER GEHEN gerne auf die Jagd. Deshalb gibt es auf der Insel viele Reviere *(cotos de caza)*, in denen man innerhalb bestimmter Vorgaben und in Begleitung eines Revieraufsehers Vögel und Kleintiere jagen kann. Die Reviere befinden sich meist in der Nähe von Lagunen, Seen oder Cayos, wo man u.a. Enten, Schnepfen, Perlhühner und Tauben findet. Die benötigte Ausrüstung können Sie in der Regel in den Jagdrevieren mieten, allerdings sind die Preise recht hoch. Die Jagdsaison dauert von Ende Oktober bis Mitte März.

Für Kuba gibt es keine gesonderten Anbieter von Jagdausflügen, die Reiseagentur **Havanatur Pesca y Caza** bietet jedoch Pauschalangebote, in denen Jagdausflüge enthalten sind.

Herrlicher Ausritt in den *mogotes* im Valle de Viñales

AUF EINEN BLICK

INFORMATIONEN

Cubadeportes SA
Calle 20 n. 710, e/ 7 y 9, Playa, Havanna. **Karte 1** A4. ((7) 2040 945. FAX (7) 2041 914.

TAUCHEN

Acua
Ave Kawama 201, e/ 2 y 3, Varadero. ((5) 8 668 063.

Carisub
Ave 5, esq. 258, Santa Fe, Playa, Havanna. ((7) 204 6342.

Centro de Buceo Jardines del Rey
Villa Cojímar, Cayo Guillermo. ((33) 301 738.

Centro de Buceo María La Gorda
La Bajada. ((82) 781 31.

Cubanacán Nautica
Calle 184 n. 123, Reparto Flores, Havanna. ((7) 8 336 675. FAX (7) 8 337 520

El Colony
Carretera de Siguanea, km 41, Isla de la Juventud.

((61) 981 81. FAX (61) 9824.

Shark's Friends
Hotel Cuatro Vientos, Playa Santa Lucía, Camagüey. ((32) 365 294. FAX (32) 365 262.

SEGELN UND MOTORBOOTE

Marea del Portillo
Marea del Portillo, Pilón. ((23) 597 034.

Marina Cayo Coco-Guillermo
Cayo Coco, Archipiélago Jardines del Rey. ((33) 301 738. FAX (33) 301 737.

Marina Cayo Largo
Cayo Largo. ((5) 482 13.

Marina Chapelin
Carretera de las Morlas, km 21, Varadero. ((5) 667 550.

Marina Guardalavaca
Playa Guardalavaca, Holguín. ((24) 301 85.

Marina Hemingway
Ave. 5 y 248, Santa Fe, Playa, Havanna. ((7) 2041 150.

Marina Internacional Vita
Bahía de Vita, Holguín. ((24) 304 45.

Marina Santa Lucía
Playa Santa Lucía, Camagüey. ((32) 365 294.

Marina Santiago
Ave. 1, Punta Gorda, Santiago de Cuba. ((226) 691 446.

Marina Tarará
Via Blanca km 18, Playa Tarará, Havanna. ((7) 8 971 462.

Marina Trinidad
Carretera María Aguilar, Playa Ancón. ((419) 6205.

Marina Varadero
Carretera de las Morlas km 21, Varadero. ((5) 667 755.

ANGELN UND JAGEN

Havanatur Pesca y Caza
Edificio Sierra Maestra,

Calle 1, e/ 0 y 2, Playa, Havanna. ((7) 203 9783.

GOLF

Club de Golf Habana
Carretera de Vento km 8, Capdevila. ((7) 338 918. FAX (7) 338 820.

Club de Golf Las Américas
Ave. Las Américas, Varadero. ((5) 667 788. FAX (5) 668 180.

AUSFLÜGE UND VOGEL-BEOBACHTUNGEN

Archipiélago
Edificio La Marina, Etage 3. Ave del Puerto 102 e/ Jústiz y Obrapía, Havanna. **Karte 4** F2. ((7) 8 666 777. FAX (7) 8 332 780.

Gaviota Tours
Edificio La Marina, Etage 3, Ave del Puerto 102 e/ Jústiz y Obrapía, Havanna. **Karte 4** F2. ((7) 8 666 777. FAX (7) 8 332 780.

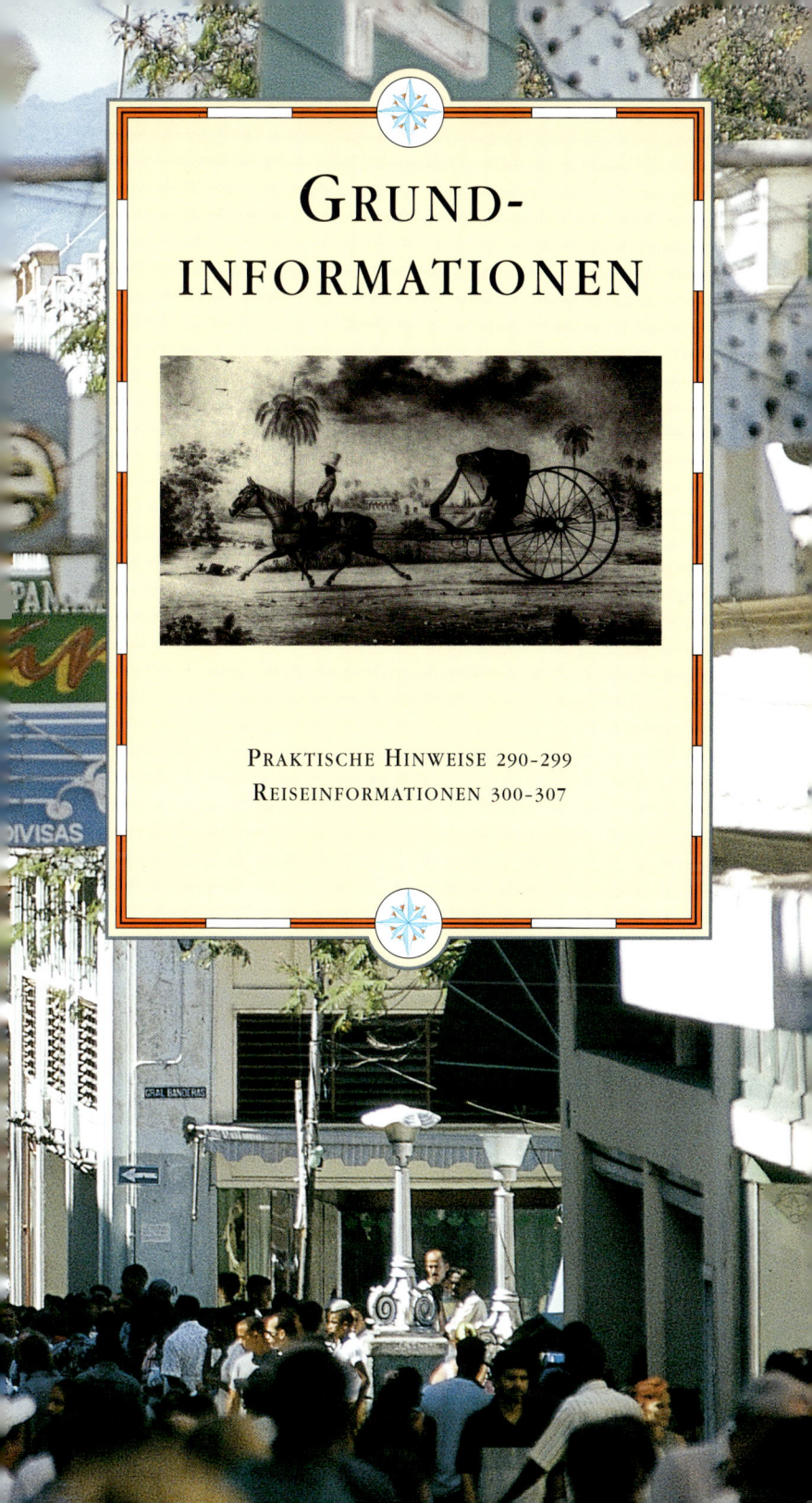

GRUND-
INFORMATIONEN

PRAKTISCHE HINWEISE

DER TOURISMUS AUF Kuba hat sich in den letzten 20 Jahren dem internationalen Standard weitgehend angeglichen. So ist es für Touristen viel einfacher geworden, die Insel zu bereisen, wenngleich noch immer etwas vorausgeplant werden sollte, insbesondere was die Transportmöglichkeiten anbelangt. Am besten wenden Sie sich an einen der zahlreichen Reiseveranstalter am Ort, die häufig eigene Büros oder Vertretungen in den großen Hotels haben. Dort erhal-

Logo der kubanischen Tourismuszentrale

ten Sie praktische Informationen und können oft auch Ausflüge buchen. Die Kompetenz kubanischer Reiseleiter ist unbestritten, mitunter bedarf es jedoch etwas Flexibilität und Anpassungsfähigkeit. Auf Kuba gehen die Uhren etwas langsamer, was sich auch auf die Bürokratie auswirkt. Bringen Sie daher genügend Zeit und Optimismus mit, wenn Sie Dinge zu erledigen haben. Mit einer Portion Geduld und Durchsetzungskraft *»todo se resuelve«*, wie die Kubaner sagen: Alles wird gut.

Playas del Este bei Havanna, beliebt bei Touristen und Einheimischen

BESTE REISEZEIT

MIT AUSNAHME der Hurrikan-Monate September bis November sowie der extrem heißen Monate Juli und August (in denen sich höchstens ein reiner Badeurlaub anbietet) ist Kuba immer eine Reise wert und eignet sich dank des milden Klimas ganzjährig für einen Strandurlaub.

Ideale Reisezeit ist zwischen Dezember und März. Dann locken kulturelle Ereignisse und ein angenehm warmes Klima.

EINREISE

EUROPÄISCHE URLAUBER brauchen für die Einreise nach Kuba einen gültigen Reisepass, ein Rückflugticket und ein von einem kubanischen Konsulat, Ihrem Reiseveranstalter oder Ihrer Fluggesell-

schaft ausgestelltes Visum *(tarjeta de turista)*. In dieses gelbe Formular tragen Sie Angaben zu Ihrer Person und Ihrer geplanten Unterkunft in Kuba ein. Visa sind einen Monat gültig und können um weitere 30 Tage verlängert werden: In Havanna ist dafür die **Einwanderungsbehörde** und in anderen Städten die örtliche Dirección Provincial de Inmigración zuständig. Falls Sie geschäftlich oder als Journalist nach Kuba reisen, gelten Sonderregelungen; kümmern Sie sich am besten rechtzeitig in der kubanischen Botschaft bzw. dem kubanischen Konsulat Ihres Heimatlandes um ein Sondervisum.

Einwanderungsbehörde
Calle 20 e/ Ave 3 y 5, Miramar, Havanna.

ZOLLINFORMATIONEN

ABGESEHEN VON PERSÖNLICHEN Gegenständen dürfen Touristen nach Kuba neue oder gebrauchte Gegenstände im Gesamtwert von maximal 250 US-$ einführen, zzgl. 10 kg originalverpackte Medikamente. Kleingeräte wie Rasierapparate sind erlaubt, nicht jedoch Telefon- oder Faxgeräte. Die Einfuhr von frischen Lebensmitteln wie Obst und Gemüse sowie von Sprengstoffen oder pornografischem Material ist verboten. Jäger mit Schusswaffen müssen am Zoll ihren Waffenschein vorzeigen.

Wenn Sie mehr als 50 Zigarren ausführen möchten, müssen Sie nachweisen können, dass Sie sie in einem staatlichen Geschäft gekauft haben; ihr Wert darf 2000 US-$ nicht übersteigen. Sollten Sie über 50 Zigarren ausführen, müssen Sie diese an Ihrem Heimatflughafen verzollen. Besucher dürfen maximal vier Flaschen Rum oder Likör ausführen.

Für den Export von Kunstgegenständen aus dem nationalen Kulturerbe benötigen Sie eine offizielle Genehmigung des Registro Nacional de

Broschüre über die Zollbestimmungen

Bienes Culturales del Ministerio de la Cultura.

Kaufen Sie keine Waren, die aus bedrohten Tierarten hergestellt sind, z. B. Schildkröten-panzer und Schlangenleder-waren. Solche Produkte unterliegen dem Internationalen Abkommen zum Handel mit Tieren und Pflanzen CITES. Auch Schmuck aus den vom Aussterben bedrohten schwarzen Korallen sollten sie meiden. Die Ein- und Ausfuhr geimpfter Haustiere ist erlaubt.

Pro Person dürfen vier Flaschen Rum ausgeführt werden.

SPRACHE

D IE LANDESSPRACHE IN KUBA ist Spanisch, allerdings mit einer landestypischen Sprachfärbung *(siehe S. 326)*.

In Havanna sowie in großen Hotels können Sie sich auch auf Englisch verständigen.

BEGRÜSSUNG

K UBANER BEGRÜSSEN SICH meist mit einem Kuss auf die Wange. Der Handschlag ist in Kuba nur als förmliche Begrüßung unter Männern üblich.

Der Höflichkeit halber sollten Sie die Anreden *Señor* (mein Herr), *Señora* (meine Dame), *Señorita* (mein Fräulein), *Doctor* (Doktor), *Ingeniero* (Ingenieur) und *Profesor* (Professor) verwenden. Die Anrede *Compañero* (Kamerad) hört man nur noch vereinzelt und eher in sozialistischen Kreisen.

BEKLEIDUNG

F ÜR TOURISTEN empfiehlt sich leichte Freizeitkleidung. Pullover benötigen Sie hauptsächlich an Winterabenden und an Orten mit Klimaanlage. Wasserfeste Kleidung sollte aufgrund der tropischen Regenfälle im Gepäck nie fehlen, ebenso wie eine Kopfbedeckung als Schutz vor der stechenden Sonne.

Kubaner legen durchaus Wert auf eine gepflegte Erscheinung, doch benötigen Sie Abendkleidung gewöhnlich nur für Cabarets und Nachtklubs. Zu offiziellen Anlässen wie Besprechungen sollte der Mann statt T-Shirt und kurzer Hose lieber Hemd und lange Hose tragen, und die Kleidung der Frau (Kleid bzw. Rock mit Bluse) sollte nicht zu gewagt sein.

Touristen in sommerlicher Freizeitkleidung

ETIKETTE

K UBA IST EIN TOLERANTES Land, jedoch mit konservativer Grundhaltung. An den meisten Stränden sind FKK und Oben-ohne-Sonnenbaden verboten. Ohrringe bei Männern, Piercing oder Tattoos stoßen bisweilen auf Skepsis.

Auch wenn der Machismo auf Kuba von jeher ausgeprägt war, ist Homosexualität heute kein Tabu mehr, nur sollte auf ein angemessenes Verhalten in der Öffentlichkeit geachtet werden.

Es ist für Kubaner selbstverständlich – fast schon eine Art Wettstreit oder Ritual –, Passantinnen Komplimente zu machen, die auch einmal die Grenzen des guten Geschmacks überschreiten können. Dies sollten Sie nicht missverstehen. Es wird nicht ernsthaft eine Reaktion erwartet, auch wenn man(n) sich über ein Lächeln freut. Frauen können problemlos alleine reisen und haben höchstens mit der beflissenen Hilfsbereitschaft der Männerwelt zu kämpfen. Wenn Sie dem Flirten höflich ein Ende setzen möchten, geben Sie sich am besten als verheiratet aus.

TRAMPEN

B ENZIN UND ÖFFENTLICHE Verkehrsmittel sind Mangelware, weswegen die Kubaner – ob Jung oder Alt – viel trampen *(pedir botella)*, sowohl in der Stadt als auch auf dem Land. Verlässlich ist diese Form der Fortbewegung natürlich nicht. Wenn man Pech hat, legt man einen Großteil der Strecke zu Fuß zurück.

Sind Sie im Auto unterwegs, werden die Kubaner es sehr schätzen, wenn Sie Anhalter mitnehmen. Es ist im Grunde ungefährlich und eine hervorragende Gelegenheit, Land und Leute kennen zu lernen. Kubaner nehmen ihre Landsleute immer umsonst mit, freuen sich aber bei Ausländern über ein wenig Benzingeld.

Gerade auf dem Land versucht man sein Glück gerne einmal per Anhalter

JINETERISMO

TOURISMUSBOOM und Wirtschaftskrise haben zu einer Sonderform der Prostitution namens *jineterismo* geführt, bei der auch der Verkauf von Fälschungen (besonders Zigarren) oder die Suche nach Zimmern oder *paladares* eine Rolle spielt, wofür man von den Besitzern eine Provision erhält. Die *jinetera* bzw. der *jinetero* spricht Touristen an und beginnt ein Verhältnis über eine Nacht oder mehrere Tage. Manchmal geht es dabei nicht nur um Geld, sondern auch um die Möglichkeit einer Einladung, um das Land verlassen zu können.

Dieses anfangs unterschätzte soziale Phänomen wird heute von den kubanischen Behörden hart bekämpft. Auch wenn man als Tourist keine Strafen zu fürchten hat, sollten Sie »zufällige« Bekanntschaften hinterfragen, insbesondere außerhalb des Hotels und in Diskotheken. Dies gilt jedoch vor allem für Havanna und Touristenorte, weswegen Sie nicht in jedem freundlichen Kubaner einen *jinetero* sehen sollten.

GESETZE UND VORSCHRIFTEN

WILDES CAMPEN oder Übernachten in Schlafsäcken am Strand ist in Kuba strengstens verboten.

Es könnte sein, dass Ihnen auf der Straße oder vor Diskotheken Cannabis angeboten wird. Sie sollten daher wissen, dass bereits der Erwerb geringer Mengen von Marihuana illegal ist und zu einer sofortigen Ausweisung führen kann.

Schild am Eingang des Museums für Kolonialkunst, Sancti Spíritus

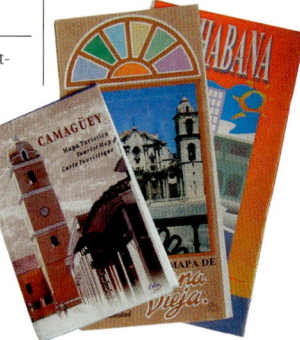

Touristenbroschüren und Landkarten der Ediciones GEO

INFORMATIONEN

IN ALLEN HOTELS gibt es staatliche Fremdenverkehrsbüros (z.B. Rumbos) für Informationen und Reservierungen. Landkarten, Führer und Broschüren erhalten Sie auch in den Infotur-Büros an Flughäfen und in größeren Städten. Die Landkarten des kubanischen Verlags Ediciones GEO sind besonders zu empfehlen.

BEHINDERTE REISENDE

NUR DIE GROSSEN Flughäfen, Hotels und Restaurants sind auf Rollstühle eingerichtet. Es wird allerdings derzeit daran gearbeitet, alle Flughäfen, Bahnhöfe, öffentliche Gebäude, Museen, Büros und Straßen barrierefrei zu gestalten.

ÖFFNUNGSZEITEN

DIE GÄNGIGEN Öffnungszeiten an Werktagen sind 8–17.30 Uhr, bei Banken 8–15 Uhr. Die Öffnungszeiten von Museen sind unterschiedlich, bewegen sich aber normalerweise zwischen 10 und 17 Uhr. An Sonntagen sind Museen nur halbtags geöffnet. Im Zweifelsfall sollten Sie die Öffnungszeiten vorab telefonisch erfragen.

Museen verlangen grundsätzlich Eintritt. Kubaner zahlen in *pesos*, Touristen in Dollar. Kinder bezahlen die Hälfte. Die Eintrittspreise betragen durchschnittlich 1–3 US-$. Teilweise wird derselbe Betrag für die Erlaubnis zum Fotografieren verlangt.

ELEKTRISCHE GERÄTE

DIE ELEKTRIZITÄT funktioniert in Kuba mit 110-Volt-Wechselstrom. Für Ihre elektrischen Geräte benötigen Sie gegebenenfalls einen Konverter und einen Adapter. Neuere Hotels verfügen teilweise auch über 220-Volt-Wechselstrom.

ZEIT

KUBA LIEGT sechs Stunden hinter der Mitteleuropäischen Zeit (MEZ). Auch auf Kuba gilt wie in Europa eine Sommerzeit.

AUF EINEN BLICK

BOTSCHAFTEN

Deutschland
Calle B, No. 652, esq. á. 13, Vedado, Havanna.
☎ (7) 332 569.
FAX (7) 331 586.
@ alemania@enet.cu

Österreich
Calle 4, No. 101, esq. Calle 1 y 3, Miramar, Havanna.
☎ (7) 204 2394.
FAX (7) 204 1235.
@ austria@ceniai.inf.cu

Schweiz
Avenida 5 No. 2005, e/ Calle 20 y 22, Miramar, Havanna.
☎ (7) 204 2611.
FAX (7) 204 11 48.
@ swissem@enet.cu

TOURISMUSBÜROS

Ministerium für Tourismus
Calle 19 No. 710 e/ Paseo y A, Vedado, Havanna. **Karte** 1 C3.
W www.cubatravel.cu
☎ (7) 334 323.
FAX (7) 330 546.

WEBSITES

Allgemein
W www.cuba-erleben.de
W www.kuba-reisen.com
W www.cuba-info.org
W www.cubatravel24.com

Kubanische Kultur
W www.cubanculture.com
W www.afrocubaweb.com
W www.orishanet.com

Sicherheit

Verglichen mit dem Rest Lateinamerikas ist Kuba ein sicheres Reiseland. In den letzten Jahren allerdings haben Tourismusboom und Wirtschaftskrise besonders in Havanna und Santiago zu einem Anstieg der Kleinkriminalität geführt. Das ist kein Grund zu übertriebener Sorge, doch sollten Sie gewisse Vorkehrungen treffen: Deponieren Sie Wertsachen, Reisepapiere und Bargeld im Hotelsafe; nehmen Sie keine größeren Geldbeträge mit, wenn Sie unterwegs sind; tragen Sie keinen auffälligen Schmuck und passen Sie auf Ihre Kamera auf. Stellen Sie Ihren Mietwagen möglichst immer in der Nähe eines Hotels oder in einem Parkhaus ab und lassen Sie nichts offen im Wagen liegen.

Verkehrspolizist

POLIZEI UND FEUERWEHR

Kubanische Polizisten sind höflich und helfen Urlaubern gerne weiter. Die Beamten der Passkontrolle an den Flughäfen tragen grüne Militäruniformen. Sie gehören der Inmigración y Extranjería an und arbeiten langsam und peinlich genau. Probleme gibt es nur, wenn Sie sich noch keine Unterkunft organisiert haben, und sei es nur für die ersten Tage. Auch wenn das Gepäck von Touristen oft nicht kontrolliert wird, sollten Sie sich an die Zollbestimmungen halten.

Die Polizisten der PNR (Policía Nacional Revolucionaria) erkennen Sie an ihrer blauen Hose und einem hellblauen Hemd. Sie sorgen für Recht und Ordnung in der Öffentlichkeit und halten nur selten Ausländer auf. In einigen Touristengegenden wie Varadero und La Habana Vieja gibt es auch Polizisten in dunkelblauer Uniform. Sie gehören einer Spezialeinheit an, die ausschließlich zum Schutz der Touristen v. a. vor

Feuerwehrauto in Matanzas

Taschendieben eingerichtet wurde und verdächtige Personen überprüft. Sie sprechen ein wenig Englisch und geben auch gerne Auskunft. Verkehrspolizei (policía de tránsito) und Feuerwehr (bomberos) tragen andere Uniformen. Die relativ neue Security-Organisation SECSA ist zuständig für die Bewachung von Banken und tiendas oder Geldtransporte.

Die Notrufnummern (siehe Kasten unten rechts) sind von Provinz zu Provinz unterschiedlich.

Straßenschild, das auf eine gefahrenträchtige Strecke hinweist

VERKEHRSSICHERHEIT

Der Verkehr auf Kuba nimmt zwar ständig zu, doch gibt es nicht wirklich viele Autos. Geben Sie in der Stadt auf Fahrradfahrer Acht, die sich nicht immer an die Verkehrsregeln halten. Die größte Unfallgefahr besteht auf Land- und Schnellstraßen durch das Landesinnere (siehe S. 305) mit den grasenden Tieren am Straßenrand und unbeschrankten Bahnübergängen. Der Straßenbelag ist oft holprig mit tiefen Schlaglöchern; passen Sie Ihr Tempo also entsprechend an.

Wenn es mehrere Tage lang regnet, sind die Straßen schnell überflutet.

DIEBSTAHL UND VERLUST

Bei Verlust oder Diebstahl persönlicher Gegenstände können Sie sich von einem Polizisten ins nächste Polizeirevier bringen lassen oder nach dem Weg fragen. Dort müssen Sie aber mit langen Wartezeiten rechnen, bis Ihre Anzeige aufgenommen ist.

NATURKATASTROPHEN

Die größte Naturgefahr auf Kuba sind Hurrikans, die vor allem in den Herbstmonaten auftreten können, im Prinzip jedoch nur im Oktober. Mittlerweile können Hurrikans schon lange vorhergesagt werden, wodurch genügend Zeit bleibt, um entsprechende Vorkehrungen zu treffen, so dass das Risiko nicht gar so groß ist. Im Falle eines Hurrikans folgen Sie bitte den Anweisungen des Hotelpersonals, das Sie in der Regel auffordern wird, das Hotel nicht zu verlassen und sich von Fenstern fern zu halten, bis der Sturm vorüber ist.

AUF EINEN BLICK

NOTRUFNUMMERN

Ambulanz
Havanna ((7) 405 093.
Santiago ((226) 185.

Polizei
Havanna ((7) 106.
Santiago ((226) 116.

Feuerwehr
Havanna ((7) 105.
Santiago ((226) 115.

Medizin und Gesundheit

**Apotheken-
schild**

D**IE MEDIZINISCHE VERSORGUNG** auf Kuba ist gut. Tropenkrankheiten sind selten, so dass Sie auf Ihrer Reise keine besonderen gesundheitlichen Risiken eingehen. In allen internationalen Hotels steht rund um die Uhr ein Bereitschaftsarzt zur Verfügung. Die erste Untersuchung sowie Erste-Hilfe-Leistungen sind kostenlos. Angesichts der wirtschaftlichen Probleme und des US-Embargos kommt es aber gerade in Apotheken zu Engpässen bei Arzneimitteln. Deshalb gibt es nicht überall die gut sortierten *farmacias internacionales* (internationale Apotheken, in denen in Dollar gezahlt wird). Am besten bringen Sie die wichtigsten Medikamente wie Schmerzmittel selbst mit. Dasselbe gilt für Sonnencremes mit hohem Lichtschutzfaktor und Insektenschutzmittel.

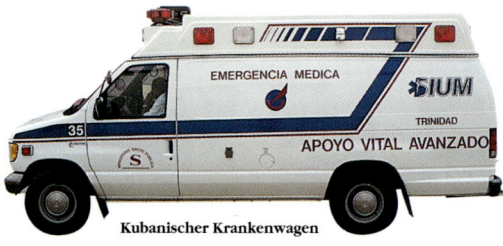

Kubanischer Krankenwagen

IMPFUNGEN

F**ÜR EINE REISE** nach Kuba sind keine Impfungen notwendig. Bemerkenswerterweise gibt es so gut wie keine Tropenkrankheiten mehr. Sie können also ganz beruhigt die Insel erkunden.

Kuba ist zudem kein Malariagebiet mehr. Gesundheitsvorschriften bestehen lediglich für Einreisende aus Ländern mit Gelbfieber und Cholera.

MEDIZINISCHE BEHANDLUNG

D**IE MEDIZINISCHE** Versorgung in Kuba ist vorbildlich, kostenlos und besser als in jedem anderen lateinamerikanischen Land, wenngleich die Insel durch das US-Embargo stark unter Druck geraten ist.

Die staatliche Versorgung ist kubanischen Staatsbürgern vorbehalten. Ausländische Besucher werden in internationalen bzw. öffentlichen Krankenhäusern behandelt, wo sie in Dollar zahlen müssen. Dafür bekommen sie aber auch bessere Zimmer.

APOTHEKEN

D**IE NATIONALEN** Apotheken sind schlecht sortiert und in der Regel nur für Kubaner. Medikamente gibt es ausschließlich auf Rezept. In diesen Apotheken erhalten Ausländer nur natürliche Arzneimittel auf pflanzlicher Basis wie Sirups oder Tinkturen, die alle in Kuba hergestellt werden. Sie sind hervorragend, wirksam und extrem günstig. (Sie können in *pesos* gezahlt

werden.) In den internationalen Apotheken in Havanna und einigen Touristenorten hingegen erhalten Sie eine große Auswahl an Arzneimitteln – ob mit oder ohne Rezept – sowie sanitäre Gebrauchsgegenstände (Wattepads, Ohrstäbchen, Sonnencreme usw.), die Sie in *tiendas* vergeblich suchen werden.

ÖFFENTLICHE TOILETTEN

Ö**FFENTLICHE TOILETTEN** findet man in Kuba selten, und wenn, sind sie vielfach verschmutzt und haben kein Wasser. Toilettenpapier gibt es nur in WCs von Restaurants, Hotels, luxuriösen Nachtklubs und Flughäfen. Vergessen Sie also nicht, immer einen gewissen Vorrat bei sich zu haben.

KRANKHEITEN

E**RKÄLTUNGEN** können in Kuba häufig auftreten, da die voll klimatisierten Hotelzimmer und Restaurants im starken Kontrast zur Außentemperatur stehen. Ein leichter Pullover kann hier nützlich sein.

Asthmatiker empfinden das feuchte Klima auf Kuba teilweise als problematisch; Personen mit Atemproblemen sollten immer Inhalator und entsprechende Medikamente bei sich haben. Die Krankenhäuser und *policlínicos* (Polikliniken) sind für diese Fälle gut ausgestattet. Häufiges Problem ist zudem Durchfall oder schlimmstenfalls Ruhr.

Eingang zur historischen Taquechel-Apotheke in Havanna (*siehe S. 72*)

Gegen Sonnenbrand und Hitzschlag helfen Hut und Sonnencreme

Zur Vorbeugung genügt es normalerweise, kein Leitungswasser zu trinken bzw. dieses mit entsprechenden Tabletten zu desinfizieren. Auch ist es sinnvoll, kein Essen und Trinken an Straßenständen zu kaufen und bei Getränken auf Eiswürfel zu verzichten.

Diese Vorkehrungen sind auch sinnvoll zur Vorbeugung von Giardiasis, einer von einem Parasiten hervorgerufenen Darmerkrankung, die zu Ruhr, Übelkeit, Müdigkeit und Gewichtsverlust führt.

In seltenen Fällen können in den Sommermonaten in den Sumpfgebieten von Ostkuba Gelbfieber und Dengue-Fieber auftreten (wobei sich in dieses Gebiet kaum ein Tourist verirrt). Da diese beiden Krankheiten von Moskitos übertragen werden, ist es ratsam, bei einem Aufenthalt in diesen Sumpfgebieten reichlich Insektenschutzmittel zu verwenden.

Mineralwasser in Flaschen

SONNENSCHUTZ

DIE KUBANISCHE Sonne ist sehr stark. Sie benötigen daher in jedem Fall Sonnenschutz mit hohem Lichtschutzfaktor, besonders im Juli und August. Tragen Sie stets eine Kopfbedeckung, und nehmen Sie viel Flüssigkeit zu sich, um eine Dehydration zu vermeiden. Hohe Luftfeuchtigkeit und Hitze können zu einem Hitzschlag führen, der sich in Durst, Übelkeit, Fieber und Schwindel äußert. In diesem Fall hilft viel Flüssigkeit und ein kaltes Bad.

INSEKTEN

MOSKITOS können in Kuba unangenehm werden und Krankheiten übertragen. Denken Sie in Sumpfgebieten wie dem Zapata-Sumpf an Insektenschutzmittel, cremen Sie sich abends ein und schalten Sie über Nacht Ventilator bzw. Klimaanlage ein.

AUF EINEN BLICK

NOTRUFNUMMERN

Ambulanz und Erste Hilfe
Havanna ☎ (7) 8 405 093.
Santiago ☎ (226) 185.

INTERNATIONALE KRANKENHÄUSER

Havanna
Ospedale Cira García,
Calle 20 n. 4101,
esq. 43, Miramar, Havanna.
☎ (7) 204 2811.

Santiago de Cuba
Calle 13 y 14, Vista Alegre.
☎ (226) 642 589.

Varadero
Calle 60 y 1.
☎ (5) 667 710.

INTERNATIONALE APOTHEKEN

Farmacia Internacional Biotop
Calle 7 n. 2603, esq. 26, Miramar, Havanna.
☎ (7) 204 7980.

Farmacia Internacional Habana Libre
Hotel Habana Libre, Ave. L,
e/ 23 y 25, Vedado, Havanna.
Karte 2 E2. ☎ (7) 334 011.

GESUNDHEITSTOURISMUS

Servimed – Cubanacán Turismo y Salud
Ave 43 n. 1418, esq. 18, Miramar, Havanna.
☎ (7) 204 3524.

GESUNDHEITSTOURISMUS

Aufgrund seines günstigen Klimas hat Kuba seit langem den Ruf eines Sanatoriums für internationale Klientel. Bereits im 19. Jahrhundert entstanden hier an Heilwasserquellen die ersten Hotels. Mittlerweile sind auch internationale Kliniken für allgemeine medizinische Pflege wie Anti-Stress-Programme oder Hautbehandlungen hinzugekommen. Zudem gibt es einige Rehazentren für Alkohol- und Drogenabhängige. All diese Institutionen sind zahlreich und sehr gefragt: Die Wartelisten sind lang, die Preise angemessen und die Erfolge gut. Geführt werden sie von der staatlichen Organisation **Servimed**, die der Gruppe Cubanacán angehört.

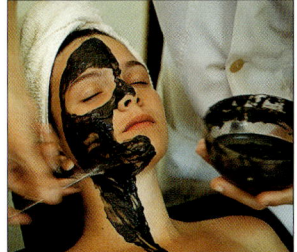

Dermatologische Behandlung in einer Spezialklinik

Kommunikation

Besonderer Briefkasten

DAS TELEFON IST das bei weitem verbreitetste Kommunikationsmittel auf Kuba. Im Gegensatz zur Post, deren Service zu wünschen übrig lässt, hat sich das Telefonnetz der ETECSA stark verbessert. Es gibt mittlerweile öffentliche Kartentelefone. E-Mail hält verstärkt Einzug, wenn auch hauptsächlich im Geschäftsleben. Kuba hat zwei nationale Fernsehsender und diverse nationale, regionale und lokale Radiosender. Viele Hotels verfügen über Satellitenfernsehen und bieten einen speziellen Kanal für Touristen. Die führende Tageszeitung heißt *Granma*, das Wochenblatt *Granma Internacional* erscheint in mehreren Sprachen. Die Wirtschaftszeitschrift *Business Tips on Cuba* ist besonders interessant für Investoren.

BENUTZUNG EINES KARTENTELEFONS

1 Heben Sie den Hörer ab und warten Sie auf das Freizeichen. Über das Display werden Sie gebeten, eine Telefonkarte in den Schlitz oben einzuführen *(inserte su tarjeta)*.

2 Nach dem Einführen der Telefonkarte sehen Sie im Display Ihr Restguthaben.

3 Wählen Sie die gewünschte Rufnummer. Diese wird zusammen mit dem Restguthaben im Display angezeigt.

Telefonkarten

4 Hängen Sie nach dem Gespräch den Hörer ein. Die Telefonkarte wird dann automatisch aus dem Schlitz ausgeworfen. Falls Sie die Karte während des Telefonats aufbrauchen, wird die Verbindung unterbrochen. Verwenden Sie dann eine neue Karte.

SO SIND SIE RICHTIG VERBUNDEN

- Auskunft: 113
- Für Ferngespräche über die Vermittlung wählen Sie 00.
- Für internationale R-Gespräche über die Vermittlung wählen Sie 09.
- Für Ferngespräche innerhalb Kubas von einem öffentlichen Kartentelefon aus wählen Sie die 0 vor der Ortsvorwahl.
- Für internationale Direktverbindungen von einem öffentlichen Kartentelefon aus wählen Sie die 119 (von einem Hotel aus die 88) und anschließend die Ländervorwahl (Deutschland 49; Österreich 43; Schweiz 41), gefolgt von der Ortsvorwahl und der gewünschten Rufnummer.

TELEFONNUMMERN

FÜR TELEFONATE NACH KUBA wählen Sie die internationale Vorwahl 0053 für Kuba, die Ortsvorwahl und die Rufnummer. Für Ortsgespräche müssen Sie keine Ortsvorwahl wählen.

Im Zuge der Digitalisierung des kubanischen Telefonnetzes werden zurzeit die Rufnummern geändert – falls die in diesem Buch angegebenen nicht stimmen, informieren Sie sich unter www.etecsa.com, www.calls2cuba.com oder bei der Botschaft Ihres Landes *(siehe S. 292)* nach der richtigen Nummer.

5 Centavos

20 Centavos

Münzen zum Telefonieren

ÖFFENTLICHE TELEFONE

ÜBERALL AUF DER INSEL gibt es öffentliche Telefone, von denen aus Sie direkte Auslandsgespräche führen können, ohne über die Vermittlung gehen zu müssen. Magnetische Telefonkarten *(tarjetas telefónicas)* erhalten Sie in Hotels, Postämtern, *tiendas* und den Telefonzentren der ETECSA für 10, 20 oder 50 US-Dollar.

Es gibt auch Münztelefone. Dafür benötigen Sie Pesos. Für ein Ortsgespräch müssen Sie mindestens eine 5-CentavosMünze (auch »*medio*« genannt) einwerfen bzw. 20 Centavos (»*peseta*«) für ein fünfminütiges Gespräch.

Vom Hotel aus können Sie Orts-, Fern- und Auslandsgespräche führen, was am unkompliziertesten ist, wenn auch die Vermittlung relativ teuer ist.

PRIVATANSCHLÜSSE

VON PRIVATEN ANSCHLÜSSEN aus können lediglich Ortsgespräche direkt geführt werden. Fern- und Auslandsgespräche gehen über die Vermittlung. Auslandsverbindungen sind grundsätzlich R-Gespräche, außer Sie telefonieren über ein ETECSA-Telefon, dessen Rechnung in Dollar bezahlt wird. Solche Telefone gibt es hauptsächlich in Hotels, Reisebüros, einigen Behörden und bei auf der Insel lebenden Ausländern, jedoch nur selten in den Privatwohnungen von Kubanern.

POST

DIE KUBANISCHE POST ist langsam, aber im Prinzip auch nicht schlechter als in den meisten lateinamerikanischen Ländern. Briefmarken *(sellos)* für Postkarten und Briefe erhalten Sie in Hotels in Dollar bzw. auf Postämtern *(oficinas de correo)* in Pesos. In jedem Fall sind Briefe lange unterwegs. Mit etwas Glück können Sie den Postweg geringfügig beschleunigen, wenn Sie Ihre Post direkt in die Briefkästen der Postämter einwerfen.

Am sichersten und schnellsten ist der Versand über internationale Kurierdienste: **DHL**, **Cubapost** oder **Cubapack Internacional SA**.

Eingang in ein Postamt *(oficina de correo)* **in Havanna**

ADRESSEN

IN KUBA steht bei Adressen am Anfang der Straßenname, gefolgt von der Hausnummer, die durch ein »N.« oder »#« angezeigt wird. Anschließend steht entweder »esq.« (*esquina* = Ecke) und der Name der kreuzenden Straße oder »e/« (*entre* = zwischen) und zwei Straßennamen *(siehe S. 118)*. Dann kommt ggf. eine Apartmentnummer, »*altos*« (1. Stock) oder »*bajos*« (Erdgeschoss), danach der Name des Viertels (»*reparto*«) oder Stadtteils und am Ende der Ort.

Zeitungsstand in Pinar del Río

RADIO UND FERNSEHEN

ES GIBT ZWEI KUBANISCHE Fernsehsender. *Tele-Rebele* sendet hauptsächlich Nachrichten und Sport, unter der Woche von 19–23 Uhr und sonntags von 10–23 Uhr. *CubaVisión* zeigt Filme, Soaps und Dokumentarfilme (Mo–Fr 18.30–23 Uhr, Sa 17–1.30 Uhr, So 12–23 Uhr). Vor dem Beginn der nationalen Programme wird der Sendeplatz für Lokalsender wie *Tele Turquino* in Santiago de Cuba oder *Tele Cubanacán* in Santa Clara freigegeben.

In Hotels gibt es auch einen Touristenkanal. *Canal del Sol* zeigt Filme und Sportsendungen (7–9 Uhr und 14–2 Uhr).

Empfehlenswert ist der Radiosender *Radio Taíno* mit Musik und Informationen auf Englisch und Spanisch (1180 AM in Havanna und 1100 AM in Varadero). *Radio Rebelde* sendet Nachrichten, Musik und Sport, *Radio Habana Cuba* richtet sich an Zuhörer im Ausland und *Radio Reloj* sendet rund um die Uhr Nachrichten.

ZEITUNGEN UND ZEITSCHRIFTEN

DIE AUFLAGENSTÄRKSTE Tageszeitung ist *Granma*, das offizielle Organ der Kommunistischen Partei Kubas, die auch eine Wochenausgabe für Ausländer namens *Granma Internacional* veröffentlicht. Es gibt auch verschiedene Regionalzeitungen: *Trabajadores* (nur Montag bis Samstag) und *Tribuna de La Habana* in Havan-

Tageszeitung *Granma*

na; *Guerrillero* in Pinar del Río; *Girón* in Matanzas; *5 de Septiembre* in Cienfuegos; *Adelante* in Camagüey; *Abora* in Holguín; *Sierra Maestra* in Santiago de Cuba; und *Victoria* auf der Isla de la Juventud.

Kubanische Zeitschriften sind u. a. die wöchentlich erscheinende Kulturzeitschrift *Bohemia* oder die in mehreren Sprachen herausgegebene Zeitschrift *Business Tips on Cuba* für ausländische Investoreren und Touristen.

INTERNET UND FAX

E-MAIL SETZT SICH in Kuba immer mehr durch, vor allem in Büros. Internet ist immer noch ein Privileg der Oberschicht. Wenn Sie surfen möchten, können Sie ins **Cyber Café** im Capitolio in Havanna gehen.

Faxdienste gibt es in den großen Sädten auf allen internationalen Postämtern, in führenden Hotels sowie in Havanna im **Centro de la Prensa Internacional** im Stadtteil Vedado in der Nähe des Hotel Nacional.

AUF EINEN BLICK

KURIERDIENSTE

Cubapack Internacional SA
Calle 22 n. 4115, e/ 41 y 47, Playa, Havanna. 📞 *(7) 204 2134.*

Cubapost
Calle 21 n. 1009, e/ 10 y 12, Vedado, Havanna. **Karte** 1 B4.
📞 *(7) 8 330 484.*

DHL
Calle 26, esq. 1, Playa, Havanna.
📞 *(7) 204 0998.*

INTERNET UND FAX

Centro de la Prensa Internacional
Calle 23 e/ O y N, Vedado, Havanna. **Karte** 2 F2.
📞 *(7) 8 320 526.*

Cyber Café
Capitolio, Paseo de Martí (Prado), Havanna. **Karte** 4 D3.

Währung und Geldwechsel

DIE KUBANISCHE LANDESWÄHRUNG ist der Peso, wobei die Preise in allen Hotelanlagen in US-Dollar ausgewiesen sind. So können Touristen alles in Dollar zahlen und brauchen den Peso nur im Alltagsleben für Busfahrkarten und Ähnliches. Etwas verwirrend ist die Tatsache, dass auch ein konvertierbarer Peso als Währung im Umlauf ist, der denselben Wert wie der US-Dollar hat. Die Banken akzeptieren die führenden Weltwährungen. Aufgrund des angespannten Verhältnisses zu den USA sollten Sie bereits vor Ihrer Abreise zu Hause Dollar wechseln (Bargeld oder Reiseschecks). Zudem werden auf ganz Kuba keine Kreditkarten amerikanischer Institute (wie American Express) angenommen.

BANKEN UND WECHSELSTUBEN

INTERNATIONALE Transaktionen führen u. a. die internationale **Banco Nacional de Cuba** (BNC), die **Banco Financiero Internacional** (BFI) und die nationale Banco Popular de Ahorro durch. Sie haben überall auf der Insel Zweigstellen, manchmal sogar in Hotels.

Die Öffnungszeiten der Banken sind gewöhnlich montags bis freitags von 8–15 Uhr. Einige Zweigstellen in Havanna und den großen Urlaubsorten haben länger geöffnet. In den Hauptstädten der Provinzen und den Hotelanlagen gibt es teilweise Wechselstuben, die rund um die Uhr geöffnet sind.

Sie erhalten Bargeld auch mit Reiseschecks oder Ihrer Kreditkarte (Visa oder Master-Card), nicht aber mit EC-Kar-

Logo der Banco Financiero Internacional

te. Die meisten Touristen lösen ihre Reiseschecks an der Hotelrezeption ein, doch die Kommission der Hotels ist mit 4 Prozent höher als die der Banken, wo 2–3 Prozent verlangt werden. Sie können Reiseschecks auch als Zahlungsmittel verwenden. Zum Ankauf von Pesos empfiehlt sich die Wechselstuben-Kette CADECA. Man findet sie oft in der Nähe von *tiendas* oder Märkten.

Für finanzielle Transaktionen wie Überweisungen oder telegrafische Geldanweisungen wenden Sie sich am besten an die Zentralen der internationalen Banken Banco Nacional de Cuba oder Banco Financiero Internacional in Havanna.

KREDITKARTEN

ALLE HOTELS und viele von Touristen besuchte *tiendas*, in denen mit Dollar gezahlt wird, akzeptieren Kreditkarten nichtamerikanischer Banken. Bei Problemen mit Ihrer Kreditkarte wenden Sie sich an das **Centro de Tarjetas de Crédito** in Havanna.

Es ist jedoch ratsam, einen gewissen Betrag an Bargeld mitzuführen, das Sie für kleinere Ausgaben wie Trinkgeld oder Souvenirs verwenden können.

Hübsche klassizistische Fassade einer Bank in Santa Clara

AUF EINEN BLICK

BANKEN

Banco Financiero Internacional
Calle 3 y 18, Miramar, Havanna.
📞 (7) 204 1701.

Banco Nacional de Cuba
Calle Agular 456,
Habana Vieja, Havanna.
Karte 4 E2.
📞 (7) 8 628 896, 8 623 979.

24-H-WECHSELSTUBEN

Cash BFI
Calle Santo Tomás 565,
e/ Enramada y Aguilera,
Santiago de Cuba.
📞 (226) 622 073.

Cash BNC
Aeroporto José Martí,
Terminal 1, Havanna.
📞 (7) 8 454 954.
📠 (7) 8 335 743.

Cash Cadeca
Aeroporto José Martí,
Terminal 2, Havanna.
📞 (7) 8 335 901.

Cash Cadeca
Aeroporto di Varadero.
📞 (5) 613 016.

KREDITKARTEN

Centro de Tarjetas de Crédito
Ave. 23, e/ L y M,
Vedado, Havanna. **Karte** 2 E2.
📞 (7) 8 334 444.

WÄHRUNG

DIE PARALLELE Verwendung von Peso und US-Dollar hat auch Auswirkungen auf den sozialen Bereich. Die im Tourismus arbeitenden Kubaner werden in Dollar bezahlt und verdienen daher deutlich mehr als ihre Landsleute. Besucher müssen so gut wie alles in Dollar zahlen, sogar das Essen in *paladares (siehe S. 262)*. Die *pesos convertibles* (konvertierbare Pesos), die den Umlauf der US-Währung verringern sollen, können wie Dollar verwendet werden. Ein Dollar entspricht 1 Peso Convertible und ca. 26 nationalen Pesos.

Münzen

100 Centavos *sind 1 nationaler* Peso*. Es gibt folgende kubanische Münzen: 1 Centavo (»kilo«), 2 Centavos, 5 Centavos (»medio«, für Telefonate), 10 Centavos, 20 Centavos (»peseta«, für Telefonate), 25 Centavos sowie 1 und 3 Pesos (Die 3-Peso-Münze ziert Che Guevaras Konterfei).*

3 Pesos

1 Peso

25 Centavos

10 Centavos

5 Centavos

1 Centavo

Banknoten

Kubanische Banknoten gibt es in 1, 3, 5, 10, 20, 50 und 100 Pesos*. Sie haben alle unterschiedliche Farben. Vorsicht: Aufgrund des gleichen Namens besteht leicht Verwechslungsgefahr mit den konvertierbaren* Pesos*.*

5 Pesos

10 Pesos

20 Pesos

Konvertierbare Pesos

Die Banknoten des Peso Convertible *gibt es in 1, 3, 5, 10, 20, 50 und 100* Pesos Convertibles*. Die Münzen (5, 10, 25, 50 Cents bzw. 1 Peso) tragen den Schriftzug »Intur«. Diese künstliche Touristenwährung entspricht dem Wert des US-Dollar, ist aber außerhalb Kubas wertlos.*

1 Peso Convertible (= 1 US-Dollar)

10 Pesos Convertibles (= 10 US-Dollar)

10 Centavos   25 Centavos

REISEINFORMATIONEN

DIE MEISTEN Touristen kommen per Flugzeug nach Kuba. Es gibt Linien- und Charterflüge aus Europa, Kanada, Mittel- und Südamerika und sogar einige Sonderflüge aus den USA. Die Inlandsverbindungen sind gut, jede Provinz hat mindestens einen Flughafen. Von den insgesamt 30 Flughäfen werden neun von internationalen Fluglinien bedient. An allen Flughäfen stehen Ihnen Taxis für einen eventuellen Hoteltransfer zur Verfügung. Sie können auch gleich einen Leihwagen mieten, zumal das Autofahren die beste Möglichkeit ist, um sich auf Kuba fortzubewegen. Vom José-Martí-Flughafen aus bietet die Gesellschaft Vaivén einen Shuttleservice in die Stadtmitte von Havanna an. Auf Cayo Largo gibt es einen Flughafen mit internationalen Verbindungen. Die Isla de la Juventud ist über einen Inlandsflughafen und Fähren mit dem restlichen Kuba verbunden.

Kubanische Fluggesellschaft

ANREISE MIT DEM FLUGZEUG

KUBA IST über Linien- und Charterflüge verschiedener großer Fluggesellschaften mit Europa und dem Rest der Welt verbunden.

Die meisten Touristen kommen mit Charterflügen nach Kuba. Bei Linienflügen müssen meist ein oder mehrere Zwischenlandungen in Kauf genommen werden, Direktflüge aus Deutschland, Österreich oder der Schweiz stehen zurzeit nicht auf den Flugplänen der großen Gesellschaften. Nach Kuba fliegen beispielsweise Air Europa (über Madrid), Air France (über Paris), Iberia (über Madrid), Martinair Holland (im Verbund mit KLM über Amsterdam) sowie die kubanische Fluggesellschaft Cubana de Aviación, die auch über Madrid fliegt. Mit dieser Gesellschaft besteht die Möglichkeit, schon von Europa aus Innerlandflüge auf Kuba zu buchen.

Charterflüge nach Kuba bieten z. B. Condor und LTU an. Wer sich für diese Art des Reisens entscheidet, hat den Vorteil von Direktverbindungen. So fliegen Condor und LTU mittlerweile von Düsseldorf und München ohne Zwischenstopp auf die Antilleninsel.

In der Regel fliegen die Airlines den Flughafen José Martí in Havanna an. Auch Holguín und Varadero sind häufige Ziele, besonders bei Pauschalreisen und Charterflügen. Die durchschnittliche Flugzeit beträgt ohne Zwischenlandung etwa zehn Stunden.

Eingang zum José-Martí-Flughafen in Havanna

ORT	FLUGHAFEN	☎ INFORMATIONEN	ENTFERNUNG ZUM ORT BZW. ZUM TOURISTENZENTRUM
Havanna	José Martí	(7) 335 777	Stadtmitte: 25 km
Varadero	Juan Gualberto Gómez	(5) 613 016	Stadtmitte: 6 km
Cayo Largo del Sur	Vilo Acuña	(5) 481 00	*(mitten auf der Insel)*
Camagüey	Ignacio Agramonte	(322) 610 00	Stadtmitte: 9 km
Holguín	Frank País	(24) 425 512	Stadtmitte: 13 km
Santiago de Cuba	Antonio Maceo	(226) 691 014	Stadtmitte: 5 km
Manzanillo	Sierra Maestra	(23) 530 19	Stadtmitte: 8 km
Ciego de Ávila	Máximo Gómez	(33) 325 25	Cayo Coco: 80 km
Cienfuegos	Jaime González	(432) 58 68	Stadtmitte: 5 km

FLUGHÄFEN

AUF KUBA gibt es neun internationale und 21 nationale Flughäfen. Der größte internationale Flughafen heißt José Martí und liegt 18 Kilometer südlich von Havanna. Dieser moderne und relativ gut organisierte Flughafen wird am häufigsten von internationalen Fluglinien angeflogen. Charterflüge landen im Terminal II, Linienflüge im Terminal III, Terminal I wird ausschließlich für Inlandsflüge genutzt.

Die anderen internationalen Flughäfen werden von Chartermaschinen angeflogen. Varadero ist hier der häufigste Zielflughafen.

Schild des internationalen Terminals am Flughafen Havanna

ANREISE MIT DEM SCHIFF

AUFGRUND DES strikten US-Embargos existiert keine Fährverbindung zwischen Kuba und Nord- und Südamerika. Allerdings steigt langsam die Zahl der Kreuzfahrtschiffe, die auf Kuba anlegen und auch Privatyachten sind in den zahlreichen Häfen äußerst willkommen.

Zu den wichtigsten Yachthäfen gehören: der Marina Hemingway Hafen in Havanna, Maria La Gorda in der Provinz Pinar del Rio, Varadero, Cayo Coco, Bahia de Naranjo de Guardalavaca, Punta la Gorda bei Santiago de Cuba und Jucaro in der Provinz Ciego de Ávila.

Bei Überschreitung der 12-Meilen-Zone muss die Yacht Funkkontakt mit dem entsprechenden Hafen aufnehmen. Zuständige Behörden sind *Autoridad Porturaria* und die Küstenwache Kubas.

Bei der Einreise über das Meer werden folgende Dokumente benötigt: Reisepässe aller Schiffsinsassen, Schiffspapiere, Namen und Registriernummer des Schiffes und die Zollpapiere *(zarpe)* des zuletzt angelaufenen Hafens.

Vor allem in den letzten Jahren entwickelte sich Kuba zu einer beliebten Anlaufstelle privater Yachten. Grund dafür ist vor allem die freundliche Aufnahme auf der Insel.

ORGANISIERTE TOUREN UND PAUSCHALREISEN

FLUGPREISE variieren abhängig von Fluggesellschaft und Jahreszeit. Die Preise steigen in der Hochsaison, im Juli und August, an Weihnachten und Ostern. Doch auch im restlichen Jahr ist Kuba kein billiges Reiseland. Die preiswertere Variante ist oft eine Pauschalreise, inklusive Flüge und Hotels, gebucht von einem Reiseveranstalter. Ihre Agentur kann Ihnen bei der Entscheidung helfen, welche Reise am besten auf Sie zugeschnitten ist. Normalerweise gibt es Ermäßigungen für Kinder unter zwölf Jahren. Urlauber mit speziellen Interessen können auch entsprechende Reisen buchen. Besonders Spezialreisen mit einem Schwerpunkt auf Sport, wie z. B. Tauchen, Wassersport, Reiten Wandern oder Salsatanzkurse, erfreuen sich großer Beliebtheit. Doch Kuba bietet ebenfalls hervorragende Möglichkeiten für Gesundheitsferien mit medizinischen Behandlungen oder einen entspannenden Wellnessurlaub. Auch der Ökotourismus ist eine expandierende Branche *(siehe S. 246).*

Ein Flugzeug landet auf Cayo Largo, einem internationalen Ferienzentrum

Auf Kuba unterwegs

WENN SIE NUR WENIG ZEIT zur Verfügung haben, um Kuba zu bereisen, nehmen Sie am besten das Flugzeug, denn es ist das einzige schnelle Verkehrsmittel der Insel. Die Verbindungen der beiden kubanischen Fluggesellschaften Cubana de Aviación und Aerocaribbean sind gut. Züge sind deutlich billiger, aber auch deutlich langsamer. Es stehen Ihnen zudem Touristenbusse zur Verfügung, die Transfers in alle Touristenressorts und Provinzhauptstädte anbieten. Sie sind mittlerweile komfortabler geworden und setzen sich immer mehr durch.

Flughafen Nueva Gerona auf der Isla de la Juventud

BUCHUNG UND CHECK-IN BEI INLANDSFLÜGEN

VON HAVANNA werden folgende Ziele angeflogen: Baracoa, Bayamo, Camagüey, Cayo Coco, Cayo Largo, Ciego de Ávila, Cienfuegos, Guantánamo, Holguín, Las Tunas, Manzanillo, Moa, Nueva Gerona, Playa Santa Lucía, Santa Clara und Santiago de Cuba.

Für Flugtickets müssen Sie nicht persönlich in ein Büro der **Cubana de Aviación** oder der **Aerocaribbean** gehen; buchen Sie einfach über jedes beliebige Reisebüro, das Ihnen übrigens kei-

ne Gebühren dafür berechnet. Sie sollten jedoch frühzeitig reservieren, insbesondere in der Hochsaison. Check-in ist 60 Minuten vor Abflug, und erlaubt ist ein Reisegepäck von maximal 20 kg.

Inlandsflüge sind ca. doppelt so teuer wie Züge oder Busse. Bei Cubana sparen Sie bei gleichzeitiger Buchung mit einem internationalen Flug 25 Prozent. Kinder unter zwei Jahren reisen umsonst, Jugendliche unter 18 Jahren zahlen ein Drittel des Normalpreises.

Die Flugzeuge selbst sind nicht immer neue Modelle und der Service ist eventuell eher karg, doch die Besatzung ist erfahren und verlässlich.

SCHIFFE UND FÄHREN

FALLS SIE AUSREICHEND Zeit mitbringen, können Sie die Isla de la Juventud auch auf dem Seeweg anstatt auf dem Luftweg erreichen. Abfahrt ist am Hafen von Batabanó an der Südküste der Provinz Havanna, 60 km von der Hauptstadt entfernt. Sie haben zwei Möglichkeiten: eine Fähre mit drei Decks und einer Überfahrt von sechs Stunden (nur Dienstag, Mittwoch, Freitag und Sonntag) oder ein Express-Tragflügelboot mit einer Transferdauer von nur zwei Stunden (täglich von 10 bis 16 Uhr). Tickets erhalten Sie am Steg, es ist keine Vorausbuchung nötig.

Neuerdings gibt es auch einen täglichen Transfer zwischen Varadero und Havanna in eleganten Katamaranen, die der Schifffahrtsgesellschaft Dodero Argentine gehören und von Cubanacán geführt werden. Die Katamarane fahren morgens von Marina Chapelín in Varadero ab und legen am Kreuzfahrtterminal in Havanna an; die Rückfahrt ist am späten Nachmittag. Der Transfer dauert zweieinhalb Stunden bei einer Geschwindigkeit von 35 Knoten. Die Schiffe sind klimatisiert, verfügen u. a. über ein Solarium und können 380 Passagiere aufnehmen.

Inlandsjet der Cubana de Aviación

Eine *lanchita*, ein Wasserbus, der mehrere Orte um die Bucht von Havanna miteinander verbindet

In Havanna, Santiago und Cienfuegos gibt es auch Wasserbusse oder Fähren namens *lanchas* oder *lanchitas*. Sie verkehren zwischen verschiedenen Orten in den jeweiligen Buchten.

Kleinere Fähren verbinden die Nordküste von Pinar del Río mit Cayo Levisa.

ZÜGE

D̲AS ÖFFENTLICHE Schienennetz ist 4881 km lang und verbindet alle Provinzhauptstädte miteinander. In den vergangenen Jahren wurde der Service erweitert und etwas verbessert. Dennoch ist die Beförderung alles andere als modern und sauber. Nehmen Sie es etwas Proviant mit, da es in der Regel keine Erfrischungen gibt.

Die Züge auf den Hauptverbindungsstrecken verkehren mindestens einmal am Tag, ihre Ankunftszeiten sollte man allerdings großzügig sehen.

Die Sonderzüge *»especiales«*, die auf Langstrecken wie Havanna–Santiago eingesetzt werden, haben verstellbare Sitze, Klimaanlage (falls sie funktioniert) und bieten Erfrischungen an.

Informationen zu Fahrplänen und Fahrkarten (Touristen müssen in Dollar zahlen) erhalten Sie in den **Ferrotur**-Büros am Bahnhof von Havanna oder bei der Agentur LADIS, die auch Fahrkarten für lange Reisen verkauft.

Das Gute an Bahnreisen auf Kuba ist die Tatsache, dass Sie selbst in der Hochsaison so gut wie immer einen Sitzplatz finden, ohne im Voraus reservieren zu müssen. Zugfahren ist eine angenehme und gesellige Alternative für alle, die Zeit, Geduld und einen kleinen Geldbeutel haben.

Fassade des Bahnhofs in Morón

BUSSE

D̲IE MODERNEN BUSSE der Gesellschaft **Víazul** bieten Transfers zu den großen Städten und Touristenressorts in Kuba. Sie verbinden Havanna mit Santiago (über Santa Clara, Ciego de Ávila, Camagüey, Las Tunas, Holguín und Bayamo), Varadero, Trinidad und Viñales. Es gibt auch eine Direktverbindung zwischen Varadero und Trinidad.

Vorteil ist, dass die Viazul-Busse sehr komfortabel und pünktlich sind. Allerdings machen sie, zumindest auf der Strecke zwischen Havanna und Santiago, in allen Provinzhauptstädten Zwischenstopps, was die Reise ziemlich in die Länge zieht. Die Sitzlehnen können (geringfügig) nach hinten verstellt werden und es gibt Toiletten und eine Minibar für die Passagiere. Die Klimaanlage ist immer voll aufgedreht; Sie sollten also immer einen Pullover oder eine Jacke bei sich haben.

Reisebüros vermitteln auch Hotels mit einem Minibus-Shuttleservice, der die Gäste zu nahe gelegenen Touristenressorts bringt.

Minibus für Touristen

Bus der Linie Víazul

Mit dem Auto unterwegs

Eines der neuen Straßenschilder, die auf dem Land zu sehen sind

DAS HINTERLAND VON KUBA erkunden Sie am besten mit dem Auto. So werden Sie Entdeckungen machen, die Ihnen sonst verborgen bleiben würden. Es empfiehlt sich, die Strecke und Zwischenstopps im Voraus festzulegen. Dazu brauchen Sie in jedem Fall eine gute Landkarte. Fahren Sie nicht zu schnell und parken Sie immer auf bewachten Parkplätzen. Im Sommer ist es aufgrund der Hitze ratsam, früh aufzubrechen. Sie werden viele Anhalter am Straßenrand sehen. Sie müssen niemanden mitnehmen, doch wird es sehr positiv aufgenommen – schließlich ist das Trampen auf Kuba eine ganz normale Art der Fortbewegung *(siehe S. 291)*.

Geschwindigkeitsbegrenzung nicht überschreiten, da Sie immer wieder auf unbeschrankte Bahnübergänge oder Tiere auf der Fahrbahn treffen.

Die meisten Schlaglöcher und Unebenheiten haben die Straßen in Ostkuba, doch auch die Straßenbeläge in den Städten sind teilweise holprig.

BENZIN

BENZIN ERHALTEN SIE überall auf der Insel gegen Dollar an den zahlreichen Servi-Cupet-Tankstellen. Viele sind sogar rund um die Uhr geöffnet. Außerhalb von Ortschaften werden sie allerdings seltener. Sie sollten daher sicherheitshalber immer volltanken.

Fragen Sie Ihren Autoverleih nach der kostenlosen *automapa*, auf der alle Servi-Cupet-Tankstellen eingetragen sind, die es in Kuba gibt.

LANDKARTEN

EINE GUTE LANDKARTE ist Gold wert. *Tiendas* und Buchläden (z. B. in Hotels) verkaufen Landkarten des Verlags Ediciones GEO, die sehr zu empfehlen sind.

In Reisebüros und Autoverleihs erhalten Sie kostenlos Landkarten und Broschüren.

Lastwagen mit Anhaltern auf der Autopista Nacional (Schnellstraße)

STRASSEN-VERKEHRSORDNUNG

IN KUBA HERRSCHT Rechtsverkehr. Die Geschwindigkeitsbegrenzung für PKWs beträgt 20 km/h in Parkzonen, 40 km/h bei Schulen, 50 km/h in Ortschaften, 60 km/h auf unbefestigten Straßen und in Tunnels, 90 km/h auf asphaltierten Straßen und 100 km/h auf der Schnellstraße.

Schilder auf der *Autopista* (Schnellstraße) weisen Sie oft an, Ihre Geschwindigkeit auf 50 km/h zu drosseln: ignorieren Sie diese Schilder nicht, denn oft folgen darauf Straßensperren. Die Polizei ist Touristen gegenüber recht tolerant, doch bei Geschwindigkeitsüberschreitungen erlischt eventuell Ihr Versicherungsschutz.

In Ortschaften sollten Sie nicht mit Fernlicht fahren. Das Anlegen von Sicherheitsgurten ist empfohlen, aber nicht Pflicht. Die Straßenschilder sind international; auf Landstraßen gibt es auch weitere Schilder, die vor einer Kreuzung oder einem gefährlichen Straßenabschnitt warnen *(siehe S. 293)*.

STRASSENNETZ

DIE CARRETERA CENTRAL ist eine alte, enge und nicht sonderlich gut ausgebaute Verbindungsstraße von Pinar del Río über alle Provinzhauptstädte nach Guantánamo. Einzige Schnellstraße in Kuba ist die Autopista Nacional oder ›Ocho Vías‹; sie führt von Pinar del Río nach Jatibonico in der Nähe von Sancti Spíritus (die Strecke Holguín–Santiago de Cuba wird gerade gebaut) und ist mautfrei. Sie ist in einem guten Zustand, doch sollten Sie die

Mietwagen an einer Servi-Cupet-Tankstelle

NUMMERNSCHILDER

Kubanische Nummernschilder haben je nach Besitzer des Wagens unterschiedliche Farben. Über der Nummer steht die Fahrzeugkategorie: »estatal« bezeichnet ein Fahrzeug einer staatlichen Organisation, »particular« ist ein Privatauto, »turismo« kennzeichnet einen Mietwagen und »empresa« sieht man auf Firmenwagen.

Staatliches Fahrzeug

Privatauto

Mietwagen

SICHERHEIT AUF DER STRASSE

DIE GRÖSSTE GEFAHR auf kubanischen Straßen geht von langsamen Fahrzeugen aus: Kutschen, Traktoren oder Radfahrer haben die Angewohnheit, mitten auf der Straße zu fahren. Es ist sehr zu empfehlen, zu hupen, bevor Sie zum Überholen ansetzen.

Der Einsatz der Hupe ist auch vor scharfen Kurven oder beim Überholen von Lastwagen angebracht. (Sie haben teilweise keine Rückspiegel.)

Es ist verboten, tagsüber mit Licht zu fahren, außer bei starkem Nebel. Nachts sollten Sie aufgrund der schlechten Sicht möglichst nicht außerhalb von Ort-

schaften unterwegs sein. Die Straßen sind nicht beleuchtet. So werden Tiere, Fußgänger und auch Radfahrer, deren Fahrräder nur selten Lichter haben, nur allzu leicht übersehen.

Geben Sie zu jeder Tageszeit nach Regenfällen besonders auf Aquaplaning acht (siehe S. 293). Im Gebirge kann es zu Steinschlag kommen.

Touristen auf einem Motorroller

MIETWAGEN

UM IN KUBA EIN AUTO mieten zu können, müssen Sie dem Autoverleih einen gültigen Führerschein Ihres Heimatlandes oder einen internationalen Führerschein sowie Ihren Reisepass vorlegen und über 21 Jahre alt sein. Die größten Autoverleiher sind **Transautos**, **Havanautos**, **Cubacar** und **Vía Rent a Car**. Die ersten beiden Gesellschaften haben ein gutes Netzwerk überall auf der Insel mit zahlreichen Niederlassungen in Hotels und an Servi-Cupet-Tankstellen. Die beiden anderen Autoverleiher haben nur in den großen Städten Büros.

Mietwägen können an den meisten Flughäfen in Empfang genommen und zurückgegeben werden, aber Sie sollten sie lange im Voraus reservieren, besonders in der Hochsaison, wenn die kleinen, günstigen Modelle sehr gefragt sind. Gezahlt wird im Voraus und Sie müssen entweder eine Kaution in bar oder einen Kreditkartenabdruck hinterlegen. Wenn Sie den Wagen nicht an

demselben Ort zurückgeben möchten, an dem sie ihn abgeholt haben, wird dies höher berechnet. Außerdem müssen Sie bei Verlust des Mietwagenvertrags eine Strafe zahlen.

Es gibt zwei verschiedene Zusatzversicherungen. Entweder sie decken Unfälle, nicht aber Diebstahl ab oder aber alles bis auf Reifenpannen. Bei einem Unfall benötigen Sie eine Kopie des Polizeiberichts, die Sie dann an den Autoverleih weiterleiten sollten.

Für bestimmte Teile der Insel, wie ganz im Westen oder Osten, mieten Sie am besten ein Allradfahrzeug, um mit den Widrigkeiten der Straße fertig zu werden.

Größere Gruppen können bei **Cubamar**, **Cubanacán** oder **Transgaviota** auch einen Minibus mieten. Es werden auch Motorroller vermietet.

AUF EINEN BLICK

MIETWAGEN

Cubacar (Cubanacán)
Calle 1ra. 16401, Miramar, Havanna. ℂ (7) 8 332 277.

Havanautos (Havanatur)
Calle 1e/0 y 2, Miramar, Havanna. ℂ (7) 204 0647, 203 9833.

Transautos
Calle 40, e/ A y 3, Miramar, Havanna. ℂ (7) 204 7644. Reservierung und Pannen: (7) 204 5532.

Vía Rent a Car (Gaviota)
Calle 47 e/34 y 41 dep. Kohly, Playa. ℂ (7) 204 3606, 204 4455.

MINIBUSSE

Cubamar
Carretera Vieja de Cojímar km. 1,5, La Habana del Este, Havanna. ℂ (7) 8 973 620.

Cubanacán
Calle 17 y 296, Santa Fe, Playa, Havanna. ℂ (7) 204 1890.

Transgaviota
Ave. del Puerto 102, Habana Vieja. Karte 4 F2. ℂ (7) 8 666 777.

Aufgrund des teilweise schlechten Zustands der Straßen empfiehlt sich Allradantrieb

In Havanna unterwegs

D ER STRASSENVERKEHR IN HAVANNA nimmt immer mehr zu, ist aber bei weitem nicht vergleichbar mit dem einer europäischen Großstadt. Die Benutzung öffentlicher Verkehrsmittel ist oft ein nervenaufreibendes Unterfangen. Dies gilt allgemein für alle kubanischen Städte. Dafür gibt es jede Menge Taxis oder die neuen *Cocotaxis*, in denen Sie sicher und schnell durch die Stadt kommen. Und in Habana Vieja und Centro Habana ist es sowieso zu Fuß am schönsten.

Verkehr am Capitolio: Rikschas, Straßenkreuzer und ein *Camello*

ZU FUSS IN HAVANNA

H AVANNA IST EINE riesige Stadt, und jeder Stadtteil *(municipio)* erstreckt sich über Kilometer. Das Zentrum selbst (das auf den Seiten 56–105 beschriebene Gebiet) kann man sehr gut zu Fuß erkunden. Überdies ist es eine Wohltat, entlang der Uferpromenade des Malecón, durch die Alleen des Vedado-Viertels oder durch den alten Kolonialteil der Stadt zu flanieren und auf einem gemütlichen Spaziergang versteckte Details an Straßenecken und Häusern zu entdecken.

Taxis finden Sie am besten an den Hauptverkehrsadern wie der Calle 23 in Vedado. Wenn Sie sich verlaufen, fragen Sie am besten einen Einheimischen nach dem Weg; die Kubaner sind allgemein Touristen gegenüber sehr zuvorkommend und hilfsbereit.

BUSSE

B USFAHREN IN HAVANNA kann zum reinen Abenteuer werden. Bringen Sie für jede Strecke viel Zeit und Geduld mit. Spanischkenntnisse sind in jedem Fall hilfreich. Achten Sie immer auf die Nummer und die Route des Busses, den Sie besteigen, denn an den Bushaltestellen gibt es keine Fahrpläne, an denen Sie die Haltestellen ablesen könnten. Sie sollten an jeder Haltestelle nachfragen, wer der Letzte *(último* bzw. *última)* in der Reihe für Ihr Ziel *(ruta)* ist. Denn es gibt eine geordnete Warteschlange, die sich bei der Ankunft eines Busses neu organisiert, auch wenn es Ihnen nicht so vorkommen mag.

Die Passagiere steigen vorne ein und bezahlen den Busfahrer mit Kleingeld und ausschließlich in nationalen Pesos. Eine Busfahrt kostet nicht viel (unter 1 Peso), aber Sie bekommen dafür nicht viel geboten: Es gibt nicht viele Sitze, die Busse sind meistens überfüllt, und die Hitze ist oft erdrückend.

Bereiten Sie sich frühzeitig auf das Aussteigen vor, da die Ausgangstür gerne von Passagieren blockiert ist. Geben Sie auf Ihre Habseligkeiten wie Geldbörse und Handtasche acht – Busse sind ein Eldorado für Taschendiebe.

Abgesehen von den normalen Bussen gibt es zudem den so genannten *Ciclobus*, der auch Fahrräder befördert, sowie den *Camello*, eine Art Sattelschlepper für Passagiere. *Camellos* sind groß, aber unbequem und waren gedacht als Ersatz für die Ende der 1980er Jahre geplante, aber dann doch nicht realisierte U-Bahn.

Derzeit können Sie nur in den klimatisierten Vaivén-Minibussen in Dollar bezahlen. Sie sind günstig, verkehren zwischen dem Flughafen und dem Zentrum und halten vor den großen Hotels.

Ciclobusse befördern Personen und Fahrräder innerhalb der Stadt

TAXIS

D AS WOHL SICHERSTE und bequemste Verkehrsmittel in Havanna ist das Taxi. Viele Autos tragen die Aufschrift TAXI, aber nicht alle sind berechtigt, Touristen zu befördern. Die offiziellen Taxis sind leicht zu erkennen: Sie sind neu, gut gepflegt,

Den Spitznamen »Kamelbus« verdankt der *Camello* seiner ungewöhnlichen Form

bequem und meistens klimatisiert. Benutzen Sie keine illegalen Taxis, denn sie sind nicht versichert und meistens sogar teurer. Die Taxigesellschaften sind **Transgaviota**, **Ok Taxi**, **Turistaxi**, **Fénix**, **Habanataxi**, **Transtur** und **Panataxi**. (Letztere sind am billigsten.)

Taxis können entweder per Telefon angefordert oder auf der Straße angehalten werden. Taxistände gibt es vor Hotels, am Flughafen und an folgenden Stellen in Habana Vieja: bei der Plaza de Armas hinter El Templete an der Ecke zur Avenida del Puerto sowie im Parque Central an der Ecke der Calle Empedrado zu Tacón.

COCOTAXIS

FÜR TOURISTEN WURDE ein originelles Transportmittel eingeführt: das *Cocotaxi*, ein eiförmiger gelber Roller, der zwei Personen plus Fahrer befördern kann. Es ist ungefähr so teuer wie ein Taxi, es gibt aber weder Taxameter noch Quittungen. Für kurze Strecken ist es ganz praktisch. Die *Cocotaxis* gehören mittlerweile in fast allen kubanischen Städten zum Stadtbild. In Trinidad verkehren sie zwischen der Innenstadt und Playa Ancón.

PFERDEKUTSCHEN

IN HABANA VIEJA können Sie eine Stadtrundfahrt in einer Pferdekutsche unternehmen – perfekt restauriert und teilweise im Kolonialstil haben

In einem staatlichen Taxi kommen Sie am schnellsten durch die Stadt

diese Gefährte nichts mit den gewöhnlichen Kutschen der Einheimischen zu tun, die Sie sonst auf den Straßen sehen. Billig ist eine solche Kutschenfahrt nicht, aber eine beschauliche Art der Beförderung für Romantiker.

Die Kutschen starten auf dem Platz zwischen der Calle Empedrado und der Calle Tacón.

Cocotaxi, ein ungewöhnlicher Dreisitzer für Touristen

RIKSCHAS

UMWELTFREUNDLICHER, aber etwas langsamer als Taxis sind die Rikschas, die in Kuba *bicitaxis* genannt werden. Sie sind bei Einheimischen und Touristen gleichermaßen beliebt. Rikschas sind hauptsächlich in Habana Vieja unterwegs und stehen oft auch vor Hotels.

IM AUTO IN HAVANNA

AUTOFAHRER, DIE HEKTISCHEN Stadtverkehr gewohnt sind, werden in Havanna keinerlei Probleme haben. Gefährliche Situationen entstehen höchstens durch Radfahrer, Fußgänger und frei laufende Hunde. Fahren Sie stets langsam, und versuchen Sie, den zahlreichen Schlaglöchern und Unebenheiten auszuweichen. Die Beschilderung ist allgemein gut.

In der Innenstadt gibt es zwei Tunnels. Der erste führt unter dem Almendares hindurch und verbindet Vedado mit Miramar *(siehe S. 109)*. Der zweite beginnt an der Plaza Mártires der 71 hinter dem Castillo de la Punta und führt auf die andere Seite der Bucht und zu den Festungen Morro und Cabaña *(siehe S. 110f)*. So gelangen Sie auch schnell zu den Stränden in Habana del Este *(siehe S. 113)*. Eine Alternative dazu ist der unübersichtliche Weg über die lange, kurvige Hafenstraße.

AUF EINEN BLICK

TAXIS

Fénix
(7) 8 639 580,
8 622 526, 8 639 720.

Habanataxi
(7) 8 419 600.

Ok Taxi
(7) 204 1446, 204 9518.

Panataxi
(7) 8 555 555.

Transgaviota
(7) 8 666 777.

Transtur
(7) 8 335 543.

Turistaxi
(7) 8 335 041.

Pittoreske Pferdekutsche in der Calle Obispo in Habana Vieja

Textregister

Zahlen in **Fettdruck** verweisen
auf Haupteinträge.

Danksagung und Bildnachweis

DER VERLAG bedankt sich bei allen, die an der Herstellung dieses Buches mitgewirkt haben:

KARTENKOORDINATOR
Dave Pugh.

DTP-MANAGER
Jason Little.

REDAKTIONSLEITUNG
Anna Streiffert.

LEITUNG BILDREDAKTION
Jane Ewart.

VERLAGSLEITUNG REISEFÜHRER
Gillian Allan.

VERLEGER
Douglas Amrine.

DORLING KINDERSLEY möchte all jenen danken, durch deren Arbeit und Unterstützung dieses Buch erst möglich wurde.

HAUPTAUTORIN
IRINA BAJINI hat sich auf hispanisch-amerikanische Sprachen spezialisiert. Sie lebt in Mailand und Havanna. Zu ihren veröffentlichten Arbeiten zählen ein Konversationshandbuch, ein kubanisch-italienisches Wörterbuch und ein Buch über die *santería*-Religion. Zudem hat sie mehrere kubanische Bücher übersetzt.

WEITERE AUTOREN
ALEJANDRO ALONSO, Experte für kubanische Kunst, arbeitet als Journalist und Kritiker. Er hat mehrere Essays veröffentlicht und Kunstausstellungen in Kuba und im Ausland organisiert. Der einst stellvertretende Direktor des Museo de Bellas Artes leitet nun das Museo Nacional de la Cerámica in Havanna, das er 1990 gegründet hat.

MIGUEL ANGEL CASTRO MACHADO ist der zweite *historiador de la ciudad* in Baracoa. Er unterrichtet hispanisch-amerikanische Literatur an der Universität von Santiago de Cuba.

ANDREA G MOLINARI ist Geschäftsführer der Fluggesellschaft Lauda Air Italia und nicht nur Experte für kubanische Zigarren, sondern auch leidenschaftlicher Raucher derselben. Er hat ein Buch über kubanische Zigarren geschrieben, das in Italien veröffentlicht wurde.

MARCO OLIVA ist Tauchlehrer und hat sich auf Tauchen in der Karibik spezialisiert. Er hat sich mehrere Zusatzqualifikationen erworben,

beispielsweise für Unterwasserfotografie, Wracktauchen und Meeresbiologie.

FRANCESCA PIANA, Journalistin und Lateinamerika-Expertin, hat zahlreiche Reiseartikel und Reiseführer über Griechenland, Mexiko, Ecuador und Chile verfasst.

REDAKTIONELLE UND GESTALTERISCHE MITARBEIT
Alejandro Alonso, Walfrido La O (Academia de la Historia de Cuba, Havanna), Juan Romero Marcos.
Bei Dorling Kindersley: Monica Allende, Conrad van Dyk, Kathryn Lane, Naomi Peck, Marisa Renzullo, Mary Scott.

LEKTORAT
Stewart J. Wild.

BESONDERER DANK AN:
Archivo fotográfico e histórico de La Habana; Archivo ICAIC; Laura Arrighi (Lauda Air Italia); Bárbara Atorresagasti; Sandro Bajini; Freddy L Cámara; Casa de África, Havanna; Aleida Castellanos (Havanatur Italia); Pedro Contreras (Centro de Desarrollo de las Artes Visuales, Havanna); Vittoria Cumini (Restaurant Tocororo Mailand); Juan Carlos und José Arturo de Dios Lorente; Alfredo Díaz (Restaurant Tocororo, Mailand); Mariano Fernández Arias (Gaviota); Cecilia Infante (Verlag José Martí, Havanna); Jardín Botánico del Parque Lenin; Lien La O Bouzán; Manuel Martínez Gomez (Archiv »Bohemia«); Adrian Adán Gonzalez (Restaurant Tocororo, Mailand); Guillerma López; Chiara Maretti (Lauda Air Italia); Stefano Mariotti; François Missen; Annachiara Montefusco (Cubanacán Italia); Jorge A Morente Padrón (Archipiélago); Orencio Nardo García (Museo de la Revolución); Eduardo Núñez (Publicitur); Mariacarla Nebuloni; Oficina del Historiador de la Ciudad, Havanna; Sullen Olivé Monteagudo (Arcoiris); Angelo Parravicini (Lauda Air Italia); Milagros Pérez (Havanatur Italia); Alicia Pérez Casanova (Horizontes); Josefina Pichardo (Centro de Información y Documentación Turísticas); Richard Pierce; Poder Popular de Isla de la Juventud; Carla Provvedini (Ufficio Turistico di Cuba, Mailand); Quinta de los Molinos, Havanna; Gianluca Ragni (Gran Caribe); Celia Estela Rojas (Museo de las Parrandas de Remedios); Federica Romagnoli; Aniet Venereo (Archipiélago); Yoraida Santiesteban Vaillant; Lucia Zaccagni.

Der Verlag möchte sich ganz besonders bei Andrea G. Molinari bedanken, der die Vorbereitungen für diesen Reiseführer mit viel Enthusiasmus und Bereitschaft unterstützt hat.

BILDQUELLEN
Geocuba, Havanna; Habanos SA.

REPRODUKTIONSRECHTE
Der Verlag möchte sich bei allen Museen,
Hotels, Restaurants, Geschäften oder Sehens-
würdigkeiten für ihre Unterstützung und die
Erlaubnis zum Fotografieren ihrer Anlagen
bedanken.

ERGÄNZENDE FOTOGRAFIE
Gerichte und Getränke: Paolo Pulga mit
freundlicher Unterstützung des Restaurants
Tocororo (Mailand).

BILDNACHWEIS
o = oben; ol = oben links; olm = oben links Mitte;
om = oben Mitte; orm = oben rechts Mitte; or =
oben rechts; gor = ganz oben rechts; mlo = Mitte
links oben; mo = Mitte oben; mro = Mitte rechts
oben; ml = Mitte links; m = Mitte; mr = Mitte
rechts; mlu = Mitte links unten; mru = Mitte rechts
unten; mu = Mitte unten; ul = unten links; ur =
unten rechts; u = unten; um = unten Mitte; uml =
unten Mitte links; umr = unten Mitte rechts.

Wir haben uns bemüht, alle Urheber ausfindig zu
machen und zu nennen. Sollte dies in einigen
Fällen nicht gelungen sein, bitten wir dies zu ent-
schuldigen. In der nächsten Auflage werden wir
versäumte Nennungen nachholen. Der Verlag
bedankt sich bei allen Personen, Behörden, Verei-
nigungen und Bildarchiven für die freundliche
Genehmigung zur Reproduktion ihrer Fotografien.

ALEJANDRO ALONSO, Havanna: 93ml, 95m.

ARCHIVIO MONDADORI, Mailand: Andrea und Anto-
nella Ferrari 149o.

ARCHIVIO RADAMÉS GIRO, Havanna: 28ur, 28ul.

PIERFRANCO ARGENTIERO, Somma Lombardo: 30ul
(alle Fotos), 31ur, 31u, 276mlo, 276mlu.

MARCO BIAGIOTTI, Perugia: 17ul, 25ml, 87o, 91m,
110m, 128, 135m, 135mlu.

CASA DE ÁFRICA, Havanna: 9 (Einschub), 40ul,
42–43m, 42ml, 42ul, 73u.

CENTRO DOCUMENTAZIONE MONDADORI, Mailand:
46or, 47ul, 49or, 49ol, 52u, 87ur, 114ml, 114mr,
114u, 117ul, 163u.

CENTRO HISTORICO DE LA CIUDAD DE LA HABANA,
Havanna: 26m, 26ur, 27or, 40, 41, 43o, 44, 45,
46ul, 47u, 48or, 48u, 49ul, 50ml, 59u, 147ml,
215o.

GIANFRANCO CISINI, Mailand: 57ul, 80or, 111ur,
161u, 169ol, 170m, 171o, 172o, 184m, 217mlu,
227m.

RAUL CORRALES, Havanna: 50–51M.
CUBANACÁN, Mailand: A Cozzi 295u.

MARTINO FAGIUOLI, Modena: 22mro, 22mlu, 32or,
32ul, 32ur, 33ur, 51ol, 86mr, 178or, 216u, 220m,
221ol, 221or, 221m, 222ol, 223u, 222ur, 224ol, 225
mlo, 225m, 225ur, 229ol, 229u, 230m, 231m, 232o,
232u, 238m, 238u, 239o, 239u, 306o.

FARABOLAFOTO, Mailand: 49mr, 50or, 51or, 52or,
53ul, 57ol, 66ml.

PAOLO GONZATO, Mailand: 12ol, 16m, 18mru *(aura
tiñosa)*, 18mru (Ochse), 27m, 28or, 29or *(claves)*,
29or *(güiro)*, 32–3m, 33ur, 33u, 53mu, 75ur (alle
Fotos), 126ur, 151, 156o, 159o, 168o, 168u,
169mu, 169ul, 169ur, 174, 176u, 178ol, 178mlu,
180ol, 180or, 180m, 184mro, 184mlu, 184mru,
184u, 185o, 187ul, 188u, 190m, 197u, 208ol,
208ol, 209o, 216o, 227o, 230o, 232m, 244u, 264ol,
266mr, 267mlu, 274o, 276ol, 276or, 276mlu, 277ol,
277u (alle Fotos), 279o, 283, 292o, 294m, 304o,
304u, 305ml (alle Fotos), 306m, 307o.

GRAZIA GUERRESCHI, Mailand: 21or, 21ur, 37ol.

HOTEL HABANA LIBRE, Havanna: Sven Creutzmann
244o.

ICAIM, Havanna: 25ul, 27ul, 27ur, 37u.

IMAGE BANK, Mailand: 19 mlu (Flamingo), L Abreu
5o, 211u, C Ansaloni 152u, 161mo, 162or, 162u,
G Bandieri, 58mro, A Cavalli 14m, 16o, 19gor,
21bd, 21ul, 53ur, 54–5, 58mlo, 59or, 59mr, 67ol,
81m, 81ur, 88o, 102ol, 113ur, 116o, 130m, 148m,
149m, 150, 153o, 166u, 172m, 173or, 178ml, 181o,
188o, 189o, 194ol, 212ol, 230u, 234m, 235o,
245m, 290m, 277ul, M Everton 286u, GW Faint
281ol, L King 295o, A Mihich 286o, A Pistolesi
19mro, 140–41, 144u, 146m, 207u, 231u, 240u,
241o, GA Rossi 4u, 12, 18or, 18mro, 33or, 57or,
58ur, 61o, 65u, 66u, 72or, 72mr, 75mu, 85mo, 85u,
87ul, 96, 105u, 110o, 111u, 115or, 115u, 126mr,
127ol, 129, 148o, 148u, 152o, 158o, 159u, 164m,
175, 194m, 228o, 229m, 245u, 262o, 262m,
285mo, 301u, E Vergani 113o, 161m.

STEFANO MARIOTTI, Mailand: 30ur.

KUBANISCHES MINISTERIUM FÜR TOURISMUS, Havanna:
278mr, 280o.

MUSEO NACIONAL DE BELLAS ARTES, Havanna: 24,
25or, 25mr, 38, 92, 93, 94, 95.

PAOLO NEGRI, Mailand: 80mlo, 80u, 144ol, 144m,
146u, 266o, 267u, 276ur.

Marco Oliva, Mailand: 75mlo, 89m, 130u, 132u, 133or, 133m, 133u, 134o, 134ul, 142o, 143 (alle Fotos), 146o, 169or, 187o, 203u, 228m, 246m, 246u, 285u.

Olympia, Mailand: 17mr, 53o, 64u, 284o, 284u.
Prensa Latina, Havanna: 26or, 28um, 29ol, 29ul, 29um, 36m, 47or, 50ul, 51ur, 51ul, 52m, 167u, 198m, 234u, 280u.

Laura Recordati, Mailand: 118o, 118u, 263m.

Lucio Rossi, Mailand: 3, 16u, 18ol, 18mlo, 18mlu (Specht), 18mlu *(cartacuba)*, 18ul, 19ol, 19 trb, 19mlu *(gavilán)*, 19mru *(zunzuncito)*, 19mru (Eidechse), 19ul, 19 ur, 20mo, 20mu, 21ol, 23ur, 33mro, 34o, 35or, 59ml, 69u, 72ol, 72u, 87mru, 98ml, 109u, 114o, 127or, 127u, 132or, 132m, 135ol, 138o, 138m, 139o, 142m, 142u, 149u, 160ol, 160or, 160ul (alle Fotos), 161ol, 162ol, 163o, 163m, 176o, 188m, 189u (alle Fotos), 193o, 193m, 193u, 194or, 194u, 195m, 195u, 205, 206u, 214u, 216m, 217o, 218or, 220or, 225o, 225mro,

226u, 233m, 233u, 235u, 236–7, 238ol, 238or, 240o, 240m, 241m, 241u, 244m, 245o, 246o, 263o, 278u, 287, 293u, 297o, 307u.
Alberto Salazar, Havanna: 29m.

Studio Falletti, Mailand: 31or, 31mlo, 31mr, 31mlu, 134mr, 135or, 135mru.

Buchumschlag:
Alle Fotos sind Spezialfotos, außer:
Paolo Gonzato vordere Umschlagseite mu (Chevrolet); Image Bank vordere Umschlagseite r (Musiktrio); Pierfranco Argentiero vordere Umschlagseite um (Zigarren); South American Pictures: Rolando Pujol Buchrücken u (Mosaik); hintere Umschlagseite (Iglesia de San Francisco de Asís in Trinidad).

Alle anderen Bilder © Dorling Kindersley.
Weitere Informationen finden Sie unter:
www.dkimages.com

Sprachführer

Das auf Kuba gesprochene Spanisch ist dem kastilianischen Spanisch sehr ähnlich. Eine grammatikalische Eigenheit, auf die Besucher achten sollten, ist, dass die zweite Person Plural praktisch nicht verwendet wird: Anstelle von *vosotros* wird meist das Pronomen *ustedes* verwendet. So wird auch das dazugehörige Verb in der dritten Person Plural konjugiert.

Wie im übrigen Lateinamerika wird auch auf Kuba das »z« wie das »s« ausgesprochen, ein »s« am Wortanfang oder vor einem Konsonanten wird gehaucht gesprochen. In diesen kleinen Sprachführer wurden nützliche Wörter und Redewendungen aufgenommen, wobei besonders typisch kubanische Ausdrücke berücksichtigt sind.

KUBANISCHE AUSDRÜCKE

apagón: Stromausfall
babalawo: Priester einer afro-kubanischen Religion
bohío: traditionelles Haus auf dem Land mit einem Blätterdach
carro: Auto
casa de la trova: Bar, in der die traditionelle Musik gespielt wird
batey: Wohnhäuser um eine Zuckerfabrik
cayo: kleine Insel
central: Zuckerpflanze
chama: Kind
criollo: Kreole (Kubaner spanischer Abstammung)
divisas: (*sl.*) Dollar
guagua: Bus
guajiro: Farmer
guarapo: Zuckerrohrsaft
guayabera: traditionelles Männer-hemd aus Baumwolle
ingenio: Zuckerfabrikanlage
jama: Essen, Mahlzeit
eva: Frau
jinetera: Prostituierte oder Gaunerin
jinetero: Strichjunge oder Gauner, der es besonders auf Touristen abgesehen hat
libreta: Lebensmittelkarten
mogote: kegelförmiger Hügel
moneda nacional: Pesos (»nationale Währung«)
moros y cristianos: Reis & schwarze Bohnen (»Mauren und Christen«)
orisha: Gottheit der *santería*-Religion
paladar: privat geführtes Restaurant
puro: authentische kubanische Zigarre
santero: *santería*-Priester
tabaco: Zigarre mittlerer Qualität
tambor: Fest afrokubanischer religiöser Musik
tienda: Geschäft, in dem nur mit Dollar bezahlt werden kann
trago: alkoholisches Getränk
tunas: Feigenkaktus
zafra: Zuckerrohrernte

Informationen über typisch kuba-nische Gerichte und Getränke: siehe S. 164ff

NOTFALL

Hilfe!	¡socorro!
Stopp!	¡pare!
Rufen Sie einen Arzt!	Llamen un médico
Rufen Sie einen Krankenwagen!	Llamen a una ambulancia
Polizei!	¡policía!
Ich wurde bestohlen!	Me robaron

GRUNDWORTSCHATZ

Ja	sí
Nein	no
Bitte	por favor
Entschuldigung	perdone
Es tut mir Leid	lo siento
Danke	gracias
Hallo	¡buenas!
Guten Tag	buenos días
Guten Abend	buenas tardes
Gute Nacht	buenas noches
Nacht	noche
Morgen	mañana
(Tageszeit und nächster Tag)	
Gestern	ayer
Hier	acá
Wie?	¿cómo?
Wann?	¿cuándo?
Wo?	¿dónde?
Warum?	¿por qué?
Wie geht's?	¿qué tal?
Sehr erfreut!	¡mucho gusto!
Tschüss, bis bald	hasta luego/chau

NÜTZLICHE AUSDRÜCKE

Das ist gut.	está bien/ocá
Sehr gut!	¡qué bien!
Wie lange?	¿Cuánto falta?
Sprechen Sie Deutsch/Englisch?	¿Habla usted alemán/inglés?
Ich verstehe nicht.	No entiendo
Könnten Sie bitte etwas langsamer sprechen?	¿Puede hablar más despacio, por favor?
Einverstanden!	de acuerdo/ocá
Natürlich!	¡Claro que sí!
Gehen wir!	¡Vámonos!

NÜTZLICHE WÖRTER

groß	grande
klein	pequeño
heiß	caliente

kalt	frío
gut	bueno
schlecht	malo
genug	suficiente
gut *(Adv.)*	bien
geöffnet	abierto
geschlossen	cerrado
voll	lleno
leer	vacío
rechts	derecha
links	izquierda
geradeaus	recto
unter	debajo
über	arriba
schnell	pronto/rápido
früh	temprano
spät	tarde
jetzt	ahora
bald	ahorita
mehr	más
weniger	menos
wenig	poco
viel	mucho/muy
zu viel	demasiado
vor	delante
hinter	detrás
erster Stock	primer piso
Erdgeschoss	planta baja
Lift	elevador
Badezimmer	servicios
Damen	mujeres
Herren	hombres
Toilettenpapier	papel sanitario
Fotoapparat	cámara
Film	rollo
Batterien	baterías
Knopfbatterien	pilas
Pass	pasaporte
Visum; Touristenkarte	visa; tarjeta turistica

GESUNDHEIT

Ich fühle mich nicht gut.	Me siento mal
Ich habe Bauch-/Kopf-schmerzen.	Me duele el estómago/la cabeza
Er/Sie ist krank.	Está enfermo/a
Ich möchte mich hinlegen.	Necesito decansar
Apotheke	farmacia

POST UND BANK

Bank	banco
Ich suche eine Wechselstube.	Busco una Cadeca

Wie hoch ist der Dollarkurs?	¿A cómo está el dolar?
Ich möchte einen Brief schicken.	Quiero enviar una carta
Postkarte	postal tarjeta
Briefmarke	sello
Geld abheben	sacar dinero

EINKAUFEN

Wie viel kostet das?	¿Cuánto cuesta?
Wann öffnen/ schließen Sie?	¿A qué hora abre/cierra?
Kann ich mit Kreditkarte bezahlen?	¿Puedo pagar con tarjeta de crédito?

SEHENSWÜRDIGKEITEN

Strand	playa
Burg, Festung	castillo
Kirche	iglesia
Stadtviertel	barrio
Garten	jardín
Führer	guía
Haus	casa
Karte	mapa
Schnellstraße	autopista
Museum	museo
Park	parque
Landstraße	carretera
Platz	plaza/parque
Straße	calle, callejón
Rathaus	Ayuntamiento
Touristen- information	buró de turismo

TRANSPORT

Wann ist die Abfahrt?	¿A qué hora sale?
Könnten Sie mir ein Taxi rufen?	¿Me puede lla- mar un taxi?
Flughafen	aeropuerto
Bahnhof	estación de ferrocarriles
Busbahnhof	terminal de autobús
Zoll	aduana
Anlaufhafen	puerta de embarque
Bordkarte	tarjeta de embarque
Autoverleih	alquiler de carros
Fahrrad	bicicleta
Gebühr	tarifa
Versicherung	seguro
Tankstelle	estación de gasolina
Werkstatt	garage
Ich habe einen Platten.	Ponché una goma

IM HOTEL

Einzel-/ Doppelzimmer	habitación sencilla/doble

Dusche	ducha
Badewanne	bañera
Balkon	balcón, terraza
Ich möchte um … ge- weckt werden	Necesito que me despierten a las …
warmes / kaltes Wasser	agua caliente/ fría
Seife	jabón
Handtuch	toalla
Schlüssel	llave

IM RESTAURANT

Die Rechnung, bitte	la cuenta, por favor
Glas	vaso
Besteck	cubiertos
Ich hätte gerne etwas Wasser.	Quisiera un poco de agua
Haben Sie Wein?	¿Tienen vino?
Frühstück	desayuno
Mittagessen	almuerzo
Abendessen	comida
roh	crudo
gekocht	cocido

SPEISEKARTE

aceite	Öl
agua mineral	Mineralwasser
aguacate	Avocado
ajo	Knoblauch
arroz	Reis
asado	geröstet
atún	Thunfisch
azúcar	Zucker
bacalao	Kabeljau
café	Kaffee
camarones	Garnelen
carne	Fleische
congrí	Reis mit Bohnen und Zwiebeln
cerveza	Bier
dulce	Dessert, Süßes
ensalada	Salat
fruta	Obst
fruta bomba	Papaya
helado	(Speise-)Eis
huevo	Ei
jugo	Fruchtsaft
langosta	Hummer
leche	Milch
marisco	Meeresfrüchte
mantequilla	Butter
pan	Brot
papas	Kartoffeln
postre	Dessert
pescado	Fisch
plátano	Banane
pollo	Hühnchen
potaje/sopa	Suppe
puerco	Schweinefleisch
queso	Käse
refresco	Getränk
sal	Salz
salsa	Sauce

té	Tee
vinagre	Essig

ZEIT

Minute	minuto
Stunde	hora
halbe Stunde	media hora
Viertelstunde	un cuarto
Montag	lunes
Dienstag	martes
Mittwoch	miércoles
Donnerstag	jueves
Freitag	viernes
Samstag	sábado
Sonntag	domingo
Januar	enero
Februar	febrero
März	marzo
April	abril
Mai	mayo
Juni	junio
Juli	julio
August	agosto
September	setiembre
Oktober	octubre
November	noviembre
Dezember	diciembre

ZAHLEN

0	cero
1	uno
2	dos
3	tres
4	cuatro
5	cinco
6	seis
7	siete
8	ocho
9	nueve
10	diez
11	once
12	doce
12	trece
14	catorce
15	quince
16	dieciséis
17	diecisiete
18	dieciocho
19	diecinueve
20	veinte
30	treinta
40	cuarenta
50	cincuenta
60	sesenta
70	setenta
80	ochenta
90	noventa
100	cien
500	quinientos
1000	mil
erste/-r/-s	primero/a
zweite/-r/-s	segundo/a
dritte/-r/-s	tercero/a

Straßenkarte von Kuba

VEREINIGTE STAATEN VON AMERIKA

Miami

Golf von Mexiko

Florida-Straße

ATLANTIS

Archipiélago de los Colorados

Archipiélago de Sabana

Santa Cruz del Norte
HAVANNA
Marina Hemingway
Mariel
Soroa
Viñales
PINAR DEL RÍO
San Juan y Martines
San Luis
María La Gorda

Varadero
Cárdenas
MATANZAS
Batabanó
Jagüey Grande
Australia
Playa Larga

Sagua la Grande
Remedios
SANTA CLARA
CIENFUEGOS
SANCTI SPÍRITUS
Trinidad

Golfo de Batabanó

Nueva Gerona
La Fé
Cayo Largo
Isla de la Juventud

Archipiélago de los Canarreos

KARIBISCHES MEER

| 0 Kilometer | 90 |
| 0 Meilen | 90 |

Kaymaninseln

DIE PROVINZEN KUBAS

CIUDAD DE LA HABANA
HAVANNA
PINAR DEL RÍO
MATANZAS
VILLA CLARA
CIENFUEGOS
ISLA DE LA JUVENTUD
SANCTI SPÍRITUS
CIEGO DE ÁVILA
CAMAGÜEY
LAS TUNAS
HOLGUÍN
GRANMA
SANTIAGO DE CUBA
GUANTÁNAMO

ATLANTISCHER OZEAN

KARIBISCHES MEER

| 0 Kilometer | 200 |
| 0 Meilen | 200 |